CB137379

TEMPO DE MUDA

Blucher

RENATO MEZAN

Tempo de muda

Ensaios de psicanálise

2ª EDIÇÃO

Tempo de muda: ensaios de psicanálise, 2ª edição

Editora Edgard Blücher Ltda.
1ª edição – Companhia das Letras, 1998

Publisher Edgard Blücher
Editor Eduardo Blücher
Coordenação editorial Jonatas Eliakim
Produção editorial Luana Negraes, Bonie Santos
Diagramação Guilherme Henrique
Preparação de texto Cristina Penz
Revisão de texto Ana Paula Castellani, Beatriz de Freitas Moreira, Beatriz Carneiro
Índice remissivo Angela Maria Vitório, Maurício Katayama
Capa Leandro Cunha

Blucher

Rua Pedroso Alvarenga, 1245, 4° andar
04531-934 – São Paulo – SP – Brasil
Tel.: 55 11 3078-5366
contato@blucher.com.br
www.blucher.com.br

Segundo o Novo Acordo Ortográfico, conforme 5. ed. do *Vocabulário Ortográfico da Língua Portuguesa*, Academia Brasileira de Letras, março de 2009.

DADOS INTERNACIONAIS DE CATALOGAÇÃO NA PUBLICAÇÃO (CIP)
ANGÉLICA ILACQUA CRB-8/7057

Mezan, Renato
Tempo de muda : ensaios de psicanálise / Renato Mezan. – 2. ed. – São Paulo : Blucher, 2021.
336 p.

Bibliografia
ISBN 978-65-5506-266-3 (impresso)
ISBN 978-65-5506-267-0 (eletrônico)

1. Psicanálise 2. Psicanálise – Aspectos morais e éticos 3. Psicanálise – História 4. Psicanálise e cultura I. Título

21-0837 CDD 150.195

Índice para catálogo sistemático:
1. Psicanálise

Conteúdo

Apresentação da primeira edição

Fala-se muito, atualmente, na "crise" que estaria afetando a psicanálise em todo o mundo, inclusive no Brasil. Após o apogeu que se seguiu à Segunda Guerra Mundial, quando nos Estados Unidos era quase sinônimo de psiquiatria e de psicologia clínica, naquele país a disciplina freudiana teria iniciado seu declínio por volta de 1970; na França e na Argentina, o mesmo ciclo teria ocorrido um pouco mais tarde – apogeu nos anos 1960 e 1970, crise nos anos 1980. O Brasil, como de costume, teria vivido seu "efeito Orloff" com uma década de atraso, pois entre nós o *boom* psicanalítico iniciado a partir de 1980 começaria a murchar em meados dos 1990. Menos pacientes, menos candidatos à formação, menos, menos... Como profissão, a psicanálise estaria perdendo seus atrativos econômicos; como terapia, estaria fadada a desaparecer em proveito das novas técnicas psicológicas; e, como conjunto de conhecimentos, ver-seia progressivamente ultrapassada pelos avanços da psiquiatria e das neurociências, revelando finalmente à luz do sol a fragilidade epistemológica e clínica que tão bem conseguira ocultar em seus dias de glória.

Numerosos indícios, no entanto, sugerem que tal diagnóstico é demasiado sombrio, pelo menos no que concerne ao Brasil: o ritmo acelerado com que se publicam livros originais e traduções, a proliferação de revistas, a fundação de associações de psicanalistas em cidades do interior e em capitais de estados mais distantes dos grandes centros, a instituição de cursos de pós-graduação e de especialização em diversas universidades brasileiras, a quantidade de seminários, palestras e debates que se realizam pelo país afora, a presença constante de psicanalistas na imprensa falada e escrita... Como explicar, então, a sensação de "crise"?

Primeiramente, está de fato ocorrendo uma acomodação da psicanálise às condições econômicas da classe média, que forma a parcela mais substancial da sua clientela. Isto significa, com frequência, preços menores e menor número de sessões semanais, o que se traduz em ganhos mais reduzidos para o profissional. Em segundo lugar, a maior oferta de formação produz logicamente um número maior de colegas, e, portanto, uma concorrência mais acirrada. Além disso, o custo da formação continua alto, devido ao tempo que requer e ao seu caráter intrinsecamente artesanal; custos elevados e rendimentos escassos não raro colocam o psicanalista iniciante num beco sem saída, porque não consegue se manter à tona até que o balanço se equilibre. O trabalho assalariado em instituições públicas ou particulares, que em outros países permite atravessar com êxito este período deficitário, é no Brasil remunerado de modo aviltante, o que para muitos dificulta a permanência na profissão. Todos estes fatores concorrem para o mesmo resultado, a saber a ideia de que no Brasil a psicanálise já deixou para trás os seus melhores dias.

Por outro lado, o campo psicoterapêutico sofreu nos últimos anos importantes modificações. Progressos significativos na psiquiatria e o surgimento de novos métodos para cuidar do sofrimento psíquico – alguns interessantes, outros de desconcertante ingenuidade – criaram alternativas para o tratamento psicanalítico *stricto sensu*. A tendência tupiniquim de macaquear as modas internacionais, que – embora tenha substituído o *dernier bateau de Paris* pelo *last flight from Miami* – permanece tão vigorosa quanto sempre o foi, tem igualmente uma parcela de responsabilidade neste ponto: compramos como se fosse verdadeira qualquer bobagem sobre a psicanálise, contanto que venha assinada por um autor estrangeiro, de preferência norte-americano. Assim, em vez de reconhecer que certas situações constituem indicação de análise e outras não, que é preciso continuar investigando e lutando contra a tendência a idealizar os mestres do passado e nossa própria eficácia terapêutica, que enfim a psicanálise continua a ser uma disciplina viva, com muitos conhecimentos seguros, mas igualmente com pontos cegos e com zonas de sombra – em vez disso, joga-se o bebê junto com a água do banho; e, com a estridência ciclotímica de que falava Nelson Rodrigues, periodicamente elevam-se vozes para proclamar não apenas a iminência da crise para os psicanalistas, mas ainda a agonia da própria psicanálise, como teoria e como prática.

É o caso de parafrasear Mark Twain, que mandou a um jornal no qual fora por engano publicado o seu obituário o seguinte telegrama: "os rumores sobre meu falecimento são um tanto exagerados". As dificuldades inerentes à psicanálise são numerosas, em parte devidas a ela mesma, em parte às condições sociais e culturais do seu exercício; mas, nestes tempos em que proliferam as comemorações do seu centenário, ela conserva muito do seu encanto e da sua fecundidade. Talvez mais sóbria, menos enfatuada com seus poderes terapêuticos, mais cautelosa em algumas de suas formulações, concordo; mas daí à proclamação tonitruante de que "Freud está ultrapassado" vai uma longa distância.

Os ensaios aqui reunidos procuram trazer elementos que possam comprovar esta minha opinião. Dividi-os em três rubricas, atentando para o seu conteúdo: os sete primeiros ilustram o método psicanalítico a partir de obras da cultura, os três seguintes focalizam certos problemas éticos, e os cinco últimos se detêm em questões de cunho mais teórico. Quase todos esses trabalhos foram originalmente conferências, e conservaram o tom coloquial adequado a esta circunstância: a psicanálise, já por si sutil e engenhosa, não precisa ser apresentada como mais difícil do que é. Alguns textos foram completamente remanejados para esta edição, enquanto outros passaram apenas por revisões de estilo ou por uma atualização bibliográfica: em cada um, indiquei o que foi feito, e espero que as mudanças tenham sido para melhor. Há ainda alguns inéditos.

Ao longo de todo o volume, minha preocupação foi dialogar com o leitor e com os colegas das áreas afins. O que disse atrás sobre o ambiente no qual se inscreve a psicanálise motivou a apresentação dos argumentos de que dispomos no debate com as disciplinas conexas – sejam elas a medicina, a psicologia, a filosofia, a crítica literária e das artes, a história das ideias – e com as práticas psicoterápicas de índole não-analítica. O assunto da psicanálise é o ser humano, e este não consiste apenas na "realidade psíquica": habita um corpo, vive em sociedade, adota costumes e crenças, produz obras de arte, lida com os outros, e por vezes os maltrata. A psicanálise não pode nem pretende dar conta da totalidade dos fenômenos humanos, mas tem sua palavra a dizer sobre muitos deles, graças a um sistema conceitual extremamente sofisticado e a um método de interpretação cuja flexibilidade e sutileza não cessam de surpreender.

Entre estes fenômenos, alguns comparecem com mais frequência nas páginas que se seguem. Um deles é a complexidade da organização psíquica e dos determinantes do comportamento: ela só pode ser estudada em casos singulares, sejam pessoas de carne e osso ou personagens de ficção. Por isto, detive-me com vagar no exame de alguns exemplos, tomados da vida real (Althusser, Mozart, a escrita psicanalítica, Mapplethorpe) ou do imaginário cultural (um conto de Eça de Queirós, peças de Alberto Moravia e de Shakespeare, uma ópera, fotografias, canções populares). Exponho-me assim às conhecidas críticas contra a "psicanálise aplicada"; elas são situadas, discutidas e – espero que convincentemente – afastadas, abrindo-nos a possibilidade de compreender como se estruturam certos modos de sentir, agir e pensar. Nisto reside a validade deste empreendimento: não se trata de rotular este de obsessivo ou aquele de psicopata, mas sim de percorrer os dados disponíveis e deles inferir o jogo de forças que, plausivelmente, origina um comportamento ou uma obra. Este exercício é antes de mais nada útil para o psicanalista, que assim se aperfeiçoa no manejo dos seus próprios instrumentos; também pode servir ao aprendiz de psicanálise – e quem não o é? – mostrando, com a clareza que me foi possível, como funciona o raciocínio analítico e o que ele pode (ou não pode) esclarecer. Este é o objetivo dos primeiros sete artigos (a Parte I): neles retornam, em diversos contextos, os temas fundamentais do inconsciente, do narcisismo, das pulsões sexuais e agressivas, das formações psicopatológicas, das condições de validade e uma interpretação, e outros que formam a trama mesma da nossa disciplina.

As questões éticas constituem o tema da Parte II. Desde que Lacan afirmou que "a psicanálise é uma ética", parece ter-se formado neste sentido um consenso a meu ver infundado. Procuro mostrar por que penso assim, e de que forma convém compreender as relações entre os dois campos, que se intersectam mas não se superpõem. Para isto, examino alguns problemas de tipo ético que se colocam para o analista em sua prática ("O psicanalista como sujeito moral"), a maneira pela qual Freud descobriu que as normas e os valores podem contribuir para a formação das neuroses, bem como as questões do racismo e da tortura ("Freud, ética e cultura"), e por fim comento a proposta de avaliar também do ponto de vista ético as diversas práticas psicoterapêuticas ("A ética como espelho para a psicologia").

A psicanálise é essencialmente uma prática clínica, fundada sobre uma teoria que se pretende consistente. Se as duas primeiras partes deste livro abordam de modo privilegiado as facetas "prática" e "clínica", a terceira enfeixa alguns textos mais voltados para a faceta "teoria". Um deles aborda a evolução do conceito freudiano de transferência, que vale como ponte entre a análise *in vivo* – onde configura o processo central – e a reflexão teórica – porque para ele conflui toda uma série de "teorias regionais" no pensamento de Freud. Um outro retoma a questão do parentesco entre a psicanálise e seu solo natal, a cultura do final do século XIX tal como se apresentava em Viena.

Os três últimos debatem com alguns vizinhos que recentemente vêm provocando celeuma em nossas fileiras: as neurociências, as psicoterapias e a epistemologia. Certas críticas provenientes destes setores são, em parte, responsáveis pela noção errônea de que a psicanálise está alquebrada. A crer nestas más línguas, não tendo percebido o estrago que os anos lhe fizeram, esta idosa senhora já um pouco senil se toma por uma vedete do teatro rebolado, expondo-se ao ridículo de sustentar velharias como a autonomia e a consistência da realidade psíquica ("Psicanálise e neurociências: uma questão mal colocada"), a necessidade de elaborar as resistências para tornar razoavelmente seguros os resultados terapêuticos ("Psicanálise e psicoterapias: qual relação?"), ou a utilidade da reflexão metapsicológica e da noção de inconsciente ("Metapsicologia: por que e para quê"). A meu ver, estas não são relíquias que, no plano dos conceitos, equivaleriam à régua de cálculo, ao chapéu Panamá ou aos discos de 78 rotações (ou, quem sabe, seriam contemporâneas da ampulheta, das tabuinhas de cera e dos algarismos romanos). Pelo contrário, constituem elementos indispensáveis para compreender os processos psíquicos e para, na medida do possível, intervir neles.

Assim, espero que estes quinze textos possam transmitir ao leitor a convicção de que a psicanálise, que tanto contribuiu para dar sua feição ao nosso século, continua a ser o que sempre foi: uma exploração audaciosa dos recessos e dos mecanismos da mente humana. Ela reconhece o poder das paixões, mas acredita que o conhecimento de si, adquirido pela experiência do contato com o outro nas condições específicas da situação analítica, seja capaz de as colocar a serviço da liberdade interna – e da diminuição dos sofrimentos inúteis que tão bem sabemos nos impor.

São Paulo, agosto de 1997

Renato Mezan

Nota à segunda edição

Esgotado há muito tempo, este livro volta agora às prateleiras das livrarias sob o selo da Editora Blucher. Salvo pequenas correções aqui e ali, mantive-o na forma original; espero que continue a ser útil para quem se interessar pelas questões nele abordadas. À equipe da Blucher, meus agradecimentos pelo cuidado com que preparou o texto para esta segunda edição.

São Paulo, abril de 2021

Renato Mezan

PARTE I

A clínica na cultura

O estranho caso de José Matias[1]

Ao concluir a interpretação do sonho da injeção em Irma, Freud formula numa sentença lapidar o "novo conhecimento" que resulta do seu trabalho: "o sonho se mostra como uma realização de desejo".[2] E como esta tese vai ser reafirmada ao longo de todo o livro, podemos considerá-la o eixo fundamental da argumentação, não apenas porque resume o essencial da posição do autor, mas ainda porque da necessidade de defendê-la contra objeções aparentemente justificadas vão surgindo os contornos da teoria que a torna possível. Por exemplo, não parece à primeira vista que todos os sonhos sejam realizações de desejos; mas assim pensamos porque não distinguimos entre o conteúdo manifesto de um sonho – a sequência de imagens de que nos lembramos ao acordar – e seu conteúdo latente, isto é, os pensamentos e desejos a partir dos quais ele se formou. Mas se todo sonho é uma realização de desejo, por que não enuncia claramente o desejo que o anima? Porque uma censura se opõe à manifestação direta deste último, tornando-o irreconhecível mediante os mecanismos do "trabalho do sonho". Neste caso, devemos supor que o desejo e a censura correspondem a forças psíquicas capazes

---

[1] Conferência no curso da Funarte "O desejo", abril de 1989. A versão original deste texto, que para a presente edição foi ligeiramente modificado, saiu em *O desejo*, São Paulo, Companhia das Letras, 1990, pp. 329-362.

[2] S. Freud, *A interpretação dos sonhos*, capítulo II, *Studienausgabe* (SA) II,140; *Biblioteca Nueva* (BN) I, p. 421.

de entrar em conflito; mas como e onde tal conflito ocorreria? Precisamos agora imaginar um "aparelho psíquico" com tais e quais características, de cujo funcionamento em determinadas condições possa surgir um sonho... Tomando assim as objeções como alavancas para desenvolver sua hipótese, Freud a vai refinando paulatinamente, e nesse movimento faz mais do que elucidar os enigmas do sonho: lança as bases de toda a armação conceitual da psicanálise.

Não é difícil perceber que a ideia de desejo é a mola mestra da construção freudiana. No entanto, ao tentarmos determinar com mais nitidez o que ela significa, vemo-nos a braços com uma grande multiplicidade de ocorrências e de variações: o índice remissivo da *Interpretação dos sonhos* registra várias centenas de passagens em que é empregado o termo "desejo". Por um lado, é compreensível que assim seja, se esta noção é de fato central no raciocínio de Freud; por outro, o leitor sente-se um pouco desorientado, e busca distinguir alguma constante em meio a tanta diversidade. Uma pista pode ser encontrada no próprio acoplamento das palavras "desejo" e "realização": um desejo é algo que busca se realizar, e neste processo se depara com diversos tipos de obstáculos. A originalidade de Freud não reside certamente em ter enunciado este truísmo; eu a veria antes na radical renovação trazida à concepção de desejo, bem como no mapeamento preciso dos obstáculos que se antepõem à sua efetivação. E o primeiro passo desta renovação consiste exatamente em localizá-lo no sonho, isto é, numa manifestação psíquica à qual a psicologia acadêmica nunca dera importância, negando mesmo que ela possuísse qualquer sentido.

Na seção C do capítulo VII, intitulada "Sobre a realização do desejo", Freud retoma sua descoberta fundamental:

> Certamente estranhamos que o sonho sempre deva ser uma realização de desejo, e não apenas devido à contradição que decorre do sonho de angústia. Depois que os primeiros esclarecimentos obtidos pela análise nos ensinaram que atrás do sonho se ocultam sentido e valor psíquico, nossa expectativa não era de modo algum que este sentido tivesse uma determinação tão unívoca. Segundo a definição de Aristóteles – correta, mas insuficiente –, o sonho é a continuação do pensamento durante o sono, enquanto dormimos. Ora, se nosso pensamento cria durante o dia atos psíquicos tão diversos – juízos, conclusões, refutações, expectativas, propósitos, etc. –, por que deve ser obrigado de noite a se limitar à produção de desejos?[3]

[3] S. Freud, *A interpretação dos sonhos*, capítulo VII, seção C, SA II, p. 525, BN I, p. 680.

A resposta a esta pergunta conduz a uma série de desenvolvimentos, dos quais quero mencionar brevemente os mais importantes. Existem sonhos em que o desejo está mais disfarçado do que em outros, e nos quais só podemos descobri-lo após uma minuciosa análise. Isto significa que há desejos mais "visíveis" do que outros, e Freud atribui esta diferença ao *lugar* psíquico em que se forma cada desejo individual: pode haver desejos conscientes, desejos préconscientes e desejos inconscientes, estes últimos sendo inconscientes ou porque foram reprimidos após uma breve permanência na consciência, ou porque sempre foram inconscientes, já que encontram na consciência ou nos ideais do indivíduo uma oposição tão forte que torna impossível seu reconhecimento como desejos próprios, "meus" desejos. Mas esta circunstância não os impede de continuar existindo, nem de visar à satisfação: esta será simplesmente produzida por meios tão sinuosos que já não a poderemos discernir nas imagens do sonho sem o auxílio da interpretação.

Desta topologia dos desejos, Freud deduz que apenas o desejo inconsciente possui força bastante para suscitar um sonho, embora para isso necessite apoiar-se num outro aparentemente anódino, consciente ou pré-consciente, que lhe servirá de veículo ou de máscara para atravessar a barreira da censura. Nesta operação, a força psíquica que se exprime na censura faz valer seus direitos, impondo ao desejo inconsciente uma série de transformações que o esvaziam do seu sentido original e o tornam irreconhecível. Vocês veem que a tese fundamental do livro – o sonho é uma realização de desejo – é compatível com, e mesmo exige, uma teoria bastante complexa do funcionamento psíquico, que envolve as ideias de transformação, de defesa, de localidades mentais, de disfarce e ocultamento do sentido, etc. Mas o que nos interessa nesta breve visita à *Interpretação dos sonhos* é sublinhar que Freud designa por "desejo" atos psíquicos que podem ser localizados em qualquer das instâncias que compõem o aparelho psíquico: há desejos conscientes (ser professor, por exemplo), desejos pré-conscientes (o desejo de dormir), desejos inconscientes (humilhar o pai e se vingar dele). Disso decorre a ideia de uma *composição* de desejos, já que um desejo inconsciente e repudiado pela censura deve se combinar com um desejo inofensivo para formar um sonho. Por este motivo, a satisfação proporcionada a este desejo inconsciente deve ser uma *satisfação substitutiva*, análoga porém não idêntica à que o gratificaria de modo completo. E isto porque entre os obstáculos com que pode se deparar a realização do desejo devemos contar, além dos que a realidade externa impõe, também e sobretudo as barreiras colocadas pela censura interna: quando dormimos, não há impedimentos que provenham da "realidade", que justamente é colocada fora de ação pelo sono.

Estas considerações preliminares têm a sua importância, na medida em que se tornou lugar-comum dizer que a psicanálise define o homem pelo desejo. A palavra tomou um sentido cada vez menos específico, a ponto de designar algum tipo de carência essencial, uma versão psicanalítica do velho tema religioso e filosófico da finitude. Este não é o sentido original que Freud dá ao termo *Wunsch:* não teria sentido deduzir sua ambição de ser professor em Viena, ou o banal desejo de dormir, de algo tão portentoso quanto a imperfeição ontológica que nos afeta enquanto seres mortais... A inflexão do sentido freudiano rumo à ideia da finitude consubstancial ao ser humano provém da elaboração de Lacan, que por sua vez remete à problemática do desejo na *Fenomenologia do espírito* de Hegel. É nesta obra que o nascimento da consciência de si a partir da consciência perceptiva é determinado como desejo; o problema é que o vocábulo empregado por Hegel não é jamais *Wunsch*, e sim *Begierde*, que quer dizer desejo violento, concupiscência. Numa nota à sua tradução da *Fenomenologia*, Jean Hyppolite precisa: "traduzimos *Begierde* por *désir*, e o termo nos parece dever ser tomado em sua significação mais geral".[4] E em seu livro *Genèse et structure de la phénoménologie de l'esprit de Hegel*, o mesmo Hyppolite explica assim o sentido hegeliano da *Begierde:*

> O desejo é este movimento da consciência de si que não respeita o ser mas o nega, ou seja, que se apodera concretamente dele e o faz seu [...]. O objeto individual do desejo, este fruto que vou colher, não é um objeto posto na sua independência; podemos também dizer que enquanto objeto do desejo, ele é e não é; é, mas logo já não será; sua verdade é ser consumido, negado, para que a consciência de si, através desta negação do outro, se reúna consigo mesma. Daí o caráter ambíguo do objeto do desejo, ou melhor, a dualidade do fim visado pelo desejo [...]. O fim do desejo não é, como se poderia crer superficialmente, o objeto sensível – este é apenas um meio – mas a unidade do Eu consigo mesmo. A consciência de si é desejo; mas o que dela deseja, sem o saber ainda explicitamente, é ela própria, é seu próprio desejo, e é por isso que ela só poderá atingir a si mesma encontrando um outro desejo, uma outra consciência de si. A dialética teleológica da *Fenomenologia*

[4] G. W. Hegel, *La phénoménologie de l'esprit*, Paris, Aubier-Montaigne, tomo I, p. 147, nota 6.

> explicita progressivamente todos os horizontes deste desejo que é a essência da consciência de si. O desejo visa aos objetos do mundo, depois um objeto já mais próximo de si mesmo – a Vida –, e enfim outra consciência de si; é o desejo que busca a si próprio no outro, o desejo de reconhecimento do homem pelo homem.[5]

Sabemos que Lacan vai tirar um imenso partido desta ideia de Hegel, vindo a definir o desejo, em sua teoria, pela célebre fórmula "o desejo do homem é o desejo do outro". Não nos compete hoje estudar as implicações deste conceito; quero apenas sublinhar que ele coloca enormes problemas para a tradução e para a compreensão do que Freud, em *sua* teoria, entende por *Wunsch*. No livro em que enuncia os princípios da nova e polêmica versão das obras completas de Freud que está sendo realizada sob sua direção, Jean Laplanche argumenta em favor da tradução deste termo por *souhait*, reservando *désir* para *Begierde* e seus derivados, que aparecem muito raramente nos escritos de Freud.[6] Ora, *souhait* é para nós vontade, o termo menos expressivo e forte de uma série que contém *anelo*, *anseio*, *aspiração*, *desejo* e outros. Num fascinante *Dicionário de sinônimos da língua portuguesa*, o professor Rocha Pombo ilustra: "tem-se vontade de sair cedo de casa (sem fazer disso grande questão); tem-se desejo de possuir algum bem que nos agrada ou nos encanta; sente-se anelo do Céu ou de coisas excelentes, muito altas ou muito difíceis; tem-se anseio por alguma coisa que nos apaixona; alimentam-se grandes aspirações que raramente se realizam".[7] Estamos assim diante do embaraço da escolha... tanto mais que *Wunsch* pode ser empregado em locuções como *auf Wunsch* (a pedido), *nach Wunsch* (à vontade, sem limite), *Glückwunsche aussprechen* (formular votos de felicidade) – isto é, presta-se a várias das acepções que Rocha Pombo distingue tão cuidadosamente.

Frente a esta impossibilidade de fazer coincidirem as franjas semânticas das diversas línguas, creio que o mais indicado é traduzir o *Wunsch* de Freud por *desejo*, respeitando o uso consagrado. Mas por isso mesmo cabe-nos tentar resolver o problema ali onde se encontra, isto é, no pensamento de Freud e nos seus

---

[5] Jean Hyppolite, *Genèse et structure de la phénoménologie de l'esprit de Hegel*, Paris, Aubier-Montaigne, 1946, pp. 153-5.

[6] Jean Laplanche et alii, *Traduire Freud*, Paris, PUF, 1989, artigos "Désir", "Souhait", "Plaisir", "Désirance" e outros.

[7] José Francisco da Rocha Pombo, *Dicionário de sinônimos da língua portuguesa*, Rio de Janeiro, s. n., 1914, p. 237.

escritos, e não no dicionário. Pois o que recolhemos da nossa rápida incursão pela *Traumdeutung* é precisamente que, nas mãos de Freud, esta palavra nada rara na língua – desejo – vai se tornando progressivamente um conceito, isto é, um termo homônimo da palavra usual, mas cujo conteúdo é construído de modo a se afastar consideravelmente do sentido ordinário dela.

Mas vocês devem estar estranhando um pouco o caminho que tomei para lhes falar do desejo sob a óptica de Freud. Pois ele não afirma a universalidade do desejo sexual? E onde está essa característica, naquilo que lhes disse até agora? Vocês esperavam, talvez, que eu abordasse o desejo incestuoso, os desejos de morte, os desejos edipianos ... É verdade que Freud fala, e muito, destes desejos. Mas também é verdade que, em seu pensamento, a noção de desejo não parte desta esfera de problemas como de um a priori. De modo que, para ir com calma, podemos começar com esta ideia em essência simples: o desejo visa à sua realização ou satisfação, e, como no exemplo do sonho, tropeça nesta via com dificuldades de várias ordens. Ora, se assim for, a concretização de um desejo deve trazer ao indivíduo uma sensação de prazer, já que o desejo insatisfeito é vivido como uma tensão interna; a satisfação consiste precisamente em suprimir esta tensão, alcançando o objeto capaz de acalmá-la. Introduzimos deste modo na questão do desejo um novo termo: o *objeto*. Este é, por enquanto, aquilo que aplaca ou satisfaz o desejo: definição bastante vaga, porém, e que podemos tentar refinar. Sabemos que atingir o objeto produz satisfação; e, quando o objeto não pode ser atingido, as consequências podem ser graves, dependendo da intensidade do desejo, do tipo de obstáculo encontrado, da maneira pela qual se cria ou não uma satisfação substitutiva... Vocês já adivinharam: o terreno privilegiado no qual a psicanálise vai situar a problemática do desejo é a chamada *teoria das neuroses*.

Uma das formulações mais precisas que a este respeito encontramos na obra de Freud é a que abre o capítulo II de um artigo de 1916, "Certos tipos de caráter descobertos pelo trabalho psicanalítico".

> O trabalho psicanalítico nos oferece uma proposição: os homens adoecem de neuroses em consequência da *recusa*. Entende-se aqui a recusa de satisfação para seus desejos libidinais, e é preciso um desvio mais longo para compreender a proposição. Pois, para o surgimento da neurose, necessita-se um conflito entre os desejos libidinais de uma pessoa e aquela parte de seu ser a que denominamos seu ego, que é a expressão de suas pulsões de autoconservação e contém seus ideais quanto a seu

> próprio ser. Tal conflito patógeno só ocorre, assim, quando a libido quer se atirar a caminhos e finalidades superados e condenados de há muito pelo ego, que ele proibiu para todo o sempre; e a libido só faz isso quando lhe foi retirada a possibilidade de uma satisfação real conforme ao ego. Com isso, a privação, a recusa de uma satisfação real, torna-se a primeira condição para o surgimento da neurose, embora esteja longe de ser a única.[8]

Isto já soa mais familiar. Encontramos aqui alguns velhos conhecidos: os desejos libidinais (notem o plural), o conflito psíquico, o ego e seus ideais, a divergência entre as finalidades de libido e as exigências tanto do ego como da realidade, a noção da *Versagung* (que costuma ser traduzida como "frustração", mas que significa fundamentalmente "recusa"), a ideia de que para se produzir um efeito psíquico – no caso o surgimento de uma neurose – é necessária uma série de condições que interagem umas sobre as outras, somando-se ou inibindo-se reciprocamente. Do ponto de vista da teoria do desejo, porém, não parece haver aqui nenhuma novidade: os desejos – libidinais – buscam satisfação, esta lhes é negada por tal ou qual circunstância, e isto conduz à busca de satisfações substitutivas, neste caso os sintomas da neurose. Mas prestemos atenção: este parágrafo introduz um capítulo intitulado "Os que fracassam com o êxito", e esta é uma das mais curiosas descobertas da psicanálise: a de que existem pessoas que, ao se cumprir um desejo longamente acalentado, reagem da forma mais extravagante – não podem tolerar sua felicidade, ficam em pânico, e acabam se privando de gozar a satisfação que imaginavam buscar, agindo de modo a destruir as condições que tornariam possível desfrutar do que obtiveram. Freud estuda longamente, neste artigo, os casos de Lady Macbeth e de Rebecca West, uma personagem do drama *Rosmersholm*, de Ibsen. São mulheres que ousaram chegar ao crime para conseguir o que queriam – ser rainha ou casar-se com o ex-patrão – e que, ao atingir seus objetivos, literalmente desmoronam, delatando-se como culpadas e renunciando portanto a usufruir daquilo que tanto haviam almejado.

Mas não vejo interesse em reproduzir para vocês a análise que Freud propõe destas histórias. Shakespeare e Ibsen não são os únicos a poder ilustrar esta singular constelação; e, para lhes dar uma ideia de como o desejo é situado pela psicanálise freudiana, penso que o melhor é apoiar-me numa história de vida, nas

[8] "Certos tipos de caráter descobertos pelo trabalho psicanalítico", SA X, p. 236, BN III, p. 2416.

atribulações de um indivíduo às voltas com seus desejos e com suas dificuldades. Razões de discrição me impedem aqui de recorrer a exemplos tirados do meu trabalho como psicanalista; a exemplo de Freud, contudo, isso pode ser contornado se recorrermos à literatura. Existe um conto de Eça de Queirós – "José Matias"[9] – no qual o personagem parece ter-se inspirado no destino daqueles que "fracassam com o êxito". Vamos nos permitir tratá-lo como se fosse uma pessoa de carne e osso, no que aliás seremos auxiliados pela precisão e pela finura com que Eça recapitula sua infeliz biografia.

A "PSICOLOGIA" DO NARRADOR

Recapitula, porque a cena se passa no enterro de José Matias. O narrador, amigo do falecido, vem prestar-lhe a derradeira homenagem; encontra outro amigo, convida-o a partilhar a carruagem de praça que tomou, e no caminho para o cemitério vai contando as peripécias que marcaram a vida do defunto. José Matias morreu pobre e bêbado, mas fora moço elegante, airoso, herdara terras e rendas da mãe e de um tio visconde. E como foi sua decadência? Mortos os pais, havia ido morar com este tio, general aposentando; na casa vizinha, vivia a bela Elisa, a sublime e divina Elisa, casada com o conselheiro Matos Miranda, doente e trinta anos mais velho do que ela. Ele a avista e concebe um amor "forte, profundo e absoluto". Durante dez anos, se escrevem e se veem na casa de uma amiga comum, tia-avó do personagem. Mas isso é tudo; jamais trocaram um beijo sequer, quanto mais...

Um dia, morre o conselheiro. E José Matias abala-se para o Porto, para não dar margem a mexericos; só que passam os meses, o luto da viúva termina, e nada de José Matias aparecer. Elisa se casa de novo, com Torres Nogueira, homem de bastos e vigorosos bigodes negros. Ela bem que tentara se aproximar do ex-vizinho, mas debalde; este não queria vê-la nem ouvir falar de casamento, de modo que, na flor dos trinta anos, a moça acaba por ceder aos apelos do outro e vem morar com ele na mesma casa de antes. José Matias regressa a Lisboa e volta a viver com

[9] Eça de Queirós, *Obra completa*, Rio de Janeiro, Nova Aguilar, 1986, vol. II, pp. 1233-47. Agradeço a Yvoty de Macedo Pereira Macambira a sugestão de trabalhar com este conto. Como ele é curto, não multiplicarei as indicações de página nas citações que se seguem, todas extraídas *ipsis litteris* da narrativa.

os olhos postos nela, mas agora sua existência é atormentada pelos ciúmes: começa a jogar e a beber, estonteia a cidade com suas extravagâncias, e observa Elisa a distância, sempre buscando vê-la na janela ou no terraço da casa vizinha.

Mais sete anos se passam, e o Torres Nogueira, acometido de moléstia incurável, vem a morrer. Novo luto, e desta vez é Elisa quem se afasta para a quinta de uma cunhada no interior. Ali conhece outro moço, cuja mulher o abandonara; amam-se apaixonadamente, ele a instala numa casa em Lisboa e vai morar na outra extremidade da mesma rua. Arruinado pelo jogo e pela vida desregrada, José Matias passa a frequentar uma taverna em frente à casa da amada; de um portal cômodo, observa-a todas as noites, e ela lhe retribui os olhares silenciosos... Mas ele não se satisfaz com isso. Sem se fazer notar, segue durante o dia o amante de Elisa, vigiando-lhe todos os passos, zelando pela fidelidade dele à sua "deusa"! E assim se passam mais três anos, até que, combalido pela fome e pela doença, este que fora outrora um guapo mancebo é encontrado uma madrugada "estirado no ladrilho, todo encolhido no jaquetão delgado, arquejando, com a face coberta de morte voltada para as varandas de Elisa".

Estranha história! O narrador, filósofo e comentador de Hegel, autor de um *Ensaio sobre os fenômenos afetivos*, vai salpicando o relato com hipóteses sobre os motivos de tão desarrazoado comportamento. Seu diagnóstico pode ser assim resumido: o moço, que já nos tempos de Coimbra havia chamado a atenção dos colegas por sua "horrenda correção", seria um caso perdido de hiperespiritualismo, atacado de uma "inflamação violenta e pútrida do espiritualismo", um "ultrarromântico loucamente alheio às realidades fortes da vida". Ao saber que José Matias havia se recusado a casar com Elisa na época da primeira viuvez, bem que tentou "esfuracar o ato com a ponta de uma psicologia que expressamente aguçara". Em vão: "já de madrugada, estafado, concluí, como se conclui sempre em filosofia, que me encontrava diante de uma causa primária, portanto impenetrável, onde se quebraria, sem vantagens para ele, para mim ou para o mundo, a ponta do meu instrumento!". Pobre narrador... diríamos nós, do alto de nossa psicologia moderna; seu instrumento não era dos mais afiados, ignorante que estava das descobertas da psicanálise! Que aguardasse mais trinta anos e lesse "Os que fracassam diante do êxito": lá encontraria, preto sobre branco, a teoria que lhe faltava, o instrumento para penetrar nas causas primeiras. Mas acautelemo-nos, pois nos volta à memória a resposta ferina que Freud deu certa vez a seu ex-discípulo Stekel. Este, procurando justificar certas ideias suas que contradiziam a psicanálise, havia dito ao mestre que "um anão nos ombros de um gigante vê mais longe do que este". Ao que Freud retrucou: "Sim, mas um piolho na cabeça de um astrônomo não enxerga nada".

Mesmo assim, não custa experimentar algumas hipóteses, para ver aonde elas nos conduzem. Pois o diagnóstico do narrador não nos esclarece muito: ele se limita a classificar o herói na categoria dos "ultrarromânticos", ou no máximo a pretender que sofria de uma "inflamação pútrida do espiritualismo". A metáfora médica não basta como conceito, já que nada diz sobre o que seja tal espiritualismo, nem sob quais condições ele pode se "inflamar", nem, sobretudo, de que modo a suposta inflamação produz precisamente estes e não outros efeitos sobre o comportamento do rapaz.

A bem dizer, o narrador avança duas outras possibilidades. Falando da felicidade serena com que José Matias suportara a castidade de relação com Elisa durante a vida do primeiro marido, o autor do *Ensaio sobre os fenômenos afetivos* postula que o moço "nascera desvairadamente espiritualista". Questão de constituição, diríamos hoje em linguagem mais empolada: a força das pulsões deste homem, ou a fraqueza delas, determinou seu destino. É evidente que a constituição assim incriminada não é mais do que uma petição de princípio, uma causa *ad hoc* que faz pensar na "virtude dormitiva" contida em certos alimentos, e que segundo um autor lembrado por Kant seria a responsável pelo sono de quem os ingerisse. A outra hipótese é igualmente descartável: descrevendo o caráter suave e manso de José Matias durante os anos em Coimbra, o narrador se admira de que o amigo fosse o único intelectual daquela geração a não rugir com as misérias da Polônia e a permanecer insensível frente à ferida de Garibaldi. Mas não era um sádico, não demonstrava dureza ou egoísmo: "toda a sua inabalável quietação parecia provir de uma imensa superficialidade sentimental". Parece que estamos aqui diante de uma causalidade suficiente, mas isso não se confirma: a "superficialidade sentimental" é apenas outro nome da "inabalável quietação", sem que possamos atribuir à primeira a origem da segunda. Para o psicanalista, ambas são apenas traços de caráter, talvez sintomas – que Ronald Fairbairn descreveu com o nome de *esquizoidia* – o que, desligado de considerações mais abrangentes, tampouco nos faz avançar muito na elucidação do problema.

Quais considerações? Vocês concordarão em que não é possível proceder como o narrador, e simplesmente catalogar o infeliz personagem como um espécime da classe dos "que fracassam ao obter êxito". E isto não somente porque a classificação nada explicaria deste destino único, mas principalmente porque não há motivo algum para supor que a viuvez da Elisa tivesse significado para José Matias um "êxito". A tal ideia recorreria de imediato o bom senso educado pela difusão da psicanálise: eles se amam, o marido morreu, estão dadas as condições para um desenlace (ou enlace) feliz; mas o José Matias pertence à categoria dos que fracassam com o êxito, de modo que, em vez de arranjar uma esposa, arranja uma neurose! Esta era a opinião do narrador, na noite em que conduzira à estação o amigo que ia se refugiar no Porto: "um ano de luto, e depois muita felicidade e muitos filhos... é um poema acabado!". Isto pressupõe que fosse desejo de José Matias desposar Elisa, de onde a espantosa desilusão que se apodera do narrador ao saber que ela se casara com o tal Torres Nogueira, e, mais ainda, que José Matias é que não quisera o matrimônio. E dê-lhe madrugadas insones...

É que sua "psicologia" descura alguns dados de grande importância, e que no entanto conhece, já que no-los transmite. Cito-o:

> Invejei aquele homem na janela, hirto na sua adoração sublime, com os olhos, e a alma, e todo o seu ser cravados no terraço, na branca mulher calçando as luvas claras [...]. E este enlevo, meu amigo, durou dez anos, assim esplêndido, puro, distante e imaterial! [...] Não duvide! Algum aperto de mão fugidio e sôfrego, sob os arvoredos de D. Mafalda, foi o limite exaltadamente extremo que a vontade lhes marcou ao desejo. O meu amigo não compreende como se mantiveram assim dois frágeis corpos, durante dez anos, em tão terrível e mórbido renunciamento... Sim, decerto lhes faltou, para se perderem, uma hora de segurança ou uma portinha no muro. [...] Mas, na castidade deste amor, entrou muita nobreza moral e muita finura de sentimento. O amor espiritualiza o homem – e materializa a mulher. Essa espiritualização era fácil ao José Matias, que (sem nós desconfiarmos) nascera desvairadamente espiritualista, mas a humana Elisa encontrou também um gozo delicado nessa ideal adoração de monge, que nem ousa roçar, com os dedos trêmulos e embrulhados no rosário, a túnica da Virgem sublimada. Ele sim, gozou neste amor transcendentemente desmaterializado um encanto sobre-humano. E durante dez anos [...] caminhou, vivo e deslumbrado, dentro do seu sonho radiante, sonho em que Elisa habitou realmente dentro da sua alma, numa fusão tão absoluta que se tornou consubstancial com o seu ser! Acreditará o meu amigo que ele abandonou

o charuto, mesmo passeando solitariamente a cavalo pelos arredores de Lisboa, logo que descobrira na quinta de D. Mafalda que o fumo perturbava Elisa?[10]

Esta passagem é uma espécie de concentrado do conto, e para o psicanalista ela contém algumas informações preciosas. Diga-se aliás que, não fosse a generosidade de Eça ao descrever com este grau de minúcia o comportamento de José Matias, nossos esforços estariam fadados ao mesmo destino que o instrumento noturno do narrador. Pois é só com detalhes aparentemente banais da vida, com as referências casuais a eventos, lembranças e fantasias passadas ou presentes – é só com este tipo de material que o psicanalista pode contar para apreender algo do funcionamento psíquico de seus pacientes (e, é claro, de si mesmo). O que o narrador conta ao amigo enquanto acompanham o enterro equivale ao que chamamos de *associações livres:* são lampejos em meio a um relato mais ou menos ordenado, com suas idas e vindas e comentários paralelos. Mas, dirão vocês, o José Matias não profere uma única palavra durante a história inteira! Como é possível analisar um defunto, e ainda por cima mudo?

Convenhamos que não é tarefa simples, mas invoco duas observações em favor do meu exótico procedimento. Primeiramente, este exercício de interpretação não é dirigido ao interessado, mas a vocês, e não tenta tornar consciente o inconsciente do falecido com vistas a alguma mudança que poderia ocorrer nele, ao se apropriar desta parte de sua história que o determina à sua revelia; quer apenas ilustrar como se pode compreender o desejo numa perspectiva psicanalítica, apanhado como está nas malhas do discurso, dos sintomas e das fantasias. Em segundo lugar, o narrador conta a história de José Matias por assim dizer de dentro, descrevendo o que o personagem faz e sente como se estivesse em sua própria pele. E é graças a esta profusão de detalhes, no seu recorte e nas configurações que eles desenham ao se superpor uns aos outros, que se podem perceber certas constantes, certos vetores que transportam significações, e deste modo formular algumas hipóteses que nos permitem compreender a quais exigências internas obedece o funcionamento psíquico do indivíduo que assim procede, sente e pensa. Se quiserem ser clementes, considerem que estamos numa situação semelhante à de uma supervisão: aqui também há uma narrativa feita por alguém que não é o paciente, e, do que lhe é comunicado, o supervisor infere certas

[10] "José Matias", op. cit., pp. 1236-7.

possibilidades suscetíveis de descrever com alguma coerência a que condição está sujeito o funcionamento psíquico de um terceiro. A supervisão decerto não se limita a isso, mas tal não é o nosso tema. Deixemos assim os paralelos, sempre curtos, e reconheçamos francamente que aqui nos entregamos a um exercício de psicanálise "aplicada", horror dos horrores!

Mas não é preciso corar. Nosso objetivo é simplesmente mostrar como opera o método psicanalítico, abstraindo dele o componente que vem para o primeiro plano num tratamento real – a análise da transferência – mas conservando seus princípios, e sobretudo seu modo peculiar de trabalhar com os elementos de um relato. Pois, se não estamos no consultório, não é grave deixar de lado um aspecto do método que, de qualquer modo, só poderia ser utilizado dentro dele... Essas justificativas me parecem oportunas, porque não é raro ouvirmos que "a psicanálise só pode ser praticada no enquadramento analítico". Isto é verdadeiro se estivermos falando de um tratamento, e ainda assim o que seja precisamente esse enquadramento é tema de muita discussão. Mas mesmo na obra de Freud encontramos textos fundamentais para a compreensão do que é a psicanálise, e que não se referem diretamente à famosa "clínica", embora se apoiem constantemente nos "resultados do trabalho analítico". Basta lembrar a *Interpretação dos sonhos*, *Totem e tabu*, "Uma neurose demoníaca no século XVII", "Uma lembrança infantil de Leonardo da Vinci" e outros textos, sem esquecer o artigo sobre os tipos de caráter do qual mencionei algumas linhas. De sorte que, se não nos propomos a obter resultados terapêuticos que de todo modo seriam inúteis para o falecido, nem é nosso alvo sondar os complexos de Eça de Queirós, mas queremos apenas utilizar os conceitos da teoria psicanalítica para elucidar a dinâmica de um indivíduo singular, podemos deixar os puristas esbravejarem sozinhos e nos dedicar sem culpas ao nosso jogo de armar.

OS SINTOMAS

Eu dizia que a passagem citada atrás contém para o psicanalista algumas indicações preciosas, e que o narrador descurara um dado importantíssimo ao supor que fosse o desejo de José Matias casar-se com Elisa. Na verdade, ao formular sua hipótese o narrador despreza quase tudo o que nos diz nesse trecho, e por esse motivo podemos considerá-la totalmente equivocada, mesmo antes de saber que o moço vai recusar a mão da bela viúva. Pois ele nos fala de "enlevo", do "encanto sobre-humano" que José Matias gozou "nesse amor transcendentemente desmaterializado". Será esta uma ilusão do narrador? Não: em outras passagens do conto, o estado de José Matias durante os dez primeiros anos é qualificado de "felicidade serena", cuja unidade perfeita é comparável à de um "cristal que por todos os lados rebrilha". De modo que as considerações sobre os "frágeis corpos" e sobre o "terrível e mórbido renunciamento" são perfeitamente descabidas, podendo ser atribuídas sem medo à fantasia do narrador (à sua contratransferência?). O mesmo vale para a teoria de que "faltou-lhes decerto uma hora de segurança ou uma portinha no muro para se perderem": nada indica que Elisa e José Matias estivessem à procura de um tal desvão... Tampouco se sustenta a oposição entre vontade e desejo, que supõe ser o desejo o de união carnal, e a vontade uma faculdade de deliberação que oporia um freio a tal desejo, tido por condenável ou por inconveniente. Nem o ego de José Matias lhe impõe considerações extraídas do "princípio de realidade", nem seu superego veta a satisfação libidinal que estaria supostamente ávido por obter. Ao contrário, tudo indica que o desejo de José Matias – qualquer que fosse – permaneceu absolutamente *gratificado* ao longo destes dez anos, que ele viveu em estado de graça precisamente porque as circunstâncias reais em nada lhe foram desfavoráveis, sendo mesmo correto considerá-las "conformes ao ego", para usar a expressão de Freud.

Mas isso só nos coloca mais problemas. Pois que desejo é esse, que se satisfaz de maneira tão esdrúxula? Podemos suspeitar que se trata de um desejo inconsciente, embora obviamente nada dele seja explicitado na narrativa. É aqui que se mostram preciosas as indicações que o narrador deixa escapar na passagem que mencionei. Em primeiro lugar, o herói escancara as vidraças da janela e se entrega, absorto, à adoração sublime de uma "branca mulher calçando as luvas claras", adoração comparada à de um monge que não ousa tocar a Virgem nem mesmo com os dedos embrulhados no rosário. A segunda indicação importante está no fim do trecho, quando nos é dito que José Matias caminhou por dez anos "dentro de seu sonho radiante, sonho em que Elisa habitou realmente sua alma, numa fusão tão absoluta que se tornou consubstancial com o seu ser". Maneira de dizer que o herói incorporou o objeto do seu amor, colocando-o para dentro de si. A incorporação é um mecanismo que a psicanálise situa nas fases mais arcaicas da vida psíquica, na fase ou na forma de se relacionar com o objeto qualificada como "oral". E essa ideia soará menos arbitrária se recordarmos que, em consequência desta fusão, José Matias larga o charuto, sob a racionalização de que o fumo perturbava Elisa. Pois, se estava longe dela, para que abster-se do tabaco? É que, justamente, *não estava longe dela*; havia incorporado ou introjetado sua imagem, e assim não apenas ela estava ali, no cavalo, com ele ou dentro dele, mas ainda se tornava desnecessário o recurso a outro objeto oral para efetuar a introjeção: de onde a renúncia sem problemas ao dito charuto.

Mas, durante estes dez anos, José Matias não permaneceu inativo. O narrador nos informa de que "criou modos novos, estranhos, derivados da alucinação". Por exemplo, passa a cear sempre no Café Central, com a mesa profusamente iluminada e juncada de flores; redecora seu quarto, mandando forrá-lo de seda clara e retirar umas gravuras clássicas de "sátiros ousados e ninfas rendidas". Instala para Elisa, que jamais vai à ópera, um camarote em que figura com destaque uma poltrona branca de cetim. E por aí vai, gastando a rodo, desbaratando com o amor de uma mulher "a quem nunca dera uma flor" a quantia polpuda de sessenta contos de réis. De modo que esse homem, tão comedido na época dos seus estudos, vai passando por uma série de modificações no seu modo de agir, modificações que o narrador relaciona ao sonho da "presença real da divina Elisa no seu ser".

Notem que tais modificações não são aleatórias: parece necessário que haja sempre muita luz, muita claridade, em situações tão diversas quanto as da "branca mulher calçando luvas claras", o camarote, o quarto e a mesa da ceia. A retirada das gravuras indica que para ele se tornara repulsiva até mesmo a representação convencional do sexo, banalizada nas imagens dos faunos e das ninfas. Podemos assim supor com razoável probabilidade que não há só castidade e espiritualismo no quadro psíquico do personagem, mas um conflito que conduz a uma inibição da sexualidade genital, e que esta inibição vai se agravando com o correr dos anos. Também parece razoável sugerir que tal inibição poupa precisamente o ato de ver, e mesmo que o *reforça*, como se a intensidade sexual refluísse quase toda para uma configuração em que prevalece a pulsão visual. E neste caso poderíamos deixar de nos surpreender com a modalidade de realização de desejo que José Matias repete incansavelmente durante dez anos, a *contemplação a distância* de uma mulher que pertence a outro homem, contemplação que se torna possível, na forma específica que assume (a "adoração hirta"), graças a uma fusão, ou, como diríamos, a uma introjeção desse objeto, que no entanto não atinge as proporções de uma identificação completa: José Matias não se torna "feminino" por causa dela.

Não estamos, certamente, diante de um comportamento que possa ser qualificado de doentio, mas também não é o que seria esperável de um adulto jovem. Digamos que tal constelação parece refletir uma infantilização do personagem, uma regressão a modos de funcionamento mais precoces. Mas, para sustentar esta hipótese, seria necessário sabermos algo da infância dele, ou pelo menos construir uma ideia plausível acerca das vivências ou dos processos que teriam canalizado sua libido para estes "caminhos" e esses "fins".

Aqui, Eça foi cruel com o psicanalista: há muito poucos indícios para nos orientar nessa direção. Tentemos, mesmo assim, agrupá-los e ver o que é possível extrair deles.

Dos pais de José Matias, sabe-se apenas que morreram quando estudava em Coimbra, primeiro o pai, depois a mãe, "delicada e linda senhora" que lhe deixa de herança cinquenta contos. Não se fala de irmãos, e parece certo de que não existiram, já que a mãe lhe deixa o que deve ter sido toda a fortuna do pai. Tampouco soa como ironia do narrador a caracterização da mãe como "linda e delicada", o que é útil, posto que Elisa será descrita como belíssima, como a sublime beleza romântica da Lisboa de então: "alta, esbelta, ondulante, cabelos negros, lustrosos e ricos, uma carnação de camélia muito fresca, olhos negros, líquidos...". Até o filósofo, laborioso anotador de Hegel, lhe rimou um soneto da primeira vez que a avistou! Além disso o termo *delicado* é usado pelo narrador para adjetivar o "gozo delicado" da moça com a adoração monástica que lhe votava José Matias. Se somarmos a isso a referência à Virgem, mãe de Deus, tais indícios apontam no sentido de que algo desta mãe é reencontrado, após a morte dela, no aspecto físico e no temperamento de Elisa: eis aí algo que, se puder ser apoiado por outros indícios, nos daria uma pista sobre a relação infantil do herói com a sua mãe.

Do pai, Albuquerque, só sabemos o nome; mas há diversas informações sobre o tio, o visconde de Garmilde, general "sempre de bigodes terrificamente encerados, as calças flor de alecrim desesperadamente esticadas pelas presilhas sobre as botas coruscantes, o chicote debaixo do braço como a tremer, ávido de vergastar o mundo". Coisas do aprumo militar, dirão vocês; mas não é curioso que José Matias seja descrito pelo narrador como uma versão atenuada do tio Garmilde, nos detalhes do vestir e da personalidade, como se esse tio fosse um forte modelo identificatório? Desde a primeira página, o traço mais saliente do rapaz é "sua elegância sóbria e fina": "nunca uma poeira estouvada nos *sapatos*", "nunca um pelo rebelde do cabelo ou do *bigode* daquele *rígido alinho* que tanto nos desolava".

Matias é um destro cavaleiro, e o tio, general da cavalaria (o chicote); e, num outro momento do conto, o herói sai a cavalo (já sabemos que passeia assim pelos arredores de Lisboa), desta vez com um "imenso chicote", conduzindo uma caravana de prostitutas para saudar o nascer do sol.

Para o psicanalista, esses detalhes sugerem duas ideias: alguma identificação do menino com o tio, e um temperamento rígido, beirando o excesso. José Matias nunca se altera, não se comove com a Polônia nem com Garibaldi (símbolos da luta contra a opressão e a autoridade), é suave, cordial e mansamente risonho. Não é escandaloso ser assim: mas, somados ao apuro exagerado no vestir, estes atributos sugerem um caráter com traços obsessivos, de onde a hipótese de que tal caráter tenha algo a ver com a repressão de intensos impulsos agressivos de origem anal. O quê, dirão vocês, isto é demais! Podem sorrir, se quiserem; a correlação entre o caráter obsessivo e o erotismo anal foi estabelecida por Freud em 1908, e vem sendo regularmente comprovada pela psicanálise há oitenta anos. A ideia é simples: existem no ser humano tendências ligadas à pulsão agressiva e à dominação; o protótipo do domínio sobre um objeto é o controle que cada um de nós aprendeu a exercer sobre seu intestino. A *formação reativa* consiste na inversão dessas tendências no nível manifesto, para melhor desembaraçar-se delas. No entanto, elas permanecem ativas no inconsciente; assim, o asseio, a meticulosidade e uma relação complicada com o dinheiro – que pode ser mais tingida de avareza ou de prodigalidade, o importante sendo o caráter compulsivo destes traços – correspondem a tendências e fantasias de conteúdo oposto, frente às quais a consciência manifesta extrema repugnância. A intensidade das defesas é assim proporcional à intensidade dos fatores inconscientes que elas precisam bloquear. A agressividade reprimida poderia ser, por essa peculiar lógica das compensações, a verdadeira fonte daquela "superficialidade sentimental" a que o narrador atribuía os hábitos exageradamente comedidos, e a serenidade beirando a indiferença, que tanto chamavam a atenção dos seus colegas em Coimbra. Mas tal conflito, se existir, não poderia deixar de produzir sequelas: e estas vão aparecer na *indecisão* de que dá mostras José Matias, primeiro na descrição do narrador – "boca indecisa de contemplativo" – e depois na dúvida angustiada à qual sucumbe no Porto, enquanto espera passar o luto de Elisa: "que hei de fazer? que hei de fazer?", repete ele, incapaz de deliberar quanto ao seu futuro.

Eis aqui, portanto, um homem jovem sobre cuja história pulsional podemos levantar algumas conjecturas convergentes. Filho único de um pai rico e de uma mãe linda e delicada, parece ter sido submetido a uma dose incomum de repressão na época em que as tendências anal-sádicas estavam em maior atividade. Como isto ocorreu é impossível dizer; mas não é absurdo supor que algum conflito intenso se deu nessa época, criando condições para a identificação com o tio militar, talvez como forma de derivar essa agressividade para uma finalidade menos perigosa, mas certamente deixando marcas no caráter da criança e nos sintomas relativamente benignos da época de estudante (final da adolescência).

A inibição da agressividade vai de par com uma inibição da virilidade; isso é repetidamente acentuado pelo narrador, através do detalhe pitoresco dos pelos atribuídos aos personagens masculinos. José Matias é louro e seu bigode é crespo; o tio tem bigodes terrificamente encerados, o conselheiro Matos Miranda suíças grisalhas, o segundo marido de Elisa fartos bigodes negros associados repetidamente à saúde e ao vigor sexual, e o amante do fim ostenta uma bela barba escura num rosto "sólido e branco". É inegável a ênfase na pilosidade dos machos, e o seu espectro vai justamente dos pelos louros e moles de José Matias (ele deixa crescer a barba ao fim da vida: "barba rala, indecisa, mole, suja..."), passando pelas suíças grisalhas do marido e pelos bigodes encerados do general, rumo à barba escura do amante, para atingir o clímax na grossa bigodeira preta do Torres Nogueira, "que apetecia mais à carne de Elisa do que o buço louro e pensativo de José Matias". Nessa escala, José Matias se encontra indubitavelmente no extremo menos másculo. Não é fora de propósito, assim, discernir através dos termos empregados pelo narrador uma forte inibição da sexualidade genital. Se não for muito ousado aproximar essa peculiaridade da figura "linda e delicada" da mãe, será lícito concluir que em José Matias podemos vislumbrar uma tendência homossexual inibida quanto ao fim, porém suficientemente intensa para impedir-lhe qualquer contato físico com o sexo oposto. Esta hipótese soará menos esdrúxula se nos lembrarmos de que, mortos os pais e financeiramente independente, o que faz é ir morar com o velho tio Garmilde (solteiro? viúvo? não sabemos, mas em todo caso sem filhos, já que o rapaz herda dele mais cinquenta ou sessenta contos)... Quase imediatamente, apaixona-se platonicamente pela mulher do vizinho, e vive dez anos em estado de graça, num amor sem dúvida nobre e casto, mas do qual está com certeza excluída qualquer satisfação física.

Ora, dirão vocês: agora é o psicanalista quem argumenta de modo preconceituoso, exigindo do pobre Matias que tivesse tido um caso com a Elisa Miranda! Não é o que se censurava na psicologia rombuda do narrador? Sinto decepcioná-los, mas não é o mesmo. Pois, se o que lhes propus tem alguma possibilidade de corresponder à dinâmica pulsional do personagem, devemos concluir, contrariamente ao narrador, que não é em absoluto casual que ele tenha escolhido como objeto de paixão a bela mulher de um homem idoso, e que durante estes famosos dez anos o tenha respeitado carinhosa e escrupulosamente. Para o narrador, "aquele digno diabético, tão grave, sempre de cachenê de lã escura, com suas suíças grisalhas e seus ponderosos óculos de ouro, não sugeria ideias inquietadoras de marido ardente, cujo ardor, fatalmente e involuntariamente, se partilha e abrasa". Mas ele interpreta a atitude respeitosa do jovem para com o velho no sentido de um "magnânimo desdém pela presença corporal do Miranda no templo onde habitava sua deusa"; essa interpretação não convence, e não convence por dois motivos. Primeiro, o "digno diabético" podia não ser um marido ardente, mas nas fantasias de José Matias o que ele faz com Elisa é exatamente o mesmo ato a que se dedica incessantemente, isto é, *olhar para ela:* "o velhote podia *contemplar* Elisa desapertando as fitas da saia branca". Há, portanto, a ideia de uma relação sexual, porém – como seria de esperar – conforme ao modelo do que é para Matias uma relação sexual, aquela mesma que lhe dá tanto prazer: olhar um corpo branco, uma saia branca, uma poltrona branca. Segundo, quando morre este venerável cidadão, a reação do herói nada tem de magnânimo nem de desdenhoso, sendo comparada ao contrário a "um terremoto de incomparável espanto". José Matias entra em pânico, seu olhar é descrito como inquieto, ansioso, aterrorizado, e decide incontinenti viajar para o Porto, a pretexto de que era mais "delicado" passar longe da viúva os meses de luto fechado. O pretexto é isso mesmo, um pretexto; estamos diante de uma reação catastrófica, de pavor frente a algo que parece ter sido desencadeado pelo falecimento do marido de Elisa. E o próprio narrador é quem nos diz do que se trata: visitando o amigo na volta do enterro do conselheiro, surpreende-o a mirar fixamente as janelas fecha das da casa onde agora habita uma Elisa livre; e o que Matias vê à sua frente não é mais uma casa, é "a jaula mal segura onde se agita uma leoa". Esse detalhe me parece ser a chave para compreender toda uma série de aspectos da singular conduta de José Matias.

AS IDENTIFICAÇÕES

Pois a morte do bom Miranda tem para ele o sentido de um verdadeiro trauma. Tudo muda em sua vida a partir desse instante; após a viagem ao Porto, ele já não será o mesmo; nem sombra da "felicidade serena" para mitigar sua agitação. É como se o afastamento do velho reativasse algum obscuro temor infantil, que até então havia podido ser neutralizado ou contido pela presença dele. E a frase do narrador nos permite vislumbrar qual pode ter sido este temor: na jaula em frente, a leoa que se agita não é outra senão a viúva. O pavor de José Matias, se tomarmos ao pé da letra a imagem da leoa, parece ser que esta o vá devorar, assim como devorou o marido. Metaforicamente, a "fome de leoa" parece estar associada à sensualidade transbordante da viúva; mas não creio que esta seja a melhor hipótese. Nada, no comportamento anterior da moça, justifica a ideia de que agora fosse saltar sobre o vizinho em busca de satisfação sexual! Penso que a imagem da leoa ganha em ser lida literalmente, e que alude ao *risco de ser devorado pela mãe*, se consentirmos em ver na figura de Elisa um substituto disfarçado da imago materna.

Existe algum elemento da história que possa vir em apoio dessa hipótese? Partamos da fantasia atribuída pelo narrador a José Matias, segundo a qual "Miranda podia ver Elisa desapertando as fitas da saia branca". Vimos que isso significa uma versão arcaica da relação sexual, daquilo que ocorre entre um casal na intimidade. A predominância dessa ideia inconsciente em variados contextos da vida e da maneira de amar de José Matias sugere que se trata de uma teoria sexual infantil, da teoria que teria organizado o universo de desejo do menino que o personagem foi: quando um casal está junto, o homem olha para a mulher e esta lhe retribui o olhar. Ver é aqui, se me permitem a expressão, "comer com os olhos", no sentido figurado, mas também no sentido literal: ver é igual a ter relações, e ter relações é igual a comer. Daí que passe o tempo a "*cravar os olhos*, e a alma, e o ser todo" na carnadura fresca e nos olhos negros da bela Elisa. Mas a morte do marido produz nele tamanho abalo, que somos levados a nos perguntar: quem come quem neste cenário inconsciente? À primeira vista (!), come quem olha fixamente, e a adoração de Matias por Elisa realiza de modo disfarçado a fantasia de estar com ela à maneira oral, de "pô-la para dentro", de "comê-la". Mas atenção: surge a imagem da leoa, e simultaneamente o jovem, presa de um pânico incontrolável, toma o primeiro trem para longe da jaula que mal a segura. Agora é ele quem corre o risco de ser "comido", e assim se justifica a fantasia que lhe atribuí há pouco: o marido não morreu de pneumonia coisíssima nenhuma, foi é devorado pela leoa insaciável que se oculta atrás das janelas da casa vizinha. Parece ter ocorrido assim uma significativa alteração nesta sinonímia inconsciente, ver = comer = ter relação sexual: de sujeito da cena, Matias passa a se imaginar objeto comível/visível, o que explica por que precisa sair precisamente do raio visual da viúva (= viajar para outra cidade). O que gostaria de examinar agora é a qual origem podemos atribuir essa súbita transformação; eu a veria numa identificação precoce do menino com a mãe. Mas vamos por partes, a fim de verificar se essa ideia é plausível ou se precisaremos descartá-la.

Que a forma privilegiada de satisfação pulsional de José Matias é olhar fixamente para uma mulher que não lhe pertence me parece suficientemente demonstrado. O que é novo, se meu argumento estiver correto, é que essa modalidade de satisfação *condensa diversos elementos de sua sexualidade infantil*. José Matias é filho único de uma "senhora linda e delicada", que em nada se assemelha a uma leoa; mas isso não constitui obstáculo, já que deduzimos de suas incisivas defesas caracteriais uma forte combinação de tendências agressivas. A imagem da leoa pode ter se formado pela projeção dessa agressividade na mãe, sob um modo predominantemente oral, e isso nos dois aspectos que segundo Freud e mais especialmente segundo Karl Abraham caracterizam as finalidades sexuais orais: sugar e morder. Não parece muito arriscado supor, nesse menino, uma fixação oral intensa e duradoura, se atentarmos para a proliferação de sintomas "orais" que ressaltam do seu comportamento: além de investir quase exclusivamente a mulher "vista", ele *fuma* desbragadamente, lê com *voracidade*, morre de *bebedeira*, necessita sempre muita luz ao *comer*, manda retirar da parede *gravuras* que representam sátiros e ninfas se divertindo... O olhar "cravado", "penetrante", representa uma condensação das duas finalidades orais: por um lado, equivale à sucção desenfreada, e por outro visa assegurar-se de que essa sucção não matou o objeto, que o seio continua existindo (postado na janela, no caso do adulto voyeurista). Trata-se, portanto, de um ato que simultaneamente satisfaz a pulsão libidinal e alivia a angústia produzida pela modalidade específica dessa satisfação: a de que o objeto esvaziado, maltratado, mordido e despedaçado se volte contra o agressor para persegui-lo de dentro – pois, se o objeto está "fora" e "vivo", isso significa que não está "dentro" nem "morto". Mas esta eventualidade pode ocorrer – de onde a necessidade de reiterar seguidamente o mesmo ato e assim dar início, sempre de novo, ao mesmo ciclo. Olhar fixamente significa, portanto, "eu sou a leoa" e "ela é a leoa", conformemente à ausência de contradição que vigora no inconsciente.

Mas por que "eu sou a leoa" e não "eu sou o leão"? De onde poderia provir tal fantasia identificatória? Talvez José Matias tenha sido longamente amamentado pela mãe, que nesse caso teria gratificado abundantemente o desejo oral do seu filho, contribuindo para fixá-lo nesta modalidade de satisfação. Ou talvez, ao contrário, a "delicada" senhora não tivesse muito leite, e por esta ou aquela circunstância a criança tenha sofrido frustrações importantes em seus primeiros meses de vida. Em ambos os casos – privação excessiva ou gratificação excessiva – o que é importante é o fator "excessivo", já que ambas poderiam produzir o mesmo efeito, a saber uma fixação oral de grande intensidade. Isso deixando de lado, para simplificar, a contribuição da própria criança para essa situação, sob a forma de fantasias que elaborariam essa circunstância real e deixariam bastante longe qualquer conformidade com aquilo que a crônica familiar poderia ter guardado quanto aos acontecimentos daqueles tempos distantes. Não se trata evidentemente de pesquisar documentos de arquivo, mas de tentar construir um modelo cujo funcionamento possa dar conta da singularidade do comportamento observável, através de mecanismos que obedeçam à lógica geral do funcionamento psíquico.

Neste sentido, a fixação oral da qual estou fazendo tanto caso representa uma condição de possibilidade para exercer efeitos a distância, suficientemente disfarçados e conforme às exigências de uma personalidade adulta, efeitos que eu discerniria precisamente nos sintomas que enumerei. Tal fixação teria sido acompanhada, no registro narcísico, pela introjeção de uma figura materna ameaçadora, com os traços de uma "leoa mal segura na jaula": como isso é possível? Se pensarmos na agressividade reprimida do menino, que pudemos estabelecer com razoável grau de probabilidade, podemos inferir que esta agressividade não é indiferente à constituição de uma figura materna dessa espécie. Teriam existido, neste caso, fantasias oral-sádicas importantes, centradas talvez na devoração, e que posteriormente, quando a criança aprendeu a distinguir os animais, poderiam ter se concentrado na figura da leoa como seu emblema ou seu significante. Em todo caso, parece que existe uma representação inconsciente apta a ser simbolizada por esse animal. Aterrorizada pela imagem fantasmática de uma mãe devoradora, a criança não poderia nem tomá-la como objeto nem ser para ela um objeto, já que manter com tal representação relações no plano do objeto equivale a ser devorado por ela.

Em vez disso, suponho que José Matias tenha regredido da escolha de objeto à identificação, e se identificado com essa mãe, porém de modo muito peculiar:

não se torna sexualmente feminino, não é um homossexual, mas essa homossexualidade permanece latente, encoberta pela modalidade de satisfação pulsional que toma como caminho o "olhar fixamente". É como se nele algo se opusesse à identificação completa com a mãe imaginada; deste conflito entre "ser como a mãe" e "ser como o pai" – da resolução, portanto, do seu complexo de Édipo – vai resultar uma marcada inibição sexual. Ele nem se afasta das mulheres, nem se aproxima delas, mas mantém um equilíbrio através do olhar fixo nelas cravado. Essa inibição sexual é correlativa da inibição da agressividade, deixando traços no seu caráter "indeciso" e "contemplativo", o que quer dizer, ao pé da letra, imóvel (= paralisado entre duas tendências antagônicas, ou entre tendências e defesas simétricas em localização e intensidade) e... que gosta de olhar. A agressividade infantil de origem oral e anal vai ser assim neutralizada por defesas caracteriais que se expressam por "superficialidade sentimental" e "inabalável quietação", pela ausência de paixão pelas causas que mobilizam a juventude do seu tempo em lutas contra o opressor, pela "indecisão" e por outros aspectos do seu temperamento que parecem aqui encontrar um ponto de origem comum. Paralelamente, a inibição da sexualidade genital parece provir de uma regressão bastante estável a formas atenuadas da sexualidade prégenital, que confluiriam para o investimento da visualidade nas modalidades que já conhecemos.

Qual poderia ser o fator que freou a identificação integral com a mãe, que, se se tivesse completado, provocaria a escolha de um objeto homossexual, isto é, o pai? Aqui, obviamente, estamos no terreno das conjecturas, e o único critério para avaliar sua plausibilidade é a congruência ou não com os elementos de que já dispomos. Se o menino passou por algum conflito do tipo que procurei circunscrever, parece lógico supor que tal conflito não tenha envolvido apenas a figura da mãe, mas também a do pai. Esse conflito precisaria responder a certas condições: pois da solução dada a ele resultou algo que impediu a identificação completa com a mãe, isto é, que de algum modo deu ao menino condições de atravessar o complexo de castração. Precisaríamos supor um acontecimento ou uma sucessão de acontecimentos capazes de serem "metabolizados" pela fantasia como significando que "ser como a mãe" é perigoso, mas "ser como o pai" também o é, embora menos. Isso teria o efeito de bloquear a via regressiva que o conduziria à posição feminina, mas sem ter força suficiente para impelir o menino rumo à identificação com o pai, e assim à predominância da virilidade no plano sexual. Ou seja: algo na posição feminina parece ter sido suficientemente temível para provocar repulsa e favorecer uma identificação parcial com o pai. Que essa identificação masculina existe é indubitável, não só porque o personagem se interessa por Elisa, mas ainda porque, como vimos, copia traços do tio familiar – a elegância, o bigode, a meticulosidade, o interesse pelos cavalos, etc. É como se a tendência a se identificar com o pai tivesse sido bloqueada pela tendência passiva a se identificar com a mãe, disso resultando uma espécie de inércia nesse setor e a derivação do modelo identificatório para o tio, provavelmente disponível já na infância.

Tentemos imaginar mais claramente as etapas dessa evolução. O momento mais precoce a que podemos recuar e o do canibalismo infantil, que teria sido acentuado por uma dose incomum de frustrações orais, quer por experiências de privação, quer por alguma sensação de insuficiência e de angústia vinculada a essa esfera. Em sua forma seguinte, ligada às pulsões anais, essa agressividade teria suscitado conflitos que culminaram na sua inibição mediante o estabelecimento de defesas no nível do caráter, e no retrocesso a uma forma oral de destruição do objeto, valendo-se da ambiguidade inerente à introjeção: o objeto incorporado é simultaneamente destruído e conservado no interior daquele que o destrói.

A formação de compromisso que resultou dessas operações – o investimento exclusivo na pulsão de ver – é de ordem tão monolítica, que sugere a concorrência de vários fatores para esse desfecho: às tendências orais e anais que mencionei teriam assim se agregado outras, provenientes da fase fálica. Podemos imaginar esse menino curioso por saber a respeito das coisas sexuais, procurando "ver claro" nesses portentosos enigmas, e talvez procurando também ver diretamente os órgãos sexuais de alguma menina ou mulher. Tal interesse sexual direto poderia ter sido coibido por uma ameaça de castração, de acordo com o esquema clássico; ele refluiria assim para uma satisfação "neutra" ou inofensiva, a de ver a distância. Esse aspecto de distância parece ter sido importante, já que a "superficialidade sentimental" é outro nome da distância emocional. A ameaça de castração teria assim tido efeitos catastróficos, apresentando talvez o pai como uma figura ameaçadora e com quem a identificação não teria sido possível de modo satisfatório; por outro lado, a tendência à identificação com a mãe teria sido satisfeita pela formação do desejo de "olhar penetrantemente" (= comer com os olhos); em todo caso, esta também não se cumpre completamente. É como se o menino tivesse pensado algo assim: "se ser como minha mãe significa ser castrado / devorado pelo pai, então é melhor não ser igual a ela". Mas o caminho da escolha heterossexual de objeto não pôde ser seguido até o fim, em função da pregnância da imago materna, simultaneamente cobiçada e temida (a leoa aterrorizadora/a senhora "linda e delicada"). De modo que, dilacerado entre essas possibilidades, o menino não pôde decidir-se por nenhuma delas e acabou por reprimir qualquer interesse físico, quer por homens, quer por mulheres. Desta conturbada história, teriam resultado tanto as inibições afetivas assinaladas pelo narrador quanto à inibição sexual que procurei delimitar.

Tudo isso pertence, como é óbvio, ao reino das hipóteses. Mas não custa verificar se essas hipóteses nos auxiliam a compreender o que se passa na vida desse homem. Suponhamos que sua história pulsional tenha sido mais ou menos parecida com nossa reconstituição; o que se seguiria disso? Nosso José Matias vai para Coimbra, forma-se e não exerce a profissão em que se diplomou. Mortos os pais, sem perspectivas de casamento, financeiramente seguro pela herança que recebeu, talvez tenha se perguntado o que fazer da sua vida. O convite do visconde para ir morar com ele vem a calhar, e, se algum problema se havia colocado quanto à relação com as mulheres, este é instantaneamente resolvido quando divisa a vizinha na janela. Existem aqui dois aspectos: a predisposição de José Matias e as características específicas dessa mulher, que a tornam apta a ser investida como objeto por alguém com esta disposição. Comecemos pela segunda vertente: Elisa é linda como a mãe, e sobretudo *já é de outro homem*, isto é, satisfaz uma condição fundamental do regime de desejo próprio a José Matias – a de poder se compor com a inibição sexual que o singulariza. Na cena da realidade aparece assim um objeto conforme às especificações do roteiro inconsciente, simultaneamente próximo dos traços mais tranquilizadores da mãe e distante dos seus aspectos mais ameaçadores, que pode ser *vista* sem risco de punição pelo pai, exatamente porque é inacessível enquanto estiver casada com outro. José Matias não poderia ter tido mais sorte! O que o narrador interpreta como "magnânimo desdém" pelo marido diabético é na verdade a condição de realização do desejo inconsciente – poder fartar-se de observar uma mulher, mantendo-a na distância exata para ser apetecível sem se tornar perigosa.

Mas esse exercício constante do desejo não deixa de ser arriscado: a frequência com que ele é gratificado e a intensidade mesma desta gratificação fazem ressurgir em surdina ecos dos antigos conflitos edipianos, centrando-os agora no que convém chamar de "retorno do reprimido". E surgem então os "modos estranhos" em José Matias, sintomas ainda leves que sugerem a reativação gradativa do conflito infantil: são as ceias profusamente iluminadas, a redecoração do quarto, a retirada das gravuras que representam demasiado obviamente o que é a satisfação erótica genital, a poltrona branca no camarote da ópera, os gastos desmedidos... Esses atos e práticas não são todos equivalentes entre si. Creio que devemos atribuir importância central ao detalhe da luz e à significação do branco, que retornam insistentemente ao longo do conto todo. Eles parecem ligados a alguma condição do desejo infantil reprimido, associando-se à pregnância do olhar como modo de satisfação pulsional. O fato é que, saciado amplamente o desejo oral, José Matias não precisa mais do charuto, e deixa o hábito de fumar. Mas a relação de luz/claridade com seu desejo reaparece num vínculo deslocado: é a ceia, o ato de comer, que passa a incluir/exigir esta condição, num jogo sobredeterminado com a satisfação sexual e com as possibilidades reais oferecidas a um rapaz do seu nível social.

E isso dura dez anos! Dez anos de um "gozo sobre-humano", de uma adoração de monge... *Ad-oração*, observaria o psicanalista matreiro, provém de *os-oris*, o termo latino para "boca". A adoração é, portanto, a forma em que se condensam os desejos orais e sua realização visual. Tudo isso garantido pela inacessibilidade de Elisa, casada com o bom Matos Miranda; de forma que não é de admirar que o falecimento desse honrado cavalheiro tenha tido para José Matias o efeito de um "terremoto de incomparável espanto". O narrador está a léguas de compreender isto, ele que, voltando do enterro de Miranda, se detém na casa do visconde para levar ao amigo a "força moderadora da filosofia". Moderadora, sabe-se lá, do suposto desejo do Matias pela viúva! De onde sua perplexidade frente à reação deste último: agitado, aterrorizado, ele não desprega os olhos da janela fechada do vizinho, presa da mais terrível ansiedade. Por quê? Nossa hipótese sugere uma resposta: porque acaba de desaparecer a condição que possibilitava a realização impune do desejo inconsciente. Elisa não é mais, agora, inacessível: é como se a antiga imago da mãe devoradora tornasse a revestir-se de vida e de eficácia. O trauma teria neste caso provocado uma regressão às fantasias orais arcaicas, estas mesmas que, durante o período precedente, haviam podido ser controladas e elaboradas em diferentes conexões, produzindo os traços de caráter e as modalidades de satisfação pulsional que já conhecemos.

O fato é que José Matias passa fora de Lisboa os meses do luto, presa de uma dúvida atroz: "que hei de fazer?, que hei de fazer?". Esta dúvida é acompanhada por um recrudescimento da libido oral: no hotel, o rapaz passa os dias "lendo muito", bebendo cerveja gelada, fumando até a hora de se vestir para "ir jantar na Foz". Também se recusa a ver Elisa, que, apaixonada, o assedia com cartas e visitas. Essas atitudes sugerem que está em atividade um violento conflito, que o psicanalista identificaria como de natureza pulsional: a angústia suscitada pelo desejo sexual é tão intensa que desemboca numa espécie de fobia, o objeto de amor tendo se convertido em objeto de temor. Mas aqui se trata de uma fobia larvar, inibida, que não chega a se constituir plenamente: pois não há aparição de um objeto substitutivo, como o cavalo do pequeno Hans. O que põe fim aos tormentos do herói é um fato da realidade exterior: Elisa cede aos rogos do senhor Torres Nogueira e acaba por se casar com ele. E o que faz o Matias? Retoma à casa do tio, que entrementes falecera, e recomeça o namoro a distância com aquela mesma moça que, quando estivera disponível, tanto o assustava!

O TRAUMA: REGRESSÃO E NOVO COMPROMISSO

Mas se acabaram os dias da "serena felicidade". Torres Nogueira não é um velho diabético, mas um homem vigoroso, cuja vitalidade sexual se expressa nos vastos "bigodes negros". E esses bigodes são um espinho na carne do contemplativo Matias, que se consome em ciúmes e em fantasias sobre o que se passa no "leito excelente de Elisa". É para sacudir a pungência desses tormentos que ele dá início a uma série de extravagâncias, que por um ano vão escandalizar os lisboetas. Uma delas é mencionada com incredulidade pelo narrador: "uma ceia oferecida a trinta ou quarenta mulheres das mais torpes e sujas, apanhadas pelas negras vielas do Bairro Alto e da Mouraria, que depois mandou montar em burros, e gravemente, melancolicamente, posto na frente, sobre um grande cavalo branco, com um imenso chicote, conduziu aos altos da Graça para saudar a aparição do Sol!".

Este ato sintomático parece condensar toda uma gama de fantasias, realizadas simultaneamente e de modo disfarçado, mas cuja pressão parece ter chegado a um ponto intolerável, posto que obriga o personagem ao que chamamos *acting out* ou passagem ao ato. As prostitutas "torpes e sujas" representam a mulher degradada pela sexualidade, e ao que tudo indica são uma materialização da imagem denegrida de Elisa, que agora se empolgava com o seu brutamontes de bigodes negros. Sua nova vida sexual é imaginada, ao que parece, em termos de algo "sujo", tanto no sentido moral quanto no sentido fecal. Os detalhes da ceia e da "aparição do Sol" sugerem que, além desta significação "atual", existe uma determinação mais arcaica para essa figura feminina: ela provavelmente lança raízes nas fantasias infantis acerca da mãe erotizada, que Freud estudou em seu artigo "Sobre a degradação mais comum da vida amorosa". Tal degradação consiste na cisão do objeto sexual em duas partes, uma abertamente sensual, outra que acolhe toda a ternura do sujeito. Trata-se de homens que não podem, por impedimentos internos, realizar suas fantasias sexuais com as mulheres que amam; vão por isso em busca de outras, em geral de condição social inferior, que desejam, porém não amam. Tal parece ser o caso de José Matias no episódio das prostitutas, a quem faz cumprir as indicações do roteiro inconsciente ao qual estão fixadas as especificações do seu desejo; "comer" e "luz". A famosa ceia significa assim um coito oral que se conclui pela estranha procissão matutina, na qual o rapaz, identificado com o tio militar (o chicote, o cavalo branco, a "gravidade"), as conduz até os altos da Graça. Na sua própria ritualização estilizada, esses gestos testemunham uma característica infantil, e exorcizam aquilo mesmo que simultaneamente realizam.

"Mas todo este alarido não lhe dissipou a dor, e foi então que, nesse inverno, começou a jogar e a beber!".[11] O jogo e a bebida vêm assim cumprir uma função que não escapou ao arguto autor do *Ensaio sobre os fenômenos afetivos:* são *prazeres substitutivos.* Mas não são aleatórios, embora não sejam óbvios, à primeira vista, os motivos pelos quais um indivíduo que passa os dias "com os olhos e a alma cravados no terraço fatal" precise correr à noite para "jogar freneticamente" e "cear com jorros desesperados de conhaque e de champanha". É à psicanalista

[11] "José Matias", op. cit., p. 1243. A esse respeito, o narrador fala de "vida espicaçada pelas Fúrias". "Fúrias" é o nome dado pelos romanos às Erínias, divindades gregas arcaicas que vingam os crimes de sangue, em especial do sangue dos pais derramado pelos filhos. Junito Brandão esclarece que eram, depois de Hesíodo, três as Erínias ou Fúrias: Alektó, "a que não para, a implacável"; Tisifone, "a que avalia o homicídio"; Megera, "a que inveja, a que tem aversão por" (*Mitologia grega*, Petrópolis, Vozes, 1986, vol. 1, p. 207). O mesmo diz Paul Harvey em seu *Dicionário Oxford de literatura clássica*, Rio de Janeiro, Zahar, 1987, p. 241. A alusão literária do narrador sugere que essa agitação do personagem não é indiferente à agressividade e ao ódio frente à figura da mãe, estudados por Conrad Stein em *As Erínias de uma mãe*, São Paulo, Escuta, 1988. Como essas extravagâncias sucedem também à morte do conselheiro e do visconde, talvez tenham algo a ver com os desejos de morte perante o pai e com o remorso inconsciente suscitado por sua aparente realização.

Piera Aulagnier que podemos recorrer aqui, a fim de elucidar a relação entre o jogo, a bebida e a situação psíquica do personagem cuja trajetória estamos acompanhando. Ela observa que o jogo, e a droga de modo geral, proporcionam um tipo de prazer do qual está excluído o corpo sexual do outro. No caso do jogo, diz Piera Aulagnier, "o Eu busca uma situação na qual goza do seu encontro com o acaso, um acaso anônimo e negado. [...] O jogador desloca sobre este fragmento minúsculo da realidade que é o pano verde (ou a bola que gira) sua impossibilidade de poder prever qual será seu destino, a resposta que encontrará seu próprio projeto identificatório. Esta paixão por aquilo que se denominam os "jogos de azar" manifesta o quão intolerável para o Eu é aceitar a dúvida, os limites daquilo que se pode conhecer ou prever do seu futuro ou suas vicissitudes [...].E, quer ele ganhe quer perca, ser-lhe-á necessário recomeçar de novo, para se reassegurar de que pode adivinhar antecipadamente a resposta".[12]

Este é bem o caso de José Matias, para quem a morte de Miranda e a irrupção de Torres Nogueira foram demonstrações traumáticas de sua impossibilidade de controlar o destino. Uma definição adequada do trauma, a meu ver, não enfatizaria tanto a *violência* de um dado acontecimento, mas o *efeito* que ele pode ter sobre uma pessoa. Esse efeito é bem menos função da intensidade intrínseca do evento (se me permitem essa expressão) e muito mais função da maneira como o indivíduo o acolhe em si, num contexto pluerideterminado em cujas malhas o evento vai adquirir uma série de significações. A morte do primeiro marido de Elisa e o casamento dela com o segundo são traumáticas para José Matias porque se inscrevem como abalos num dado equilíbrio psíquico, feito de sutis balanceamentos entre fantasias, defesas, angústias, traços de caráter e investimentos objetais. Quando se rompe esse balanceamento, instaura-se a tensão e surgem as tentativas de restaurar o equilíbrio perdido: é isso que significa, em termos simples, o célebre "princípio do prazer". No caso de José Matias, a brutalidade das soluções a que recorre prova que o conflito que elas devem aplacar é de enorme violência, justificando que falemos, mais do que em "tensão" ou em "desprazer", num verdadeiro pânico interno. E esse pânico sobrevém na medida em que, como indica Aulagnier, o seu "projeto identificatório" se encontra gravemente ameaçado, ou seja, o conjunto de representações pelo qual ele se define como "eu", como si próprio, está em crise.

---

[12] Piera Aulagnier, *Les destins du plaisir*, Paris, PUF, 1979, p. 178.

Esta é outra maneira de dizer o que afirmei algumas páginas atrás, ao falar da identificação dele com a mãe devoradora/leoa. É como se a solução dada ao conflito identificatório – ser a leoa, ser o leão ou ser a presa – tivesse sido desmanchada pelo trauma da morte do velho, repetida pela morte do tio visconde com quem se identificara. Essas mortes parecem representar a concretização de seus desejos de morte frente ao pai, desejos que, por inevitáveis que sejam na constelação edipiana, têm neste caso específico a significação de *deixar a mãe agir à solta*. Em outros termos, a morte do Miranda e em grau menor a do tio só constituem traumas porque intervêm num contexto específico que as significa assim – do mesmo modo que o cristal só se quebra se for atingido, mesmo que de leve, no ponto em que se cruzam suas linhas de cristalização. Frente a tamanha catástrofe psíquica, José Matias busca recompor seu equilíbrio com medidas proporcionais à intensidade do "terremoto" – e é por isso que seus atos agora são mais graves do que nos dez primeiros anos. O hábito de jogar é "escolhido" porque adequado para negar a vulnerabilidade que há pouco se impôs com tanta virulência: jogar significa aqui "não sou vítima do acaso, mas senhor dele; nada pode me acontecer".

E essa fantasia onipotente implica na não-necessidade, justamente, do corpo do outro para obter o prazer sexual. É uma satisfação autoerótica; já notamos que José Matias cultiva o prazer solitário, no sentido de que lhe basta ver Elisa à distância, sem precisar – *et pour cause* – tocá-la. Seguindo a sugestão de Aulagnier, poderíamos dizer que esse prazer nunca é posto à prova, nunca corre o risco de ser desmentido ou intensificado pela realidade da ação do seu objeto, com as características e peculiaridades que esse objeto – a outra pessoa – poderia apresentar. É que o objeto aqui é um objeto interno, projetado sobre um suporte externo (Elisa). A clivagem entre ambos, que é o regime específico do objeto no caso individual de José Matias, faz com que ele se imagine como senhor absoluto desse objeto interno, para fugir ao confronto com a possibilidade de privação e de dor inerentes ao contato real com o objeto "externo". Por isso, o prazer "depende aqui exclusivamente da atividade psíquica do sujeito, unicamente dos seus pensamentos",[13] isto é, do *total controle* sobre o objeto, que é simultaneamente *total ausência de controle* sobre esse mesmo objeto. O componente anal da libido expressa-se aqui sob a forma do "controle onipotente", e provavelmente é dessa

[13] Piera Aulagnier, op. cit., p. 184.

mesma componente que provém a ideia de convidar as prostitutas "sujas e torpes" para a famosa ceia que tanto escandalizou Lisboa.

Pois bem: esse sistema que realiza ao mesmo tempo finalidades eróticas e defensivas funciona para José Matias durante mais sete anos, até que "subitamente desapareceu de todos os antros de vinho e de jogo". E por quê? Vocês já perceberam: Torres Nogueira está agonizando! A realidade, mais uma vez, vem impor a este homem um trauma de severas proporções. O segundo marido de Elisa desce à cova, e agora os acontecimentos vão se precipitar. Elisa vai passar o luto no interior, ali conhece o "apontador de obras públicas" abandonado pela esposa, e retoma a Lisboa como amante desse homem, "belo moço, sólido, branco, de barba escura, em excelentes condições de quantidade para encher um coração viúvo". José Matias passa a frequentar uma taverna das proximidades, e ali, à noite, posta-se num portal para a cerimônia do olhar. Mas a este jogo – que inclui, como sempre, o detalhe da luz, aqui representada pelo cigarro que acende a fim de que Elisa saiba que ele está ali – vai se acrescentar um novo elemento, não menos estranho. Se de noite fica no portal propício, durante o dia segue como uma sombra o apontador, "a mirar, a farejar o homem [...] depois não o largava, cautelosamente, como um larápio, rastejando de longe no seu rasto". O narrador interpreta esta curiosa conduta como um requinte de devoção e de espiritualismo: José Matias estaria zelando pela fidelidade do amante, para verificar se ele se mantinha fiel ao corpo da mulher que, sem o saber, dividia com o herói. O psicanalista, talvez menos preocupado com a fidelidade, veria neste comportamento uma outra determinação. José Matias *transfere para o apontador a mesma obsessão visual em que consiste a realização de seu desejo por Elisa*, do que concluímos que este homem tem para ele o sentido de um objeto sexual idêntico e intercambiável com a mulher. Em outros termos, a homossexualidade latente fica agora mais próxima da consciência, embora, conformemente à inibição geral que caracteriza a sexualidade do personagem, ela não chegue às vias de fato, e mesmo permaneça um pouco aquém daquilo que ele se permite com Elisa: pois não chega a trocar olhares com o amante dela, cuidando-se precisamente para não ser visto. A vergonha diante dessa possibilidade sugere que o grau de repressão desta homossexualidade é suficiente para bloquear o ato, mas não para o impedir de interessar-se "em ato" pelo homem. E um indício da maneira pela qual ele se protege da eclosão da tendência homossexual nos é proporcionado pelo fato de deixar crescer a barba, identificando-se assim com o amante de Elisa, que ostenta no rosto branco uma bonita barba escura. Notem que essa identificação com aqueles que vivem com Elisa não é nova: no tempo de Matos Miranda, atribuía a este o mesmo prazer visual de que gozava então ("via Elisa desapertando as fitas da saia branca"); no tempo de Torres Nogueira, o vigor sexual deste último fora caricaturado nas extravagâncias de que a ceia com as prostitutas (trinta ou quarenta!) é o exemplo mais evidente.

Pois José Matias não pôde nunca se decidir, se nossas hipóteses estiverem corretas, entre ser como o pai ou ser como a mãe, entre ser sexualmente masculino ou feminino. A cada passo num sentido, corresponde um passo num sentido contrário, resultando desse movimento de vaivém a inibição que o caracteriza e a canalização do desejo para uma formação de compromisso, isto é, ver o objeto, comê-lo com os olhos, sem jamais se aproximar concretamente dele. Quando essa possibilidade se materializa através da morte dos maridos, assistimos a uma agravação do conflito, através do recurso a objetos que se tornam objeto de *necessidade* (não pode viver sem jogar, nem sem beber).

Mas tais objetos têm, como assinala Piera Aulagnier, a característica de comportar um risco de destruição do próprio sujeito, pela doença física ou pela ruína social. Disso depreendemos que são investidos tanto pelas pulsões sexuais quanto pelas pulsões de destruição, que neste caso funcionam paralelamente, na situação a que os psicanalistas chamam de "desintrincação pulsional". É graças a esse objeto que apresenta a particularidade de corresponder às duas pulsões que se pode operar uma intrincação momentânea, porém frágil e precária, em virtude do estado de conflito que opõe permanentemente Eros a Tânatos.[14] É esta a situação que procurei descrever há pouco, falando da quantidade ponderável de agressividade que se podia inferir das maneiras peculiares pelas quais Matias se relaciona consigo mesmo, com os outros e com o mundo à sua volta. Tudo indica que, em seu caso, a intrincação pulsional deu-se de modo tardio e precário, cedendo a pressões que, em minha hipótese, devem ter se intensificado pouco antes de conhecer Elisa, já que é através da relação com ela que elas são afastadas novamente, e de modo bastante estável para perdurar por dez anos. E o que ocorreu antes de conhecer Elisa? *Seus pais morreram.* É a esse fato, e à maneira como ele repercutiu na organização psíquica do personagem, que creio ser possível atribuir a sucessão de eventos que vai marcar sua vida dali para a frente. Isso equivale a centrar suas reações num luto impossível frente aos objetos edipianos;

[14] Piera Aulagnier, op. cit., p. 185.

para justificar esta ideia, devemos agora estudar brevemente o que significa, na psicanálise freudiana, a ideia do *infantil*.

UM POUCO DE TEORIA: FANTASIAS E MEMÓRIAS

> Toda neurose toma sua forma manifesta no momento em que o complexo de Édipo deveria se dissolver, momento em que o investimento dos Eus paterno e materno não deve desaparecer, mas se modificar por decantação das demandas a eles dirigidas, e pelo desejo de encontrar novos destinatários para aquelas que já não se podem dirigir a eles. A neurose é efetivamente um compromisso entre a recusa de operar esta diferenciação dos destinatários e a preservação da repressão da componente sexual na demanda dirigida aos pais. Repressão que permite ao Eu não mais saber que é dos seus pais que ele esperava um prazer sexual, no próprio instante em que preserva este mesmo desejo graças à fixação que se opera [...].
>
> A sintomatologia neurótica eclode quando o Eu investiu o Eu de um outro, porque o acreditava capaz de satisfazer a demanda infantil, o que comprova que ele apenas trocou de destinatário, sem por isso modificar o que esperava em resposta às suas primeiras demandas. Que o amem, que o protejam, como ele queria ser amado e protegido pelos pais, e que juntamente com isso lhe seja proporcionado prazer sexual. Pedido irrealizável, porque o outro não pode ser a mãe e o parceiro sexual, o pai e o amante, o filho e o objeto do gozo. É por isso que o conflito neurótico concerne seletivamente ao registro sexual [...],embora seja impossível separar registro narcísico e registro objetal (todo conflito que surge no segundo tem forçosamente consequências no primeiro e vice-versa). [...] É este conflito que torna o gozo aleatório ou impossível.
>
> Ocorre com frequência que esta impossibilidade chegue a uma disjunção parcial: uma parte de agressividade se separa do sexual e tentará se realizar, quer por uma conduta agressiva frente ao outro, quer por uma conduta autoagressiva: Mas é preciso acrescentar que esta agressão é sempre induzida pela recusa oposta pelo outro ao prazer que se esperava: não posso ser simultaneamente mãe e amante, pai e namorado, filho ou filha e parceiro sexual [...].Na neurose, a pulsão de morte só pode triunfar porque o Eu recusa o sofrimento que resultaria da ausência de um

> prazer ao qual ele não quer renunciar, enquanto justamente a realização de um tal prazer tropeçaria na culpa de ter transgredido a proibição do incesto.[15]

Este texto denso e um pouco longo resume, em termos teóricos, o percurso que acabamos de fazer. A conduta de José Matias, se ao longo do conto vai se tornando cada vez mais estranha do ponto de vista do bom senso, apresenta do ponto de vista da psicanálise uma lógica implacável. Os atos que pratica perdem sua esquisitice se os considerarmos determinados pelo agravamento progressivo de um conflito fundamental, conflito que provavelmente data da sua infância e que pudera ser manejado de modo relativamente eficaz até um dado momento da história do personagem. A partir daí, o que observamos é o retorno do reprimido e tentativas cada vez mais desesperadas de fazer frente a este ataque interno, tentativas que por sua vez contêm porções cada vez maiores daquilo mesmo que elas visam impedir que aconteça. É a definição mesma do sintoma segundo a psicanálise que vemos ilustrada pelo conto de Eça de Queirós. Se Freud tem razão no que escreve no trecho que abre "Os que fracassam diante do êxito", o conflito neurótico surge quando uma satisfação libidinal é negada pela realidade; a libido busca então caminhos reprovados pelo ego, disso resultando a formação dos sintomas (ainda que, lembremo-nos, esta condição não seja a única). A hipótese que parece mais plausível aqui é que a "satisfação recusada pela realidade" seja representada pela morte do primeiro marido, que fez a libido do personagem refluir para modos de satisfação "reprovados pelo ego" e desencadeou a fase do retorno do reprimido. Mas devemos pressupor que esse trauma não é o primeiro, que de certo modo ele repete um outro, se consentirmos em ver na figura do conselheiro diabético um substituto paterno. Penso que a morte dos seus pais representou para José Matias um trauma ou um momento de trauma, se quisermos concordar com a ideia freudiana de que são necessários dois acontecimentos separados no tempo para constituir um trauma (o segundo reagindo sobre o primeiro e lhe conferindo a significação traumatizante).

Ora, é aqui que o texto de Piera Aulagnier me parece luminoso. Tudo indica que as "demandas dirigidas aos pais" por José Matias permaneceram imunes à "decantação" que teria podido modificá-las e tornar possível a

[15] Piera Aulagnier, op. cit., pp. 187-9.

escolha de um objeto sexual que não fosse a cópia xerox desses mesmos pais. A paixão dele por Elisa tem todas as características de um amor infantil, ou melhor, de um amor de adulto que regrediu a posições infantis e busca preservá-las com os meios à disposição de um adulto. O conflito neurótico não "eclode" com a morte do primeiro marido, mas muito antes, antes da morte dos pais, em algum momento da infância que será reativado pelo falecimento deles. Naquela ocasião, pôde ser manejado de modo satisfatório, e só veio a tomar forma visível quando do passamento do conselheiro Miranda. A seleção da vizinha como objeto de paixão, com efeito, é já sinal de que algo não vai bem com a vida sexual deste rapaz, embora essa dificuldade só ganhe relevo à luz do que acontece depois. Em outras palavras, é uma primeira solução para o conflito infantil reativado, notável, aliás, pela eficácia, mas que já pressupõe em certa medida o retorno do reprimido; a razão para pensar assim é que não haveria por que buscar soluções para um conflito *inexistente* ou *adormecido*. Como diz a psicanalista francesa, este conflito concerne tanto ao registro objetal quanto ao registro narcísico, isto é, implica também uma problemática no plano das identificações. Como a identidade é também uma identidade sexuada, as peripécias do que denominei "homossexualidade latente" de José Matias merecem reter toda a nossa atenção, como retiveram sem dúvida a do narrador: este não deixa de observar que no tempo de Torres Nogueira o moço se consumira de ciúmes – ciúmes de Elisa, porque o outro "lhe ensinara o que é um homem", ou porque ela é quem podia desfrutar da virilidade morena do antigo "pegador de touros"?

O importante é que, num caso como no outro, as "primeiras demandas" parecem ter se imposto com extrema intensidade, de modo que as diferentes etapas da biografia do jovem são na verdade diferentes figuras da repetição. E aqui cabe um esclarecimento quanto à fórmula um pouco esquemática de Aulagnier, quando ela afirma que "a agressão é sempre induzida pela recusa do outro ao prazer que se esperava". Na história de José Matias, não parece ter existido este elemento, a menos que consideremos *a morte dos dois maridos* como sinal dessa recusa. Isso combinaria bem com a ideia da homossexualidade latente, mas a meu ver seria parcial; pois à recusa do outro devemos somar, como explica Freud na sequência do artigo sobre os que fracassam ao triunfar, a "recusa interna", isto é, uma privação imposta pelo ego que torna impossível realizar o luto do objeto perdido e, portanto, igualmente impossível o gozo daquilo que aparece na cena da realidade. É isto que, a meu ver, acontece com José Matias. E, para compreender bem este ponto, convém tomar as coisas por outro ângulo, deixando agora de lado a sua infeliz história, e solicitando à teoria psicanalítica que nos esclareça algumas das relações que, segundo ela, unem o desejo ao objeto, à fantasia, à lembrança e às defesas. Pois toda a construção que lhes apresentei repousa sobre o pressuposto de que o desejo infantil, embora reprimido ou disfarçado, *exerce influência a distância sobre os caminhos da libido na vida adulta*, ainda que esta influência não seja absoluta. É esse pressuposto que se trata de fundamentar, para concluir nosso trajeto de hoje.

Um bom ponto de partida para esta breve excursão pela metapsicologia é a ideia de que o desejo não é um dado original da natureza humana, mas se forma como resultado de uma série de processos. Uma vez formado, contudo, ele obedece a um certo modelo que possui força coercitiva, um protótipo eficiente, se assim podemos designá-lo; ou talvez seja melhor dizer que ele *constitui* esse modelo, ao qual deverão se conformar as experiências posteriores para poderem ter o sentido de "realização de desejo". A descrição do processo pelo qual se forma esse protótipo encontra-se numa das mais famosas passagens da *Interpretação dos sonhos*. Tendo afirmado que o aparelho psíquico não pode se manter por muito tempo livre das excitações impostas pelas grandes necessidades do corpo, Freud prossegue dizendo que a criança faminta chorará ou esperneará, até que uma modificação ocorra graças à ajuda de uma pessoa adulta.

A criança experiencia então a *vivência de satisfação*, que suprime a excitação interna. Uma parte essencial desta vivência é o surgimento de uma certa percepção (a comida, no exemplo), cuja imagem fica daqui por diante associada com o traço mnêmico deixado pela excitação da necessidade (*Gedächtnisspur der Bedürfniserregung*). Continua Freud: "Ao surgir numa próxima vez esta necessidade, ocorrerá, graças à ligação estabelecida, um movimento psíquico que quer reinvestir a imagem mnêmica daquela percepção e provocar a própria percepção, isto é, reproduzir a situação da primeira satisfação. Um tal movimento é o que denominamos desejo; a reaparição da percepção é a realização de desejo, e o reinvestimento total de percepção a partir da excitação da necessidade o caminho mais curto para a realização de desejo. Nada nos impede assim de assumir um estado primitivo do aparelho psíquico, no qual este caminho é tomando de modo tal que o desejar se completa num alucinar. Esta primeira atividade psíquica visa assim a uma *identidade de percepção*, a saber, a repetição daquela percepção que está vinculada à satisfação da necessidade".[16]

Esta passagem é capital para compreendermos o que é o desejo na óptica da psicanálise freudiana. Em primeiro lugar, ele é um movimento psíquico que *não* visa um objeto exterior – este é visado pela necessidade e depois pela pulsão – mas sim algo que está *no interior da psique:* a imagem mnêmica da percepção que acompanhou a satisfação da necessidade. O que o desejo visa é "reinvestir a imagem mnêmica daquela percepção e provocar a própria percepção". É evidente que a percepção percebeu algo que ocorre fora do sujeito (a chegada da comida, no exemplo), mas ela foi acompanhada por uma sensação interna que deixa um traço; a imagem mnêmica desta percepção e da sensação concomitante estão inseridas na memória do sujeito. Isso porque a passagem de excitação deixa um traço, que vai ser associado com a imagem mnêmica da percepção satisfatória. O desejo depende, portanto, de uma associação que precede e condiciona sua existência, que lhe mostra um caminho, e que é uma associação entre *traços* e *imagens*, entre representações psíquicas. Ele visa por isso a reproduzir um estado de satisfação que é sempre *anterior*, e aquilo que surge na cena da realidade só cumpre essa condição (de objeto do desejo) se corresponder de algum modo à imagem mnêmica cuja reprodução é procurada. O objeto externo tem então que se conformar com essa imagem para poder ser investido, para ganhar significação psíquica; mas isso implica que nenhum objeto externo jamais satisfará plenamente a condição mencionada, posto que *aquela* percepção, causa da imagem mnêmica que polariza o desejo, não pode ser repetida: é única e pertence ao passado. Se assim for, a segunda vivência de satisfação já proporciona uma satisfação que devemos qualificar como substitutiva. Além disso, o desejo é uma atividade psíquica, e como tal não permanece imune às regras que governam tal atividade: o modelo quase desencarnado que Freud nos apresenta aqui vai se complicar consideravelmente, à medida que forem sendo por ele introduzidas outras dimensões do funcionamento mental.

Não é minha intenção estudar, a esta altura, a evolução deste modelo ao longo da vida do *Homo psychoanalyticus*, nem ao longo da obra de Freud. Basta dizer que mesmo em *A interpretação dos sonhos* essa noção do desejo vai ser ampliada e detalhada, porém sempre remetendo ao que é o seu núcleo, a ideia do desejo

[16] S. Freud, *A interpretação dos sonhos*, capítulo VII, seção C, SA II, p. 539; BN I, p. 689.

infantil. A pregnância do passado atua sobre as nossas experiências, fazendo com que elas se apoiem umas nas outras e introduzam ao mesmo tempo novas figuras do desejável. Estas mantêm com as primeiras uma relação que poderíamos comparar à reprodução de um desenho com auxílio do normógrafo, aquele instrumento que permite copiar em escala maior ou menor uma figura já dada. Essa comparação não é exata, porém: pois nessas "novas figuras do desejável" entra sempre um elemento novo, algo que' provém da experiência, que de uma maneira ou de outra entra em ressonância com os protótipos infantis. Estes exercem perenemente uma atração sobre o novo, mas não exigem a conformidade completa: digamos que os objeto do desejo, e em especial do desejo sexual, são *balizados* por esses protótipos (que Freud chamava de *Vorbilde*), inclusive no grau dc disparidade tolerável entre o modelo e o novo objeto em que ele se materializa, sempre aproximativamente.

Por que *aproximativamente?* Porque a evolução psíquica, embora apresente certas regularidades, está longe de ser linear. O que caracteriza a mecânica da alma a que Freud denominou metapsicologia é a *pluralidade* de dimensões, que podem se compor ou se inibir reciprocamente, como vimos no início desta conferência, ao falarmos do sonho e dos desejos que nele se realizam. Realizam-se na dimensão da fantasia, ao abrigo dos obstáculos externos – representados pela regulação social da agressividade e pela lei do incesto – mas não ao abrigo dos obstáculos internos, que caem sob a égide do desprazer. A lei do desprazer faz com que um dado processo psíquico seja interrompido por um processo de sentido contrário, sempre que sua consecução ameace produzir desprazer. Isso se paga com uma série de inibições, e, a depender do grau e da intensidade dessas inibições, o funcionamento mental pode ficar severamente comprometido.

A passagem de Freud que mencionei há pouco sugere que o núcleo das "fantasias de desejo" são acontecimentos reais que sucedem na vida da criança; mas, se dermos crédito à ideia de um desenvolvimento não-linear, não há motivo para supor que esses acontecimentos produzam efeitos "diretos", seja qual for a significação que outorgarmos ao termo *diretos*. Devemos contar com a predisposição constituída pelo sistema em cuja periferia vão suceder esses acontecimentos: nesse sistema, estão registradas certas constantes próprias a cada indivíduo, em função do que já viveu, do que o faz sentir angústia, do que lhe proporcionou prazer. Um acontecimento é algo que rompe, momentaneamente, o equilíbrio desse sistema, que deve se reorganizar para incluí-lo em si. A essa reorganização podemos chamar "elaboração", inscrição numa rede associativa que decompõe e recompõe incessantemente os diferentes aspectos do acontecimento. Desse ponto de vista, todo acontecimento é um pequeno abalo, um "momento de provação" que vai se inscrever numa sequência temporal de experiências, porque solicita a libido e deixa uma impressão, um traço mnêmico, como diz Freud. É esse traço que vai ser investido pelos movimentos pulsionais, vai ser ligado a outros traços, vai entrar em configurações múltiplas e existir sob a forma de um incessante movimento.

Disto resulta a formação de algo como um grão psíquico, a partir do qual vão se formar as "fantasias de desejo". A fantasia aparece assim como uma espécie de esquema fundamental, cujos traços é possível inferir dos atos que visam, por caminhos tortuosos (tortuosos por causa das defesas internas), encontrar um objeto que corresponde de uma forma ou de outra às determinações que o constituem. Como as próprias fantasias estão por outro lado submetidas ao processo de combinação e recombinação engendrado pelo funcionamento do aparelho psíquico e pela história singular de cada um de nós, não é de admirar que entre os *atos visíveis*, os *sintomas que os sustentam* e os *modelos inconscientes* que estão na base de uns e de outros a distância possa ser por vezes imensa. Mas ao menos em tese seria possível, pela análise e pela via regrediente que vai em busca das condições e das condições das condições, encontrar algo próximo desse grão fundamental, desse esquema que organiza de maneira incrivelmente complicada – mas não aleatória – o modo pelo qual nós amamos e odiamos. Parafraseando Einstein, para quem "Deus é sutil, mas não maldoso", poderíamos dizer que na psicanálise o que vemos pode parecer absurdo, mas jamais o é. Na prática do tratamento analítico, é através da transferência e da repetição dos padrões infantis – favorecidas pela neutralidade do analista e pelas condições específicas do "enquadramento" – que podemos ter algum acesso a esses modelos, protótipos ou esquemas, que nos governam à nossa revelia e que, na história de cada qual, podem ter contribuído para engendrar um sofrimento excessivo e desnecessário.

A fantasia inconsciente é assim o cenário em que repete e se realiza o desejo eternamente vivo da criança que cada um de nós foi, e que o sonho nos faz reencontrar a cada noite, como diz Freud, "viva com todos os seus impulsos". Por esse motivo, a representação fantasmática não é nem pode ser um mero decalque do percebido, mas uma incitação a agir, a buscar na cena da realidade exterior meios e modos de alcançar um objeto que se assemelhe ao desejado. Por esse motivo, também, Freud pode afirmar que a reprodução das impressões da infância é *em si mesma* uma realização de desejo.

Disso decorre que o infantil na psicanálise não é somente o resíduo do que ocorreu quando éramos pequenos, nem apenas algo anacrônico, imaturo, que deveria ser abolido pelo acesso à "normalidade adulta". O que observamos, ao contrário, é que demasiado frequentemente o adulto odeia essa criança que traz dentro de si, procura massacrá-la com exigências estapafúrdias, e no fundo a teme porque sabe que ela continua a desejar o que sempre desejou. O infantil corresponde à influência exercida sobre a vida pulsional e fantasmática pelos traços inapagáveis das impressões precoces. Essa influência, imune ao processo secundário, e portanto à ação devastadora do tempo, origina-se da captação das pulsões em formas paradigmáticas, exemplares, que determinam atrações e repulsas. Tais formas, no dizer de Maurice Dayan, "constituíram-se a partir de experiências contingentes, mas se emanciparam dessas experiências e se tornaram matrizes de novas experiências; e os efeitos da repressão, que as mantêm como uma zona psíquica separada, inacessível à consciência do sujeito, ao mesmo tempo as protegem da degradação que decorreria de sua inclusão nos fluxos associativos do processo secundário".[17] É assim que se explica o fato paradoxal de que justamente aquilo que mais solicitou e mais comprometeu a libido da criança não seja aquilo de que ela se recorda na vida adulta, mas aquilo que *insiste* nos seus atos e nos seus sintomas. São esses elementos que, pelo avesso, fornecem o único acesso possível ao que em psicanálise denominamos o infantil. Dessa situação decorrem, como disse, a concepção freudiana da transferência e as regras básicas da arte de analisar, mas esse não é nosso tema de hoje. O que importa assinalar é que mesmo no tratamento analítico podem ocorrer situações que manifestam uma incoercível compulsão à repetição desse infantil, que por vezes se cristalizam numa neurose de transferência virtualmente inanalisável. É o que Freud nos diz numa passagem de *Além do princípio do prazer*, que nos permitirá retornar à história de José Matias:

> Ao contrário [da criança que exige incansavelmente a repetição da mesma história, porque o reencontro da identidade é em si mesmo fonte de prazer], no analisado aparece claramente que a coerção a repetir na transferência os acontecimentos de

[17] Maurice Dayan, *Inconscient et réalité*, Paris, PUF, 1985, p. 397.

sua vida infantil se coloca de qualquer modo fora e acima do princípio do prazer. O paciente se conduz então de modo absolutamente infantil e nos mostra que os traços mnêmicos reprimidos de suas experiências vividas originárias não estão presentes no estado ligado, e de fato são, em certa medida, inaptos ao processo secundário. É também a esta ausência de ligação que eles devem sua capacidade de formar, por conjunções com os restos diurnos, uma fantasia de desejo que compete ao sonho apresentar de maneira figurada.[18]

Neste texto, se opõem traços mnêmicos de duas espécies: os que estão "ligados" e os que estão "desligados", o que não quer dizer inativos, mas dissociados, e em regime de mobilidade permanente. Esses traços não constituem e não podem constituir lembranças verbalizáveis. A este respeito, o comentário de Maurice Dayan é muito preciso e de grande utilidade para nós:

> São sequelas de impressões deixadas pelas experiências "originárias", que puseram à prova uma libido não-desenvolvida [...]. Esses traços, sedimentos de impressões não-objetiváveis, não são suscetíveis de uma composição mnemônica pré-consciente. Prestam-se ao contrário a conjunções anacrônicas com sequelas de impressões muito mais tardias, especialmente estes "restos diurnos" mobilizados pela atividade onírica. Mas se submetem de bom grado à repetição compulsiva, retorno traumático do mesmo que assinala uma conduta "absolutamente infantil" [...]. Este infantil na repetição, que tem como condição a indisponibilidade do traço para o ato da lembrança, é uma figura da instância mortífera, na medida em que se comporta como representante livre do pulsional, separado da vida psíquica, sexual e social do adulto.[19]

Ora, é precisamente esse tipo de traço mnêmico que parece ser demoniacamente eficaz na existência de José Matias. Um deles nos chamou a atenção: o elemento "branco" ou "luminoso", que retorna nos mais variados contextos e em especial nas fantasias sobre Elisa, além do "rosto branco" do último homem que dorme com ela. Se as análises que mencionei fazem sentido, estamos diante de um fator do gênero "livre", algo que insiste em se reproduzir, ou melhor, que

[18] S. Freud, *Além do princípio do prazer*, capítulo v, SA III, pp. 245-56; BN III, p. 2524.

[19] Maurice Dayan, op. cit., p. 405.

atrai inelutavelmente o desejo, mesmo que com o risco da morte se perfilando no horizonte; algo que parece se localizar *aquém* de todo desejo formulável da fantasia ou na lembrança. Até aqui é possível retroceder, na tentativa de compreender a gênese das condutas tão extravagantes deste personagem; o resto se perde em brumas impenetráveis. Por que "branco"? Por que "luminoso"? Não sabemos, e de nada adiantaria questionar José Matias a esse respeito... Apenas podemos fazer uma conjectura formal, no sentido de que esses aspectos devem ter estado de algum modo associados às experiências originárias, aquelas cujos traços se tornam matrizes de fantasia e pivôs da identificação. Quanto a saber *quais* poderiam ter sido essas experiências, mesmo a imaginação reconstrutiva do psicanalista precisa se deter: é certo apenas que elas devem ter sido de algum modo traumatizantes, não porque tenham sido excepcionalmente violentas, mas porque assumiram o sentido de choques na frágil organização da criança que os viveu.

É nessa perspectiva que se tornam imagináveis as hipóteses que sugeri anteriormente acerca das fantasias, das identificações e das origens de inibição sexual que caracteriza nosso herói. Ao que parece, este não pôde fazer o luto dos seus primeiros objetos, nem desprender-se das formas de satisfação pulsional que então se organizaram. Bem ou mal, a vida o poupou até a época em que morreram seus pais. Essas mortes ativaram nele os velhos conflitos enlaçados ao complexo de Édipo: a esses conflitos e às tentativas mais ou menos canhestras de José Matias para resolvê-los podemos associar os eventos da sua triste existência a partir do momento em que vai habitar com o tio. Regime singular de um indivíduo singular: agradeçamos a Eça de Queirós a descrição detalhada daquilo a que chamou "a complicada sutileza desta paixão". É desse estofo que são feitos os nossos desejos, e a psicanálise nos ajuda a lançar um pouco de luz sobre a trama inacreditavelmente complexa em que eles são tecidos. Eu disse "um pouco de luz"?! Não sorriam... e quem quiser que conte outra.

Um homem de luto por si mesmo: o caso Althusser[1]

Levantar esta pedra sepulcral que pesa sobre mim...
Louis Althusser

A leitura do livro de Louis Althusser, *O futuro dura muito tempo*, foi para mim uma experiência penosa; por diversas vezes senti a tentação de abandoná-lo, e avisar aos organizadores deste colóquio que não viria a participar dele. Mais do que à fadiga ou à preguiça, creio que esta sensação se deve à própria natureza do texto, como foi assinalado por nosso colega Luís Carlos Menezes. E, se perseverei na leitura, se agora me disponho a redigir estas linhas, isso não se deve apenas à necessidade de cumprir um compromisso assumido: a própria atividade de refletir e de escrever parece contribuir para elaborar, ou talvez para exorcizar, a angústia do leitor, como se a sensação de opressão, de sufocamento, requeresse um espaço aberto para poder se dissipar. Dou-me conta de que a forma deste debate – entre psicanalistas hoje, e entre analistas e terapeutas de outras linhas no decorrer do colóquio – é um poderoso antídoto contra estes sentimentos de clausura, pois

[1] Comunicação no Colóquio Althusser, promovido pelo Núcleo de Estudos sobre a Subjetividade da PUC-SP em outubro de 1993. Publicado originalmente em *Cadernos de Subjetividade*, São Paulo, PUC-SP, número especial, 1994, pp. 69-79.

é ao diálogo que ela nos convida, à troca de ideias, à expressão do que cada um de nós pôde pensar e construir a partir da leitura do texto.[2]

Não é só a natureza terrível dos fatos relatados por Althusser – sua infância infeliz, seu casamento desastroso, o assassinato com que põe fim à sua carreira de professor e à sua própria vida como sujeito social – que produz esta sensação perturbadora. Trata-se de algo inerente à própria forma com que o filósofo conta a "história de suas calamidades": um tom dogmático, uma maneira impositiva de apresentar suas crenças e sua versão do que foram as determinações essenciais da sua existência. É algo diferente do estilo persuasivo que se poderia esperar num escrito deste gênero, que é claramente uma apologia, o discurso que o autor faria se lhe tivesse sido dada a oportunidade de se defender num julgamento público. Seria pois cabível apresentar, até enfaticamente, o seu ponto de vista sobre a história que é a sua. Não é isto que critico no livro; é outra coisa. Jean Allouch, num texto polêmico intitulado *Louis Althusser: Récit-divan*, sustenta que a intenção de Althusser seria propriamente a de "estrangular seu leitor".[3] Eu não diria tanto, mas é inegável que, ao caracterizar como "sufocante" a atmosfera deste livro, estou empregando uma metáfora do mesmo registro...

Por duas vezes, o autor formula por extenso o que *não* deseja que seu leitor faça: "não faço autoanálise, deixando este assunto para todos os espertinhos de uma 'teoria analítica' adequada às suas obsessões e fantasias particulares" (p. 49); "todos os jornalistas e outras pessoas dos meios de comunicação [...] o que podem acrescentar ao que escrevo? Um comentário? Mas sou eu mesmo que o faço!" (p. 188). Ou seja: num livro que se apresenta como um apelo a ser julgado, portanto que se dirige ao leitor como alguém capaz de, em sã consciência, considerar os fatos e decidir se condena o réu ou o absolve, encontramos por duas vezes a desqualificação completa deste mesmo leitor e desta mesma função judicativa. Althusser não visa, apesar do que diz em outras passagens, *mobilizar* o leitor e torná-lo simpático à sua versão do que viveu; ao contrário, seu tom peremptório tem por efeito *paralisar* este a quem ele se dirige, designando-lhe

[2] Este texto é a reelaboração de minha intervenção no Colóquio Althusser; inclui algumas observações que, embora figurassem nas anotações que preparei, não foram mencionadas, e outras que surgiram no *après-coup*, em função das contribuições dos demais participantes e das questões vindas do público. Os números de página se referem à tradução brasileira de *O futuro dura muito tempo*, São Paulo, Brasiliense, 1993.

[3] Jean Allouch, *Louis Althusser: Récit-divan*, Paris, EPEL, 1992, p. 43.

um lugar determinado de antemão – o de testemunha passiva, ou quem sabe o de escrivão do tribunal, encarregado de registrar nos autos o que dizem os protagonistas do espetáculo.

A filosofia começa, com Sócrates e com Platão, sob a forma do diálogo, o qual vem substituir as formas poéticas e ainda semioraculares características dos pré-socráticos. Ainda que com Aristóteles a forma literária do diálogo tenha sido abandonada em favor da prosa argumentativa, ele permanece como o *modus operandi* do trabalho filosófico: trata-se de expor, sim, mas também de refutar as objeções legítimas, o que implica admiti-las e considerar sua eventual consistência, ainda que para concluir que não eram afinal procedentes. É certo que, no tribunal, prevalecem a retórica e o desejo de convencer, mas para isso o orador precisa igualmente colocar-se no lugar do júri, pensar como este faria, e desmontar pacientemente o que poderia parecer contrário ao resultado que visa a produzir.

Ora, nada disso acontece no livro de Althusser: ele reafirma incansavelmente suas certezas, convocando o outro a subscrevê-las sem discutir. Certezas que, pensa o psicanalista, talvez não sejam tão sólidas assim, já que precisam ser proclamadas tantas vezes e de modo tão contundente: veja-se por exemplo a inabalável convicção de que, por ter recebido o nome do tio falecido que deveria ter-se casado com sua mãe, esta via nele, Althusser, o outro Louis, e que toda a sua vida ficou indelevelmente marcada pelo fantasma do morto. O analista suspeitará que certezas deste gênero são frágeis, e que sua solidez compacta é apenas aparente. Suspeitará também que tal convicção, quase delirante em sua absoluta impermeabilidade, funciona como anteparo a fissuras graves no aparelho psíquico de quem as sustenta, sugerindo, pela força mesma das compensações postas em jogo, falhas muito profundas em pontos-chave da personalidade. E não se pode esquecer que este homem, se por um lado foi filósofo importante e participou ativamente das lutas intelectuais e políticas do seu tempo, também foi, por outro, aquele que sofreu sucessivas internações psiquiátricas por crises graves de depressão, e acabou por assassinar a pessoa que dizia ser a que mais significava em sua vida. Sem pretender que o crime estivesse prefigurado desde sempre no seu destino, impõe-se a conclusão de que, nesta pessoa, o equilíbrio psíquico tenha sido instável e sujeito a descompensações periódicas, o que aliás é dito com todas as letras em diversas passagens do livro.

O IMPOSSÍVEL E O PROIBIDO

Equilíbrio entre o que e o quê? No prefácio à sua coletânea *Théâtres du Je*,[4] Joyce McDougall oferece um excelente resumo do modo pelo qual a psicanálise compreende o funcionamento mental. Diz ela que "as balizas essenciais da comédia humana" são dadas pelos roteiros que cada indivíduo constrói, e repete de mil maneiras desde a infância; para dar conta de seus conflitos fundamentais. Estes conflitos giram em tomo de dois polos: o *proibido* e o *impossível*. Todos nós buscamos, de uma forma ou de outra, "contornar o proibido" e "negar o impossível". O proibido é por definição possível, mas os atos que o violariam são impensáveis: o parricídio e o incesto. Nossas fantasias inconscientes põem em cena variações deste desejo, que animam a vida libidinal e se expressam, sob formas quase sempre irreconhecíveis graças à eficácia da repressão, nos sonhos e nos investimentos libidinais que nos singularizam como seres desejantes. São as peripécias homo e heterossexuais do drama edipiano que os analistas conhecem bem, acompanhadas pela culpa e pelas inibições que esta impõe ao gozo e ao prazer narcísico.

Mas, para poder configurar o teatro do proibido, o indivíduo necessita ter resolvido, ao menos parcialmente, conflitos de ordem mais fundamental, e que dizem respeito ao que Joyce McDougall denomina o "confronto com o impossível". O impossível é aquilo que ignora os *limites* sem os quais não há individuação nem subjetivação: a diferença das gerações e dos sexos, a alteridade que vigora entre mim e os demais, a existência num corpo e numa psique confinados na pele e no invólucro mental que a metaforiza em cada um de nós, a inevitabilidade da morte. Reconhecer estes limites, e portanto renunciar à onipotência infantil, são operações necessárias para que o ser humano possa adentrar o território do proibido, ou da neurose, já que para desejar o que a sociedade proíbe é preciso admitir pelo menos a existência incontornável dos outros. É claro que, no íntimo, todos nós brigamos com a impossibilidade do impossível, mas também é certo que o fazemos de maneira a poder escapar da psicose. Preferiríamos viver em Pasárgada e lá sermos o amigo do rei, ou quem sabe o próprio rei, mas *sabemos* que não o somos, e nos arranjamos com isso.

Quando por este ou por aquele motivo este conflito que concerne ao impossível não é superado, mas apenas mascarado, as consequências psíquicas são

[4] Joyce McDougall, *Théâtres du Je*, Paris, Gallimard, 1982.

graves, e as perturbações que elas determinam mais profundas do que no segmento da neurose. A reivindicação de pôr em cena o impossível assombrará constantemente o sujeito, e este precisará inventar roteiros de natureza mágica para silenciá-la e ao mesmo tempo acreditar que a está concretizando. Do delírio à psicossomatose, passando pela perversão e pelas diferentes modalidades da drogadição, serão numerosas as formas patológicas que pode assumir este conflito: em todas elas, a organização do narcisismo será deficitária e exigirá do sujeito um intenso trabalho psíquico para garantir, sempre precariamente, a continuidade de sua experiência de si, numa guerra permanente pelo direito de existir. Sobre estes tópicos, tão bem apresentados por Joyce McDougall em seu livro, só posso recomendar a vocês que a leiam: agora, devemos nos voltar para Althusser e para o que nos conta em sua autobiografia.

O que disse no início acerca da impressão de sufocamento que dela emana, e da imposição ao outro – ao leitor – de uma exigência de não-existir como tal, pode ser agora compreendido com o auxílio das distinções introduzidas por Joyce McDougall. Visivelmente, Althusser não ignora a autonomia do outro por um artifício de retórica: não há, em seu universo mental, espaço *real* para este outro, embora tal ausência não o tenha conduzido a uma psicose. Tudo indica que, apesar do intenso sofrimento que o acompanhou por toda a vida, ele pôde investir razoavelmente bem aquilo a que Winnicott chamava a "área transicional", este setor intermediário entre o eu e o mundo exterior no qual se cria o fenômeno fundamental da ilusão. Althusser tornou-se professor de filosofia, escreveu livros, interveio nos debates políticos e culturais do partido a que escolheu pertencer (o PCF): uma parte de sua personalidade era, assim, capaz de funcionar adequadamente. Em seu livro temos provas disso, a meu ver, nos capítulos em que o filósofo toma o leme da exposição. Penso no capítulo sobre a "impronúncia" logo no início do texto, nas partes em que justifica suas posições políticas, naquelas em que expõe as ideias de Maquiavel e de Espinosa, ou quando argumenta em favor de sua interpretação do marxismo. Aqui percebemos a força do seu intelecto, e, ainda que se possam discutir suas ideias e pontos de vista, não me parece haver nada de patológico nestas partes; temos aí um pensador e um ativista político que se explica para seus pares, que reconhece interlocutores e adversários e com eles polemiza.

Mas esta "performance" custa muito, muito caro. É nas partes propriamente autobiográficas que podemos entrever quanto esforço e quanto sofrimento estão envolvidos no situar-se na posição de diálogo, e como esta é estranha ao *ethos* desta pessoa, uma espécie de prótese precária sempre ameaçada de saltar sob a pressão das forças destrutivas que atuam em surdina. Não quero ser mal-compreendido: não estou *julgando* Althusser, nem o acusando, como ele mesmo o fez, de "impostura" – não concordo com esta apreciação, e direi logo mais por quê. O que tento fazer é avaliar de que modo uma pessoa habitada por angústias como as que ficamos conhecendo neste texto pôde, em certos setores e momentos de sua vida, elaborá-las o suficiente para poder investir a atividade intelectual, e de que modo este investimento, com o prazer narcísico que dele resultava, pôde sustentar o funcionamento *par ailleurs* sumamente perturbado deste espírito.

O que, no escrito de Althusser, justifica semelhante apreciação? Creio que, daquilo que ele narra, destacam-se alguns pontos capazes de conferir validade ao meu argumento. Penso em especial na forma como descreve a mãe e o pai, em suas relações com estes e com os avós, na ligação adesiva e simbiótica com Hélène, no que escreve sobre o amor e sobre o sexo, no que conta das atuações sádicas que pontilham a vida com a esposa, e também na maneira muito peculiar com que, ao que parece, viveu sua análise e incorporou o que ela pôde lhe revelar de si mesmo. Naturalmente, não é o caso de me estender sobre todos estes tópicos, alguns dos quais foram já abordados pelos colegas que me precederam. Vou me deter, assim, em certos acontecimentos e em algumas interpretações propostas pelo próprio Althusser, visando com isso a substanciar a opinião que estou lhes expondo.

A CONSTELAÇÃO FAMILIAR

Um dos aspectos mais salientes desta autobiografia é o contraste absoluto entre as figuras dos avós maternos, por um lado, e dos pais e avó paterna, por outro. Tudo o que se refere aos primeiros é claro, alegre, cheio de vida; estes avós são gente boa, calorosa, dispostos a ensinar ao menino Louis o que sabem da vida e da natureza. Já a avó paterna é descrita como uma mulher egoísta e malvada, e mesmo o gesto afetuoso de presentear o neto com uma raquete de tênis soa a ele como algo rude. Quanto ao pai, homem ao que parece dos mais estranhos, Althusser o teme e o odeia; é o carrasco da mãe, o sádico que se compraz em exercer sua autoridade violenta sobre tudo e sobre todos. À mãe, reserva um retrato pintado com as cores mais sombrias, como veremos logo mais.

Digamos logo de saída que M. e Mme. Althusser são, pelo que deles conta seu filho, pessoas profundamente perturbadas. O pai comporta-se de forma caracteristicamente esquizoide, tornando incomunicáveis as esferas pública e privada da sua existência, e a mãe apresenta um impressionante catálogo de sintomas, de fobias leves e atitudes que sugerem uma paranoia bem pouco disfarçada. E no entanto... no entanto, por mais doentes que sejam estas criaturas, há algo estranho na descrição absolutamente *uniforme* que deles faz Althusser. Nesta descrição, não pode ser eliminada a componente fantasmática do filho, e esta transparece no caráter absoluto dos defeitos e vilezas que percebe no pai e na mãe. A estas imagens graníticas, corresponde simetricamente a virtude inteiriça e sem falhas dos avós maternos: todo o bem aqui, todo o mal acolá.

Ao psicanalista não podem escapar a idealização do casal de avós maternos, nem o denegrimento correspondente do casal paterno, ou seja, o fenômeno de cisão do objeto responsável pela constituição de figuras unívocas desta sorte. Ora, quem diz cisão, diz projeção dos sentimentos correspondente nos objetos em questão, e igualmente projeção das partes de si sentidas como "boas" ou "más", na terminologia kleiniana tradicional. O que me interessa ressaltar, porém, não é o reencontro das categorias usuais em mais um objeto de análise, mas a dinâmica psíquica que é sugerida tanto teoricamente – pela prevalência destes mecanismos maciços de defesa – quanto clinicamente – pelo gênero de eventos e de reações com que Althusser recheia seu texto.

TENTATIVA DE DIAGNÓSTICO

Quando ocorrem cisões e projeções desta ordem de grandeza, cabe esperar dois tipos de consequências. Por um lado, pode predominar a angústia persecutória, num ciclo infernal de ataques ao objeto e pelo objeto. Por outro lado, o esvaziamento de si produzido pelo mecanismo projetivo pode persistir, dando origem a um tipo de funcionamento mais próximo daquele que atestam as lembranças e fantasias de Althusser. Em vez da introjeção / expulsão recorrentes dos objetos perseguidores, pode ocorrer a formação de uma área transicional que serve como continente dos impulsos e das angústias, valendo como polo de concentração e de difusão para uma série de atividades capazes de minorar o terror e facilitar algumas interações com os outros. Neste caso, não temos uma psicose, mas um estado-limite ou *borderline*.

Esta me parece ter sido a situação no caso do filósofo, o que é atestado pelas modalidades de angústia que predominam em sua personalidade: a angústia de separação e a angústia de intrusão. São inúmeras as passagens do livro em que elas transparecem, e a meu ver é no sistema defensivo construído para proteger-se delas que se deve situar a *clef de voûte* do psiquismo deste homem. É talvez nas recriminações intermináveis contra a mãe que podemos perceber melhor os efeitos desta estrutura. Althusser está convencido de que sua mãe jamais o reconheceu como tendo direito a uma existência própria, vendo nele uma reencarnação do outro Louis, o tio, com quem ela deveria ter-se casado. Ela "desejava a sua morte" (p. 42), "castrou-o dez, vinte vezes" (p. 126), etc. É na catilinária que figura à página 126 da tradução brasileira do livro que ele vai mais longe neste sentido, lembrando circunstâncias nas quais a mãe o teria "roubado", "estuprado", "castrado", "usurpado", "esvaziado" e assim por diante.

A mais notável delas é uma cena que se passa em Marselha, aos treze anos: a mãe, notando manchas de esperma nos lençóis, chama o menino, e, apontando para elas, lhe diz: "Meu filho, agora você é um homem".[5] Reconhecimento ambíguo da sexualidade dele, certo, mas reconhecimento *tout de même.* O que sente Althusser neste momento?

> Fiquei morto de vergonha e senti uma insustentável revolta em mim. Que minha mãe se permitisse bisbilhotar meus próprios lençóis, minha intimidade mais distante, o recanto íntimo de meu corpo nu, ou seja, o local de meu sexo, como ela faria em minhas cuecas, entre minhas coxas, para pegar meu sexo entre suas mãos e brandi-lo (como se lhe pertencesse) [...], que além do mais se obrigasse [...] a este gesto e a essa declaração *obscenos* [...] – eis algo que me pareceu, pelo menos assim eu senti e ainda hoje sinto, como o cúmulo da degradação moral e da obscenidade. Propriamente um estupro e uma castração. (p. 52)

[5] Na exposição oral, coloquei ao lado deste incidente aquele em que a mãe explica ao menino a diferença entre os sexos, dizendo-lhe: "veja, você tem um buraco a menos do que sua irmã". Em conversa com Luís Carlos Menezes, este me chamou a atenção para o caráter bizarro desta maneira de falar, e dei-lhe razão: Contudo, continuo a pensar que se o episódio dos lençóis mostra a loucura da mãe, também faz ressaltar a fragilidade identificatória do filho, pelas razões que exponho no corpo do texto.

Aqui se podem quase tocar a angústia de intrusão, a confusão entre o corpo dele e o dela, a confusão entre dizer e fazer, a impossibilidade de ver na fala da mãe algo diferente daquilo que nela projeta a fantasia do filho. Aliás, o mesmo acontece em outros momentos, instantes que poderiam valer como rituais de passagem e de reconhecimento: sistematicamente, Althusser os esvazia desta significação, para ver neles apenas violência sádica e atuação perversa. Assim é com a cena no estande de tiro, a que o pai, oficial de artilharia, o leva aos dez anos; o menino nada compreende do sentido deste gesto, que é o de outorgar uma insígnia de virilidade, pelo consentimento e estímulo a que o filho "seja como o pai". Retém dele apenas o peso do fuzil e a dor do golpe no ombro quando aperta o gatilho: "meu pai estava orgulhoso; eu, como sempre, aterrorizado" (p. 49).

É como se as atitudes dos pais, ainda que canhestras ou a serviço das fantasias deles, pais (o que é bem possível), jamais pudessem ser admitidas como algo além de intrusões violentas, sinais de desprezo (o mesmo acontece com o presente da avó paterna), marcas de rejeição ou do gozo indevido que o tornam objeto dos desejos parentais, mas nunca sujeito dos seus próprios. Isto é particularmente claro no caso das fantasias que concernem à mãe, objeto de uma cisão que a faz ser simultaneamente "obscena" e "pura". A sexualidade desta mulher é um enigma insondável para seu filho, que ora a priva de qualquer desejo (seria mero objeto sexual do pai-sátiro), ora lhe atribui atitudes sistematicamente qualificadas de "obscenas". Que a mãe seja provavelmente uma personagem doentia não retira nada da responsabilidade do filho na construção desta figura mórbida que o habita – apenas confirma, como disse Mario Fuks há pouco, que pode haver convergência entre as fantasias de um indivíduo e o comportamento real da pessoa que lhes serve de suporte.

A dificuldade para aceitar ser reconhecido indica uma séria perturbação no plano das identificações, perturbação correlativa ao vazio interior de que Althusser fala a cada página de seu livro. Para dar conta deste vazio – que se expressa no profundo sentimento de solidão característica de sua experiência de si – o futuro filósofo vai lançar mão de uma série de expedientes, que configuram o que chamei atrás de "próteses narcísicas". A primeira delas é a fantasia do autoengendramento, que transparece no que conta sobre como aprendeu diversos esportes (p. 60) e o dialeto do Morvan (p. 74), bem como na decisão de redigir seu livro "sozinho, sem consultar ninguém" (p. 33). Incapaz de se situar na sequência das gerações e de separar-se da figura pegajosa dos pais (especialmente da mãe), Althusser não pode se ver como aquele que recebe e por sua vez vai transmitir: como se chama Louis, *é* o tio morto – um exemplo entre muitos. Outra forma de dar conta do mesmo vazio é a predileção por espaços simultaneamente *fechados* e *hierarquizados:* é no campo de concentração que se sente feliz pela primeira vez em sua vida, como no hospital se sentirá seguro, como vive a moradia na Escola Normal Superior não como uma comodidade a que tem direito, por ser diretor dela, mas como um "retorno ao líquido amniótico" (p. 147). Nestes espaços, os muros externos circunscrevem um território no qual encontra um lugar predeterminado, que se define como abrigo frente ao outro sempre ameaçador: guardas, pessoal médico ou de enfermagem, alunos. Protegendo-o da intrusão, garantindo vicariamente a separação, repondo-a na própria divisão estanque entre os habitantes de cada círculo, os muros significam *baliza* e *couraça* a um só tempo.

AS EXPERIÊNCIAS INASSIMILÁVEIS E O FRACASSO DAS DEFESAS

Que esta função não possa ser cumprida sempre, nem por inteiro, vê-se pelo sentimento de "impostura" que o assalta de tempos em tempos. Começando no ginásio e continuando pela vida afora, esta sensação de mal-estar vicia seu próprio trabalho intelectual, fazendo-o pensar que no fundo é uma fraude, e que os outros não demorarão a perceber isso. Não creio que sua produção filosófica seja "fraude"; em seu ofício Althusser foi rigoroso e honesto, e, se errou, o fez como qualquer um de boa-fé. Discordar de suas ideias (e foram muitos os que delas discordaram) não é o mesmo que acusá-lo de má-fé. O que assim se expressa, acredito, é a ocasional inadequação da prótese intelectual às suas funções: o julgamento de conteúdo e de caráter que o filósofo faz de si mesmo é errado no manifesto e correto no latente. Correto no latente, porque desnuda as falhas esporádicas da função atribuída ao exercício do intelecto no conjunto de sua personalidade, em momentos nos quais a área transicional parece ser reabsorvida por um ego mais do que vacilante.

Se o sentimento de impostura parece indicar uma brecha no sistema de investimentos e defesas, brecha que segundo as circunstâncias pode ser mais ou menos larga, é a experiência sexual que produz periodicamente abalos bem mais fortes nesta estrutura já não muito sólida. O sexo para Althusser não é nada sensual, não é fonte de prazer e de reafirmação narcísica na capacidade de gozar e de proporcionar ao outro momentos de gozo: "o problema é que existem os corpos, e, pior, os sexos". O sexo é a ocasião para que uma excitação incontrolável se aposse dele à sua revelia, como aparece no sonho da minhoca gigante, ressaltado há pouco por Luís Carlos Menezes. Ela o invade como afeto sem representação, e acaba por submergi-lo em ataques de pânico e de angústia que o conduzem de hospitalização em hospitalização. A relação com Hélène, simbiótica e adesiva, é prova disso: ele a conserva como sua mulher, mas necessita de uma "reserva de mulheres" com quem mantém relações ocasionais e frequentemente catastróficas. O que, nestas experiências, faz saltar os ferrolhos do sistema defensivo, os quais só podem ser reparados na e pela hospitalização?

Aqui, naturalmente, estamos no terreno das conjecturas, mas parece possível discernir a linha geral de uma hipótese. Há uma passagem espantosa, no livro, em que Althusser explica o que para ele é amar: "amar é dispor de integridade de si, de sua potência, não para o prazer ou por um excesso de narcisismo, mas para ser capaz de um dom, sem ausência, resto, falha ou defeito. Ser amado é ser capaz de ser aceito e reconhecido como livre em seus próprios dons, que eles 'passem', a fim de recebermos em troca outro dom desejado no fundo da alma: precisamente ser amado, trocar o livre dom do amor" (pp. 125-6). Este amor não é Eros, o filho da Falta e do Engenho, mas Ágape, o amor gratuito que o Criador tem por suas criaturas independentemente de estas o merecerem ou não. Notemos a ênfase na ideia de *integridade*, integridade que passa totalmente para o dom "sem ausência, resto, falha ou defeito". E Althusser continua: "para isso é preciso, é claro e evidente, não estar limitado na liberdade do seu ser, é preciso não estar tocado na integridade do seu corpo e de sua alma, digamo-lo, não ser 'castrado', mas dispor de sua potência de ser (pensemos em Espinosa) sem ser amputado de nenhuma parte, sem ser destinado a compensá-lo no ilusório ou no vazio" (p. 126).

A referência a Espinosa é um tanto estranha, já que para este filósofo um ser singular ("essência particular afirmativa") está sempre, por natureza, limitado pelas demais "essências particulares afirmativas" com as quais interage, aumentando ou diminuindo através destas trocas a sua potência, a sua alegria e a sua compreensão da ordem e da conexão das coisas. Althusser exprime aqui, a meu ver, a fantasia de um mundo sem buracos e de seres sem buracos, sem espaço interno, portanto, para acolher o dom que os outros lhes podem oferecer. *Limite* é o mesmo, para ele, que *amputação*, e ambos o mesmo que *castração*, por sua vez idêntica a *vazio* ou a *ilusório*. Neste universo de seres inteiriços – apesar do fraseado romântico – não pode haver trocas: só intrusões, invasões e colisões. É portanto a recusa da castração (em seu sentido psicanalítico) que comanda esta organização fantasmática: castração como finitude ontológica, na acepção lacaniana, mas também castração como ferida sangrenta e exercício do poder brutal de outrem, como na acepção freudiana. A figuração da mãe como "mártir, chaga aberta e sangrando" (p. 42) repete-se na figuração de Hélène como "mártir como ela, e chaga aberta" (p. 127), superposição de imagens que diz bastante sobre o universo interior de quem assim as organiza. E o crime vai ocorrer quando Hélène, após anos de convivência tumultuada e repleta de atuações sádicas por parte de Louis (a mais dramática é a da praia de St.-Tropez, pp. 140-2), decide separar-se do marido – o que deve ter sido vivido por este como "amputação" e "castração". Althusser o confirma quase explicitamente: "Minha morte e a de Hélène eram uma só e mesma morte" (p. 142).

O TABU DO CONTATO TRANSPOSTO COMO CONCEITO

Não quero me alongar demasiado: o que trouxe para nosso debate parece-me comprovar a hipótese que lhes apresentei há pouco. Althusser pode ser caracterizado, a meu ver, como uma organização *borderline*, pela natureza das angústias que o dominam e que não conseguiu elaborar, pelo elenco de defesas a que recorreu em sua tentativa de controlá-las, pelas fantasias que construiu acerca de si, dos pais, dos avós, das mulheres e dos outros, e ainda pela preservação de uma área relativamente funcional em sua estrutura mental e emocional, a área reservada ao investimento no intelecto e na vida política, bem como à música (era bom pianista).

Apenas uma palavra a mais acerca desta área a que chamei transicional, usando o termo cunhado por Winnicott. Sabe-se que a tese central de Althusser a respeito de Marx consiste na separação absoluta entre a dialética ainda idealista e o materialismo científico, entre "ideologia" e "ciência". Esta tese foi criticada por Giannotti,[6] por Rancière,[7] por Raymond Aron,[8] por Castoriadis,[9] e até por

[6] José Arthur Giannotti, "Contra Althusser" (1968), *Exercícios de filosofia*, São Paulo, Cebrap/ Brasiliense, 1975.

[7] Jacques Rancière, *La leçon d'Althusser*, Paris, Ideés Gallimard, 1974.

[8] Raymond Aron, "Althusser ou la lecture pseudo-structuraliste de Marx", *Marxismes Imaginaires*, Paris, Ideés Gallimard, 1970.

[9] Cornelius Castoriadis, "Les crises d'Althusser", *Libre* 4, Petite Bibliotheque Payot, 1978.

Lebrun,[10] para só citar alguns. Não é o caso de discutir quem tem razão neste debate; mas, mesmo correndo o risco de ser acusado de psicologizar a filosofia, penso ser inegável o parentesco entre a forma desta tese – o esforço para *separar* (o "bom" Marx, o Marx "puro" e o "mau" Marx, o Marx "obsceno"; a ideologia e a ciência; a herança idealista e o método materialista; etc., etc.) – e os mecanismos fundamentais do psiquismo do seu autor. Seria preciso, naturalmente, matizar e refinar esta afirmação, já que todo pensamento é uma tentativa de estabelecer no conceito as distinções que o pensador julga pertinentes no real. Ocorre que todo pensamento, por mais abstrato ou "objetivo" que seja, ancora-se numa camada de imagens e de fantasias que, sem se confundir com ele – fantasia não é conceito, nem teoria –, o sustenta e o impregna, conferindo-lhe, principalmente através do tipo predominante de metáforas, uma marca própria e inconfundível.[11]

Neste sentido, não me parece absurdo sugerir que a filosofia de Althusser tenha sido *também* – e friso este *também* – um elemento a mais neste esforço insano para existir, e para encontrar um abrigo seguro em meio às múltiplas contradições da sua vida. Ela reproduz, no meio que é o seu, esse misto paradoxal de agitação e de imobilidade própria do mundo afetivo-imaginário do seu autor; representa ao mesmo tempo o sucesso e o fracasso da sublimação, a vitória e a derrota frente aos insondáveis enigmas da geração e da filiação. É ele quem afirma, citando Marx: "a filosofia é a relação do filósofo consigo mesmo" (p. 154). E ainda: "os maiores filósofos *nasceram sem pai* e viveram na solidão do seu isolamento teórico, e no risco solitário que assumiram diante do mundo" (p. 153, grifo de Althusser).

Sim: Louis Althusser viveu e sofreu como um cão, ou melhor, como um ser humano. A tragédia de sua existência e o esforço para dar conta dela culminam neste livro denso e irregular, em que páginas admiráveis se sucedem a outras quase delirantes. Diz ele, ao final, que "desde sempre estivera de luto por si mesmo", em meio a uma onipotência que era a outra face da mais completa impotência. Julgava rompido este círculo infernal após o crime e a longa hospitalização que se seguiu, mas na verdade fez um juízo equivocado: pouco depois de terminar sua autobiografia, uma nova crise se manifestou, e dela – a não ser por curtos intervalos – o filósofo não saiu mais. O futuro, afinal, não durou tanto tempo assim.

---

[10] Gérard Lebrun, "Althusser e seu partido" (1978), *Passeios ao léu*, São Paulo, Brasiliense, 1983.

[11] Ver a este respeito R. Mezan, "Metapsicologia/Fantasia", *Figuras da teoria psicanalítica*, São Paulo, Casa do Psicólogo, 2010.

"Um espelho para a natureza": notas a partir de *Hamlet*[1]

Que direito tem o psicanalista de se imiscuir na seara da literatura? Ao tomar como se fossem de carne e osso os personagens de uma história, não estará cometendo um abuso, esquecendo as convenções e os gêneros, projetando na obra de imaginação seus preconceitos ou seus fantasmas? Críticas como estas são frequentemente levantadas a partir das posições mais diversas. Ora é o clínico que recusa a "legitimidade" do procedimento do seu colega leitor, em nome de um princípio aparentemente sólido – a psicanálise se faz entre o divã e a poltrona, não à mesa de trabalho. Ora é o especialista, o crítico, o autor, que protestam contra a "artificialidade" do empreendimento: o que a leitura analítica revela são os componentes essenciais da subjetividade humana (o que a torna inútil para compreender *esta* obra singular), ou, pior, ela desvenda apenas as dimensões da ignorância pretensiosa do analista, que desconhece os rudimentos da teoria e da história literária...

É possível que tais críticos tenham razão, e ao mesmo tempo não a tenham. A contribuição do psicanalista será útil para compreender uma obra de ficção? Pois bem: depende do que se pedir a esta contribuição, e daquilo que ela

---

[1] Originalmente uma conferência no Instituto Sigmund Freud de Porto Alegre (setembro de 1992), este texto foi inteiramente refundido em 1994 para sua primeira publicação nos *Novos Estudos Cebrap*, nº 40, São Paulo, novembro de 1994, pp. 101-15.

pretender proporcionar. Se o que se exige ou se oferece for uma leitura capaz de revelar o sentido "verdadeiro", "essencial", "último", do livro ou de seus personagens, estaremos diante de um engodo, com a inevitável decepção no momento seguinte. A psicanálise não detém a chave com que se abrem todos os enigmas, e é ridículo imaginá-la deste modo. Se, ao contrário, a leitura analítica se apresentar e for tomada como um dos caminhos possíveis, ela tem chances de se mostrar instigante e fecunda. Tomar os personagens e suas peripécias como se fossem pessoas reais, perscrutar seus motivos e a lógica do seu comportamento, tirar deste exame alguma hipótese sobre os mecanismos que possivelmente operam em nosso íntimo – este é o sentido da leitura psicanalítica. Dir-se-á que isto é irrelevante do ponto de vista estritamente literário ou artístico. Eu não partilho desta opinião: no que seria pernicioso, para a fruição de uma obra, acrescentar ao prazer que ela nos proporciona alguma informação acerca de sua estrutura ou dos meios que, nela, contribuem para produzir tal ou qual efeito? Ao contrário, parece-me que um esforço crítico pode trazer maior intimidade com a obra, sugerindo a quem dela se aproxima vias de acesso a elementos que lhe poderiam passar despercebidos.

Entretanto, é a própria psicanálise que, a meu ver, mais se beneficia pelo convívio com obras de arte, sejam plásticas, cênicas, musicais ou literárias. A psicanálise se interessa pelo singular, é certo: porém não há singular absoluto. Digamos isto de outra forma: tanto no caso clínico quanto nas produções do imaginário artístico, o psicanalista vai reencontrar certos temas fundamentais, porque estes são o que torna humano o ser humano. Estes temas fundamentais se apresentam sempre numa combinação única, específica, que torna humano *desta* maneira (e não de outra) *este* ser humano. São os meandros deste processo que interessam à psicanálise, e a particularidade deles consiste em que o universal está engastado no singular, é-lhe imanente, mas se apresenta a cada vez sob novas roupagens. Ora, decifrar o universal a partir daquilo com que a história de cada um o revestiu é o que faz o psicanalista, por meio da escuta que lhe é própria. Assim como diante de um paciente seu trabalho é desmontar o discurso coerente para organizá-lo de um outro modo, frente a um escrito, dirá André Green, o analista

> segue a trama do texto, mas recusando o fio de Ariane proposto ao leitor. Este fio é o que puxa o texto rumo ao seu fim, o que tem a última palavra, que é o término de seu sentido manifesto. Ele aplica portanto ao texto o mesmo tratamento que

> aplica ao discurso consciente que recobre o discurso inconsciente [...] A partir dos traços oferecidos ao seu olhar/escuta, o analista não lê o texto, ele o desliga *[il ne lit pas le texte, il le délie]*. Quebra a secundariedade para reencontrar, aquém dos processos de ligação, o desligamento que a ligação recobriu.[2]

A interpretação analítica, desta forma, não é arbitrária nem descuidada. Se ela desmancha a organização manifesta do texto, não é para dar rédea solta aos caprichos do leitor, mas para seguir outras pistas, também presentes no texto manifesto – onde mais? –, e com elas revelar um outro quadro. Este, para ser plausível, precisa ser constantemente referido ao que o autor efetivamente disse. Ela não acrescenta um novo episódio, não inventa desfechos, não introduz novos personagens: se o fizesse, seria outra obra de ficção, continuação talvez interessante da que lhe serviu de ponto de partida, mas não interpretação *desta*. Se o trabalho do analista pode revelar facetas somente acessíveis através do método que é o seu, é porque tais facetas já estavam ali, nas dobras do texto, em estado por assim dizer virtual. E, além disso, quem mais lucra com isto é o próprio analista, que aprende, por ocasião deste exercício, a manejar melhor seu próprio instrumento, a utilizá-lo de modo mais atento ou mais refinado, a compreender mais sutilmente a sutileza da alma humana.

SENTIMENTOS DOS FILHOS, FANTASIAS DOS PAIS

É deste ponto de vista que hoje, atendendo ao convite de Abrão Slavutzky, gostaria de abordar a tragédia de Hamlet. Não creio ter condições de trazer qualquer interpretação muito surpreendente, mesmo porque se trata de um dos textos mais comentados tanto na história da literatura quanto na história da psicanálise. Freud foi o primeiro a propor uma leitura de tipo analítico, no que foi seguido por Ernest Jones e por uma plêiade de outros, inclusive Lacan, que dedica boa parte de seu seminário de 1958/1959 – *O desejo e sua interpretação* – à discussão da peça. Terei ocasião de me referir a certas ideias contidas nestes escritos, assim como às apreciações de alguns críticos e historiadores da literatura inglesa. Contudo, o que me parece mais interessante é tomar *Hamlet* num sentido um

[2] André Green, "La déliaison", in *La déliaison*, Paris, Les Belles Lettres, 1992, pp. 18-20.

pouco diferente, recortando a história a partir de certas inquietações que me são próprias neste momento de meu percurso como psicanalista. Assim, é de psicanálise que desejo lhes falar, utilizando as peripécias do príncipe dinamarquês mais como fulcro de uma elaboração do que como objeto de análise propriamente dito.

Hamlet não é só a tragédia da vingança, mas sobretudo a tragédia da hesitação. O herói é encarregado de vingar a morte de seu pai, morte devida a um torpe assassinato praticado por Cláudio, seu tio, que além do mais casou-se com a rainha e agora governa os destinos do reino. A princípio, pensava-se que o rei fora morto pela picada de uma serpente enquanto dormia no pomar; mas o próprio monarca, ou melhor o seu fantasma, encarrega-se de desfazer este equívoco, aparecendo ao seu filho e lhe revelando o terrível segredo. Ora, Hamlet sai da entrevista com o espectro decidido a executar imediatamente a ordem dada por este, ou seja, matar Cláudio. No entanto, passam-se as horas, os dias e os meses, e nada: o príncipe não se decide a vingar seu pai, vacila, recrimina-se por isso, finge-se de louco, sempre postergando o momento decisivo.

Este é o ponto salientado por Freud, numa passagem da *Interpretação dos sonhos* que se segue imediatamente à exposição sobre os desejos incestuosos e sobre a tragédia do rei Édipo:

> em *Hamlet*, [a fantasia de desejo da criança] permanece recalcada, e apreendemos sua existência – assim como em uma neurose – apenas pelos efeitos inibidores que dela se seguem. [...] A peça está construída sobre a vacilação de Hamlet em cumprir a tarefa de vingança da qual foi encarregado; o texto não informa quais os fundamentos ou motivos desta vacilação. [...] O que o inibe na consecução da tarefa que o espectro de seu pai lhe atribuiu? Aqui se apresenta novamente a hipótese de que é a natureza especial desta tarefa. Hamlet pode tudo, exceto completar a vingança sobre o homem que afastou seu pai e tomou o lugar deste junto à mãe, sobre o homem que lhe mostra a realização de seus desejos infantis recalcados. O horror que deveria impeli-lo à vingança é substituído por autorrecriminações, por escrúpulos de consciência que lhe mostram que ele, literalmente falando, não é melhor que o pecador que deveria castigar. Ao dizer isso, traduzo para o consciente aquilo que precisa permanecer inconsciente na alma do herói.[3]

[3] S. Freud, *Die Traumdeutung*, capítulo v, seção D, "Sonhos típicos"; *Studienausgabe*, 11, p. 269.

É deste ponto que se inicia igualmente o comentário de Lacan, publicado em português pela editora Escuta (*Hamlet por Lacan*, Campinas, 1986). Em suma, esta interpretação vai pelo caminho do desejo de Hamlet: os "escrúpulos de consciência", racionalizados de todas as formas pelo pensamento engenhoso do herói, seriam a outra face dos desejos incestuosos e parricidas que o habitam, assim como a todos nós. É certo que Lacan se afastará desta interpretação, construindo seu percurso de modo original e utilizando a história para introduzir seus conceitos, em especial os de objeto "a" e o de falo. Pois Hamlet, como fica claro ao lermos o texto, não é absolutamente incapaz de agir, o que Freud aliás havia observado, citando a prontidão com que mata Polônio na cena com a mãe e a destreza com que substitui, no navio que o conduz à Inglaterra, as cartas que o condenam à morte por outras que selam o destino de Rosenkrantz e de Guildenstern. Ele é apenas incapaz de cumprir *este* ato, o decisivo, pelo qual no entanto clama a sua própria natureza.

O tradutor Péricles da Silva Ramos, na edição do Círculo do Livro, traz uma informação interessante. A origem do nome do príncipe é um termo do antigo escandinavo, *Amle Odhi*, que a princípio significava "furioso na batalha", e depois "louco", sentido que conserva na língua norueguesa. A história provém de uma antiga lenda nórdica, consignada por escrito na segunda metade do século XII por Saxo Grammaticus. Esta versão é de extrema violência: o rei é assassinado à vista de todos (não existe portanto o espectro do pai, já que o assassino é conhecido), o cadáver de Polônio é atirado aos cães para que estes o devorem, e nada nos faz lembrar os ideais de cortesia cavalheiresca presentes na peça que conhecemos. O nome do herói sugere o oposto do que se tomou sua marca registrada: quem é furioso ou louco na batalha não pode perder tempo com meditações, é alguém que age por impulso e não sabe se controlar, ou, pelo menos, não está sujeito a "escrúpulos de consciência". Em Saxo Grammaticus, a loucura de Hamlet está a serviço da sua habilidade, isto é, serve como disfarce para aguardar o momento oportuno em que poderá castigar o criminoso. O mesmo acontece numa peça cujo texto exato se perdeu, escrita ao que parece no final do século XVI por Thomas Kyd, e que teria sido a fonte mais imediata para a criação de Shakespeare. Kyd, aliás, inventou o fantasma do pai, recurso cênico genial para criar o clima da peça e fazer com que, de início, apenas Hamlet conheça a verdade sobre o que se passou: está montado o pano de fundo para a ação tal como a vemos no palco, isto é, para o desenrolar de uma intriga em que o príncipe precisa desmascarar Cláudio (o que é feito na cena com os atores), ao mesmo tempo em que encontra todo tipo de pretextos para adiar o ato de que seu pai o encarregou.

O personagem parece assim ter sofrido uma evolução desde a lenda medieval até a época elisabetana, evolução que consiste em adquirir o que para nós, depois de Shakespeare, é o seu caráter. De alguém "furioso na batalha", ele se torna o que hesita, o que se autorrecrimina, o que não sabe o que quer, ou melhor, sabe o que deve fazer, mas não é capaz de fazê-lo. Freud falava no "progresso secular de repressão", isto é, no fenômeno segundo o qual o que era aberto e patente na época antiga – por exemplo, a realização em cena aberta dos desejos ditos edipianos na peça de Sófocles *Édipo rei* – aos poucos iria sendo desfigurado pelos mecanismos de defesa. Neste caso, o progresso de civilização consistiria em tornar inconsciente aquilo que foi outrora consciente, a começar pelos conteúdos edipianos, que assim sofreriam o destino que os transformou em complexo (inconsciente) de Édipo.

Esta é uma questão delicada. Freud está sugerindo um nexo entre a evolução dos costumes, da sociedade, da moral, e a organização psíquica dos membros de uma dada cultura. Em suma, o superego seria uma aquisição tardia da humanidade, e a repressão crescente dos impulsos sexuais – não só os edipianos – acabaria por neutralizar todos os contemporâneos; é nesta via que argumenta "O mal-estar na cultura", somando à repressão dos impulsos sexuais a da agressividade inata, cada vez menos tolerada em sua expressão sem disfarces. Não vou me estender nesta questão, que nos afastaria muito do texto shakespeareano. Direi apenas que talvez o ponto de intersecção entre o social e o psíquico não passe necessariamente pelo superego, ou apenas pelo superego; ele pode residir também nas identificações que organizam o ego, caso em que o social não apareceria somente como instância repressora de uma suposta espontaneidade pulsional, mas sobretudo como organizador da própria subjetividade, através da oferta de modelos identificatórios tanto para o ego como pata o ideal do ego.[4] Quanto à ideia de que com o progresso de civilização a taxa de repressão aumenta inexoravelmente, como pensava Freud, ela não me parece acertada, e não só pelos motivos que Marcuse expõe em *Eros e civilização* – a sociedade civilizada do futuro colocaria alguma libido a

---

[4] Ver R. Mezan, "Violinistas no telhado: clínica da identidade judaica", in *A sombra de Don Juan e outros ensaios*, São Paulo, Brasiliense, 1993, e Jurandir Freire Costa, *Psicanálise e contexto cultural*, Rio de Janeiro, Campus, 1989.

serviço da felicidade, eliminando a "mais-repressão" exigida pelo sistema atual – mas principalmente porque a meu ver o problema está mal colocado: liberdade de costumes, sexuais ou outros, não parece ter muito a ver com as defesas inconscientes, voltadas sobretudo para as fantasias e desejos igualmente inconscientes. Veja-se a extensão da infelicidade sexual de hoje, em tempos bem menos vitorianos do que aqueles em que Freud escreveu. A relação entre o social e o sexual não passa, creio eu, por este ponto.

A questão do nome de Hamlet abre ainda uma outra perspectiva. Dizem alguns que o nome é o destino, e isto não porque acreditem na magia das palavras, mas porque o nome de uma criança materializa as fantasias e expectativas de seus pais, as quais não podem deixar de ter alguma influência sobre o desenvolvimento dela. Há casos de crianças que têm o nome de um irmão morto, devendo de alguma forma viver a vida daquele que não chegou a viver, o que coloca uma pesada hipoteca sobre o processo de sua própria individuação. Nestes casos, menos raros do que se imagina, não é o nome na sua materialidade fônica que produz efeitos por vezes devastadores na história do indivíduo: não é porque me chamo Madalena que meu destino será semelhante ao da personagem do Novo Testamento.

Diria antes que é o lugar imaginário que a criança ocupa no inconsciente dos pais que tem algum efeito sobre a estruturação da sua autoimagem, lugar este que pode – ou não – estar indicado no, ou relacionado com o, prenome escolhido para o bebê. Nada indica que os casos em que o prenome evoca de forma mais nítida os fantasmas parentais sejam mais graves do que outros, nos quais estes fantasmas não estejam tão evidentes. E além disso, mesmo naqueles não é simplesmente pelo significado do nome que tais fantasmas se evidenciam: é mais frequente que o nome seja tirado de um antepassado, de um personagem em evidência (político, ator de novela...), ou de um repertório infiltrado pelos mais variados elementos. Em suma: nada se pode deduzir do significante isolado, sem que se conheçam os fatores contextuais que dão sentido a este significante.

Uma outra faceta desta questão pode ser iluminada pelo comportamento dos pais – Polônio e o Espectro – na peça. Muito se tem discutido, ao longo da história da psicanálise, acerca dos efeitos que produz, no psiquismo da criança, o contato com os pais reais, com suas características, com suas atitudes e mesmo com sua patologia. Lembremos como exemplos a questão da sedução (a perversão sexual do pai seria a causa essencial da histeria das filhas), o que se costuma chamar de "mãe esquizofrenogênica", a problemática do trauma, ou ainda toda a elaboração em torno da capacidade de continência, de espelhamento ou de *rêverie* da mãe como fatores condicionantes para o desenvolvimento psíquico da criança. Trata-se aqui de uma variante do problema a que os antropólogos se referem como *nature versus nurture*, a disposição constitucional em relação ao ambiente ou à realidade exterior. Por um lado, é certo que o encontro com *estas* condições determinadas, e não com outras, não pode deixar de repercutir sobre o psiquismo infantil; por outro lado, toda a interpretação psicanalítica se assenta na noção de realidade psíquica, o que significa uma certa autonomia da elaboração inconsciente perante os eventos "exteriores" com os quais ela pode estar conectada. Essa conexão é invariavelmente complexa, multifacetada, já que a apreensão da realidade exterior é modelada pelas fantasias, pelos mecanismos de defesa, pelo desejo, e de modo geral pelo conjunto do funcionamento psíquico.

Hamlet nos apresenta três personagens que têm filhos: Polônio (pai de Laerte e de Ofélia), o Espectro e a rainha Gertrudes. O irmão do rei morto, Cláudio, também é uma figura paterna para Hamlet, mas não engendrou filhos seus. Que podemos aprender de útil a partir do que Shakespeare nos diz sobre estes personagens?

O rei morto não era exatamente um modelo de virtude cristã, tanto que diz a Hamlet ter sido assassinado em estado de pecado (ato I, cena 5, verso 75). Foi um homem violento e cruel, e agora paga sua pena no Inferno, de onde retorna para solicitar que o filho o vingue. Seu desejo é para Hamlet uma ordem; que este não a possa cumprir não retira nada do caráter imperioso desta ordem. Ela consiste na injunção de matar Cláudio, mas também de poupar a mãe, deixando a punição desta aos cuidados do Céu e do remorso. "Faze o que te digo, e não toques em tua mãe": assim poderíamos traduzir a mensagem do Espectro. Não é difícil ver que ela reitera a proibição do incesto, ao mesmo tempo em que autoriza, e mesmo impõe, o deslocamento do impulso parricida. É portanto uma ordem que coloca Hamlet numa posição de impasse frente à revivescência do seu complexo de Édipo, sobre cujas peculiaridades direi algo logo mais. O impasse consiste em simultaneamente autorizar e proibir a realização dos desejos inconscientes, que, não obstante serem dirigidos a pessoas diferentes (o pai e a mãe), encontram-se estreitamente articulados em função do fato de que a mãe é proibida exata e precisamente porque é o objeto sexual do pai.

O Espectro sabe como morreu, e sabe que morreu por causa do desejo de um outro (no caso, seu irmão). Lacan insiste muito neste ponto, que distingue a tragédia de Hamlet da de Édipo.[5] Ao abrir os olhos do filho para o que lhe aconteceu, o pai morto o coloca na obrigação de pagar a dívida que ele próprio não pôde saldar, dívida expressa pela ideia de "morrer na flor dos meus pecados". Mas Hamlet não pode nem pagar esta dívida, nem deixá-la em aberto, comenta Lacan, porque o golpe necessário para matar Cláudio passa por ele mesmo (é com a mesma espada envenenada que Laerte usa para matar Hamlet que este irá ferir seu tio, na cena final). Não é o caso de Laerte, que, sabendo da morte do pai (Polônio), se dispõe põe imediatamente a vingá-lo – e Polônio também morreu "na flor dos seus pecados". Tampouco é o caso de Aníbal, a quem seu pai Amílcar fez jurar que vingaria Cartago da derrota imposta por Roma na Primeira Guerra Púnica, no episódio que tanto impressionou Freud e do qual este fala numa passagem célebre de *A interpretação dos sonhos*.

Qual a diferença, então, entre o caso de Hamlet e os outros dois? Parece-me que, nestes, o que o pai propõe é uma aliança, explícita no caso de Aníbal, mais sutil no caso de Laerte. Ambos se encarregam de reparar uma injustiça ou uma ofensa feita ao pai, numa posição subjetiva que é conforme ao ideal do ego – o ato que devem praticar é heroico, pode ser realizado à luz do dia, e os cobrirá de glória. E, principalmente, ao praticá-lo não estarão abrindo a porta ao desejo incestuoso – esta é a diferença essencial. Em outros termos, o que o Espectro pede a Hamlet – do ponto de vista deste último, evidentemente – não é apenas que desagrave sua memória, mas ainda que se coloque numa posição favorável à realização do incesto, já que, morto o novo marido da mãe, esta ficaria disponível para o filho. Em outros termos, matar Cláudio seria, para Hamlet, praticar um ato equivalente ao parricídio, e isto por ordem do seu próprio pai. Com efeito, aos olhos do príncipe da Dinamarca, Cláudio é o duplo complementar do rei morto, o que fica claro se atentarmos para a idealização que demonstra frente ao pai e para o inverso desta idealização no que concerne ao tio. Este é um rebotalho humano, um lixo, um ser ignóbil (palavras de Hamlet na cena com a mãe), enquanto o pai é a encarnação de todas as perfeições. Não é difícil perceber que a idealização de um é alimentada pelas mesmas fontes nas quais se abebera o desprezo pelo outro, num fenômeno de cisão do objeto bem conhecido pelos psicanalistas.

---

[5] *Hamlet por Lacan*, Campinas, Escuta/Liubliu, 1986, pp. 10 e 45 ss.

Matar Cláudio colocaria assim Hamlet na posição de realizar seu desejo incestuoso: esta é a interpretação que Freud oferece para a inibição do personagem Lacan, em seu comentário, chama a atenção para um outro aspecto – não tanto o desejo *pela* mãe, mas o desejo *da* mãe, desejo sexual visto por Hamlet como abominável e grosseiro. Não faltam indicações a este respeito no texto da peça: já no início, Hamlet se encontra deprimido e enojado pelo casamento da mãe, a quem reputa incapaz de conter sua sensualidade exacerbada. Diz a Horácio que este casamento é uma vergonha, visto que a carne servida na refeição fúnebre ainda não havia esfriado e já era servida novamente no banquete nupcial.

Mas será Gertrudes tão vil quanto Hamlet a pinta? Num texto notável, a crítica Carolyn Heilbrun toma a defesa da rainha, mostrando que suas falas não são as de uma mulher que pensa apenas em sexo.[6] Citando suas intervenções nas cenas em que aparece, Heilbrun louva sua concisão, sua perspicácia, sua gentileza com Ofélia, sua preocupação com o estado lamentável em que vê o ânimo do filho. Na cena terrível com Hamlet (ato III), ela admite seu desejo sexual, e, nas palavras de Heilbrun, "sabe que a paixão a moveu, que este é o seu pecado, [...] que é escrava da paixão". Além disso, o fato de casar-se com Cláudio eleva este último à posição de monarca, barrando a Hamlet o caminho do trono que seria seu se a rainha não tivesse contraído novo matrimônio. Um dos motivos do escândalo do herói é que sua mãe, na idade que tem, ainda necessita tanto de sexo, a ponto de não suportar a viuvez mais que poucos dias ou semanas. E isto nos abre uma outra perspectiva, agora a partir das fantasias de Hamlet sobre a sexualidade da sua mãe: matar Cláudio seria colocar-se a si próprio na posição perigosa de ser o objeto de desejo desta mãe, sem a proteção representada pelo homem mais velho. É como se Hamlet temesse a conjunção fatal do seu desejo pela mãe com o desejo da mãe por ele, o que faria dela uma nova Jocasta.

Seja como for, a opinião que Hamlet tem de sua mãe mostra-se infiltrada por seu mundo interno, por suas próprias fantasias e desejos. Ao que parece, Hamlet passa por uma crise depressiva após a morte do rei; o crítico A. C. Bradley, que escreveu em 1904, nota que antes deste fato o príncipe não era nada vacilante, nem pouco disposto à ação. Apreciava a esgrima e o teatro, era corajoso (não

[6] C. Heilbrun, "The Character of Hamlet's Mother", in *Hamlet*, Nova York, Signet Classics, Penguin Books, 1987, pp. 265-74. As notas seguintes remetem a artigos neste mesmo volume, designado apenas por *Hamlet*.

hesita em conversar a sós com o Espectro), os companheiros e o povo gostam dele. A isto se somam sua sensibilidade refinada, a rapidez do seu raciocínio, o senso de humor e a imaginação vívida de que dá provas constantemente.[7] A morte do pai o lança num processo doloroso em que um choque se seguirá a outro, fazendo com que a esperada reação de luto não siga seu curso habitual. Bradley é um bom exemplo de perspicácia psicológica pré-analítica; seus comentários são elucidativos, mas acaba por recorrer a noções como a de "temperamento" e de "natureza melancólica". Talvez aqui caiba seguir a pista indicada por Freud: a morte do pai reativa no filho os impulsos edipianos, tanto mais que ela se deu em circunstâncias inesperadas e inexplicadas.

Suponhamos que assim tenha ocorrido: no lugar de elaboração destes pensamentos, o que ocupa o espírito de Hamlet é a sexualidade da sua mãe, que ele pinta com as cores mais horrendas. "Descobre" a vileza e a indignidade desta mulher, quase ninfomaníaca a crer no que diz dela (e para ela), e reage a esta descoberta com nojo, horror, desesperança em qualquer nobreza humana. Antes, havia amado Ofélia, e ao que parece era correspondido. Ela era o objeto do seu desejo, como assinala Lacan: mas, nas diversas cenas em que aparecem juntos, Hamlet a trata com sarcasmo e crueldade, e esta atitude não é certamente sem consequências para o destino da jovem. Há um momento, destacado por Lacan, em que Hamlet – logo após o encontro com o Espectro – vai ao encontro de Ofélia e tem diante dela uma reação bastante estranha: pega-a pelo braço, observa-a longamente e se afasta sem dizer uma palavra (ato II, cena I, versos 73 e seguintes). Ao que tudo indica, o encontro com o Espectro teve algum efeito sobre a inclinação amorosa do jovem príncipe, embora não se trate desta questão no manifesto da peça. Hamlet podia estar fingindo-se de louco, é verdade; mas esta não me parece uma boa explicação, já que tem muitas outras oportunidades para fazê-lo, e com melhores resultados.

Poderíamos reconstruir – sempre de maneira conjectural – o processo psíquico de Hamlet aproximadamente assim: a morte do pai o choca e o lança numa depressão forte, mas não patológica. Veste-se de luto, perde a alegria, enfim, mostra reações intensas, porém não desproporcionais ao que acaba de viver – "o fato mais marcante na vida de um homem", como diz Freud no Prefácio à segunda edição da *Traumdeutung*. O primeiro traço patológico aparece no ódio e

---

[7] A. C. Bradley, "Shakespearean Tragedy", in *Hamlet*, pp. 200-1.

no desprezo que passa a sentir por sua mãe, como que projetando nela a sua própria libido – ela lhe aparece como um monstro abjeto e sedento de sexo. A culpa que poderia experimentar pela mobilização dos fantasmas edipianos é deslocada para o casal Gertrudes-Cláudio, preservando a idealização da figura paterna e exaltando sua própria inocência e pureza. "Nada tive a ver com esta morte, eles é que são culpados, culpados de seus desejos insaciáveis": assim poderíamos descrever os pensamentos latentes de Hamlet. Quando o Espectro lhe aparece e lhe revela o assassinato, manifesta também sua indignação com o *overhasty marriage*, insinuando que Gertrudes o traíra – não fica claro se ainda quando vivia, ou se por ter se casado com seu irmão, o que na época era considerado incestuoso. Já vimos a estrutura de duplo vínculo da tarefa que o Espectro impõe a Hamlet; a primeira consequência deste duplo vínculo parece ser o que Lacan chama a "dissolução" de Ofélia como objeto do desejo de Hamlet (é a cena relatada por ela a Polônio). Na verdade, obrigado a se deparar com seus próprios impulsos edipianos, o herói se defende deles tanto pelos "escrúpulos de consciência" a que se refere Freud, quanto pela retirada do investimento libidinal de todos os membros do sexo feminino, num movimento de regressão relativamente claro. Em outras palavras, *o desejo pela mãe* e *o medo do desejo da mãe* absorvem o investimento libidinal disponível, enquanto, no plano da consciência, surgem todas as racionalizações que o impedem, aparentemente, de executar o que prometeu ao Espectro.

Havíamos partido da questão do desejo dos pais e de suas incidências sobre o psiquismo dos filhos. O triângulo rei-rainhaHamlet permite ilustrar o caso em que as fantasias do filho modelam a percepção que este forma dos pais, ressaltando o fato de que o Espectro impõe ao príncipe uma tarefa na qual se pode discernir que ele, Espectro, não se conformou com sua morte e pretende ainda dirigir os acontecimentos no mundo dos vivos. Já o caso de Polônio é diferente: na sua relação com Laerte e com Ofélia, vemos um pai que intervém ativa e maldosamente na vida de seus filhos. Com efeito, ao enviar Laerte para Paris, Polônio faz a este um discurso sobre a necessidade da independência e da honestidade, mas ao mesmo tempo despacha seu servidor Reynaldo para vigiar Laerte e lhe armar todo tipo de cilada. Quanto a Ofélia, Polônio a incentiva a desistir de Hamlet, afirmando que o príncipe é falso e que de qualquer modo está socialmente acima da moça – esta não pode pretender o amor de alguém que será o rei da Dinamarca. Ideia de Polônio, esta, pois tanto Hamlet quanto Gertrudes e Cláudio nada veem de inconveniente no projetado casamento. A intervenção de Polônio não é estranha ao enlouquecimento e ao suicídio de Ofélia, também ela colocada num dilema insolúvel – pois ama Hamlet, o assassino de seu pai, numa situação que lembra a de Ximène no *Cid* de Corneille. Prolixo, adulador, intrigante, Polônio não é um personagem simpático, mas o próprio caráter canhestro das suas ações deixa um espaço para a individuação de seu filho, Laerte. Este, ao saber do que ocorreu com o pai, apressa-se a vingá-lo, e o mesmo ocorre quando é informado da morte da irmã: como assinala Lacan, em Laerte o luto é visível, e a indignação acarreta imediatamente os atos que dele se esperam. Nisto contrasta com Hamlet, tão hesitante em vingar o assassinato do seu pai.

É na terrível cena do cemitério, quando Hamlet e Laerte se engalfinham na cova de Ofélia, que Lacan situa o terceiro momento do desejo de Hamlet – ele recupera o objeto impossível, Ofélia, exatamente no instante em que este se revela como irremediavelmente perdido. Este movimento se cristaliza no confronto com seu duplo especular, Laerte, liberando Hamlet para finalmente cumprir sua vingança – mas, ainda uma vez ele a postergará, aceitando ser o campeão de Cláudio no duelo com Laerte. E somente quando este o fere mortalmente com a espada envenenada o príncipe, sentindo esvair-se a vida, agarra a arma e dá no tio a estocada fatal. Não retomarei aqui a análise que Lacan propõe destas peripécias, análise das mais interessantes: vocês a encontrarão no capítulo 6 de *Hamlet por Lacan*. Mas é preciso dizer algumas palavras sobre a questão do ato, já que toda a tragédia gira em torno deste ato que Hamlet não pode realizar – a vingança contra o assassino de seu pai.

ATO E PASSAGEM AO ATO ("*ACTING OUT*")

Pode ser útil aqui introduzir algumas distinções. A psicanálise interessa-se, naturalmente, por tudo o que o ser humano é e faz, e seu ângulo de visão focaliza o elemento inconsciente impregnado naquilo que aparece deste ser e deste fazer. O "elemento inconsciente" refere-se tanto à esfera das causas quanto à esfera das significações: desta forma, o psicanalista postulará que uma situação qualquer é codeterminada pelos desejos, angústias e fantasias dos que nela estão envolvidos, e que o manifesto desta situação materializa de modo mais ou menos direto tais fatores inconscientes, em combinação com outros, conscientes.

Um exemplo desta maneira de pensar é dado pelo conceito de sublimação: atividades aparentemente sem conexão com as pulsões, nas quais a finalidade pulsional não é evidente, teriam como força matriz a sexualidade e / ou a agressividade. Nelas, diz Freud, *realiza-se* um desejo inconsciente, desejo que encontra sua expressão numa fantasia (*Wunschphantasie*) cuja origem é o infantil.

Esta ideia pode ser empregada tanto para analisar a atividade quanto aquilo que dela resulta, a obra ou o produto. Na *Ética a Nicômaco*, Aristóteles distingue a *práxis* e a *poiésis:* esta é a atividade que resulta num artefato, numa coisa separada do autor e que segue seu destino próprio (seja um livro, um sapato ou qualquer outro objeto físico), enquanto aquela é a atividade que não pode ser separada do seu autor, esgotando-se nela própria – por exemplo, educar, lutar, governar, tocar um instrumento, etc. Embora nos dois casos se possa falar de *ato*, a tradição filosófica prefere reservar este termo às atividades do segundo tipo, distinguindo assim entre "prática" e "técnica". A vingança de que Hamlet está encarregado é um ato deste gênero; seria um ato do primeiro gênero se o Espectro lhe tivesse ordenado, digamos, fabricar uma espada ou esculpir um monumento em sua memória.

Em tese, o psicanalista pode examinar uma ação qualquer, procurando elucidar seus motivos e sua significação, ou seja, determinar na medida do possível quais fatores inconscientes estão presentes nela, e de que modo. A questão é que, *stricto sensu*, ele toma conhecimento destas ações através de um relato, das palavras que o paciente lhe diz na sessão analítica, e que muitas vezes consistem na narrativa do que ele faz ou do que outros fizeram a ele, com ele, etc. Por este motivo, a própria narrativa se inscreve no contexto da transferência; o ato de narrar, a maneira como o paciente conta o fato "exterior", ganham uma significação no presente do processo analítico. Assim, contar que sofreu uma injustiça "lá" pode ter o sentido de exprimir uma queixa "aqui", de buscar um aliado "aqui", de suscitar "aqui", neste interlocutor, sentimentos desta ou daquela natureza. Pelas regras da análise, o paciente deve limitar-se a *falar*, suspendendo qualquer ação no decorrer da sua hora. Mas não é raro que ele se furte a esta regra e se entregue a algum tipo de ação no sentido usual deste termo, por exemplo faltando a uma sessão, chegando atrasado, perguntando algo ao analista, levantando-se do divã, trazendo uma fotografia, e assim por diante.

Freud utilizava o termo *Agieren* para designar estas manifestações; o inglês o traduz pela expressão *acting out*, que ficou consagrada em várias línguas. O *Agieren* recobre uma vasta gama de possibilidades, incluindo a organização da transferência, como no caso citado em "Recordar, repetir, elaborar" (1914): o paciente repete a confusão infantil sobre as questões sexuais contando ao analista uma série de sonhos embrulhados, opacos e incompreensíveis. Aqui não se trata de um movimento físico, mas de dar expressão indireta a um conteúdo inconsciente. Examinar a dinâmica desta situação nos conduziria muito longe do nosso tema: mencionei isto apenas para assinalar quão complexo é o campo do *Agieren.*

O *acting out* refere-se a algo mais restrito. Trata-se de ações que podem ocorrer na sala de sessões ou fora dela – *out* aqui não tem um sentido "geográfico" – que apresentam "um caráter impulsivo, relativamente isolável no curso das atividades da pessoa, frequentemente tomando uma forma auto ou heteroagressiva".[8] O *out* da expressão *acting out* implica tanto a exteriorização – no caso, das pulsões, desejos e fantasias – como a ideia de ir até o fim, de esgotar o impulso (como nas expressões semelhantes *carry out, sell out* ou *burn out*). Daí a implicação de que o *acting out*, na sua impulsividade irresistível, exprime na realidade concreta algo que o indivíduo não pode conter em si, como se fosse obrigado a fazê-lo, ainda que as consequências sejam funestas: este movimento se enraíza no reprimido e pode indicar a mobilização deste último, em função da análise em curso. Daí também a implicação de que o *acting out* está estreitamente ligado à evolução da transferência, pois o que é atuado é um fragmento dela que, por qualquer razão, não pôde ser vivido com o analista e dentro do quadro habitual da sessão. Laplanche e Pontalis sugerem, em francês, o termo *mise en acte* para o *Agieren* transferencial "normal" – a materialização, através da fala associativa, dos aspectos inconscientes ativos no momento – enquanto a expressão *acting out* ficaria reservada para aquilo que, como resistência, denota uma incapacidade de elaboração no nível verbal, e ao mesmo tempo uma pressão insuportável que necessita ser canalizada por meio da encarnação real da fantasia recalcada.

Podemos ver assim que, se a psicanálise situa o ato de diversas maneiras (sublimação, transferência, *acting out*), ela parece mais bem instrumentada para vê-lo, no contexto do processo analítico, antes como uma quebra dos seus parâmetros e como resistência do que como expressão desejável das potencialidades do sujeito. Ficamos sabendo que, em consequência da análise, o paciente passa a fazer algo que antes não podia ou não costumava fazer – por exemplo, alguém

---

[8] J. Laplanche e J.-B. Pontalis, *Vocabulaire de la psychanalyse*, Paris, PUF, 1967, verbete "Acting out", pp. 6-8, no qual me baseio para as observações subsequentes.

que se queixava de claustrofobia agora entra facilmente num elevador –, o que também é um ato. O que impedia a entrada no elevador? Certamente, a equivalência no inconsciente entre esta situação e fantasias de natureza angustiante. Diríamos que o ato de entrar no elevador estava *inibido* e que a análise permitiu levantar esta inibição, através da elucidação e da revivescência transferencial daquilo que a representação "entrar no elevador" simultaneamente substituía e ocultava. O fato é que a psicanálise se interessa mais pelas condições econômicas e dinâmicas do ato do que pelo ato em si, que tende a ser visto como término de um processo complicado. Este, como tal, costuma despertar mais atenção do que a ação em que culmina.

Voltemos à peça, após este breve excurso teórico. Embora não se trate de pacientes em análise, a psicologia dos personagens shakespeareanos é tão fascinante que bem pode nos ajudar a compreender algo do nosso próprio ofício. No que concerne ao ato, já Freud observara que Hamlet não é incapaz de agir, e que a inibição atinge *este* ato específico, a realização da vingança. Se o psicanalista consente em evitar a equivalência imediata entre ato e *acting out* – e para isso terão servido, espero, os esclarecimentos anteriores – como definir a relação entre o personagem e o ato que deve mas não pode praticar?

Toda uma tradição interpretativa viu em Hamlet uma natureza sonhadora, avessa à ação. O poeta Coleridge é um exemplo desta posição:

> Shakespeare quis retratar uma pessoa em cuja visão o mundo exterior, todos os seus incidentes e objetos, eram comparativamente nebulosos, sem interesse em si mesmos, e começavam a ganhar interesse somente ao serem refletidos no espelho da sua mente [...] Argumentação e hesitação infindáveis – constante apelo e solicitação da mente a agir, e fuga igualmente constante da ação; recriminações incessantes de si mesmo por preguiça e negligência, enquanto toda a energia da sua resolução se evapora nestas recriminações. E isto [...] apenas por aquela aversão à ação que prevalece naqueles que têm um mundo em si mesmos.[9]

William Hazlitt o qualifica de "príncipe dos especuladores filosóficos", acrescentando: "como não pode ter uma vingança perfeita, segundo a ideia mais refinada que seu desejo é capaz de conceber, desiste dela por completo. Assim,

[9] Samuel Coleridge, "Lecture XII" (*The 1812 Lectures)*, in *Hamlet*, p. 190.

tem escrúpulos em confiar nas sugestões do Espectro, imagina a cena da representação teatral para ter uma prova mais segura da culpa de seu tio, e depois se satisfaz com esta confirmação de suas suspeitas e com o sucesso do seu experimento, ao invés de agir a partir dele".[10]

Nestas leituras, é uma espécie de deficiência que aflige Hamlet: falta-lhe na capacidade de agir aquilo que lhe sobra na capacidade de sentir e de pensar. Absorto no seu mundo interno, ainda que este seja constantemente alimentado pelas experiências e sentimentos, desinteressa-se dos outros: seria um caráter narcisista, autorreferenciado. A visão psicanalítica é um pouco diferente: não nega os formidáveis poderes de reflexão do jovem príncipe, mas prefere ver na sua hesitação a resultante de um conflito que opõe forças igualmente intensas, cuja soma algébrica seria próxima de zero. Aliás, o próprio Coleridge entrevê esta possibilidade, ao dizer que "toda a energia de sua resolução se evapora nestas recriminações": é com a mesma energia que deveria alimentar a ação – a "resolução" – que Hamlet se autocritica, atacando a si em vez de atacar o objeto. Estamos diante de um caso clássico de ruminação obsessiva, e a "energia" em questão é o ódio, como mostrou Freud na história do Homem dos Ratos. E compreendemos por que não é o *acting out* que predomina na constituição psíquica do personagem: longe de precisar escoar seus impulsos em atos que os materializam e mascaram ao mesmo tempo, Hamlet é extremamente eficaz na *repressão* destes impulsos, que volta contra si mesmo sob a forma das recriminações.

SHAKESPEARE, SUPERVISOR DO PSICANALISTA

Uma forma de verificar que nada há de sonhador na personalidade do herói é o exame das suas falas, nas quais sobressai uma impressionante capacidade de formar imagens. Este é um ponto de especial interesse para o psicanalista, já que o próprio da fala associativa é exatamente o seu poder de metaforização. Não se trata aqui de promover a poesia por si mesma, mas sim, como mostram os trabalhos de Pierre Fédida, de permanecer atento às possibilidades de ressonância da linguagem na fala. E, para que estas possam se desdobrar, é necessária uma certa distância, "a justa distância que permite ao doente falar [...] Ela deve ser tão justa

[10] William Hazlitt, "The Characters of Shakespeare", in *Hamlet*, p. 199.

quanto possível, pois quem a regula é o tempo: o tempo para falar e o tempo para escutar, o tempo que mede o desvio das memórias, fundando as condições do encontro terapêutico".[11] Talvez seja esta a distância que Hamlet interpõe entre si e os outros, ou melhor, talvez a distância que Hamlet interpõe entre si e os outros possa nos servir como referência para compreender algo de suprema importância em nosso próprio trabalho.

Dizem os críticos que Shakespeare, nesta peça em particular, serviu-se de duas inovações devidas ao seu gênero de dramaturgo. Uma delas diz respeito ao tempo, a outra à expressividade própria da linguagem de Hamlet: ambas interessam de perto ao psicanalista. Nos seus "Prefácios a Shakespeare", Harley Granville-Barker se detém na questão do tempo; já Wolfgang Clemen, em "The Development of Shakespeare's Imagery", traz importantes esclarecimentos sobre a questão das imagens no discurso.

Ao que parece, até Shakespeare não se empregava o tempo como recurso dramático. Havia, por certo, algumas alusões a "hoje", "amanhã", etc., mas Shakespeare foi o primeiro – segundo Granville-Barker – a se servir da presença ou ausência de indicações de tempo para reforçar a ação e para exprimir elementos importantes com grande economia de meios.[12] A peça se inicia com indicações precisas – "à meia-noite", "amanhã à noite", "da meia-noite à aurora". Diz este autor que assim o teatrólogo confere ritmo e urgência à ação. Mas, como em seguida a resolução de Hamlet se desvanece, e ele passa horas e horas imerso em seus pensamentos, o calendário é ignorado durante as cenas seguintes. Hamlet está despreocupado com o tempo, e Shakespeare quer "afinar toda a ação teatral, e nós também" ao humor tristonho do príncipe. É só quando começa a representação dos atores itinerantes que ficamos sabendo que já se passaram quatro meses desde a morte do rei – e é Ofélia quem diz isso a Hamlet, numa pequena frase aparentemente sem importância.

Daqui para a frente, as marcações de tempo se sucedem, traduzindo a aceleração da ação que resulta do experimento de Hamlet: em seguida, elas novamente desaparecem, para retornar perto do final, com a volta do príncipe da viagem à Inglaterra e a retomada do combate contra o rei. Conclui Granville-Barker: "A verdadeira preocupação de Shakespeare é como o *ritmo*, não com o tempo.

---

[11] Pierre Fédida, "Do sonho à linguagem", in *Nome, figura e memória*, São Paulo, Escuta, 1992, pp. 13-4.

[12] H. Granville-Barker, in *Hamlet*, pp. 212-20.

Ele emprega o tempo como um auxiliar, toma liberdades com ele e com o calendário, para tornar convincente o uso que faz deles".[13]

O problema do ritmo é, para dizer o mínimo, onipresente na psicanálise. A começar pelo ritmo das sessões e pelo intervalo que as separa, ele regula a oportunidade da interpretação, o "tempo para falar e para escutar" a que se refere Fédida, o tempo de elaboração do paciente frente às comunicações do analista, e a própria duração das sessões, tema tão controvertido após as experiências de Lacan a este respeito. Não pretendo me estender sobre estas questões, mas gostaria de lembrar que um dos instrumentos de mais difícil manejo para o analista é precisamente o uso que pode fazer do tempo e do ritmo, e que observar com atenção a sua função no decorrer do tratamento só pode dar bons resultados no que tange à compreensão dos processos em jogo. São condições que, como já destacava Ferenczi, fazem parte dos elementos formais do *setting*, mas que podem ser importantes para detectar certos aspectos do conteúdo que de outra maneira nos passariam despercebidos. Uma analogia desta relação forma-conteúdo, própria para nos fazer pensar, está na maneira pela qual a alusão ao conteúdo – a vacilação de Hamlet, que suspende o gesto a ser executado – se insinua pela suspensão das marcações temporais em trechos significativos da peça que nos ocupa. Cabe a nós, em outro momento e em outras circunstâncias, servir-nos desta analogia em nosso trabalho cotidiano.

A outra referência que gostaria de destacar diz respeito à questão das imagens, e aqui é do trabalho de Wolfgang Clemen que podemos nos servir. Diz este autor que a maneira pela qual Hamlet se expressa é única na dramaturgia shakespeareana, porque as metáforas que cunha são "agudas observações da realidade".

> São muito concretas e precisas, simples, e, quanto ao tema, fáceis de entender; predominam coisas comuns e ordinárias, coisas familiares ao homem da rua, mais do que objetos raros, estranhos ou majestosos [...]. Em contraste com Otelo ou Lear [...], Hamlet prefere manter sua linguagem dentro dos limites da realidade, e mesmo dentro do mundo de todos os dias. Não são a paisagem ampla ou a natureza que dominam a imagética de Hamlet, mas os ofícios e as profissões, objetos de uso diário, jogos populares e termos técnicos [...] Suas imagens não dissolvem as coisas

[13] Idem, p. 218.

> da realidade num mundo imaginário de sonhos; ao contrário, as tornam verdadeiramente reais, revelam seu ser nu e íntimo.[14]

Alguns exemplos desta capacidade de observação são citados por Clemen, em particular na cena com a mãe, quando Hamlet descreve Cláudio nos termos mais vívidos que se possa imaginar; por mais que esta descrição reflita o desprezo do príncipe pelo usurpador, é também um retrato extremamente preciso e sutil da alma de Cláudio. Disso conclui Clemen que Hamlet, embora prefira o pensamento à ação, não é o sonhador narcisista e alheio às coisas à sua volta que alguns estigmatizaram; pelo contrário, tem uma intensa experiência da realidade, que o capacita a ver mais e melhor do que os outros – e é isto que ele precisa ocultar sob a máscara da loucura.

A fala associativa – no paciente como no analista – possui características similares. A riqueza de ressonâncias, em psicanálise, não se opõe à precisão nem à "objetividade"; não é a prosa seca, a atitude de pretensa depuração da observação, que favorece o processo analítico, mas o desdobramento do que poderia parecer a dispersão do pensamento. E falar em termos simples, não rebuscados, é uma arte que o psicanalista não pode deixar de aprender, se quiser que suas palavras atinjam o alvo a que se propõe. "Termos simples", porém não simplórios: a variedade de referências, a poesia espontânea das metáforas, o brilho natural das palavras restituídas ao seu poder de evocação, nada têm de incompatível com a formulação da interpretação, e podem em muitas circunstâncias ser precisamente o veículo da sua eficácia.

Um outro ponto levantado por Clemen interessa de perto ao psicanalista. Comenta ele, na esteira de outros autores, que a peça *Hamlet* está impregnada por uma imagem que serve de fio condutor para a intriga – a de chaga que infecta e consome todo o corpo. Este tema aparece logo no início, quando o falecido rei descreve a morte horrível produzida pelo veneno, que o cobriu de uma "crosta vil, detestável, lazarenta" (ato I, cena 5, versos 63-73). A realidade do crime vai produzir. assim uma figura temática que, sob a forma de metáfora, retornará inúmeras vezes. O reino da Dinamarca está *podre*, num processo de envenenamento impossível de deter: Hamlet sente-se *infectado* pelo casamento incestuoso de sua mãe; a propensão à embriaguez dos dinamarqueses, que os rebaixa aos

[14] W. Clemen, "The Development of Shakespeare's Imagery", in *Hamlet*, p. 223.

olhos de outros povos, é descrita como fruto de um elemento degradante atuando "desde o nascimento" na natureza humana, que produz corrupção e decadência inexoráveis. O corpo humano e sua deterioração por agentes naturais ou artificiais – eis um tema que atravessa toda a tragédia, refratado em inúmeras passagens em que a putrefação funciona como representação central.

Ora, é exatamente esta ideia de uma "representação central" que interessa ao psicanalista. Sem pretender levá-la a extremos, parece-me que ela pode ser de grande utilidade para nos orientarmos em meio à profusão de comunicações que nos chegam durante uma análise. O imaginário de cada um de nós pode ser considerado como se estruturando em tomo de uma, ou de algumas, "representações centrais", encenadas na fantasia e que se reencontram nos mais diversos planos de nossa vida psíquica. Mesmo no decorrer de uma mesma sessão, não é raro que possamos perceber a predominância de um eixo temático, para além da variedade multifacetada do manifesto. Este eixo, figura, ou como se quiser denominá-lo, pode então ser ressaltado na interpretação, conferindo a esta uma consistência que, sem ser monomaníaca, contribui para tomá-la ao mesmo tempo econômica e contundente. Algo parecido se nos apresenta, segundo Clemen, em Shakespeare: "A imagética nas tragédias shakespeareanas mostra frequentemente como diversas outras imagens estão agrupadas em tomo do símbolo central, expressando a mesma ideia, mas em termos completamente diferentes. É como se pudéssemos distinguir vários graus de expressão de uma ideia fundamental. Ao lado de imagens que expressam um motivo com a maior ênfase e clareza, encontramos outras que externam o pensamento de modo velado e indireto".[15] Eis uma observação cuja importância para o analista se impõe por si mesma, já que, sem que seja preciso mencionar o termo técnico, o que vemos definida aqui é a própria natureza da realidade psíquica.

Muito haveria ainda a explorar no texto de *Hamlet*, se dispuséssemos do tempo e da energia necessários. Disse-lhes no início desta conferência que desejava falar de psicanálise a partir da peça, não acrescentar mais uma interpretação às bibliotecas que se escreveram sobre ela. Creio que o psicanalista pode se beneficiar desta espécie de supervisão indireta proporcionada pelo contato com uma grande obra de arte, e procurei levantar com vocês algumas das questões que me suscitou esta releitura da tragédia – questões que recebem uma iluminação

[15] W. Clemen, loc. cit., p. 231.

inesperada quando as abordamos por esta via lateral. Mas não são as vias laterais as que respondem melhor à vocação da psicanálise?

Ao tomá-las, talvez possamos avançar num caminho que não é o dos personagens, nem o de Shakespeare, mas sim o nosso. Ou, quem sabe, os caminhos não sejam tão divergentes quanto pareceriam à primeira vista? Afinal, nas instruções aos atores ambulantes, eis o que diz Hamlet: "A finalidade da representação teatral, no início como agora, era e é por assim dizer segurar um espelho para a natureza; mostrar à virtude seus próprios traços, ao escárnio sua própria imagem, e à época e ao corpo do tempo sua forma e sua marca" (ato III, cena 2, versos 20-25). Não será este, também, o projeto que anima a psicanálise – oferecer um espelho para a natureza humana? Para isto, não é inútil que ela própria se mire no espelho que, através dos séculos, lhe estende generosamente o grande Will.

Entre as dobras do texto: aspectos da escrita psicanalítica[1]

Desde Freud, os psicanalistas escrevem. Escrevem muito, aliás – o *Index de textos psicanalíticos* compilado por Alexander Grinstein contém mais de vinte volumes só de títulos e referências; contam-se pelas dezenas os periódicos da área, e o número de livros sobre psicanálise ultrapassa certamente a casa dos vários milhares. Por que este *furor calami*?

Necessidades de divulgação e de implantação da jovem disciplina certamente foram determinantes no começo do século; isolado em Viena, Freud serviu-se de seu gênio literário para fazer saber ao mundo que o inconsciente chegara para ficar. Em seguida, a difusão da psicanálise por vários países e a existência de analistas em muitos lugares tornou imperiosa a comunicação por escrito, visando tanto à propagação dos conhecimentos recém-adquiridos quanto à coesão política do movimento. A psicanálise criou bem cedo os canais da sua própria disseminação, como as revistas do tempo de Freud – a *Zeitschrift*, a *Imago*, a *Zentralblatt*, antecessoras do *International Journal* e de seus congêneres pelo mundo afora; em 1920, surgiu a editora psicanalítica – a Verlag – e Freud teve que socorrer as precárias finanças da empresa com textos como as *Novas conferências* de 1932, que devem sua origem mais ao constante vermelho dos balanços do que a alguma nobre necessidade interior... A instituição dos congressos

[1] Publicado originalmente no *Boletim de Novidades* da Livraria Pulsional, nº 76, agosto de 1995, pp. 60-7.

bienais foi igualmente um poderoso estímulo para a escrita, já que eles forneciam uma caixa de ressonância sem igual para todos os que tivessem algo a dizer. Da mesma forma, as reuniões científicas das diferentes sociedades, herdeiras das "quartas-feiras de Freud", precisavam ser municiadas com textos de várias espécies. Por isto o livro psicanalítico mais comumente encontrado é a coletânea, na qual um autor reúne artigos e conferências, ou um organizador propõe um tema sobre o qual se aplicam diversos colaboradores, ou ainda são enfeixadas as comunicações e intervenções de um dado evento. São bem mais raros os tratados monotemáticos, ao estilo da *Traumdeutung*; ao que parece, cada autor é capaz de produzir uma ou no máximo duas obras deste gênero em toda a sua vida útil.

Estas constatações, banais na sua aparência, têm contudo o valor de mostrar que a escrita psicanalítica é suscitada com grande frequência pela encomenda direta ou indireta, isto é, pelo desejo de alguém (que não é o escritor) de ler ou divulgar produções com um certo conteúdo. É evidente que isto não predetermina qual será o conteúdo exato do texto, mas lhe dá uma conformação geral, uma orientação mínima: escrever sobre tal ou qual assunto para o número "x" da revista tal, para o simpósio sobre o tema "y", etc. A maneira pela qual cada autor abordará a questão – ou fugirá dela, falando de outra coisa – é pessoal; mas devemos levar em conta o modo de suscitação da escrita psicanalítica que estou descrevendo, porque ele indica que o analista é muito frequentemente levado a escrever a partir da demanda de um outro, em geral de outro psicanalista. E a presença latente deste outro no texto não pode ser desconsiderada, mesmo que sob sua face primeira e imediata se possam vislumbrar outros *outros:* o analista ou supervisor do autor, por exemplo, e muitos mais.

Este motivo mais evidente, porém, não bastaria para fazer o analista sentar-se à mesa e redigir seu escrito. A partir da generalidade da encomenda, algo próprio a ele precisará tomar forma, para se converter no *seu* texto: ideias, experiências, problemas, seja o que for, contanto que tenha relevância pessoal naquele momento ou naquela fase da sua evolução. Por vezes, a "encomenda" é informulada: são aqueles casos nos quais alguém se põe a escrever movido por uma necessidade interior, pelo desejo de dar forma a algo que se agita obscuramente em seu íntimo. Nestes casos, o lugar do outro está tomado provisoriamente por um personagem do mundo interno do analista, que pode ser figurado pelo superego científico ou profissional, pela mãe da primeira infância ou por quem quer que seja. O que me parece difícil de ser negado é que o escrito analítico possua esta característica, inerente ao gênero, de ser escrito *para:* a julgar pelo sonho de Irma, mais vezes do que se suspeita para fins de autojustificação frente a uma instância censória, ou como oferenda a um objeto de amor – quantas vezes não lemos, na correspondência com Fliess, frases como "resolvi redigir para você todo o assunto", ou "aqui está o que consegui elaborar a este respeito"?

EM NOME PRÓPRIO

Uma questão como a da escrita psicanalítica não pode ser tratada, porém, somente no plano geral. Por mais que ela tenha acabado por se constituir num gênero literário com regras e *tópoi* próprios (a citação comentada, a vinheta clínica, a interpretação justificada, a elaboração teórica, etc.), é algo que também diz respeito ao autor-analista de maneira pessoal. Por isto, falarei aqui em nome próprio.

De modo geral, para mim o desejo de escrever surge combinado com, ou impregnado por, um sentimento de urgência. Há algo que precisa ser formulado, colocado em palavras compreensíveis para mim e para outros. E isto independe de o texto ter ou não um cunho psicanalítico: comecei a escrever muito antes de me tornar psicanalista, e, se algum dia cessar de praticar a psicanálise, provavelmente não pararei de escrever. Motivações inconscientes certamente existem por trás desta necessidade, mas elas valem para qualquer forma de expressão ou de criação, não sendo específicas do desejo de escrever. Penso nas motivações narcísicas infantis: ser amado e admirado, conquistar algum controle sobre um objeto desejado, afastar a angústia...

Escrever pressupõe um forte investimento libidinal da linguagem como meio de expressão, diferentemente de pintar ou de fazer música; nestes casos, o meio escolhido impõe mediações mais severas para a concretização do impulso expressivo – a natureza dos sons e dos instrumentos, por exemplo, ou as propriedades dos materiais empregados na atividade do artista plástico. Já falar é natural no ser humano; a linguagem nos habita desde pequenos, e escolher servir-se dela como meio expressivo sugere um fator *autoerótico* mais preeminente do que na situação de outros criadores. Quando escrevemos, ouvimos as frases "dentro" da cabeça, com entonação, ritmo e prosódia; elas se formam com maior ou menor esforço, mas não temos que vencer a barreira da destreza corporal indispensável para tocar, pintar ou dançar. Obviamente, o intelecto participa também nestas atividades, que nada têm de intuitivas ou de automáticas; o que desejo sublinhar é que, no caso da linguagem, os pensamentos não precisam ser transpostos para outro meio (imagem, som, movimento): as palavras da língua cotidiana lhes bastam. Quem escreve, por esta razão, não precisa curvar-se tanto quanto outros criadores à espessura e às contingências próprias de um meio fisicamente determinado: daí a maior adequação deste meio – a linguagem – à satisfação pulsional autoerótica. E, para mim, isto é patente, de modo direto, no ato físico de escrever: o movimento da mão sobre o papel, o traçado das palavras, o ritmo das frases, são ocasião de experimentar um prazer especial, que flui na medida certa, agradável o suficiente para querer que ele prossiga e intenso o suficiente para não se tornar monótono.

Mas o *auto* deste autoerotismo é temperado por duas ordens de fatores: a submissão às regras do idioma e a presença imaginada do leitor. Diferentemente do devaneio antes de dormir, ou do que surge à mente naquele estado a que Pedrinho chama, no *Saci* de Monteiro Lobato, a "modorra", a escrita exige respeito à gramática, portanto ao Grande Outro da cultura, e apreço pelo leitor, que é o pequeno outro. Não se veja aí qualquer humilhação ou ofensa ao leitor, assim remetido ao lugar do "pequeno"; como destinatário da comunicação, aquele a quem quero persuadir, seduzir ou irritar, ele faz parte do imaginário. Mas a estrutura da língua, seus recursos lexicais, sintáticos e retóricos, são da ordem do simbólico: aqui, para obter um efeito é necessário proceder como o pintor ou pianista, que se curvam à natureza das tintas ou à distância física entre as teclas do instrumento. Adquirir a capacidade de usar bem a língua requer – como toda atividade artística – uma rigorosa disciplina, na qual nada há de "autoerótico": só se pode manejar o meio, fazêlo obedecer à nossa intenção expressiva, quando por nossa vez obedecemos sem discutir à sua estrutura própria, que nos precede e nos ultrapassa. No caso da escrita, é preciso seguir escrupulosamente a ossatura do idioma, mesmo quando se quer trincá-la de leve: conhecer e respeitar a pontuação, a regência, a concordância, a *consecutio temporum*, as normas de colocação das palavras na frase, as regras de coordenação e subordinação das orações... A arte de escrever consiste em servir a língua para dela poder servir-se; a vassalagem é aqui condição do domínio do meio, e portanto da possibilidade de exercitar a liberdade criativa.

DA INQUIETAÇÃO AO TEXTO FINAL

Mas o que vai se expressar desta forma? Novamente, aqui é preciso falar no singular. A maior parte do que escrevo surge de encomendas, como aliás é o caso do presente artigo, cuja forma inicial foram respostas a um questionário enviado pela *Revista Brasileira de Psicanálise;* e cuja forma atual se deve a uma solicitação do *Boletim* da Livraria Pulsional. Contudo, o interessante é que, embora o assunto do artigo não surja em geral de forma "espontânea" – isto é, no mais das vezes eu não tomaria a iniciativa de escrever sobre aquele tema determinado – ele começa por ser "encampado", suscitando reflexões como se desde sempre fosse um tema meu. Este movimento de apropriação ou de identificação é o primeiro estágio de um trabalho escrito; não é preciso dizer que, se ele não ocorre, acabo por me desinteressar e por encontrar um jeito de me esquivar ao convite.

A proposta fica então presente na contraluz, no horizonte do pré-consciente. Ali vai se tecendo com outros elementos: lembranças de textos lidos, de conversas ouvidas, de filmes a que assisti, de um artigo ou caricatura do jornal; ocorre uma lenta impregnação do tema específico por uma série de conteúdos presentes na memória e que, por esta ou aquela razão, acabam por se vincular a ele. É uma etapa em que me abandono inteiramente ao processo primário, prova disto sendo o fato de que, ao anotar alguma ideia, acabo sistematicamente por perder o papel em que a havia escrito... Isto prossegue até que se forme, de modo mais ou menos espontâneo, uma dada configuração: é o "gancho", a maneira de abordar a questão. Esta configuração é pulsátil, parece vibrar em algum lugar da mente, e dá origem ao sentimento de urgência de que falei atrás; ela pode ser cristalizada num título, num esquema de composição, numa ideia diretriz, numa aproximação que parece tentadora entre noções até então afastadas uma da outra, ou no que for. Este ponto de apoio abre-se para uma espécie de magma semi-informe, e este magma, penso, exige por seus movimentos erráticos uma *mise en forme*, que será o texto escrito.

A pressão deste material suscita um primeiro esboço do que vai ser redigido. Vem em seguida uma fase laboriosa em que prevalece o processo secundário: pesquisa em fichários e anotações, leitura e fichamento sistemático dos textos que me parecem pertinentes para o trabalho, projetos ainda sem muita ordem ou método. Terminada esta etapa, trabalho com as anotações e as organizo por temas, "transversalmente": o que resulta disso é um diagrama em colunas, que são as principais divisões ou aspectos daquilo que pretendo escrever.

Terceiro momento: a organização do plano. O que abordar primeiro? Ir do particular ao geral, ou o inverso? Será interessante uma introdução de tipo histórico, ou não? Qual vai ser o "miolo" do escrito, isto é, a tese que vou apresentar e defender? Quem é o "leitor" a que me dirigirei, e como dirigir-me a ele? Que grau de familiaridade com o assunto posso legitimamente pressupor que tenha, e portanto quão cúmplice ele será do autor? Uma vez pronto o plano e decididas estas questões, coloco o diagrama na minha frente e começo a escrever. Noto frequentemente que os primeiros momentos são hesitantes: não é raro redigir um parágrafo de abertura, ficar insatisfeito e corrigi-lo várias vezes, ou então vacilar entre quatro ou cinco versões da primeira frase. E aí, sem que eu saiba muito bem como, algo se passa: encontro o "tom" do que vou dizer, a redação flui com facilidade, as imagens surgem umas das outras, e vou seguindo – sem muito esforço – o plano que havia traçado. Inúmeras vezes me afasto dele, impelido por uma ideia nova e aparentemente lateral, mas tomo-o como referência, inclusive para assegurar-me de que não deixei de lado nada do que me parecia relevante ao construí-lo. E assim vai se formando o texto, com uma fluência que às vezes me surpreende na releitura.[2] Talvez entre aqui, como gerador de prazer, um fator ligado ao ritmo: ritmo das sílabas tônicas e átonas, ritmo da frase seguindo a entonação das palavras e as pausas da pontuação, ritmo paralelo do pensamento e da escrita (gosto de escrever a mão porque ambos caminham juntos: não fico nem "atrasado" nem "adiantado", o que penso vai para o papel à medida que o componho na fala interna e silenciosa).

ESCRITA E CLÍNICA

Talvez de modo curioso para um psicanalista, a relação da escrita com a clínica não é, para mim, direta. Não é comum surgir-me o desejo de escrever a partir do que escuto no consultório ou do que posso vivenciar como dificuldades da prática (ou como sucessos dela, tanto faz). Quando me deparo com questões

---

[2] Sobre estas questões, bem como para outros aspectos do problema, cf. Renato Mezan, *Escrever a clínica*, São Paulo, Casa do Psicólogo, 1998.

e impasses neste âmbito, prefiro ler algum artigo pertinente, conversar com colegas, pensar no assunto com calma: mas dificilmente algum acontecimento da prática analítica funciona como disparador do processo que descrevi acima, ao menos de forma direta: "tal coisa me comoveu, e me motivou a escrever a respeito". Uma das razões para isto me parece residir na crença de que a posição de escrita é uma posição de *domínio;* interessado em persuadir o leitor, em seduzi-lo para que partilhe comigo o sabor de alguma descoberta ou de alguma ideia nova, sou conduzido a uma escrita de tipo demonstrativo ou argumentativo, em cuja urdidura está implícito o projeto de vencer a complexidade do tema, tornando-o claro e transparente; vencer os argumentos do adversário, mostrando sua inconsistência e sua parcialidade; ou vencer as resistências do leitor, suscitando nele reflexões que prolonguem as minhas ou se oponham a elas (tanto faz), em todo caso mobilizando-o e de alguma forma o tirando do seu sossego.

Ora, não é esta a posição que convém à escuta analítica, nem – segundo penso – à tentativa de superar dificuldades e fracassos no plano terapêutico. Outros autores certamente têm com a escrita uma relação diferente, o que a toma um instrumento útil para lidar com tais situações. Não é o meu caso: conheço o suficiente da forma pela qual funciono para julgar que são preferíveis outros meios para elaborar os impasses da clínica, meios menos marcados pelas significações para mim associadas à escrita. Pelo seu fundo narcísico, pela repetida experiência de que no meu texto mando eu, pela consciência de que facilmente transformaria um problema doloroso em fonte de vitória e de prazer, estas significações me desaconselham o recurso à escrita em situações como as que muitas vezes são, para outros colegas, o motor essencial do desejo de escrever. Prefiro nestes casos a postura de ouvinte, de não-saber, de diálogo ao vivo ou de diálogo interior, que na minha experiência não são compatíveis com a atitude decidida que me é natural ao tomar a caneta; por isso me privo deliberadamente de tomar o (fácil) caminho da escrita, certo de que ele acabaria por se converter em obstáculo à solução da dificuldade, do impasse ou do conflito.

Não creio que todos os analistas devam escrever; há muitos colegas competentes que não têm inclinação para este tipo de trabalho. Jamais julgaria a qualidade clínica de um analista pela sua produção escrita; julgaria o escritor, seu estilo, sua verve, sua capacidade de se comunicar ou de me suscitar ideias e reações, mas não tiraria daí qualquer conclusão sobre seu trabalho analítico. E isto porque sei, por experiência própria, que o escrever é uma atividade que mobiliza capacidades diferentes das que estão em jogo quando escuto um paciente e me deixo imergir no fluxo de suas palavras. Em especial, o papel do processo secundário é muito maior no trabalho da escrita do que no funcionamento mais oscilante entre o primário e o secundário que caracteriza o analista *at work*. Um incidente clínico, um recorte de sessão, um estilo defensivo peculiar a um determinado paciente –qualquer coisa que surja no dia a dia de um psicanalista – precisa passar por uma complexa e extensa elaboração até se converter, para mim, numa questão passível de ser tratada por meios literários. Poderíamos chamar a este processo "transposição": ele consiste em formular a partir dos dados da experiência uma outra coisa, que não é um dado da experiência, mas um fruto do pensamento. Neste sentido preciso, diria que sim, a clínica é para mim uma constante fonte de estímulo. O que talvez distinga minha maneira específica e idiossincrática de funcionar com base nestes estímulos é que a operação deles é, em mim, largamente não consciente: quando percebo que estou interessado num certo tema, em geral o incidente que longinquamente pode ter dado origem a este interesse já está completamente esquecido (ou "inquecido", tornado parte do repertório). O que aparece na consciência é o "sentimento de urgência", a necessidade de colocar em palavras e de dar forma a alguma coisa ainda imprecisa, o que só se materializará através do processo de escrita.

Em minha experiência, esta "alguma coisa" costuma tomar a forma de um tema ao se conectar com um fragmento de leitura. Gosto muito de ler psicanálise; estou em constante diálogo com os autores que leio, e muito do que escrevi até hoje tem como ponto de partida os escritos de outros. Agrada-me desmontar pacientemente um argumento, ver como "funciona" um texto, como as questões são colocadas e resolvidas (ou não...). Que isto possa ter alguma incidência sobre meu trabalho clínico é bem provável, mas novamente não de modo direto: o que ocorre com certa frequência é que, ao escutar um paciente, eu associe o ouvido com algum fragmento do que andei lendo recentemente, ou do que andei escrevendo nos últimos tempos. Não se trata, é claro, de copiar interpretações nem de aplicar conceitos, mas sim de um enlace associativo, por assim dizer na diagonal, que fornece certas ressonâncias ao que está sendo dito; sem qualquer privilégio frente a outras associações, esta também pode contribuir (ou não) para a formulação do que posso dizer (ou não) àquele paciente.

Que benefício, então, retiro do fato de escrever para meu trabalho de psicanalista? Não me parece que ele resida na elucidação da contratransferência ou da estrutura metapsicológica de um fato clínico, mas antes no aperfeiçoamento do meu uso da linguagem. Escrever, como disse antes, me põe em contato íntimo com a língua portuguesa e com os infinitos recursos de que ela dispõe. Ensina-me a formular ideias de modo preciso e com riqueza de imagens, a fiar os desdobramentos de uma metáfora, a utilizar a linguagem no seu avesso, a empregar um vocabulário em sintonia com o que estou escutando. Tenho notado que, enquanto me ocupo com a redação de um texto, fico mais sensível às nuances do que dizem os pacientes, aos matizes presentes nas dobras das palavras, e às ressonâncias disso em mim. É como se o exercício periódico da escrita favorecesse a apreensão dos poderes da língua e aguçasse a sensibilidade para a impregnação pelas significações. De modo inverso, estou convencido de que, pela solicitação constante do modo primário de funcionamento mental e pela permeabilidade entre as instâncias psíquicas que ao mesmo tempo é sua condição e sua consequência, a prática da análise é de grande valia para a tarefa de escrever. Além disso, o exercício da escrita é para mim salutar – enquanto psicanalista – por um outro motivo, menos generalizável: por ele, dou vazão ego-sintônica a uma tendência pedagógica e oratória que me é consubstancial e que a meu ver fica satisfeita com o escrever, não vindo invadir com excessiva frequência o espaço clínico – o que seria, creio, prejudicial para o paciente e embaraçoso para mim.

UMA CANÇÃO

Independentemente do conteúdo mais teórico ou mais narrativo do texto analítico, meu ou alheio, penso que sua função primordial para o leitor é – como disse Conrad Stein – suscitar nele associações e motivá-lo a pensar. Enquanto leitor, para mim estas reações estão mais ligadas ao que está me preocupando no momento do que àquilo que o autor pretendeu dizer; elas passam por todo um novelo/filtro de associações e questões, presentes de modo mais ou menos visível no pré-consciente e na consciência, alimentadas certamente pelo que ocorre no plano inconsciente. A ressonância de um texto lido, assim, não provém tanto de seu conteúdo ser ou não "clínico", e sim da possibilidade que o autor me oferece para entretecer o que ele escreveu com o que vigora em minha própria vida psíquica.

Talvez estas considerações sobre a escrita de um psicanalista possam ser condensadas e apropriadamente deslocadas pela inclusão, à guisa de fecho, de uma reminiscência. Existe uma cançãozinha em ídiche que começa assim:

Hob ikh mir a mantl fun fartzáitiguer shtof
la la ri la lá, la la la la, la lá!
Hot er nicht in sikh káin gántziguer shtof,
la la ri la lá, la la la lá, la lá!
Dárum, hob ikh mir fartrákht
Un fun den mantl a vestl guemákht.

Isto significa: eu tinha um capote de pano já meio gasto; o capote se rasgou, eu pensei comigo e o transformei em um paletó. E a canção continua: o paletó se rasga, eu faço dele um colete; o colete se rasga, eu o transformo num bolso, que também se rasga; com ele faço um *yármulke* (solidéu); o solidéu se rasga, faço dele um *gurnicht fun fartzáitiguer shtof*, um nada de pano já meio gasto. E agora?

Tinha um nada de pano já meio gasto,
la la ri la lá, la la la lá, la, la!
Ele não tem pano suficiente,
la la ri la lá, la la la la, la la!
aí pensei comigo, "un fun den gurnicht a lídale guemákht"
– E do nada fiz uma cançãozinha.

Como diria o imperador José em *Amadeus*, "eis aí!".

Tempo de muda[1]

O que é a muda para os pássaros, a época em que trocam de plumagem, é a adversidade ou a infelicidade, os tempos difíceis, para nós, seres humanos. Uma pessoa pode ficar neste tempo de muda; também pode sair dele como que renovada.

Vincent van Gogh, *carta 133 a Theo*

Que a emoção seja um dos fatores que impulsionam o artista à criação, eis uma ideia que poucos se atreverão a recusar. Mas a emoção apenas não basta para fazer surgir a arte; ela deve ser transformada e expressa num meio gestual, plástico, sonoro ou verbal, para que possa contribuir à gênese de uma obra. É preciso que o artista dê forma à sua experiência, e a forma não é uma questão de afetos. É uma questão de cultura, neste termo estando incluídos o domínio das técnicas apropriadas a cada meio, a história das obras que nele já se compuseram, o estilo, os debates contemporâneos, o. repertório das maneiras de representação comuns a uma época ou a um círculo, e outros elementos mais.

[1] Conferência no simpósio "Arte-Dor", promovido em maio de 1995 pelo Instituto de Psicologia da USP. Esta versão inclui alguns trechos que não constavam da primeira, publicada na *Revista Percurso*, nº 15, São Paulo, Departamento de Psicanálise do Instituto Sedes Sapientiae, 1995, pp. 69-81.

A própria ideia de *experiência* convida a pensar. Uma vivência rotineira não costuma ser apta a pôr em marcha o processo de criação; ao que parece, uma certa intensidade afetiva que não se enquadre nos esquemas habituais do sujeito, que transborde os limites do cotidiano, parece indispensável como disparador da necessidade artística. Esta intensidade pode estar associada a diversas emoções: alegria, tristeza, amor, medo, compaixão, ódio, etc. O decisivo parece residir no abalo infligido às certezas costumeiras, ao deslizar sem obstáculos da existência, à tranquilidade de estar no mundo e de nele conviver com outros seres humanos. Neste sentido, *uma* experiência é algo que se recorta contra o pano de fundo mais ou menos neutro *da* experiência do dia a dia; introduz um *a mais* de excitação que a psique tratará de *ligar*, isto é, vincular a representações, utilizando-o como combustível para um trabalho mental. Nem sempre este trabalho dará origem a uma obra de arte: a psicanálise nos ensina que ele pode suscitar um sonho, um devaneio – ou uma neurose. O que nos interessa neste colóquio é o caso em que a experiência resulta na construção de uma obra que o incorpora, o elabora e o transcende.

A dor pode ser concebida como uma das modalidades em que este choque é sentido; dor psíquica, entende-se, já que a dor física exige alívio imediato, até como imperativo da autodefesa e da sobrevivência. Quando sofremos no corpo, não podemos pensar em outra coisa, pelo menos até que o sofrimento seja reduzido a um grau suportável, o que significa precisamente que ele se incorpora ao "pano de fundo" e deixa de ser a *Gestalt* que conforma a experiência. Já o sofrimento psíquico – que, repito, não é a única forma do abalo emocional – justamente por ser psíquico, pode encontrar vias psíquicas de ligação/elaboração/alívio que eventualmente conduzam ao nascimento de uma obra. Este é um momento intermediário no processo vinculador, uma cristalização provisória que por sua complexidade mesma, pela obrigatoriedade de passar por outros canais que não o puro sentir, permite uma poderosa catarse. Mas, dependendo da natureza e da intensidade do sofrimento, a criação da obra pode não bastar para esgotá-lo. A expressão dele talvez necessite ainda outras obras, ou, apesar da criação, ele pode se manter tão forte e parecer tão insuportável que o artista se veja conduzido ao desespero – o qual é fracasso, não da arte, mas da vida. Van Gogh artista foi dos maiores, mas isso não impediu van Gogh, o homem, de se suicidar.

"MYSTERIUM TERRIBILE ET FASCINANS"

A transformação da dor em algo diferente dela é um momento essencial do movimento criador. A própria verbalização do *sentido-como-dor* já implica um certo distanciamento, uma superação da experiência que ao mesmo tempo a prolonga e a transcende. Temos um testemunho disso num campo em certos aspectos semelhante ao da criação artística, o campo da experiência religiosa. Os profetas hebreus descreveram em palavras inesquecíveis o momento essencial desta experiência, o confronto com a Presença aterradora da divindade. Isaías, que viveu em meados do século VIII a.C., a narra em termos vívidos: teve uma visão do Senhor assentado sobre um trono, e seu séquito enchia o Templo, enquanto os serafins clamavam: *kadósh, kadósh, kadósh Adonái Tzevaót, meló kol haáretz kevodó* (Is. 6:5). Esta passagem costuma ser traduzida como "Santo, santo, santo é o Senhor dos Exércitos, toda a Terra está cheia da Sua glória". Mas "santo" não expressa o sentido exato do hebraico *kadósh*, que significa "inteiramente separado, radicalmente outro". Aquilo com que Isaías se depara, e que toma para ele – como aristocrata e membro da família real – o aspecto de Deus sentado sobre um trono, é a alteridade absoluta, aquilo que não tem registro na experiência dos homens, e que Rudolf Otto chamou de *mysterium terribile et fascinans*:[2] mistério terrível porque choca e enche de terror, mistério fascinante porque manifesta um imenso poder de atração. Uma vez seus lábios tocados com o carvão em brasa, porque eram impuros e indignos de proferir a palavra do Eterno, Isaías responde ao chamado *hinêini, shlakhêini* – eis-me aqui, envia-me.

A relutância dos profetas em aceitar o encargo que Deus lhes ordena assumir – Moisés diz que é "duro de fala", Jeremias protesta, Ezequiel tem literalmente que comer o rolo de pergaminho em que está escrito o que deve dizer – expressa a violência e o impacto aterradores, a angústia indescritível da experiência que os avassala. O primeiro da série dos profetas éticos, Amós, é forçado a profetizar ("o leão ruge: quem não terá medo? O Senhor Yahveh chama: quem não profetizará?" – Am. 3:8). Oséias fala do conhecimento de Deus – *dáat Elohím* – com o mesmo termo empregado pelo Javista para designar a relação carnal entre Adão e Eva. Jeremias grita de dor: "meu coração está alquebrado dentro de mim; todos os meus ossos estremecem; sou como um homem embriagado, e como um

[2] Cf. Karen Armstrong, *A History of God*. Nova York, Ballantine Books, 1994, p. 41.

homem vencido pelo vinho, por causa do Senhor e por causa das *divrei kodshó* – das palavras de sua santidade / alteridade radical" (Jer. 23:9). Violência da penetração pelo divino (pela angústia, metaforizada como o numinoso), que lembra um estupro, e embriaguez que age com suavidade: *mysterium terribile et fascinans*, defloração e sedução, como nota Karen Armstrong.[3]

Talvez o relato mais impressionante desta transformação da angústia em palavras seja o que nos deixou o fundador do islamismo. Em 612 d. C., este homem iletrado mas profundamente inquieto com o destino do seu povo é arrebatado por uma visão que o deixa em estado de choque. Segundo a tradição muçulmana, um anjo lhe apareceu e lhe ordenou: "Recita!". Maomé se recusa a "recitar", imaginando que o anjo estava exigindo que saísse pelas ruas de Meca predizendo o futuro ou indicando o paradeiro dos camelos desaparecidos no deserto. O anjo então o abraça com força tal que ele se sente sufocar; isto é repetido três vezes, e só na terceira Maomé cede. Então surgem nele as primeiras palavras do texto a recitar – *Kur'an* –, sem que ele saiba exatamente o que lhe está acontecendo. Consolado e acalmado pela esposa, o Profeta se convence gradualmente de que esteve em contado com Alá, o Supremo. Durante vinte e três anos, periodicamente, este choque se repete, às vezes mais, às vezes menos avassalador. De sua reiteração resultou o Alcorão; as revelações eram aterrorizadoras, o Profeta transpirava profundamente, a alma parecia estar-lhe sendo arrancada do corpo.[4] A revelação era muitas vezes inarticulada, "como as reverberações de um sino", e Maomé precisava ouvi-las atentamente até que, por assim dizer à sua revelia, elas ganhassem algum sentido. A surata 75 do Alcorão descreve este processo:

> Não movas a língua (repetindo as palavras da revelação) pois vê! Nós é que a reuniremos (no teu coração)
> e faremos com que seja recitada (como deve ser recitada).
> Assim, quando Nós a recitarmos, segue a formulação (com toda a tua mente)
> e então, vê! Nós tornaremos claro o seu sentido.[5]

---

[3] K. Armstrong, op. cit., pp. 55 ss. A analogia com a violência sexual é do próprio Jeremias: cf. Jer. 20:7-9.

[4] K. Armstrong, op. cit., p. 140.

[5] Alcorão, 75:17-19, citado por K. Armstrong, op. cit., p. 139.

Maomé estava compondo, como notou Armstrong, um dos mais belos e comovedores textos da literatura universal, e esta descrição do processo pelo qual literalmente ele se compunha em seu espírito revela bastante do que pode ser a experiência da criação, quando acompanhada de afetos intensos: estes o tomam por inteiro, inclusive fisicamente, e só aos poucos, desta massa de sensações, de fragmentos de palavras e de sentimentos, é que vão se destacando simultaneamente o sentido e a forma. Apenas então o trecho pode ser "recitado". Não é preciso tomar ao pé da letra a ideia de que nestas ocasiões a divindade se manifestava ao Profeta; basta perceber que estamos diante de uma poderosa vivência emocional, interpretada nos termos que a cultura oferecia – como revelação divina – e que dá lugar, de modo convulso e fragmentário, às suas expressões, no caso poéticas e literárias. A expressão traduz em representações algo que, como matéria bruta, não pode ser representado, mas apenas sentido – e estas representações vão assumindo a forma de "palavras para recitar", isto é, versos ritmados e encadeados em estrofes. A virulência do vivido transpõe-se como poder evocador no discurso, em Maomé como nos profetas bíblicos: ele é construído como imagens de forte impacto, de uma beleza sombria, grandiosa e solene. Constrói-se uma língua nova, que cria suas próprias regras retóricas e torna-se capaz de veicular toda a gama de emoções que o orador experiencia, assim como toda a gama de emoções que ele quer despertar no seu público – terror, exaltação, admiração, arrependimento, esperança, indignação...

Pouco sabemos, porém, das origens pessoais destes textos poderosos. Isaías, Jeremias e Maomé são figuras demasiado distantes de nós para que possamos sequer tentar compreender ao que neles, como pessoas, respondiam as visões que tiveram. Para o psicanalista, é necessário mais: em primeiro lugar, uma dor específica, de cujo exame se possam talvez tirar ilações gerais; e, em segundo, uma informação mais precisa sobre as maneiras pelas quais o sujeito a experimenta, algo comparável às associações do paciente em sessão, com todo o seu caos aparente e com toda a sua riqueza de conotações. Este tipo de informação só pode ser fornecido, fora do processo analítico, por dados biográficos e por documentos tais como obras específicas, depoimentos, cartas, retratos, etc. Por esta razão, vamos dar agora um salto de vários séculos, e examinar uma história de vida, ou melhor, momentos de uma história de vida, que estão bem documentados e que encontraram expressão numa obra ainda hoje enigmática: refiro-me a Mozart e à sua ópera *Don Giovanni*.

O TEMA E SUAS RESSONÂNCIAS

Entre as experiências de dor que podem ser vividas por um homem, a morte do pai é das mais intensas, ou, a crer no que escreve Freud no "Prefácio" à segunda edição de *A interpretação dos sonhos*, "o acontecimento mais significativo, a perda mais cortante na vida de um homem".[6] Para alguns criadores, e dos maiores, a reação à morte do pai se materializou numa obra de grande envergadura, na qual são naturalmente perceptíveis os traços de experiência *e* da elaboração da experiência: o próprio Freud escreveu a *Interpretação dos sonhos*, van Gogh pintou *Os comedores de batatas*, Shakespeare produziu seu *Hamlet*, e Mozart compôs *Don Giovanni*.

A ópera foi escrita no verão de 1787; o pai de Mozart, Leopold, faleceu no dia 28 de maio, e o espetáculo estreou em Praga em 29 de outubro. Mozart vinha de um êxito estrondoso, o das *Bodas de Fígaro*, cujo tema fora escolhido por ele e em cujo tratamento libretístico por Lorenzo da Ponte o compositor colaborou ativamente. O enredo das *Bodas* é de desafio ao *Ancien Régime:* o astuto Fígaro consegue evitar que sua noiva seja seduzida pelo conde Almaviva, derrotando a prepotência da nobreza e mostrando que as velhas distinções de casta estão a caminho do fim. Ao escolher este tema e ao dar-lhe a esplêndida forma musical que conhecemos, Mozart coloca-se do lado da Ilustração contra a ordem estabelecida, na medida em que a autoridade do conde, descrita como tirânica, vem a ser derrotada pela inteligência do jovem lacaio e pela cumplicidade das mulheres (e do pajem Cherubino) com ele. Esta opção não é inocente, nem em termos político-ideológicos, nem em termos emocionais: ser adepto do Iluminismo significa opor-se à monarquia absoluta e à religião católica, tomar partido pela Razão e pela liberdade, desafiar a tradição e o costume. Significa por isso uma retomada – mediatizada como se quiser, mas ainda assim uma retomada – do conflito edipiano, porque afirma o direito dos filhos contra a imposição dos pais, e esta afirmação não é sem riscos no universo do inconsciente. Desde a "querela dos Antigos e dos Modernos", a Ilustração foi uma corrente de pensamento propícia a ser investida emocionalmente como revolta contra os pais, representados metaforicamente, no campo da sociedade e da cultura, pelo poder constituído dos monarcas

[6] S. Freud, *Die Traumdeutung*, Vorwort zur zweiten Auflage (1908), *Studienausgabe*, Frankfurt, 1976, volume II, p. 24. As obras de Freud citadas neste artigo o são a partir desta edição (SA).

e pelo poder espiritual da Igreja. Revolta simbólica na área do racional e do público, mas também, e principalmente, revolta experienciada afetivamente, psiquicamente, pelos autores iluministas.

Ocorre que Mozart, se por um lado se alinha com a Ilustração e se filia à franco-maçonaria, por outro foi educado na religião católica e era súdito leal de Sua Majestade o Imperador. Suas óperas manifestam uma atitude ambivalente a respeito do Iluminismo: as *Bodas* e a *Flauta mágica* falam da igualdade e da fraternidade, porém *Don Giovanni* é francamente anti-iluminista, quando mais não fosse porque coloca em cena uma lenda nascida na Contrarreforma e cujo sentido mais óbvio é que o pecado será punido com o fogo do Inferno. Quando o teatro de Praga lhe encomenda uma ópera, após o sucesso das *Bodas* naquela cidade, não prescreve o assunto: Mozart pode escolher o que quiser. Da Ponte narra em suas *Memórias* que a indicação do tema partiu dele, e que o compositor a aceitou de bom grado. Sabemos por sua correspondência o quanto Mozart era exigente nesta matéria: se concordou com a proposta de Da Ponte, é porque sentiu que o tema lhe convinha. Nele está presente a mesma ambiguidade vivida por Mozart frente ao Iluminismo: por um lado, Don Juan é um ateu e um blasfemo, um libertino que persegue seu prazer sem dar valor a qualquer norma tradicional; por outro, é um aristocrata arrogante, pronto a fazer valer sua condição frente aos vassalos, e principalmente frente às vassalas. O traço mais saliente de seu caráter é a temeridade – não hesita diante do perigo, mesmo correndo o risco da autodestruição – e não se curva à hipocrisia, negando arrepender-se sob a coação do Convidado de Pedra. Mas por outra parte, sua busca desesperada do prazer tem uma característica compulsiva: necessita constantemente reafirmar sua virilidade, seduzindo todas as mulheres que lhe passam pela frente. Isto sugere a intensidade da angústia que o habita: angústia de castração, a julgar pela imposição de manter ereto o pênis o tempo todo e de certificar-se de que o órgão está lá, funciona bem e ainda é seu.

Se Don Juan pode ser visto, ainda que sob reservas, como um herói pecador que exacerba certos traços do Iluminismo, a figura do Comendador é um símbolo evidente da tradição religiosa. Instrumento de Deus na punição ao rebelde, ele pode também ser visto como encarnação do próprio Deus, já que é por essência uma figura paterna. Mais ainda, ao voltar do Além para castigar Don Juan, o Comendador comprova a imortalidade da alma e ratifica a crença no Céu e no Inferno: os bons serão recompensados, e *questo è il destin di chi fà mal*

(*Don Giovanni*, cena final). E, como é evidente, o fantasma – aqui materializado em estátua animada de pedra – é o oposto exato do que o pensamento iluminista acredita ser a natureza em geral e a alma humana em particular.

É portanto o tema da punição que Mozart escolhe pôr em música nos meses que se seguem à morte do seu pai. E não uma punição qualquer: trata-se da punição por um parricídio. Bridget Brophy, num excelente livro intitulado *Mozart the Dramatist*, nota que o Comendador é apresentado *unicamente* como pai, e como pai assassinado logo na primeira cena da ópera; pai de Donna Anna, é certo, mas também quase sogro de Don Juan, que promete casamento às moças que seduzia. Tecnicamente, o duelo não é um assassinato, já que Don Juan foi provocado e não queria lutar. Mas é um crime sem perdão, porque a vítima é um equivalente do pai, ainda por cima ofendido pela blasfêmia do convite *post-mortem* para que venha cear. Don Juan, por suas atitudes e por seu comportamento, é o inimigo de todos os pais – em sua autoridade e em seu pátrio poder sobre as filhas – e por isto quem o vem punir é precisamente um pai.

Freud analisou, em *Totem e tabu*, o temor aos mortos e a figura do fantasma. O fantasma resulta da projeção, sobre o morto, da hostilidade inconsciente de que era objeto enquanto vivia. Reprimida então, ela agora vem à tona e é imaginada como provindo do defunto, o qual desejaria por sua vez o mal dos sobreviventes. O ódio inconsciente se expressa, como sabemos, numa fantasia de desejo: que seu objeto desapareça. Quando a fatalidade se cumpre e o ser odiado morre, instala-se a culpa como consequência da crença de que ele morreu por causa do nosso ódio: de onde as autorrecriminações que os sobreviventes se fazem, e a idealização do falecido, que pode assumir vários graus – do expurgo de todos os seus defeitos na oração fúnebre até sua transformação em deus tutelar. O fantasma é uma das etapas desta idealização, ainda muito próxima da hostilidade projetada, e por este motivo ele é aterrorizador, como outras figuras a ele aparentadas – por exemplo, o lobisomem e o vampiro.

Os objetos queridos são no inconsciente alvo de grande ambivalência, e talvez o mais completo exemplo desta ambivalência seja o que se manifesta no complexo de Édipo. "O desejo assassino que um filho cultiva em relação ao pai – que ele, por outro lado, pode admirar, e mesmo amar e imitar conscientemente – é o protótipo da ambivalência nas relações humanas; e o protótipo essencial dos escrúpulos que atormentam os enlutados é a recriminação que o filho dirige a si mesmo, quando a situação infantil se vê intensificada por causa da morte real do pai", escreve Bridget Brophy parafraseando Freud.[7] A situação emocional de Mozart, quando seu pai morreu, não foi diferente da de tantos filhos; ao contrário, pelas circunstâncias muito específicas que plasmaram a relação entre eles, foi extremamente acentuada, no sentido de uma exacerbação do conflito edipiano. Este é o motor oculto da composição da ópera.

UM ÉDIPO EM "*DOUBLE BIND*"

Mozart era um músico, filho de um músico, com quem manteve uma ligação de extrema intimidade durante quase toda a sua vida – morreu menos de cinco anos após o pai. Leopold Mozart supervisionou toda a educação do menino-prodígio, ensinou-lhe o ofício de instrumentista e de compositor, abriu mão de seus projetos pessoais para transformar a carreira do filho num projeto pessoal, e controlou minuciosamente, em pessoa ou por carta, todos os detalhes da existência do seu pupilo. Sem chegar a ser um *padre padrone*, como tentou ser o de Beethoven, foi sempre vigilante, contribuindo para criar uma relação de grande proximidade com o jovem e depois com o adulto. Este, por sua vez, confia no pai e lhe expõe a alma em centenas de cartas, comentando cada aspecto de sua vida, e de modo geral aceitando a orientação tanto artística quanto moral que aquele lhe propicia.

É claro que Mozart tem sua própria vida; não é uma sombra de Leopold, e Leopold também não é tão gigantesco assim: é precisamente esta situação que possibilita o conflito interminável. Se não ocorre o total esmagamento da personalidade do filho, este tampouco realiza por completo a libertação da tutela paterna. Não há rompimento, mas tensão permanente entre o impulso à emancipação total e o impulso à submissão incondicional, e este é o veio essencial da personalidade de Wolfgang. Ele dá seus passos no caminho da independência – a ruptura com Colloredo, arcebispo de Salzburg, o casamento com Constanze Weber – mas acompanhados por intensa angústia e muita culpa, ainda que Leopold acabasse por dar ao filho seu consentimento e sua aprovação. A imensa fecundidade do talento de Mozart, muito superior ao de seu pai; é aqui um ponto nevrálgico: este talento foi descoberto e cultivado por Leopold, é em certo sentido "deles"

[7] Bridget Brophy, *Mozart the Dramatist*, Nova York, Da Capo Press, 1988 (1964), p. 237.

e não "dele", Wolfgang.[8] O pai prescreveu ao filho o que este devia ser e fazer – como em geral ocorre – mas com um elemento peculiar, um verdadeiro *double bind* para o qual era impossível encontrar saída: para satisfazer ao pai, o filho devia superá-lo, com e por sua própria autorização. Mozart não pôde jamais usurpar o lugar do seu pai, porque o pai, precisamente, lhe ordenara que ocupasse este lugar – e que o ocupasse melhor do que ele mesmo, pai, poderia fazer. Recusar a oferta seria destruir sua identificação fundamental como compositor, desobedecer à voz do seu talento: o que seria um Mozart advogado? Aceitá-la significava uma "revolta consentida", o que tira qualquer eficácia à revolta. Imagine-se então a dor profunda que a perda deste pai lhe causou, dor multiplicada pela ambivalência excepcional que não poderia deixar de acompanhar uma relação tão íntima e tão prolongada.

Mas a dor não paralisou Mozart. O conflito insolúvel entre o ódio ao pai e o amor por ele encontrou uma via de elaboração na ópera, através das peripécias do enredo e das significações dramáticas de cada personagem. A lenda de Don Juan havia sido tratada por Molière, que Mozart leu, e por uma ópera recentemente encenada em Viena, de Bertati e Gazzaniga. Os temas de vingança paterna, da punição do parricídio e dos desejos sexuais proibidos eram, como é óbvio, muito adequados para representar as complexas e poderosas emoções suscitadas pela perda do pai. A ambivalência mozartiana em relação às figuras paternas encontra eco, aliás, em outro personagem do mesmo gênero, o Sarastro de *A flauta mágica:* sábio e tolerante, ele no entanto raptou Parnina, faz sofrer a Rainha da Noite e a própria Parnina, deixa-a passar por perigos (por exemplo com Monostatos), e de modo geral tem atitudes muito pouco suaves. Sarastro corresponde, no entanto, a um outro momento da elaboração por Mozart do seu complexo paterno: pois apesar de tudo é um pai que se reconcilia com o filho, e o acolhe na Maçonaria após o calvário da iniciação. Incidentemente, esta iniciação é uma descida aos infernos (como a de Don Juan, e como a de Orfeu, a flauta substituindo a lira), da qual o herói retorna (à diferença do que acontece com Don Juan) e retoma com a esposa (ao contrário do que acontece com Orfeu).

---

[8] B. Brophy, op. cit., p. 260. O que poderia ter acontecido com Mozart se seu pai não tivesse deixado espaço para a individualidade do filho é ilustrado por um filme recente, *Shine* (1996), que narra a história do pianista australiano David Helfgott e de como, no conflito com a figura paterna, ele acabou por cair na psicose (nota de 1997).

O que, na ópera, pode ser visto como fruto da elaboração da perda? Em primeiro lugar, a ideia do fantasma. Um fantasma é a negação da morte; equivale à ideia de que o pai não morreu, mas permanece vivo e vigiando os passos do filho. A estátua animada representa a realização do desejo de que o pai não tenha morrido, e a reunião com ele (ainda que no Além) se concretiza no decorrer da trama. Mas a visita do fantasma é também punição ao filho pelo ódio inconsciente, na vida real, e pela dupla ofensa do duelo e do convite, na ópera. Punição que não pode ser realizada pelos personagens humanos: o crime de Mozart, identificado com Don Juan, é de outra ordem, acima e além da violação da lei civil. A ambivalência aparece ainda no fato de que Don Juan não *morre:* não deixa atrás de si um corpo, mas é levado ao fogo infernal de corpo e alma. Bridget Brophy, em quem me baseio para estas considerações, nota com muita argúcia que o ímpeto rebelde materializado em Don Juan se torna desta forma propriamente imortal. *Don Giovanni*, diz ela, é um ato de submissão muito ambíguo.[9] Ambíguo, como disse atrás, porque retoma uma lenda católica contrária ao espírito do Iluminismo, mas a trata de modo tal que o compositor aparece identificado com o pecador, ainda que este pereça no fim. A religião vence, mas o coro que encerra a ópera é tão carola, tão santimonioso, que é impossível não perceber uma nota irônica, cuja inteira responsabilidade incumbe a Mozart.

DON GIOVANNI E *HAMLET*: PARALELOS

Bridget Brophy propõe um instigante paralelo entre *Don Giovanni* e *Hamlet*, sugerido pela temática, comum às duas obras, do fantasma vingador. Mozart havia assistido a uma apresentação da peça em Salzburg, em 1781, pela companhia de Emanuel Schikaneder, para quem escreverá a música (e provavelmente parte do libreto também) de *A flauta mágica*. Numa carta a seu pai, comenta sobre a "voz subterrânea" que aparece em *Hamlet* (sobre o que direi algo logo mais): estava compondo naquele momento sua primeira grande ópera, *Idomeneu*, na qual o personagem também se manifesta através de uma voz subterrânea. Nesta carta, Mozart comenta que o discurso do fantasma no primeiro ato de *Hamlet* seria dramaticamente mais afetivo se fosse mais curto, o que prova seu conhecimento

[9] B. Brophy, op. cit., p. 256.

da tragédia e também a forte impressão que ela exerceu sobre o jovem compositor. O assunto de *Idomeneu*, aliás, diz respeito ao tema edipiano, pois este lendário rei grego mata ou tenta matar seu filho – inversão exata do parricídio, e na diagonal, semelhante às peripécias familiares do príncipe da Dinamarca.

Mas o que Mozart não podia saber é que *Hamlet* é também uma parte da reação de Shakespeare à morte de *seu* pai, John Shakespeare, ocorrida em 1601. *Hamlet* foi escrito, segundo alguns, duas vezes – de onde as duas versões conhecidas como o "mau Primeiro In-Quarto" e o "bom Segundo In-Quarto". A primeira delas teria surgido em torno de 1597, e nela Shakespeare estava comovido pela morte de seu filho Hamnet. A peça é concebida do ponto de vista de um pai enlutado, o que, segundo Brophy, seria comprovado pela personagem de Gertrudes. Nesta versão, esta se apresenta como mãe extremosa e como aliada do filho na punição a Cláudio. Já na segunda, Shakespeare está fortemente identificado com as emoções do filho que perdeu o pai, como aliás notou Freud na seção "Sonhos de morte das pessoas queridas", no capítulo v da *Interpretação dos sonhos.* Esta é a famosa passagem em que, comentando as tragédias do rei Édipo e do príncipe Hamlet, ele introduz a concepção do complexo de Édipo.

Perda do pai ou perda do filho, ambas são perdas, e muito dolorosas. O que se perde nesta perda é mais do que um membro da família; entre pais e filhos, existe um complexo jogo de identificações cruzadas, e a perda é por isso também perda de uma parte de si. O mesmo vale para a perda de um cônjuge, no qual, tantas vezes, estão depositadas funções de pai/mãe ou de filho/filha. É o que Chico Buarque expressa, magistralmente, quando na *Ópera do malandro* Teresinha e Max Overseas se despedem com versos que bem poderiam estar na boca dos personagens de Shakespeare ou de Mozart:

Oh pedaço de mim
Oh metade arrancada de mim
Leva o vulto teu
Que a saudade é o revés de um parto
A saudade é arrumar o quarto
Do filho que já morreu

Oh pedaço de mim
Oh metade amputada de mim

Leva o que há de ti
Que a saudade dói latejada
É assim como uma fisgada
No membro que já perdi

Leva os olhos meus
Que a saudade é o pior castigo
E eu não quero levar comigo
A mortalha do amor – adeus.

Não é difícil imaginar que a saudade, fisgada no membro que perdi, presentifica exatamente este membro como meu, como existente ainda, já que nele sinto a fisgada. Movimento que se apaga e se complementa com a arrumação do quarto do filho que já morreu, e que portanto não voltará mais para pôr em ordem suas coisas. Sutil é o poeta, quando fala da fisgada *depois* de evocar o quarto vazio indicando que a aceitação da realidade não é ainda completa, que o membro dói como se estivesse presente *depois* que o quarto do filho ausente foi arrumado: oscilação a que Freud chamou "trabalho do luto", e que só termina quando o sobrevivente renuncia a levar consigo a "mortalha do amor" – quando finalmente pode dizer "adeus".

Shakespeare teve de dizer adeus duas vezes: ao filho Hamnet e ao pai John. Mas se a dor é mais funda quando se perde um filho, ela parece mais densa quando se perde um pai. A morte de um filho, por terrível que seja, é mais unívoca, menos propícia a mobilizar a ambivalência, do que a morte do pai. E isto porque o filho pode ser metaforizado por uma obra – veja-se o *Cântico do calvário*, de Fagundes Varela – cuja execução assegura ao pai que sua fecundidade permanece intacta; a morte de um filho é um golpe devastador que atinge o narcisismo dos pais, além da relação amorosa que podem ter tido com aquele. Não que a relação pai-filho seja isenta de ambivalência; eu diria que ela é de uma ambivalência segunda, cujas fontes se encontram na relação que o pai manteve com seu próprio pai. Esta data da primeira infância, e suas raízes são mais enoveladas, pois mergulham também no desejo incestuoso pela mãe.

A segunda versão de *Hamlet*, em que Shakespeare dá vazão às emoções do filho, tem como ponto central a hesitação do personagem em cumprir a ordem do fantasma. Também presente na primeira, ela agora é agravada pelo repúdio e pelo nojo que o príncipe sente por sua mãe – e em especial pela *sexualidade* dela. Cumprir a ordem do fantasma – vingar seu assassinato pelo usurpador Cláudio – é precisamente o que o príncipe não pode fazer, em primeiro lugar porque Cláudio realizou simbolicamente o desejo parricida dele, Hamlet, em segundo porque no seu inconsciente ele é o culpado pela morte do rei, e em terceiro porque Cláudio, irmão do monarca falecido, também é para Hamlet uma encarnação da figura paterna.[10]

Ora, um ponto de coincidência entre *Hamlet* e *Don Giovanni* é a hesitação. Se na peça ela é explícita, embora se deva a motivos inconscientes, na ópera quem hesita é Donna Elvira, desta vez por motivos plenamente conscientes: ama e odeia ao mesmo tempo o sedutor que a desonrou e que a ensinou a gozar. Em nenhum momento ela é tão determinada na vingança quanto Donna Anna. Na sua ária do segundo ato, as palavras e a música dão expressão a esta ambivalência: "Que contraste de afetos nasce em teu seio!", diz o recitativo; e a ária prossegue:

> *Aquela alma ingrata me traiu,*
> *Infeliz. oh Deus, me fez!*
> *Mas traída, abandonada,*
> *Ainda sinto piedade por ele.*
> *Quando sinto o meu tormento*
> *O coração fala de vingança,*
> *Mas quando vejo o perigo que ele corre,*
> *Meu coração palpita.* (Ato II, cena 10)

Os comentadores notam que a forma de rondó dada por Mozart a esta ária expressa o caráter do sentimento de Elvira, seu desejo ao mesmo tempo irrealizável e indestrutível. "As cordas prolongam estes suspiros [...]; a confissão impossível de ser contida é desenvolvida admiravelmente pela música em três palpitações: a pulsação dos violinos primeiro, depois uma vocalise desesperada, e por fim a travessia de um tremor dos sopros":[11]

---

[10] Para uma discussão mais aprofundada da hesitação de Hamlet, ver "'Um espelho para a Natureza': notas a partir de *Hamlet*", neste volume. A ópera de Mozart foi comentada, de um ponto de vista diferente do adotado no presente artigo, em "A sedução como mentira e como iniciação", in *A sombra de Don Juan e outros ensaios*, São Paulo, Brasiliense, 1993, pp. 13-49.

[11] Alain Duault, "Les circulations du désir", *L'Avant-Scene Opéra*, 24, nov.-dez. 1979, p. 141.

Já Bridget Brophy interpreta a ária como equivalente ao solilóquio hamletiano "Ser ou não ser, eis a questão":

> Exatamente como Hamlet não pode resolver-se a punir Cláudio porque inconscientemente se considera tão culpado quanto Cláudio, da mesma forma Mozart não pode fazer com que Don Giovanni seja punido, em termos humanos, porque é conscientemente simpático aos crimes "ilustrados" de Don Giovanni – parricídio e blasfêmia – e inconscientemente está em colusão com o desejo de morte do pai [...]. Basta reconhecer a ária como um solilóquio do próprio Mozart para reconhecer não só sua significação psíquica, mas ainda sua significação dramática. Como confissão de que Mozart está identificado com Don Giovanni, explica-nos por que não pode permitir que Don Giovanni seja castigado no quadro consciente, racional e natural do drama: consciente e racionalmente, ele crê que Don Giovanni está *certo.* É da culpa inconsciente que nem Mozart nem Don Giovanni podem ser absolvidos. Mozart só pode administrar o castigo ao seu herói convocando as forças do inconsciente isto é, convocando os poderes sobrenaturais do inferno; e a ária de Donna Elvira marca o lugar exato em que ele faz isto.[12]

De fato, quando a cortina se levanta de novo, vem a cena do cemitério, em que o "licencioso cavalheiro" comete a blasfêmia que o perderá – convida a estátua para cear, e põe em movimento a execução da sentença dos céus. Aliás, também em *Hamlet* há uma cena no cemitério, na qual os despojos do bobo da corte são ocasião para uma reflexão desabusada sobre o que acontece com os grandes deste mundo (entre os quais seu pai, o rei): "Tu crês que Alexandre o Grande se parecia com isso na terra? E cheirava assim?" (*Hamlet*, ato v, cena 1, versos 199-202). Hamlet venera seu pai, mas a agressividade reprimida transparece, em momentos como este, de modo menos indireto do que na sua constante vacilação.

A figura de pai que Mozart traçou em *Don Giovanni* é portanto sumamente ambígua, dando vazão à ambivalência da relação com seu próprio pai. Contando a história da derrota do filho rebelde, ele fazia um ato de contrição e pedia perdão ao pai; contando a história de um fantasma, reanimava o morto e lhe erigia uma estátua; contando a história da vingança de um pai, criava uma figura aterradora, que retoma do túmulo para continuar a vigiar seu filho, e aceitava que a revolta

[12] B. Brophy, op. cit., p. 247.

blasfema deste não fora suficiente para aniquilar o pai, cujo poder de criar e de punir – poder divino, portanto – jamais deveria ter sido desafiado, nem pelo filho carnal, nem pelo Iluminismo, que representava o pensamento e a força dos filhos.[13]

Mas esta não é a última palavra. A composição de *Don Giovanni* parece ter sido parte essencial do trabalho de luto de Mozart após a morte de seu pai; contudo, em *A flauta mágica*, o Iluminismo retoma com toda a força – sob a forma de um conto maçônico, de uma iniciação ritual à sabedoria e à fraternidade entre os homens. Sarastro, se não é o pai perfeito, é bem menos tenebroso do que a estátua do Comendador, e Tamino atravessa as provas do Inferno com êxito, auxiliado pela flauta que lhe fora presenteada pela Rainha da Noite. Mas a ambiguidade continua a existir; a ambientação exótica no Egito antigo tem todo o aspecto de uma *religião*, ainda que não católica (Sarastro é um *sacerdote* e invoca os deuses Ísis e Osíris). Aqui, a combinação de elementos pende em favor da Razão e dos seus ideais, mas com um importante componente mítico, que estava notoriamente ausente das *Bodas de Fígaro*... anteriores, é certo, à morte de Leopold.

Na verdade, Mozart jamais solucionou satisfatoriamente a questão do pai, nem a da oscilação entre religião e Ilustração. No último ano de sua vida, 1791, está trabalhando simultaneamente em *A flauta mágica* e no *Réquiem*, este também envolto numa densa nuvem de angústia; e isto para não falar da ópera *La Clemenza di Tito*, que glorifica a monarquia e lhe foi encomendada de Praga para a coroação de Leopold II como rei da Boêmia. Ouçamos ainda uma vez Bridget Brophy, que sintetiza admiravelmente a situação: "Toda a obra (o *Réquiem*) é uma elaboração e uma intensificação do último grito de Don Giovanni. É Mozart falando de sua própria morte, que a Maçonaria o havia ensinado a conceber como uma extinção da breve chama rococó, e que o catolicismo prometia que iria significar, precisamente por causa de sua adesão à Maçonaria e ao Iluminismo, as chamas inextinguíveis do inferno".[14]

METAPSICOLOGIA DA VINGANÇA

Há um outro ponto em comum entre *Don Giovanni* e *Hamlet*, naturalmente: o tema da vingança, e, mais especificamente, o tema da vingança do pai. Quer

[13] B. Brophy, op. cit., p. 241 e passim.

[14] B. Brophy, op. cit., p. 265.

ele convoque o filho para executá-la (*Hamlet*), quer seja o filho o alvo dela (*Don Giovanni*), em ambas as obras a vingança surge como um desejo paterno. O paralelo é acentuado por um elemento da própria tessitura dramática: em *Hamlet*, há um momento em que o fantasma vem apoiar uma estranha exigência do príncipe, que Marcelo e Horácio não veem por que cumprir. Trata-se da cena 5 do primeiro ato. Hamlet quer que seus amigos jurem sobre sua espada que manterão o segredo sobre o fantasma, estes dizem que já deram sua palavra, Hamlet insiste – e o fantasma faz ouvir sua voz, debaixo do palco: *Swear! Swear by his sword! Swear!* – até que o juramento seja realizado como quer o príncipe. Esta cena é reelaborada em *Don Giovanni*, quando Donna Anna encontra o corpo do pai e faz Don Ottavio jurar vingança. Este o jura, *lo giuro agli occhi tuoi, lo giuro al nostro amor.* Vem então o dueto *che giuramento, o Dei!* O libreto não pede que a fala seja repetida, mas Mozart introduz uma duplicação, fazendo Don Ottavio jurar mais uma vez, assim como os amigos de Hamlet; só então, comenta Bridget Brophy, "Donna Anna fica suficientemente satisfeita para unir sua voz à dele, numa repetição e ampliação do dueto".[15]

Naturalmente, a vingança de Don Ottavio não se realiza, cedendo lugar à do Comendador. Também em *Hamlet* é só na última cena, e quase sem perceber, que o príncipe mata Cláudio, aliás ao preço de sua própria vida, usando a mesma espada envenenada com que Laerte o atingira. Freud assinala, na *Traumdeutung*, que "Hamlet pode tudo, menos completar a vingança sobre o homem que afastou seu pai e tomou seu lugar junto à mãe, sobre o homem que lhe mostra realizados seus desejos infantis reprimidos".[16]

Tudo se passa como se somente um pai pudesse efetivar a vingança, que, no caso de *Hamlet*, é explicitamente exigida por ele. Esta situação é bastante curiosa, já que, aparentemente, nada predestina a vingança a ser um atributo exclusivo do pai. Haveria muitos exemplos a citar em que um não-pai exerce sem problemas uma vingança, o mais evidente sendo *O conde de Monte Cristo.* No entanto, convém reformular a questão, pois talvez este pequeno exercício de psicanálise aplicada – ou implicada, como diz Célio Garcia – que fizemos até aqui possa nos conduzir a compreender melhor um aspecto do funcionamento psíquico *tout court.* É esta a justificativa de toda psicanálise *extra muros*, para empregar a expressão de

[15] B. Brophy, op. cit., p. 244.

[16] S. Freud, *Die Traumdeutung*, capítulo V, seção D, "Sonhos típicos"; *Studienausgabe*, II, p. 269.

Laplanche: a partir de um exemplo que de início ilustra a teoria, a própria teoria pode se ver enriquecida, ou um conceito aprofundado. Tal é o caso, me parece, neste momento. Em vez de assimilar a vingança à figura do pai e incluí-la no contexto mais óbvio do complexo de Édipo, pode ser interessante nos perguntarmos *do que o pai deve se vingar*, tal que sua figura se preste exemplarmente a ser o agente da vingança, ao menos com base nos exemplos que aqui trabalhamos.

Voltemos um instante aos profetas bíblicos e à terrível experiência que era para eles o encontro com a divindade. Um aspecto importante da pregação dos profetas foi a rejeição da idolatria, isto é, a afirmação exaltada da legitimidade exclusiva de Yahweh e da falsidade dos outros deuses. A devastadora crítica social da qual se fizeram portadores tem como contrapartida a exigência de que os hebreus cultuem apenas a Yahweh, banindo de seus corações o interesse pelos deuses canaanitas até então venerados por muitos deles. Yahweh exige fidelidade absoluta, e castigará seu povo com a destruição pelo pecado da idolatria – que é o mesmo que o da opressão social: é porque seguem outros e falsos deuses que os hebreus não se conduzem como prescreve a Lei, e oprimem seus concidadãos.

Ora, o castigo prometido é expresso em termos de *vingança*. Entre muitos outros exemplos, cito Jeremias, em cujo livro o tema volta com frequência: em Jer. 5:9, lemos: *Haál êile lo efkód, neúm Adonái, veím gói kazé lo titnakém nafshí?* [Não castigarei a estes, e com um povo como este não se vingará minha alma?]. A mesma frase é repetida em Jer. 9:9. Em Jer. 46:10, o profeta fala do *yom nekamá lehinakém mitzaráv*, do dia da vingança do Senhor dos Exércitos contra seus adversários; e prossegue em tons dramáticos: "e a espada fartar-se-á do seu sangue, e se embriagará com o sangue deles". Para citar outro autor, no Salmo 94 surge o *El Nekamót*, o Deus da vingança, quando o salmista exclama: "Aparece, ó Deus da vingança!" (Sal. 94:11). E na conclusão do cântico, lê-se: *Vaiássev aleihém et onám*, "e fará cair sobre eles a sua iniquidade", *uvraatám yatzmitém, yatzmitém Elohêinu*, "e com sua própria malícia os destruirá, os destruirá o Senhor nosso Deus".

Eis aqui uma pista interessante: é *com sua própria malícia* que os iníquos serão castigados; contra eles voltar-se-á o que fizeram com aqueles a quem prejudicaram. Olho por olho, dente por dente; estamos no território da justiça retributiva. Quem com ferro fere, com ferro será ferido; amor com amor se paga, e ódio também. Este espelhamento da ofensa no castigo é aliás um dos princípios da legislação que vigora no "Inferno" de Dante Alighieri: por exemplo os luxuriosos, que viveram em perpétua excitação e não souberam conter o fogo do desejo, são castigados com uma chuva de fogo perpétua, .que nunca permite descanso às suas almas, da mesma forma como em vida elas não conheceram o repouso.

Nas palavras de Jeremias, Yahweh se mostra *ofendido* pela idolatria. Para a Bíblia, os deuses dos outros povos não passam de ídolos – no que aliás ela revela uma completa incompreensão da religião pagã, que via nas estátuas apenas símbolos dos deuses, assim como as imagens dos santos são veneradas e não adoradas pelos cristãos. Por isso, o culto a eles não teria por que ameaçar o único Deus, aquele cuja glória enche a Terra, nas palavras de Isaías que mencionei anteriormente. No entanto, dizem os profetas, ao sacrificar a estes deuses estranhos, os hebreus traíram o Pacto do Sinai e ofenderam a grandeza divina. Yahweh cobra deles uma reparação – que passem a seguir a Lei e que pratiquem a justiça, em vez de se contentarem com os sacrifícios no Templo – mas antes os castigará, humilhando-os com a derrota militar e com a devastação do seu país.

A vingança aparece assim em estreito vínculo com a ofensa e com a *humilhação*. Pode-se dizer que, rebaixando Yahweh à categoria de mais um entre os deuses, os israelitas o humilharam também; deixando de lado um certo antropomorfismo, inevitavelmente associado às representações de um Deus pessoal, é inegável que Yahweh manifesta sua cólera por ter sido equiparado a ídolos como Baal ou Astarté. O profeta Oséias, aliás, compara Israel a uma adúltera e a uma prostituta, mulheres degradadas que, mais do que a virtude, perdem a honra e a dignidade: tema retomado por diversos 'dos profetas que o sucederam. A adúltera humilha, com seu comportamento, o marido ou o pai; a prostituta humilha a sociedade inteira, porque vende seu corpo por dinheiro.

Se, como começamos a suspeitar, a vingança tiver um elo interno com a humilhação, então podemos colocá-la, do ponto de vista metapsicológico, no lado do narcisismo. Neste caso, ideias como as de *dignidade*, *honra* e *vergonha* estarão próximas da vingança, já que dependem do registro narcísico; e esperaremos que, numa sociedade aristocrática, estes valores sejam altamente apreciados, de modo que a ofensa contra eles deva ser, propriamente, *vingada*. É o que nos mostra Mozart na ária de Donna Anna *Or sai chi l'onore*, cantada quando ela descobre que o homem que a atacara no quarto é o mesmo que Donna Elvira desmascarou:

Or sai chi l'onore
rapire a me valse
chi fu il traditore

che il padre mi tolse.
Vendetta ti chiedo,
la chiede il tuo cor.
Rammenta la piaga del misero seno,
rimira di sangue coperto il terreno.
Se l'ira in te langue
d'un giusto furor. (Ato I, cena 13)

Antes de dizer que Don Juan é o traidor que lhe tirou o pai, Donna Anna o designa como aquele que quis roubar sua honra: "e te peço vingança, a pede teu coração". A vingança é pela dupla ofensa: *ME* tirou o pai, quis roubar-*ME* a honra. É claro que Donna Anna ama seu pai e quer que o assassino seja castigado, mas o que determina o castigo como vingança, e não como simples assunto de polícia ou de justiça penal, é o fato de Don Juan a ofender em sua dignidade. E é porque ofende o Comendador na *sua* dignidade, zombando da estátua, que Don Juan atrai sobre si o castigo celeste. Não é porque matou o Comendador em duelo – para castigar este crime, se é que se trata de um crime, bastaria a guarda real – mas porque *zombou* do morto e o *desprezou* que Don Juan será punido. A punição, aliás, segue o esquema bíblico – "com sua malícia o destruirá" – pois a estátua aceita o convite que Don Juan lhe faz, e por sua vez lhe faz um convite – *dammi la mano* – convite que o libertino não pode deixar de aceitar. Neste aperto de mão, seu destino será selado: o Comendador não o larga mais, e o pecador, não podendo se desvencilhar do pétreo aperto, é arrastado para o Inferno.

A vingança se mostra assim como castigo pelo desdém. É deste modo, aliás, que Freud a introduz em "A dinâmica da transferência"; nas duas vezes em que emprega o termo *Rache*, ele aparece ao lado da *Verschmähung*, o desprezo: a paciente apaixonada "não compreende que o analista recuse seu amor, sentirá apenas o desprezo e não deixará escapar a oportunidade de vingar-se dele"; "a paciente poderá se fazer de desprezada, e assim, por vingança e amargura, poderá furtar-se à cura".[17] Da mesma forma, nos sonhos relatados na *Traumdeutung*, a vingança surge regularmente associada à humilhação: no sonho de Irma, Freud vinga-se de Otto, que lhe trouxe um licor malcheiroso e assim ofendeu seu bom gosto, e do dr. M., devolvendo-lhe o ridículo em que se sentia posto por ele

[17] S. Freud, "Bemerkungen über die Übertragungsliebe", *Studienausgabe*, *Ergänzungsband*, pp. 224 e 227.

(o dr. M. diz: "haverá disenteria e o veneno vai ser eliminado"). Nos sonhos de Roma, pretende vingar-se dos romanos identificando-se com Aníbal, quando seu pai lhe conta o incidente do chapéu de pele. No sonho do conde Thun, onde aliás *As bodas de Fígaro* é explicitamente mencionada, quer vingar-se por ter recebido no trem um lugar pior do que o do funcionário do governo, e por ter que pagar um bilhete inteiro, quando aquele viaja com desconto. E no sonho das Parcas vai à desforra (*Vergeltung*), brincando com o nome de seus conhecidos, para se vingar das incontáveis piadas que haviam feito com o seu (Freud significa *alegria*).[18]

Podemos agora compreender pôr que Hamlet não pode *vingar-se* de Cláudio: este não o ofendeu. Ofendeu seu pai, matando-o à traição enquanto dormia, usurpando o trono e casando-se com a viúva; é natural que o Espectro clame por vingança – mas seu filho? Assim, à hesitação baseada na culpa inconsciente pelos desejos parricidas e na identificação com o assassino que realizou o que ele se limitara a desejar, podemos acrescentar mais um componente, este especificamente destinado a barrar a mão vingadora: a impossibilidade do revide, porque não há o que revidar. A rigor, Hamlet *odeia* e *despreza* Cláudio; na cena com Gertrudes, fala dele como de "um vilão e um assassino, um escravo que não vale 1/200 do precedente senhor dela".[19] Ódio que fulgura na exata e inversa proporção em que idealiza seu pai ("a fronte de Zeus, os cachos de Hyperion, um olho como Marte..."). É o sobrinho quem despreza o tio, e portanto o tio é que teria motivos para se vingar de Hamlet – se tivesse consciência do sentimento alimentado pelo príncipe. Quanto a este, queixa-se de que Cláudio, ao se casar com a rainha, tornou-se rei em lugar dele: aí haveria motivo para uma rivalidade, e a encenação da peça dentro da peça, destinada a desmascarar o criminoso, tem a função de semear a inquietude na alma deste, fazendo-o sentir o que o príncipe sente.

VERGONHA E VINGANÇA

Mas se na alma de Hamlet se agitam a culpa, o remorso, a dúvida, os escrúpulos e outras emoções mais, nela não há lugar para a *vergonha*. Este é o sentimento associado à humilhação, e que estimula a vingança. O desejo de fazer sofrer

[18] S. Freud, *Die Traumdeutung*, SA, II, respectivamente pp. 137, 208, 217 e 219.

[19] Shakespeare, *Hamlet*, ato III, cena 4.

quem nos fez sofrer, da mesma forma como nos fez sofrer, é a essência da vingança; não é a sua causa. É o que percebeu Espinosa, quando, na definição dos afetos que conclui a Parte III da *Ética*, escreve: "a vingança é o desejo que, surgindo do ódio recíproco, nos impele a ferir aqueles que, a partir de um afeto semelhante, nos feriram".[20] E remete ao escólio do corolário 2 da proposição 40, nesta mesma parte: "o esforço para fazer mal àqueles que odiamos chama-se *cólera*, e o esforço para retribuir o mal que nos infligiram chama-se *vingança*". A reciprocidade no ódio revela-se assim como o atributo essencial da vingança, aquilo que a distingue da cólera, da indignação e de emoções semelhantes. É por esta razão que, em *O conde de Monte Cristo*, Edmond Dantès se esmera para que a punição dos seus inimigos seja lenta. Não basta arruiná-los ou matá-los: é preciso que sejam humilhados pelos que os respeitavam, e que sofram aquilo a que nossa língua chama *passar vergonha*. Pois a vergonha se distingue da humilhação pelo fato de ser pública. O que nos faz sentir vergonha é o olhar reprovador dos outros, como bem sabia Édipo, que se cega para não ver nem ser visto por ninguém; como a fama dos seus feitos hediondos o precederá onde quer que puser os pés, seria impossível fitar um heleno sem enrubescer.

Em outra ópera de Mozart, *A flauta mágica*, a vingança é o que distingue o pai e a mãe de Pamina. Nas suas árias do segundo ato, que se seguem imediatamente uma à outra, a Rainha da Noite começa por dizer: *Der Holle Rache kocht in meinem Herzen...*, a vingança do Inferno ferve em meu coração, enquanto Sarastro entoa: *In diesen heiligen Hallen, kennt man die Rache nicht; und ist ein Mensch gefallen, fürht Liebe ihn zur Pflicht*, ou seja: nestas salas sagradas, não se conhece a vingança, e, se alguém cai, o amor conduz de volta ao dever.[21] A diferença entre os dois personagens é que a Rainha da Noite foi humilhada pelo rapto de sua filha, enquanto na irmandade maçônica presidida por Sarastro a "queda" (o erro, a falta) não acarreta vergonha para o faltoso, e sim constitui uma ocasião de se reaproximar do Bem.[22]

Esta relação intrínseca entre a vergonha e a vingança é exposta numa das mais famosas composições de Lupicínio Rodrigues, o samba-canção *Vingança*, gravado em 1951 por Linda Batista. A letra diz:

[20] Baruch de Espinosa, *Ética*, parte III, definição 37.

[21] Mozart, *Die Zauberjlöte*, ato II, cenas 2 e 3.

[22] Um exame mais detalhado da vergonha e das suas manifestações na sessão de análise encontra-se em R. Mezan, "Violinistas no telhado: clínica da identidade judaica", in *A sombra de Don Juan e outros ensaios*, São Paulo, Brasiliense, 1993, pp. 250 ss.

Eu gostei tanto, tanto, quando me contaram
Que lhe encontraram
Chorando e bebendo na mesa de um bar
E que quando os amigos do peito por mim perguntaram
Um soluço cortou sua voz, não lhe deixou falar

Ai, mas eu gostei tanto, tanto quando me contaram
Que tive mesmo que fazer esforço prá ninguém notar
O remorso talvez seja a causa do seu desespero
Você deve estar bem consciente do que praticou
Vai me fazer passar essa vergonha com um companheiro
E a vergonha é a herança maior que meu pai me deixou

Mas enquanto houver força em meu peito eu não quero mais nada
Só vingança, vingança, vingança aos santos clamar
Você há de rolar como as pedras que rolam na estrada
Sem ter nunca um cantinho de seu prá poder descansar.

É muito interessante notar que a linha melódica, tanto nesta canção quanto na ária de Donna Anna, é ascendente nos momentos de acusação, como para expressar a vivência inflamada do protagonista, e descendente, neste caso, quando ele imagina o sofrimento da mulher que "há de rolar como rolam as pedras na estrada". O espelhamento entre a dor dele, quando ela o trai com o companheiro, e a dela, agora o companheiro a abandonou ou a traiu, é o que dá ao narrador a alegria dos primeiros versos – alegria que precisou ser ocultada, "prá ninguém notar". A emoção é aqui privada, ao contrário da vergonha, que foi pública quando a mulher o humilhou. E ele a imagina desesperada, torcendo-se de remorso "pelo que praticou": ela o fez "passar vergonha com um companheiro". O remorso dela se refere ao mal que fez a ele, no que se assimila à culpa, sentimento cuja metapsicologia é totalmente diferente da vergonha.

Vem então um verso dos mais ambíguos: "a vergonha é a herança maior que meu pai me deixou". À primeira vista, o pai ensinou o filho a *ter vergonha*, isto é, a portar-se direito: fantástica duplicidade de sentidos, pois *ter vergonha* justamente é o que impede de *passar vergonha*. Mas o verso também pode se entender no sentido oposto: o pai fez coisas erradas que envergonharam o filho, ao que se vem somar agora a vergonha passada por causa do comportamento da mulher.

Em todo caso, a *vingança* consiste em que a adúltera jamais possa repousar, assim como, traído ou abandonado, o protagonista também é presa de uma grande agitação: olho por olho, dente por dente.

O *eu* da canção de Lupicínio faz precisamente aquilo a que Donna Elvira não pode se resolver: sente ódio completo de quem o fez sofrer, enquanto ela – *tradita e abbandonata* – ainda vacila, porque ama e odeia simultaneamente. O *eu* da canção também se refere ao pai e à herança maior que este lhe deixou, o que nos traz de volta à questão deixada há pouco em suspenso: do que o pai quer se vingar?

Vemos agora que não há relação direta entre paternidade e vingança: se há desejo de vingança, é porque houve humilhação, e é na medida em que o pai pode se sentir *humilhado* que buscará se vingar. Na constelação edipiana, à culpa pelos desejos parricidas e incestuosos – eventualmente reativada pela morte efetiva do pai – vem se somar o temor à vingança, quando o filho tem motivos para crer que o humilhou, que o fez passar vergonha. Se o pai puder ocupar esta posição na fantasia inconsciente do filho, surgirá como expressão desta crença o receio de que ele se vingue de um modo ou de outro pela ofensa sofrida. Mas não é o desejo parricida ou incestuoso que provoca diretamente o temor da vingança: nem toda punição é vingança, e a ameaça de castração não deve ser confundida com a intenção vingativa. A fantasia da vingança paterna pode surgir quando são narcísicos os elementos em jogo, e certamente o desejo inconsciente de incesto com a mãe pode ser associado, no inconsciente, a uma humilhação imposta ao pai.

Contudo, na lógica edipiana o desejo parricida costuma ser secundário em relação ao desejo incestuoso: quer-se afastar o pai porque ele bloqueia o caminho para a mãe. Isto é de molde a sugerir que não são todos os filhos que temem vingança dos seus pais, vivos ou mortos, embora todos possam temer o poder do pai, a cólera do pai, ou a castração pelo pai. Temem a vingança do pai aqueles filhos que, em suas fantasias inconscientes, imaginam tê-lo *ofendido*, seja pelo desejo parricida, seja pelo desejo incestuoso, seja porque foram mais longe do que ele, ou porque julgam tê-lo vencido de forma desleal.

Mozart, para voltar a ele, foi um destes filhos, e a história do Convidado de Pedra parece ter fornecido o conteúdo perfeito para expressar sua angústia, sua culpa e seu desejo de submissão a este pai, ao qual devia tanto e que tanto lhe exigia. A relação entre Wolfgang e Leopold foi não só especialmente intensa, mas ainda atravessada por componentes narcísicos pouco usuais. Em todo caso, o filho erigiu ao pai um momento bem mais duradouro do que uma estátua de pedra: do abismo angustiante do seu luto, encontrou forças e meios para criar uma obra imortal.

O mal absoluto: sobre uma peça de Alberto Moravia[1]

Primeiramente, gostaria de agradecer à Profª. Drª. Mariarosaria Fabris o convite para participar deste ciclo de palestras sobre os escritores italianos de origem judaica. Desde meus tempos de Colégio Dante Alighieri, não tive mais contato com a literatura italiana, a não ser por leituras esparsas, de modo que esta se tornou uma bem-vinda oportunidade para reencontrar-me com aspectos da minha formação intelectual que estavam um tanto relegados.

A professora sugeriu que eu comentasse uma peça de Alberto Moravia, *Il Dio Kurt*, do ponto de vista psicanalítico. É o que procurarei fazer nas observações que se seguem, que têm apenas o objetivo de estimular o debate, e de forma alguma constituem uma interpretação global da obra.

O EXPERIMENTO DE KURT

Como nem todos conhecem o texto, julguei conveniente começar por um resumo do enredo, de modo que possamos dispor dos dados necessários para apoiar a leitura que proponho. Utilizei a edição Bompiani, de 1968, à qual se referem os números de página entre parênteses.

---

[1] Conferência no ciclo "Fratelli d'Italia, figli d'Israele", promovido em novembro de 1995 pela Cadeira de Língua e Literatura Italiana da USP. Inédito.

A peça se passa na noite de Natal, num campo de concentração alemão. Os oficiais e alguns prisioneiros formam a plateia para um espetáculo teatral – trata-se portanto de um teatro dentro do teatro. Kurt, o comandante do campo, sobe ao palco e dá início ao "Prólogo", um discurso à plateia entremeado por comentários vindos da própria plateia.

O objetivo do espetáculo é proceder a um "experimento cultural", inspirado nos "experimentos científicos" então praticados pelos médicos nazistas nos campos de trabalhos forçados da Polônia e da Alemanha. O experimento em questão incidirá sobre um ponto muito preciso: a questão da família. Na sua forma atual, diz Kurt, a família é um fruto da moral judaica, que os arianos adotaram quando venceram os primitivos europeus e se estabeleceram no que hoje é a Europa. Segundo Kurt, o *Führer* ainda não procedeu à reforma da família, na verdade à sua abolição; este passo fundamental na "desjudaização" da vida alemã será dado, porém, com o término da guerra, após a vitória final e a instalação do Reich de mil anos. Protestos dos oficiais, que, justamente na noite de Natal, recordam-se com nostalgia das festas em família; Kurt tem algum trabalho para serenar os ânimos, explicando que a família a ser destruída não é a de nenhum dos presentes, mas a "família no sentido ideológico" (p. 14). A família não é algo natural, mas ideológico, e neste sentido um preconceito, obstáculo ao advento de uma humanidade verdadeiramente livre, objetivo maior dos esforços do nazismo.

Para demonstrar esta tese é que foi organizado o "experimento cultural": será representada a peça *Édipo rei*, de Sófocles, que é a tragédia familiar por excelência. Ora, a solução dada pelo autor grego ao que acontece com seus personagens – o suicídio de Jocasta e o ato de cegar seus próprios olhos cometido por Édipo – é um desenlace falso, porque baseado sobre a moral: as relações de Édipo com sua mãe só são criminosas ou preconceituosas se forem vistas pelo ângulo da moral. Sem esta, nada mais seriam do que relações entre um macho e uma fêmea humanos, sem medo e sem culpa.

A tragédia não será apenas *representada*, mas *vivida:* Kurt encontrou uma família judaica da sua cidade, e a fará viver, na própria pele, as peripécias da tragédia. Mas acrescenta um personagem: o Destino, encarnado por ele próprio. Figura moderna do Destino, o Destino alemão é mais forte que o Destino grego: "o aspecto educativo do nosso experimento consistirá em demonstrar a inconsistência e a irrealidade do Destino da ficção, e a consistência e a realidade do Destino na existência vivida" (p. 25). O experimento foi autorizado por Heinrich Himmler, chefe da ss, o que serve como argumento final para silenciar os protestos e dúvidas dos oficiais que formam a plateia.

Fim do prólogo: inicia-se a representação propriamente dita. Kurt aparece com uma peruca loura, vestido com o uniforme nazista, mas coberto por um lençol branco, que imita a túnica dos gregos antigos. Prossegue seu discurso, dizendo que a tragédia é uma maquinação do Destino; entediado, este explode as máquinas que construiu, o que acarreta sofrimento para as peças da montagem – mas isto não é importante. Na tragédia de Édipo, o Destino conseguira superar-se a si mesmo: à consciência heroica que afronta corajosamente as armadilhas preparadas por ele, havia acrescentado a "ignorância enfatuada e presunçosa" (p. 34). Édipo, segundo Kurt, não é um verdadeiro herói; é um filisteu, um homem medíocre, um burguês que acusa e que quer ver punidos os culpados pela ofensa aos deuses, a mesma que acarretara a peste em Tebas.

Entra Édipo, que na verdade é Saul, um ator judeu que Kurt conhecia e de quem fora, antes da guerra, amigo. Saul é agora um prisioneiro do campo; nada sabe do que está acontecendo neste momento. Está vestido como Kurt, com um lençol branco e. uma peruca loura; por baixo do lençol, tem seu uniforme de deportado.

Interrogado por Kurt, Saul conta sua história, num processo de reminiscência que parodia o da análise. Enquanto Kurt vivia com sua irmã Ulla numa mansão decadente, ele, Saul, habitava com seus pais na mesma cidade. Na alameda que margeava o rio da cidade, certo dia Kurt havia proposto a Saul que se tornasse amante de Ulla; também havia sugerido à irmã que, por sua vez, seduzisse Saul. Ambos acabam dormindo juntos. Mas Ulla não volta a procurar Saul, o qual pensa, naturalmente, que a moça não gostara dele. Na verdade, ocorrera o contrário: ela se apaixonara pelo jovem ator, mas seu irmão a proibiu de vê-lo novamente. Ulla, porém, havia engravidado naquela noite. Kurt a obriga a fazer um aborto, e, depois de mais algumas peripécias, a moça termina por se suicidar. Saul ignorava esta parte da história, que lhe vai sendo desvendada, no palco, pelo próprio Kurt. Fim do primeiro ato.

Segundo ato: Kurt explica que Ulla era a Esfinge; tal como na peça de Sófocles, ela se suicidara ao ver desvendado o seu segredo (no caso, que havia concebido de Saul). Paira uma dúvida sobre se Kurt e Ulla teriam cometido incesto (num dia de Ano Novo, acordaram "no mesmo leito, tendo vomitado um sobre o outro", p. 48). Kurt se vê como o demiurgo, como encarnação do Destino para sua irmã.

Mas esta primeira tentativa de fazer "experimentos" fracassa, porque a jovem se apaixona pelo ator, o que não estava nos planos de Kurt. "Derrotado em toda a linha" (p. 66), Kurt entra para a ss, e, em sua carreira, chega a ser oficial e comandante do campo de concentração.

Obedecendo à ordem que lhe é dada, Saul conta então sua parte nesta história. Fora preso, trazido a este campo, e lhe haviam dito que teria o direito de dormir com as mulheres do bordel, desde que no escuro e rapidamente. Ele faz isto repetidas vezes. Mas Wepke, um guarda da ss, vem avisá-lo um dia de que havia sido descoberto. Sua única chance de sobreviver seria a fuga, e esta já estava arranjada. Entrega-lhe uma pistola e diz que, para conseguir fugir, não terá mais do que matar pelas costas o soldado alemão que vigiava certa encruzilhada na floresta. Saul de fato atira e mata o soldado, mas tudo não passava de uma armadilha: morto aquele soldado, outros saem de seus esconderijos atrás das árvores, prendem-no novamente e o trazem até o palco. Tudo isto acaba de acontecer, poucos minutos atrás.

Traz-se à cena o soldado morto: não é um alemão, mas o pai de Saul, Samuel, vestido com o uniforme de guarda nazista. Exatamente como na história de Édipo, Saul matara seu próprio pai. Mas o desfecho ainda está por vir: Kurt ordena que tragam a prisioneira Myriam. É a mãe de Saul. Seu relato é o seguinte: haviam-lhe dito que poderia salvar seu filho, desde que consentisse em representar o papel de uma prostituta e dormisse com ele na barraca do bordel. Saul não deveria saber que a mulher com quem se deitava era sua mãe; caso Myriam lhe desse algum indício de quem era, o ator seria enforcado imediatamente. Portanto Saul havia tido relações, sem o saber, com sua própria mãe, e além disso a havia engravidado. Tudo isto é narrado pelos prisioneiros "em ato", ou seja, a história se revela a todos os participantes no mesmo momento em que se revela à plateia.

Kurt retoma sua função de diretor, dizendo que agora é chegado o momento de Jocasta se enforcar e de Édipo se cegar (p. 92). Mas nem Saul nem Myriam realizam os atos em questão. Em vez disso, Saul atira em Kurt com a pistola que ainda conservava, a mesma com que matara o pretenso soldado alemão. Os oficiais da plateia se insurgem, querem prender Saul e puni-lo por ter ferido o comandante do campo, mas Kurt lhes ordena que fiquem quietos: "Eu havia previsto e desejado este gesto" (p. 94). Segundo Kurt, Édipo feriu o seu Destino.

O que isto comprova? Que Édipo e Jocasta não querem obedecer ao Destino grego, que querem continuar vivendo, embora saibam o que aconteceu: "um é parricida e incestuoso, a outra dormiu com seu filho e dele concebeu uma criança. Mas assim, senhores, a tragédia de Édipo não apenas termina, mas também se esvazia, cai no nada [...]. A velha tragédia das relações familiares não é mais possível; e não é mais possível porque a família não existe mais" (pp. 94-5). O Destino grego sai de cena, e é substituído pelo Destino moderno, o alemão, que pune Saul e Myriam não porque tenham cometido crimes, e sim "porque nasceram" (p. 95) – subentende-se, porque nasceram judeus. A tragédia moderna é esta, "não há outra" (p. 96), e a purificação, a catarse que deve se seguir a toda verdadeira tragédia, é a "criação de uma humanidade livre, nobre, pura, luminosa, forte, heroica, na qual os homens serão como deuses" (p. 96).

Kurt está agonizando, e confessa que morre porque quis morrer, porque, desde o dia em que sua irmã se suicidou, a vida perdeu o sentido para ele; reconhece que a ss é uma sociedade de assassinos, que ele mesmo é um assassino, e que a Alemanha perderá a guerra. Ordena ao oficial Horst que não castigue Saul, que o faça voltar com sua mãe à casa dos deportados, para que assim se saiba que o Destino alemão venceu e substituiu o Destino grego. Saul ainda pede que o façam morrer pelos atos que praticou, mas este pedido lhe é negado: como todos os outros prisioneiros, ele só pode aspirar a "tornar-se útil, pelo trabalho, ao nosso glorioso Reich" (p. 100). Cai o pano.

PRIMEIRAS IMPRESSÕES

O texto de Moravia é muito rico, bem mais do que pode transparecer neste rápido resumo. Poder-se-ia abordá-lo por muitos lados: há por exemplo toda uma passagem sobre a educação e sobre os seus fins; num outro trecho, Kurt e Saul dialogam sobre a arte e sobre a sua dimensão simbólica; há ainda uma fala que define muito bem o nazismo, quando o comandante o caracteriza como "retorno aos valores arcaicos com os meios da civilização moderna" (p. 9). A peça é uma paródia – sinistra, mas paródia – da "transvaloração dos valores" (*Umwertung aller Werte*) de Nietzsche, assim como da associação livre que o paciente faz sobre o divã analítico. Até mesmo Freud é mencionado, quando Kurt responde a um oficial, no "Prólogo", acerca das teorias psicanalíticas sobre a família. Na função de diretor, Kurt comenta o desempenho cênico de Saul, e suas considerações sobre a arte teatral pontilham todo o desenrolar da peça. Ainda como paródia, os oficiais caricaturam o coro grego durante o "Prólogo", com Kurt no papel do herói, e o próprio Kurt faz as vezes do coro, nos dois atos que se seguem. As falas do oficial poderiam ser lidas como uma espécie de destilado da ideologia nazista, prestando-se a uma análise de conteúdo que certamente desvelaria a articulação interna dos pressupostos e das consequências. Enfim, limito-me a notar que se poderia abordar o texto de muitos pontos de vista, e que certamente o ângulo psicanalítico não pode pretender a nenhum privilégio.

Mas o analista também teria algo a dizer, quando mais não fosse porque o personagem central apresenta sinais inconfundíveis de patologia mental. Kurt é ou ficou louco; sob a coerência de suas palavras – coerência do delírio, diga-se de passagem – adivinha-se uma grande agitação, e o uso que faz do seu poder de vida e morte sobre os prisioneiros comprova sem sombra de dúvida o caráter doentio da sua personalidade. É certo que Kurt é apenas uma criatura de ficção, e como tal, nos termos que Moravia põe na boca de Saul para falar do rei Édipo, "feito de palavras" e não de carne e osso. Mas, por outro lado, o que emociona e assusta na peça é o comportamento dos personagens, em especial o de Kurt; e, ao estudá-lo mais de perto, talvez possamos aprender algo – não tanto sobre Kurt, mas sobre a psique humana em geral, e portanto sobre nós mesmos.

O que deve demonstrar o "experimento cultural" imaginado por ele? Que os tabus do incesto e do parricídio são de origem moral, isto é, social, e nada têm de natural. Sem saber que são parentes, os humanos podem ter relações sexuais uns com os outros – isto é possível no plano físico – e são capazes mesmo de extrair grande prazer destas relações: o guarda Wepke descreve o que ouvia, do lado de fora da barraca em que Saul e Myriam faziam amor, e o que ouvia indicava que ali se desenrolava um coito perfeitamente comum. Saul e Myriam, interrogados sobre a *performance* um do outro, são obrigados a dizer que era bem satisfatória (pp. 72 ss.). Segundo Kurt, estes fatos comprovam o caráter artificial das leis morais e sociais, o que, no futuro que a vitória nazista anuncia, as tornará inúteis. A família será dissolvida, restando apenas o *Volk*, o povo, e seu *Führer*. Ou seja, embora isto não seja dito assim, haveria um retorno à horda primitiva imaginada por Freud em *Totem e tabu*, a um estado de natureza que Kurt identifica com a liberdade, com a força, com a luminosidade, a nobreza e o heroísmo (p. 11).

O que chama a atenção nestas ideias é obviamente o seu caráter absurdo, que transparece através da tautologia e da crueldade. Tautologia: se no estado de natureza não há parricídio nem incesto, é precisamente *porque* não existem as categorias simbólicas "pai", "mãe" e "filhos"; o que há é uma multidão de indivíduos que supostamente seguem seus instintos, copulam e matam quando a ocasião se lhes apresenta, e só. O que instaura o estado de sociedade – tanto nas teorias clássicas do contrato social quanto naquilo que a antropologia nos revela – é precisamente a adoção de normas e de limites para a violência dos indivíduos, adoção que, além de exigir algum autocontrole, implica também o estabelecimento de categorias. Tais categorias separam o permitido e o proibido, criam diferenças de estatuto entre os membros da comunidade, etc. Que estas regras se apresentem como ditadas pelos deuses ou como acordadas pelos homens não tem importância alguma: o que convém lembrar é que a fronteira entre a Natureza e a cultura, ou entre a barbárie e a civilização, é constituída precisamente pela formulação de leis cuja transgressão não pode ser tolerada.

Tautologia, portanto; mas também crueldade. Kurt arma seu plano à maneira de uma encenação sádica, sem qualquer consideração pela humanidade de suas vítimas. Vocês me objetarão que de um ss não se poderia esperar outra coisa. É certo, mas o que interessa neste caso é justamente a permissão dada pelo regime nazista para que, sob certas circunstâncias, o sadismo possa ser exercido sem medo da punição: por exemplo, contra as raças ditas inferiores, "conceito" que nada mais é do que uma racionalização para o exercício da violência e da maldade. O próprio da racionalização é a violência contra a verdade, como bem mostra a fábula do lobo e do cordeiro: "se não foi você, foi seu pai ou seu irmão", e nhoc! está justificada *la raison du plus fort*, no mesmo ato que satisfaz a fome do lobo. Uma vez posta em marcha a demonstração, ela se encadeia com lógica total, a despeito de se fundamentar sobre premissas loucas: aqui, entre outros aspectos, o absurdo transparece na atribuição à pena de Sófocles não só de um "Destino grego", mas ainda de uma "moral judaica".

UM GRADIENTE PARA O SADISMO

O que a psicanálise pode acrescentar a estas considerações de ordem geral? O método analítico parte sempre da observação de detalhes aparentemente insignificantes, mas que podem se revelar portadores de sentido. Aqui, chamou-me logo a atenção o fato de Kurt e Saul estarem vestidos da mesma forma, com peruca e lençol cobrindo seus respectivos uniformes. Este *efeito de espelho* é reforçado pelas alegações de Kurt de que Saul é o verdadeiro assassino de Ulla (p. 67), que esta era a Esfinge tanto para um como para outro, que ambos estavam apaixonados por ela. Saul é, para Kurt, um *alter ego*. Além do espelhamento com Saul, há também o espelhamento com a irmã: "os senhores pensarão que com estas palavras descrevi a destruição de Ulla. Mas não, senhores, eu lhes descrevi a minha destruição. Ulla para mim foi a morte, senhores. E é por causa dela que, morto para mim mesmo, estou agora neste lugar de morte" (p. 66). Kurt não discrimina mais quem é ele e quem é o outro, agindo conforme um mecanismo conhecido pelo nome de *projeção*. Mas o mais grave é que utiliza os meios de que dispõe para realizar efetivamente aquilo que, podemos supor, povoa suas fantasias. É esta a razão pela qual, a meu ver, se pode afirmar que a mente de Kurt está organizada segundo aquilo a que a psicanálise denomina uma *estrutura perversa*.

Perversão, aqui, não significa perversidade, embora Kurt seja maldoso ao extremo, cruel e também cínico: no final, revela que não acredita nem mesmo na ideologia nazista – para escândalo dos oficiais, diz que a Alemanha perderá a guerra. Sua entrada para a ss, após o suicídio da irmã – que para ele significou o fim do seu mundo – é a entrada numa "sociedade de assassinos". Podemos fazer a hipótese de que, após este suicídio induzido por ele mesmo, Kurt passa por um episódio depressivo, do qual procura sair identificando-se com um dos modelos que sua sociedade lhe oferece: o criminoso de uniforme. A ss é ao mesmo tempo uma milícia extremamente disciplinada e um bando de malfeitores com licença para ferir, humilhar e matar. A rígida obediência à hierarquia enquadra ou contém uma parte da loucura de Kurt – como aliás de todos os outros membros da mesma corporação – enquanto a licença para exercer a violência contra os alvos designados pelo regime satisfaz os impulsos agressivos que, nele, são de intensidade excepcional. Esta é, em resumo, a psicologia do torturador.

O que distingue Kurt de um sádico comum? Para responder a esta questão, é preciso falar um pouco sobre o sadismo como perversão. O marquês de Sade, como se sabe, escreveu uma vasta obra literária, resgatada há poucas décadas do *Enfer* da Biblioteca Nacional da França. Nestes contos e novelas, Sade imagina uma série de situações que misturam sexo e violência com uma verdadeira fúria discursiva: os personagens não apenas praticam todos os atos que se queira imaginar, da sodomia à coprofagia e à tortura, mas ainda *falam* sem cessar sobre o que estão fazendo. Descrições detalhadas e justificativas aparentemente lógicas se sucedem umas às outras. Sem que possamos no momento nos aprofundar na análise da obra do "divino marquês", convém ressaltar alguns aspectos das situações imaginadas por ele, já que foi devido à semelhança delas com certas manifestações psicopatológicas que estas receberam o nome de sadismo.

O personagem sadiano não se limita a obter prazer com o sofrimento da sua vítima; embora esta seja a característica mais saliente das cenas que povoam os contos do marquês, há outros elementos igualmente indispensáveis. Um deles é o *controle absoluto* exercido sobre o objeto sexual: daí as correntes, os grilhões, as argolas e outros apetrechos, cuja função é imobilizar o corpo do outro ou colocá-lo em posição cômoda para que o senhor possa usufruir dele. Por esta mesma razão, os eventos costumam se passar em lugares fechados e inacessíveis, geralmente um castelo perdido em meio a floresta, governado por nobres cruéis e dispostos a tudo para satisfazer seus impulsos. Os e as serviçais frequentemente não têm o direito de falar, devem manter os olhos baixos, etc. O domínio absoluto é assim um traço constitutivo da cena sádica, estando conjugado de modo inextricável com o gozo propriamente sexual. Este, por sua vez, pode provir de qualquer tipo de ato – oral, anal, genital, entre parceiros do mesmo sexo ou de sexos opostos, envolvendo ou não violência direta (castigos, chibatadas, e assim por diante). Não há limites para a vontade do senhor, exceto aqueles ditados pela resistência da vítima ou pela conformação dos corpos envolvidos. Daí o interesse de Sade pelas *posições*, pelo que chama de *figuras* ou *quadros*, compostos por diversos personagens que interagem uns com os outros, tanto ativa quanto passivamente.

Outra característica da situação sadiana típica, como disse há pouco, é a onipresença do discurso: os personagens falam o tempo todo, tanto para enunciar suas sensações, o prazer que sentem, suas fantasias, etc., quanto, nos momentos de repouso, para justificar seus atos e incluí-los num argumento de tipo filosófico. Sade quer comprovar que a Natureza não só permite, mas ainda *impõe* as ações a que seus personagens se entregam. Gilles Deleuze, entre outros, analisou bem esta faceta do sadismo de Sade, falando de um "delírio da razão": "nos *Cento e vinte dias de Sodoma*, o libertino se declara excitado não 'pelos objetos que estão aqui', mas pelo objeto que não está presente, isto é, pela 'ideia do mal'. Esta ideia do que não é [...] só pode ser objeto de demonstração [...]. É por isto que os heróis sádicos se desesperam e se enfurecem ao ver quão pequenos são seus crimes reais, se comparados a esta Ideia que eles só podem atingir pela onipotência do raciocínio. Sonham com um crime universal e impessoal [...]. Trata-se portanto, para o libertino, de preencher a distância entre os dois elementos, aquele do qual dispõe e o pensado, o derivado e o original, o pessoal e o impessoal". E prossegue: "Se considerarmos os meios de que dispõe o sádico para conduzir sua demonstração, veremos que a função demonstrativa se subordina à função descritiva, a acelera e a condensa friamente, mas não pode em absoluto dispensá-la. Deve haver uma minúcia quantitativa e qualitativa da descrição. Tal precisão incidirá sobre dois pontos: os atos cruéis e os atos repulsivos, que o sangue-frio do libertino transformará em outras tantas fontes de prazer".[2]

Poderíamos continuar estudando as diversas facetas do imaginário sadiano, mas este não é nosso propósito hoje. Estas que acabamos de mencionar já nos bastam: com efeito, voltando agora à peça de Moravia, podemos perceber que o que se passa naquela noite de Natal muito se assemelha ao ambiente das novelas de Sade. Em lugar do castelo, o campo de concentração; o domínio absoluto é garantido ao comandante pelas regras do campo e pela autorização do chefe da SS (Himmler); também encontramos a necessidade de descrever todos os momentos e sensações envolvidas nos crimes de Kurt; e, *last but not least*, a ideia do "experimento cultural", que deve demonstrar a veracidade de uma dada concepção – pseudofilosófica – do que é a natureza humana.

As ideias e as práticas do marquês de Sade serviram de referência para que o psiquiatra alemão Krafft-Ebing, em sua obra clássica *Psychopathia sexualis*, denominasse *sadismo* a uma determinada perversão sexual. Freud, desde os *Três ensaios sobre a teoria da sexualidade* (1905), interessou-se pelo fenômeno e pelo termo; manteve a significação dada por Krafft-Ebing – gozo sexual através da violência exercida sobre outrem – mas ampliou consideravelmente a análise da questão. Em especial, Freud emprega o termo *sadismo* não só para designar a perversão adulta, mas ainda para caracterizar um dos componentes da pulsão sexual em geral, ou seja, uma das tendências parciais cuja combinação resulta na sexualidade tal como a psicanálise a concebe. Neste sentido, pode-se falar em "impulsos sádicos", mas também em "fantasias sádicas", em "estágio sádico-anal da libido", em "sadomasoquismo", etc. Assim, apesar de todos abrigarmos em nossos corações e mentes um elemento sádico, e isto desde a infância, não é por isto que este elemento deve se desenvolver até o grau da perversão manifesta. Para que isto ocorra, são necessárias outras condições, que envolvem, além da pulsão parcial sádica, certas modalidades de angústia, de defesas, de identificações, etc. Em

[2] Gilles Deleuze, *Présentation de Sacher Masoch*, Paris, Minuit, 1967, collection 10/18, pp. 267.

termos simples: o sadismo como perversão requer outros fatores, além da presença do sadismo como fator parcial da sexualidade; este é um componente necessário, mas não suficiente, para que se organize uma perversão.

Uma outra consideração deve ser feita, antes de entrarmos um pouco por esta questão. Na peça de Moravia, Kurt não realiza nenhum ato sexual; por que então ligar seu comportamento à perversão sádica? Não bastaria dizer que ele é *cruel*? De certo modo, sim; mas, neste caso, permaneceríamos num nível descritivo, simplesmente adjetivando sua conduta segundo nosso código moral. O psicanalista não se satisfaria com esta designação; quer saber, ou pelo menos conjecturar, qual é o mecanismo que produz esta conduta, qual é o jogo de elementos psíquicos que aqui se manifesta, qual é o seu sentido. Para isto, recorre a uma espécie de montagem, utilizando os conceitos da chamada *metapsicologia*. Esta é a parte da teoria psicanalítica que descreve os componentes do psiquismo e seu modo de ação, algo como a anatomia e a fisiologia para a medicina. O comportamento e as palavras de Kurt podem ser vistos como resultado de uma série de operações que permanecem, para ele, inconscientes: a ponta de um *iceberg*, cuja parte submersa o instrumento metapsicológico permite entrever. Seus atos têm assim a significação de sintomas; podemos mesmo chamá-los de "atos-sintoma", utilizando uma expressão cunhada pela psicanalista Joyce McDougall.

A ideia básica que preside à análise metapsicológica é a de que o funcionamento psíquico visa a obter um certo equilíbrio, o qual resulta da interação de diversas forças. Estas atuam ora no mesmo sentido, ora em sentidos contrários; de sorte que uma boa metáfora para caracterizá-las é a do *vetor*, ligado a algo que evoca o paralelogramo de forças que estudamos no colegial. A estabilidade psíquica depende de que tais forças estejam relativamente reguladas entre si; caso contrário, pode ocorrer o que se chama uma descompensação. Diversos mecanismos contribuem para esta regulação, e é deles que se ocupa a metapsicologia.

De maneira geral, a psicanálise afirma que todos nós somos habitados por conflitos internos, cujos componentes básicos são as pulsões sexual e agressiva. A ação destas pulsões, na medida em que a elas se opõe um sistema de defesas lenta e penosamente adquirido ao longo dos primeiros anos de vida, produz a sensação de *angústia*, e é para nos livrar desta angústia que acionamos novamente os mecanismos de defesa. O resultado destas operações psíquicas, para falar em termos simples, é a formação da nossa estrutura de personalidade. Cada um de nós, em virtude de sua constituição individual e das experiências fundamentais vividas em seus primeiros anos, desenvolve um entre os tipos possíveis de estrutura psíquica, tornando-se, para usar a terminologia consagrada, um "neurótico", um "psicótico", um "perverso", um "limítrofe", etc. Um último ponto: quando Freud criou a psicanálise, "neurótico" significava alguém mais ou menos *doente*, e se opunha a "normal". Em grande parte devido às descobertas da psicanálise, atualmente "neurótico" designa alguém mais ou menos *normal*, cuja organização psíquica chegou até padrões razoavelmente adequados para viver entre os demais seres humanos, enquanto as outras qualificações se referem a situações mais graves.

Deste ponto de vista, Kurt certamente não é um neurótico. Suas ações o comprovam, desde o planejamento da "experiência cultural" até o que diz no decorrer da peça, passando pelo que conta de suas relações com a irmã e por outros pontos que em seguida vamos enumerar. Em meu modo de ver, convém enquadrá-lo na categoria dos perversos, não tanto por causa de sua crueldade – já disse que, em psicanálise, *perverso* não quer dizer *malvado* – mas pelo que se pode inferir sobre sua constituição psíquica, a partir do que diz e do que faz como personagem da peça.

O que me conduz a esta hipótese? Antes de mais nada, sua identificação com o Destino, isto é, com uma figura todo-poderosa que determina e controla a vida dos outros. Quando afirma que, "para os prisioneiros do campo, o comandante *é o* destino" (p. 24), vejo aí mais do que uma metáfora: é a enunciação de uma fantasia fundamental, que de certo modo organiza para ele sua imagem de si, sua identidade, o lugar que ocupa no mundo. Já com Ulla ele havia tentado desempenhar este papel, com as consequências que conhecemos. O suicídio de sua irmã o lança numa crise de sérias proporções, da qual, aparentemente, escapa ao entrar para a SS. Esta crise não parece ter sido de tipo depressivo, como o seria, por exemplo, se ele se sentisse culpado do que causou. Kurt vive o suicídio da irmã como um ataque contra ele, como uma ferida narcísica, uma humilhação: fala disso em termos de *derrota*. O que o atrai na SS? Que esta seja uma "sociedade de assassinos". Isto lhe permitirá, em primeiro lugar, restaurar a imagem de si fraturada .pela "desobediência" de Ulla – os SS são poderosos, e ser um deles é ser poderoso – e, em segundo lugar, lhe possibilitará realizar suas fantasias, acobertado pelas aparências: estas o mostram, na superfície visível para os outros, como um nazista em tempo integral, dedicado a realizar os ideais e os mandamentos do nazismo.

Mas é preciso ver que estes mandamentos e estes ideais – purificação da raça ariana, lealdade ao chefe supremo, fidelidade ao lema *Volk und Blut* (povo e sangue), etc. – são congruentes com as fantasias que o determinam, entre as quais devemos contar a da onipotência. O elo entre a ideologia nazista e a fantasia onipotente, elo que justamente torna a primeira apta a servir como veículo para a expressão e para a realização da segunda, é a ideia de *poder absoluto*. O mundo nazificado seria o de uma ordem sem contestação, sem conflito, sem movimento: sem *outro*. A existência do outro é percebida como ameaça terrível, como perigo intolerável, de onde a necessidade de aniquilá-lo (a "solução final"), e portanto a permissão para o exercício da violência sem qualquer limite. Estamos diante do mesmo tipo de situação descrito por Deleuze a propósito de Sade: entre a ideia do absoluto e sua realização empírica existe sempre uma distância; se esta distância precisa ser vencida – e para isto servem os crimes – ela por outro lado é insuperável – e por isto os crimes precisam ser cada vez mais hediondos e cada vez mais numerosos.

Kurt não é um perverso sexual, no sentido de que seu equilíbrio psíquico dependa de uma "expressão ritualizada", de uma prática sexual sempre idêntica e compulsivamente repetida, para empregar os termos com que Joyce McDougall analisa a perversão.[3] Esta expressão e esta prática têm, para o perverso caracterizado, a função de protegê-lo contra angústias excepcionalmente intensas. Tradicionalmente, a psicanálise caracteriza estas últimas como ligadas às fantasias de castração: o sadismo, em especial, presta-se bem a este propósito, justamente pela ilusão do domínio completo sobre a vítima. Por que *ilusão?* Porque na situação sexual (a menos que se trate de um criminoso e que o outro seja forçado a obedecer sob ameaça) o domínio se extingue quando acaba a cena. Dito de outro modo, este tipo de indivíduo sádico atua sua fantasia no espaço restrito e privado da situação sexual, e é nela que ganham sentido as práticas habitualmente associadas ao sadismo – tais como chicotear o parceiro, humilhá-lo, praticar o sexo com o outro amarrado, etc. O limite para estas práticas, no sadismo "comum", é dado de algum modo pela resistência ou pelo consentimento do parceiro, que muitas vezes é um profissional pago para tanto, ou alguém que, por algum motivo, concorda em contracenar com o sádico e realizar a fantasia deste último.

Ou seja: o sádico que estou chamando "comum" põe entre parênteses, apenas enquanto dura o encontro sexual, a realidade e a humanidade do outro.

---

[3] Joyce McDougall, "Scène primitive et scénario pervers", in *La sexualité perverse*, Paris, Payot, 1972.

Fora dele, pode comportar-se como qualquer outra pessoa; se e quando, em seu funcionamento, sentir-se tomado pelas angústias para cujo controle ou para cuja evitação organizou seu ritual sexual particular, ele procurará condições para realizá-lo, o que por si só não implica crime algum: basta que encontre um parceiro disposto a cooperar, assumindo o papel que o roteiro sádico lhe prescreve.

Será esta segunda pessoa um masoquista? É o que costuma afirmar o senso comum, imaginando que o par perfeito seria constituído por um sádico ativo e por um masoquista passivo. Na anedota que todos conhecem, o masoquista pede ao sádico: "bata em mim! me humilhe! me torture!": – e o sádico, mexendo o indicador: "Naaaão...". Esta anedota, e o pacto que ela supõe, foi bem analisada por Deleuze no artigo que mencionei. A opinião do filósofo é que o sadismo e o masoquismo *não* formam um par complementar, quando mais não fosse porque o sádico, para obter seu prazer, não poderia tolerar que a vítima gozasse com os golpes que lhe aplica: nada haveria aí de sofrimento... Deleuze vai mais longe; estudando as novelas de Leopold Sacher-Masoch (autor que existiu realmente, assim como Sade, e realizou em sua vida sexual várias das coisas que narrou em seus livros), mostra que o masoquista necessita igualmente de um carrasco moldado por ele, que o torture da forma como ele, masoquista, prescreve. Há, também aqui, a ilusão de um domínio sobre o outro, que deve se comportar segundo o cenário desenhado pelo masoquista. Uma boa ilustração disso aparece no filme *A bela da tarde*, de Luis Buñuel: o cliente masoquista se enfurece porque a prostituta vivida por Catherine Deneuve não pisa nele no momento certo, não o insulta como ele quer ser insultado, etc. Enraivecido, ele para a cena, chama a cafetina e exige que lhe enviem a "outra" moça – aquela que já conhece o papel, pois foi treinada pelo cliente para humilhá-lo e fazê-lo gozar como *ele* quer.

A diferença entre o sádico e o masoquista não está, portanto, em que um queira dominar e o outro obedecer, já que na verdade ambos visam a dominar. Os meios são diferentes, por certo, e o masoquista tem um prazer no sofrimento que, para o sádico – embora também esteja presente – ocupa outro lugar. Com efeito, os heróis sadianos também podem ser passivos, tanto no sentido sexual quanto no de sofrerem sevícias; mas permanecem sempre no comando da situação. "Os *Cento e vinte dias de Sodoma*", escreve Deleuze, "detalham os suplícios e as humilhações que os libertinos se fazem infligir. O sádico gosta tanto de chicotear quanto de ser chicoteado; Saint-Fond, em *Juliette*, se faz atacar por alguns homens, a quem encarregou de o flagelar."[4]

Este é o ponto crucial: "a quem encarregou de o flagelar". O sádico impõe sua vontade, e nisto reside seu prazer, pouco importando se esta vontade for, num determinado momento, a de ocupar o lugar da vítima. Já o masoquista procede por meio de um *contrato*, que obriga ambos os contratantes, ou seja, ele também, num sistema de direitos e de deveres. Na *Vênus das peles*, o contrato entre Séverin e Wanda é bastante detalhado, indicando que ele "se compromete a...", enquanto ela "promete que...".[5]

Ora, nada mais distante do pensamento político do "divino Marquês" do que a ideia do contrato, tema no entanto de inúmeros debates na época em que ele viveu (segunda metade do século XVIII). A este respeito, escreve Deleuze:

> O pensamento de Sade se exprime em termos de *instituição*, não menos que o de Masoch em termos de *contrato*. [...] O contrato gera verdadeiramente uma lei, mesmo que esta lei venha a ultrapassar e desmentir as condições que lhe dão origem; ao contrário, a instituição se apresenta como sendo de uma ordem muito diversa da da lei; torna inúteis as leis, e substitui ao sistema dos direitos e dos deveres um modelo dinâmico de ação, de poder e de potência [...]. A lei é assim ultrapassada rumo a um princípio mais alto, mas este princípio não é um Bem que a funda; é ao contrário a ideia de um Mal, Ser supremo em maldade, que a subverte. [...] A subversão *[renversement]* da lei implica a descoberta de uma natureza primeira, que se opõe em todos os pontos às exigências e aos reinos da natureza segunda. É por isto que a ideia do Mal absoluto, tal como se encarna nesta natureza primeira, não se confunde com a tirania, que ainda supõe leis, nem mesmo com uma composição de caprichos e de arbítrios. Seu modelo superior e impessoal está antes nas instituições anárquicas de movimento perpétuo e de revolução permanente.[6]

Deleuze está interessado no *pensamento* do marquês de Sade, e sua análise deste pensamento é realmente magnífica. Já o psicanalista, se nada tem a objetar

---

[4] G. Deleuze, op. cit., p. 36.

[5] *La Vénus à la fourrure*, "texto que acompanha a *Présentation* de Deleuze: Paris, Minuit, 1967, Collection 10/18, pp. 227-8.

[6] G. Deleuze, op. cit., pp. 78 e 88.

ou a acrescentar a esta análise, visa a outro território: o das fantasias inconscientes. Se levarmos em conta esta dimensão, verificaremos que o sádico é um indivíduo cuja sexualidade se caracteriza por certos traços, os quais por sua vez estão relacionados com o conjunto de sua personalidade. O que Deleuze escreve sobre a instituição e sobre a anarquia do movimento perpétuo corresponde, de fato, à maneira como os personagens sadianos se veem a si mesmos; o psicanalista, porém, está interessado no caráter *monótono* e *repetitivo* da montagem sexual sádica, na sua extraordinária estereotipia, na necessidade de controle absoluto, ou seja, nos elementos que precisamente se opõem à "anarquia" e à "revolução permanente". Estas podem estar presentes no discurso dos heróis sadianos, mas não aparecem no seu agir. Haverá então lugar para tais componentes, no sadismo visto pelas lentes da psicanálise? Sim, mas no avesso do comportamento; a rigidez repetitiva da cena perversa serve precisamente para conjurar a "anarquia" das angústias, ou melhor, a angústia da anarquia. O agir sexual compulsivo, que materializa o controle onipotente, está assim a serviço da negação do movimento, e é por isto que a cena se repete, sempre igual a si mesma através das variações de forma, de intensidade e de ritmo.

Com estes elementos, podemos retornar à questão do sádico "comum". Tudo sugere que exista um gradiente: em certa medida, fantasias sádicas ou práticas que evocam as novelas do marquês não são em si mesmas prova de aberração sexual. O sadismo, nos lembra Freud, é um componente da pulsão sexual, e a este título está contido em muitos atos, desejos e fantasias dos seres humanos. O que chamei de *sádico comum* está um passo adiante: sua sexualidade funciona exclusivamente assim – ou seja, ele só atinge o prazer se o ato sexual ocorrer em conformidade com o elaborado roteiro que imaginou – e, do ponto de vista dinâmico, a ritualização desempenha o papel de carapaça defensiva contra angústias muito profundas, que podem não se limitar à de castração. Joyce McDougall assinala que elas podem ser de fundo depressivo ou persecutório, ligadas ao medo de perder a identidade, etc. O que caracteriza este tipo de pessoa é que seu sadismo está contido na esfera explicitamente sexual; ele desempenha exatamente a função de uma proteção, graças à qual o indivíduo consegue manter o seu precário equilíbrio psíquico às custas de uma completa negação e de um completo desinteresse pelo outro. Este pode ser até mesmo anônimo, na medida em que é um mero componente da montagem, cujo lugar e cuja função encontram-se "circunscritos" e "contratados". Diz Joyce McDougall:

> Uma sexualidade aberrante pode servir como defesa maníaca contra angústias persecutórias ou depressivas, fator que, a meu ver, pode ser encontrado em todas as estruturas que se mantêm por *atos-sintoma*. [...] Os desejos castradores, com seu cortejo de angústias, são mantidos sob controle graças a um comportamento sexual que toma a forma de um espetáculo teatral, ou de um jogo com regras rigorosas, e termina num tipo de relação de objeto dominado pelos mesmos mecanismos: recusa e negação, cisão e projeção, regressão pulsional, defesa maníaca. Como com as crianças, o jogo serve para dominar acontecimentos ou situações traumáticas, e permite ao indivíduo pôr em cena o que ele não pode agir no real (desejos incestuosos e castradores).[7]

Eis aí outro ponto-chave: "o que ele não pode agir no real". No tipo que estou procurando caracterizar, o espaço do sadismo está circunscrito à esfera do ato sexual. Por isto, embora aberrante, sua sexualidade não chega a ser perigosa. Mas o que acontece quando a alguém com uma personalidade deste gênero se torna possível "agir no real"? Surge então uma terceira figura: a do sádico criminoso ou psicopata, na qual podemos discernir o vulto do comandante Kurt. "Possível" aqui quer dizer tanto possibilidade efetiva de cometer um crime, obrigando alguém a desempenhar o papel de parceiro sexual contra a sua vontade, ainda que correndo os riscos da descoberta e da punição – é o caso do tarado ou do estuprador – como permissão legal para atuar com crueldade, graças a uma situação política de ditadura – é o caso do torturador e do comandante nazista, figuras que encarnam aquilo a que Deleuze chamou de "o mal absoluto".

Aqui, a encenação explicitamente sexual se torna supérflua, porque não é mais preciso restringir a atuação a *um* setor da vida psíquica. Em condições favoráveis – que significam de modo geral a institucionalização do sadismo no meio social, sob a garantia de um regime totalitário que pode ocupar toda a cena da pólis, ou se cantonar em alguns ambientes específicos, como as prisões – o sádico pode utilizar o "real" como palco para atuar suas fantasias de controle onipotente. Na medida em que elas têm a aparência de atos permitidos ou até estimulados, seu caráter em última análise sexual fica mais difícil de ser notado: a sexualidade, que para a psicanálise não se limita de modo algum ao genital,

[7] Joyce McDougall, op. cit., p. 60.

torna-se então tanto mais onipotente e invasiva quanto mais as ações que a materializam parecem distantes do modelo do coito.

A meu ver, é por esta via que podemos compreender a vida psíquica de alguém como o comandante Kurt, e é por esta razão que o qualifiquei como sádico. Voltemos agora à peça de Moravia, para assinalar alguns aspectos que estas considerações permitem esclarecer.

ASPECTOS PSICODINÂMICOS DO PERSONAGEM KURT

Um primeiro ponto é a sua loquacidade. Kurt, neste sentido, parece extraído de uma história escrita pela mão do próprio Sade, nada ficando a dever ao Dolmancé de *A filosofia na alcova* ou ao Saint-Fond de *Juliette*. Descreve detalhadamente todas as particularidades do que vive – por exemplo, referindo-se ao rosto de Ulla, ao que sentiu quando do seu suicídio, ou quando exige que Wepke conte com minúcia o que ouvia enquanto Saul e Myriam estavam na barraca. A sexualidade sádica aparece aqui, de modo privilegiado, no uso exibicionista do discurso, assim como na exigência de fundar o seu experimento num sistema filosófico que exalta a liberdade – numa versão enlouquecida, é certo, mas nem por isto menos rigorosa. Do ponto de vista político, sua teoria lembra a da "natureza primeira" de Sade, o reino do Mal absoluto e das paixões desenfreadas, que ele confunde com o luminoso, o puro e o nobre; nisto é menos radical do que Sade, porque ainda procura travestir seu "paraíso" com valores que valem por si mesmos.

Kurt não é, porém, apenas a versão caricata de um libertino sadiano. Sua organização psíquica é a de um psicopata, no sentido que procurei descrever atrás. Encontra-se literalmente obcecado pelo tema do incesto, e é assim que lê a peça de Sófocles, omitindo todo o problema do parricídio. Samuel, o pai de Saul, deve morrer para que o "experimento cultural" mantenha sua homologia com a tragédia antiga, mas isto é absolutamente secundário; o motivo central é o do incesto, e é este que, com a abolição futura da família, se verá abolido, isto é, universalizado.

Incesto com quem? No texto da peça, com a irmã (no seu caso) e com a mãe (no caso de Saul/Édipo). Kurt nada diz sobre a sua própria mãe; do pai, sabemos apenas que vivia de rendas, como o avô e o bisavô. Arruinado, mora com Ulla na "mansão decadente", invejando a mãe de Saul, que mantinha um lar limpo e digno, e dava festas às quais comparecia o corpo docente da universidade local, embora seu marido fosse apenas um ourives estabelecido na rua principal da cidadezinha.

Nada podemos dizer de Kurt quando criança, já que o texto da peça é mudo quanto a isto. O que podemos suspeitar é que Ulla representa um substituto materno, e que o desejo incestuoso do personagem é particularmente intenso. A figura materna aparece desdobrada em duas: o aspecto sensual fica com Ulla, a dimensão idealizada com a mãe de Saul, Myriam. Este mecanismo – a cisão – é predominante no personagem, e tem seu ponto culminante na relação de Kurt com o amigo Saul. Disse atrás que este representa para Kurt o seu duplo: a primeira prova disto é que, por Saul interposto, ele comete o incesto com a mãe ("coloquei este homem entre minha irmã e eu", p. 65). Em seguida, tece a teoria delirante de que Saul é o verdadeiro assassino de Ulla – mais uma vez, o amigo "faz" o que ele mesmo não pode fazer, ou, mais precisamente, Kurt dá uma interpretação do seu agir que confirma a projeção que efetuou sobre Saul. É por esta razão, acredito, que na versão *ad usum suum* do *Èdipo Rei* ambos estão vestidos da mesma maneira – um é o espelho do outro.

Mas ocorre que existe a ss. "Derrotado em toda linha" pela "desobediência" de Ulla, que se suicida (p. 66), a onipotência que Kurt se atribuía sofre um severo golpe, do qual ele se recupera entrando para a "sociedade de assassinos" e passando a se prevalecer da licença para o mal que é o privilégio daquela corporação. Seu narcisismo ferido se recupera, e agora ele pode tentar, pela segunda vez, dominar sua angústia servindo-se do outro como instrumento – o que define a posição sádica. Maquina o macabro "experimento cultural" e, mais uma vez por Saul interposto, efetua o assassinato do pai e o incesto com a mãe. A *mise en scène* do fantasma incestuoso se apóia assim no "real"– no fato de que existem campos de concentração, e neles uma população de prisioneiros oferecida como objeto sádico aos seus carcereiros. Esta *mise en scène* é racionalizada com os argumentos aduzidos no "Prólogo", os quais visam a lhe conferir a aparência de algo mais amplo e mais digno do que a realização dos desejos de um indivíduo isolado, na medida em que os inscrevem num projeto universal.

Uma outra questão, bastante intrigante, se esclarece também por esta via. Por que Kurt deixou com Saul a pistola que lhe servira para matar Samuel/ Laio? Penso que a resposta é a seguinte: Kurt encena, no seu "experimento", um suicídio por pessoa interposta, mais uma vez Saul. Mesmo em sua loucura, ele sabia que o prisioneiro não seguiria o caminho de Édipo – cegar-se – nem

Myriam o de Jocasta; sob o impacto da terrível trama a que fora submetido, era bem provável que Saul tentasse matar seu carrasco. Creio que Kurt não apenas pressentia que isto era possível, mas ainda contava com tal reação. Se assim for – e esta é uma hipótese que submeto à discussão de vocês – a figura de Saul se confirma como a de um duplo de Kurt, um duplo obrigado a sê-lo sob a pressão do funcionamento sádico daquele que o Destino colocou como seu algoz. Portanto, os atos praticados por Saul se revelam como a verdade do desejo de Kurt – se Saul é o verdadeiro assassino de Ulla, *é* Kurt, e portanto foi Kurt quem dormiu com sua mãe, foi Kurt quem matou seu pai, e foi ainda Kurt quem se suicidou.

Um último ponto. Se Kurt efetivamente se suicida da forma como estou supondo, ele não está apenas no papel de Édipo, que atribui ao seu duplo Saul, nem somente no papel de Laio, na medida em que também é assassinado por "Édipo". Na tragédia de Sófocles, quem se suicida é Jocasta, depois de se tornarem públicos os seus atos. Assim se consuma a identificação do personagem com a figura materna... Ao ocupar todas as posições do triângulo familiar/edipiano, pois é também Édipo e igualmente Laio – Kurt dá vazão à sua fantasia onipotente de modo muito mais eficaz do que ao se arvorar em Destino alemão. Mas a realização desta fantasia é mortífera, porque a onipotência significa a dissolução de todos os limites, inclusive o da individualidade do sujeito. Esta morte está inscrita na identificação com Jocasta; suicidar-se é reconhecer a derrota "em toda a linha", mas também, de certo modo, sobrepujá-la pelo triunfo sobre a incerteza da morte e sobre o caráter passivo que tem o morrer "normal". A identificação com a mãe onipotente, que envolve uma negação da realidade do pai, é um aspecto da estrutura perversa que, embora importante, já escapa ao alcance deste pequeno estudo.

"*POST-SCRIPTUM*": DUAS OBSERVAÇÕES SOBRE O COMPLEXO DE ÉDIPO

No "Prólogo", um dos oficiais presentes na plateia pergunta a Kurt se não será impróprio encenar uma peça que visa a contestar as ideias do "judeu Freud": tendo a origem que têm, elas seriam falsas por natureza, e não haveria por que perder tempo e energia para demonstrar sua inanidade. O oficial refere-se, é claro, a teoria do complexo de Édipo. Assim, talvez não seja inútil acrescentar aqui um breve comentário sobre este tema, que, como se pode imaginar, tem um alcance e um sentido bem diversos dos que supõe o ss.[8]

Uma das características da forma pela qual a psicanálise compreende o funcionamento da mente humana é a centralidade teórica e clínica do complexo de Édipo. Por que ele é tão central? Por duas razões, pelo menos.

A primeira tem a ver com a evolução psíquica, questão sobre a qual se dedica a refletir todo um setor da teoria psicanalítica: a teoria do desenvolvimento. Ela é encarregada de dar conta do que se passa entre o momento em que uma criança nasce, em princípio relativamente pouco estruturada, pouco diferenciada nas suas reações, muito voltada para si mesma, até o momento em que um ser humano adulto passa a funcionar de maneira relativamente normal, como se espera dos adultos que funcionem. Nesse intervalo de vários anos, o processo do desenvolvimento passa por diferentes etapas, das quais a mais decisiva e importante – do ponto de vista da psicanálise – é a travessia e a elaboração do complexo de Édipo, e isso porque seu papel é o de um *organizador geral* da vida psíquica do indivíduo.

"Complexo" é um dos termos que foram introduzidos na psicanálise na época em que Freud e Jung eram amigos, e que permaneceram em uso mesmo após as grandes desavenças que vieram a separá-los. E, nesse sentido, complexo significa exatamente *complexo*, ou seja, um conjunto articulado de impulsos, defesas, fantasias, escolhas de objeto, modos de relação consigo mesmo e com outros. É isso que a expressão *complexo de Édipo* designa. Desejos e impulsos, todos estão cansados de saber, em relação aos objetos representados pelo pai e pela mãe; quanto às pulsões que neles se exprimem, são de natureza libidinal, mas também de natureza agressiva, dando origem por exemplo a fantasias de rivalidade e de destruição. Amor e ódio pelo pai e pela mãe: este seria o conteúdo mais elementar e mais simples do complexo de Édipo.

Este é assim um conjunto articulado de impulsos, de desejos e de fantasias, envolvendo todos os personagens do triângulo, dos quais um é o sujeito, outro o objeto do desejo, e o terceiro aquele que deve ser afastado para que o roteiro se cumpra. Sua forma dita completa envolve, portanto, quatro vertentes: amor e

---

[8] Utilizo aqui trechos (bastante modificados) de uma comunicação feita em maio de 1996 no Colóquio Freud-Jung, a convite da Profª. Drª. Denise Gimenez Ramos, e originalmente publicada em *Jungiana (Revista da Sociedade Brasileira de Psicologia Analítica)*, nº 14, São Paulo, 1996, pp. 66-71.

ódio pelo pai, amor e ódio pela mãe. E é em função dessa pluralidade de vertentes que ele detém uma importância tão decisiva: articula as *paixões primordiais* de todos nós com os *objetos* mais importantes que jamais povoarão nossas fantasias.

De maneira muito sumária e sintética, o que a psicanálise sustenta é que uma criança passa pelo complexo de Édipo como se fosse uma espécie de túnel ou de canal. Ele vai funcionar como uma dobradiça, articulando diferentes partes da personalidade que até então funcionavam mais ou menos dispersas: narcisismo para um lado, escolha de objeto para outro lado, etc. A vinculação destes impulsos a certos objetos essenciais polariza a vida psíquica, e a criança vem a se defrontar com um grande obstáculo, que é a impossibilidade óbvia de se realizarem, na vida individual de cada um, os desejos e fantasias ligados entre si *no* e *pelo* complexo de Édipo.

Por este motivo, o destino dele é ser reprimido violentamente, em geral através do que Freud chamava *ameaça de castração*. Na sua forma mais simples, a ameaça de castração (raramente formulada e raramente ouvida dessa maneira) é: "se você não parar com *isso* (algo sexual, e proibido pela cultura vigente – por exemplo, masturbação, ou brincadeiras que envolvem fantasias sexuais inconscientes, ou seja, quase todas as que uma criança pode inventar), seu pinto será cortado fora". O agente da castração pode ser qualquer adulto, mas na fantasia inconsciente do menino este adulto é sempre um representante do pai. E embora *desta forma* a ameaça seja cada vez menos proferida, cada vez menos encontrada pelo menino no curso da sua evolução, o que chama muito a atenção na clínica psicanalítica é exatamente a densidade das *angústias de castração:* e isto apesar de a punição não ser jamais realizada, nem mesmo expressa como ameaça de forma tão direta como acabo de a mencionar.

Resumindo: do ponto de vista da evolução individual, o Édipo configura um momento crucial, e está ligado, de maneira diferente segundo o sexo, masculino ou feminino, à questão da castração. O que Freud e outros analistas sustentam é que o menino *recalca o* seu complexo de Édipo: renuncia a se enfrentar com os desejos e objetos do complexo por medo à castração fantasiada ou imaginada. Estes desejos e objetos se tornam então conteúdos inconscientes, e, a partir do inconsciente, vão colorir as futuras escolhas de objeto e uma série de atitudes no comportamento da pessoa. Por exemplo, um indivíduo pode vir a ter dificuldades nas suas relações com colegas de trabalho, na medida em que, de uma forma ou de outra, as imagos edipianas impregnarem a percepção que ele possa ter dos seus colegas, do seu chefe, dos seus subordinados, e assim por diante. Se vejo no meu colega uma figura de pai castrador, evidentemente vou me relacionar com ele como me relacionaria com um pai castrador, não como se ele fosse uma mãe benevolente.

Dita dessa forma, a situação parece da mais extrema banalidade! A noção de Édipo se tomou muito diluída, a partir da difusão da psicanálise, da psicologia e dos conhecimentos sobre a alma humana que caracterizam este nosso século xx. No entanto, é muito diferente ter ouvido falar que as meninas gostam do papai e brigam com a mamãe, enquanto os meninos fazem o contrário, ou ter assistido a uma novela onde dois personagens se chamam Édipo e Jocasta – e descobrir na própria pele, durante a análise, os resquícios do complexo de Édipo. Mesmo cem anos depois de Freud ter formulado a noção, continua sendo bastante intensa a descoberta, no divã, de que *eu*, indivíduo, tenho em relação a *meus* pais sentimentos dessa virulência, com tal intensidade e com este caráter angustiante. O efeito dessa descoberta "em nome próprio" é totalmente diferente do que quando aparece como mais uma informação, tirada dos manuais de psicologia disponíveis ou do fundo cultural de todos nós.

O Édipo funciona então como uma espécie de crise. No caso do menino, esta crise está ligada à castração, e a partir dela se instala, diz Freud, a fase de latência. Já no caso da menina, inicialmente Freud pensava que a situação era mais ou menos simétrica à do menino; e uma das descobertas importantes da última parte da sua carreira, a partir dos anos 1925-30, é exatamente a assimetria entre o Édipo feminino e o Édipo masculino.

De maneira muito sintética, também, o que Freud diz é que a menina *entra* no complexo de Édipo através do complexo de castração, enquanto o menino *sai* do complexo de Édipo, ou pelo menos o reprime, através do complexo de castração. O fator desencadeante da crise edipiana, para a menina, é a descoberta nela da não presença do pênis; esta descoberta acarretaria, a título de "inveja do pênis", ódio e ressentimento pela mãe por tê-la de certa maneira "mal feita". Consequentemente a menina se afasta dela e se volta para o outro elemento do casal, o pai: ao que tudo indica, na menina o elemento de ódio pela mãe é o que impulsiona nesta direção, a fim de conseguir dele "o que a mãe não lhe deu". Este "o que" é algo inconsciente, que pode se materializar numa variedade de coisas: um filho, um atributo narcísico, etc.

No trabalho clínico com mulheres, especialmente no caso da histeria, chama muito a atenção a *intensidade do ressentimento* contra a mãe, porque esta não lhes deu algo que deveria ter dado, e que supostamente as completaria, as tornaria felizes. Este é o sentido da expressão "inveja do pênis", que raramente se apresenta como um conteúdo consciente. Mas o que a inveja *do* pênis inveja *no* pênis? Que tipo de atributo idealizado homens e mulheres, simultaneamente, situam imaginariamente neste órgão sexual? Hélio Pellegrino dizia, lembrando as brincadeiras de banheiro dos adolescentes, que os homens também têm inveja do pênis, e como! A questão é saber o que é esse atributo inconsciente, idealizado, depositado imaginariamente numa parte do corpo masculino. Há muitos casos de mulheres invejosas ou ressentidas com aquilo que supõem serem os privilégios masculinos, que elas atribuem não a fatores sociais, econômicos, históricos, etc., mas ao fato de que mamãe deu algo a eles que não deu a elas.

Já o elemento de desejo pelo pai pode ser ilustrado por uma história verídica: uma menina, de cinco ou seis anos, pede uma noite para a mãe vir ficar com ela na cama, porque estava com medo do escuro. A mãe vem, deita-se, e, como estava muito cansada, logo adormece. Então a menina se levanta devagarinho, vai até a cama do casal, e diz para o pai: "Papai, posso dormir com você? A mamãe está na minha cama, e não tem mais lugar para mim!".

Assim, para resumir: do ponto de vista da teoria do desenvolvimento, o Édipo configura o fulcro em torno do qual, em relação à evolução psíquica, as coisas se estruturam em termos de "antes" e de "depois". De onde sua importância extrema.

O outro ponto fundamental que é necessário ressaltar é que em torno do Édipo se organiza a *psicopatologia psicanalítica.* Esta é a segunda razão pela qual ele é tão fundamental na psicanálise, e também na realidade: seu aspecto *estrutural.* A ideia aqui é que chegar à crise edipiana, atravessá-la e sair dela razoavelmente intacto produz como efeito uma certa "normalidade". Em função disto, as diferentes formas de patologia psíquica vão ser organizadas segundo a maior ou menor distância deste complexo, ao qual Freud chamava *complexo nuclear das neuroses.*

Quando Freud descobriu o Édipo, este parecia ser um conteúdo psíquico da mais extrema antiguidade, muito distante em relação à consciência desperta. Numa carta a Wilhelm Fliess, tomado de horror, ele comprova em si mesmo os sentimentos de amor e desejo sexual pela figura materna, e de rivalidade e ódio em relação ao pai. Uma das expressões desta rivalidade e deste ódio é a teoria da sedução, que o próprio Freud defendeu durante os primeiros anos de sua carreira.

Segundo esta teoria, as mulheres ficam histéricas porque os seus pais as seduzem. "As seduzem" significa muitas coisas, desde que as estupram até que as envolvem numa rede narcísica de vaidades e de expectativas, que terão influência sobre o seu desenvolvimento afetivo posterior. Ora: não é difícil a um ouvido psicanalítico discernir nessa teoria (que de modo geral, como explicação da neurose, está equivocada) um sinal de hostilidade frente ao pai, posto que este aparece aí como uma figura maléfica e tenebrosa. E esta imagem contém, certamente, um resíduo do complexo de Édipo de quem a formulou.

Em relação à psicopatologia, a ideia predominante na psicanálise é que o ser humano evolui a partir de uma fase preliminar pouco organizada, na qual os impulsos são muito violentos, e as defesas contra eles maciças. É o mundo de Melanie Klein: violência vulcânica. É interessante observar como muitos dos adjetivos usados por esta autora para descrever o que se passa nesta fase primitiva da vida têm uma aura de "superlativo": o superego é "esmagadoramente severo"; a criança ataca as imagens internas com "todos os meios do sadismo", que são muitos: queimar, explodir, destruir de todas as maneiras. Esta é a imagem que ela dá do que se passa na psique da criança. Alguém disse certa vez que Freud chocou o mundo descobrindo a sexualidade na criança, mas Melanie Klein chocou o próprio Freud, porque descobriu a loucura no bebê – o que é muito mais grave!

Seja como for, as formas mais graves de patologia são consideradas pelos analistas um indício de que o indivíduo não conseguiu atingir a organização edipiana, ou, se a atingiu, depois disso regrediu até uma organização anterior e mais arcaica. Este é um dos eixos da psicopatologia psicanalítica. Esquizofrenia, paranoia, psicoses mais graves, complicações psicossomáticas mais sérias, organizações ditas "fronteiriças", dependem de maneira geral da predominância de mecanismos mais arcaicos e brutais, baseados de certa forma numa indiferenciação entre si e o objeto, numa não-discriminação, digamos assim, das capacidades psíquicas de cada um. Quando isso ocorre sob certas circunstâncias, resulta em patologias graves. É nestes casos que a psicanálise vem a falar em fixações e regressões a momentos pré-edipianos.

Esta é a segunda razão pela qual o complexo de Édipo é importante na teoria psicanalítica: serve como um divisor de águas entre as formas mais corriqueiras de neurose (do Édipo para a frente) e as formas mais graves da patologia (que de algum modo testemunham que o Édipo não se organizou, ou não conteve adequadamente fragmentos importantes da vida psíquica, cuja turbulência vai então se manifestar de diferentes modos).

O Édipo aparece assim como um processo estruturante de importância crucial, tanto na biografia de cada um de nós, quanto nas concepções teóricas da psicanálise que buscam dar conta da gênese e da forma das diversas perturbações psíquicas. Ele não é de modo algum "natural" no sentido em que Kurt emprega este termo, e tampouco apenas "cultural". Seu domínio de validade é a realidade psíquica, e, devido ao fato inescapável de que ela se insere numa realidade biológica (todos temos um corpo) e numa realidade sociocultural (nenhum de nós é um Mowgli), o Édipo constitui uma das dobradiças essenciais pelas quais se articulam o psíquico, o pré-psíquico e o extrapsíquico. Mas isto está certamente além da compreensão de um oficial nazista!

Arte e sexualidade: a propósito da exposição Mapplethorpe[1]

A exposição de fotografias de Robert Mapplethorpe que o Museu de Arte Moderna de São Paulo nos oferece vem suscitando diversas reações. As mais comuns giram em torno do caráter "chocante" de certas imagens, que segundo alguns beiram o obsceno, enquanto outros as consideram simplesmente pornográficas: daí a proibição de que menores as vejam sem a companhia de um adulto, e também os comentários sobre "perversão" do autor. Homossexual assumido, interessado em práticas sádicas e masoquistas, o fotógrafo teria nestas imagens dado vazão a seus reprováveis impulsos; a mistura entre arte e impulsos, contendo muito mais destes que daquela, seria então responsável pela transgressão dos tênues limites que separam o artístico do pornográfico. Para outros, é exatamente esta transgressão que faz o interesse da obra de Mapplethorpe: ele teria assumido até o fim a condição de maldito, de *outcast*, de fora-da-lei – e assim cumpriria a missão do artista na sociedade moderna, a de utilizar a cultura contra ela mesma, abrindo com isto novos horizontes, à percepção e à imaginação.

Tanto os que condenam quanto os que aplaudem a intenção transgressora estão, de certo modo, do mesmo lado: pois não duvidam de que exista efetivamente tal intenção. É o caso do autor das notas para o catálogo da exposição,

---

[1] Esta conferência, proferida no Museu de Arte Moderna de São Paulo em março de 1997, foi inteiramente remanejada para sua inclusão neste volume, sendo portanto inédita.

o crítico italiano Germano Celant, que, em tons ditirâmbicos, exalta a sensualidade das fotos e o caráter vulcânico do desejo do fotógrafo: "o que ele retrata é a exuberância de uma arte de amar que, buscando o prazer por si mesmo, ignora qualquer diferença entre amor e perversão, ativo e passivo, dominante e dominado, bem e mal. Ela vai além dos contrários e transcende distinções, porque está interessada em atravessar os hiatos e os fossos que, ao separar, atraem individualidades [...]".[2]

Estaríamos então diante de um transbordamento sensual que se revelaria na escolha dos motivos, ou ao menos de alguns deles – pois a exposição apresenta também numerosos trabalhos absolutamente convencionais. Mapplethorpe, como fotógrafo, teria colocado seus dotes e sua competência técnica a serviço de um projeto emancipador, especificamente na esfera dos comportamentos sexuais: esta seria sua arma no combate contra o moralismo dos contemporâneos, e neste ponto ele não estaria sozinho, já que o período coberto por sua produção – os anos 1970 e 1980 – testemunhou a consolidação da "revolução sexual" iniciada na década de 1960.

Este, em rápidas pinceladas, parece ser o consenso da imprensa e de uma parcela importante do público que vem visitando a exposição, tanto em São Paulo quanto em outras cidades pelas quais ela passou. O elo entre arte e sexualidade, neste caso (ao que tudo indica) especialmente intenso, motivou sem dúvida o convite para que dois psicanalistas[3] viessem se somar a um fotógrafo e a uma historiadora da arte, no ciclo de conferências paralelo à mostra. Agradeço ao prof. Tadeu Chiarelli, diretor do MAM-SP, a honra de estar entre os convidados, mas devo adverti-los de que meus conhecimentos sobre fotografia são bastante limitados; assim, é como psicanalista que vou lhes falar, comentando alguns pontos do trabalho de Mapplethorpe sob o ângulo das relações entre arte e sexualidade.

CARACTERÍSTICAS DA ABORDAGEM PSICANALÍTICA

E, em primeiro lugar, permitam-me assinalar o interesse desta abordagem, à qual alguns dão de ombros, considerando-a estéril ou mesmo irritante: lá vem

[2] Germano Celant. *The Satyr and the Nymph*, Nova York, Electa, 1982, p. 11.

[3] Além do autor destas linhas, também foi convidado o psicanalista Mauro Meiches.

de novo o analista reduzir a obra de arte a uma manifestação do inconsciente, aborrecendo-nos com suas teorias caducas sobre o Édipo do autor... Não há como negar a estes críticos uma parcela de razão: a chamada "psicanálise aplicada" pode sê-lo de modo abusivo e sem graça, varando a obra sem a menor cerimônia e chegando rapidamente aos resultados que se poderiam esperar, a saber as fantasias inconscientes de quem a produziu – as quais confirmariam, pela enésima vez, tanto a verdade das doutrinas psicanalíticas quanto a sagacidade de quem as utiliza.

Mas esta não é a única forma de proceder; se por um lado a vulgarização dos conhecimentos obtidos pela psicanálise os tornou familiares a qualquer pessoa cultivada, de modo que já não estranhamos ouvir falar em complexo de Édipo ou em sublimação, por outro lado o instrumental analítico pode revelar aspectos do processo de criação que permaneceriam ocultos a quem rejeitasse o seu emprego. Além disto, a ideia de que as atividades culturais dizem algo sobre a pessoa que as produz nada tem de absurdo nem de descartável: a questão não é negar este vínculo, mas levar em conta que ele não é a única determinação do processo criativo. Este tem componentes que ultrapassam o individual, e justamente por isto resulta em *obras de cultura*, que pertencem a uma época, a uma sociedade, a um estilo, e fazem parte do que eles podem engendrar. A leitura psicanalítica não exclui, mas complementa, as que podem efetuar o crítico de arte, o historiador, o sociólogo e outros profissionais.

Dizer que a experiência subjetiva do artista tem relevância para a formação de uma obra não é, aliás, uma exclusividade da psicanálise: desde o Romantismo, este é um dos pilares da reflexão estética em geral. As razões para isto são conhecidas e não precisam nos deter neste momento: elas têm a ver tanto com a nova posição social do artista no século XIX – não mais funcionário das cortes nobres ou eclesiásticas, mas produtor independente para um mercado de consumidores anônimos – quanto com a própria densidade da experiência subjetiva, ou, mais exatamente, com o interesse mais marcado pela intensidade dela, na medida em que as emoções passam a ser vistas como a sua matriz essencial.

No interior desta perspectiva – a de valorizar a experiência pessoal do artista como elemento constitutivo da obra – o que singulariza a psicanálise é a ênfase na dimensão inconsciente. Isto significa que a própria experiência subjetiva – quer redunde ou não numa obra artística – se organiza a partir de elementos que escapam à consciência do indivíduo, e mais, que frequentemente estão em conflito com a parte consciente e racional da sua personalidade. Falamos aqui de sexualidade, mas também de agressividade, de fantasias, de narcisismo, e de modo geral daquilo que a psicanálise descobre em todos nós.

Ocorre que estes impulsos básicos estão na origem de tudo o que somos e de tudo o que fazemos; o problema de nos referirmos a eles quando focalizamos um produto humano qualquer – seja ele artístico ou de outra natureza – está em determinar de que forma tais fatores gerais se combinam para produzir *esta* manifestação e não outra. Em outras palavras, é necessário construir um modelo que dê conta, tanto quanto possível, da singularidade daquilo que estamos examinando; por esta razão, se deve começar estudando no que consiste tal singularidade. É através deste exame que o psicanalista reúne os primeiros elementos da sua investigação, para somente num segundo momento procurar as articulações destes elementos entre si. E, de posse destes primeiros resultados – provisórios, fragmentários, em parte fruto da observação e em parte resultado de operações intelectuais como a indução e a dedução – é que ele poderá avançar, buscando estabelecer os motivos que podem ter presidido a esta determinada e específica combinatória. Neste ponto, tornam-se imprescindíveis outras informações, já que estamos lidando com uma pessoa capaz não só desta, mas ainda de outras realizações: o que procuramos é uma espécie de diagrama da sua constituição psíquica, a partir das constantes desta constituição, tais como aparecem (de modo mais claro ou menos) naquilo a que ela pode dar nascimento. É aqui que entram os dados biográficos do autor, declarações, cartas e documentos semelhantes, depoimentos de quem o conhece ou conheceu, etc. Deste emaranhado de dados acaba por emergir um certo padrão, que é próprio desta pessoa e portanto não pode deixar de estar presente naquilo que ela fez.

Este procedimento não é muito diferente do que se emprega na análise de um paciente de carne e osso, como já tive oportunidade de observar várias vezes.[4] No caso de um artista, podem ser preciosas as informações sobre a evolução do seu estilo ou da sua obra, porque as mudanças nesta trajetória – por exemplo, o surgimento de novos temas, a desaparição de outros, certas modificações na técnica – podem indicar rupturas ou reacomodações em seus processos psíquicos. É o caso de um trabalho sobre Cézanne redigido pelo psicanalista francês Michel

[4] Ver, neste volume, os artigos precedentes, em especial "O estranho caso de José Matias", "Tempo de muda" e "'Um espelho para a Natureza': notas a partir de *Hamlet*".

Artières, e do qual quero lhes falar brevemente. Artieres observa que, nos primeiros trabalhos deste pintor, existe uma turbulência que deixa a ele próprio insatisfeito, como se não pudesse ser contida pelo gesto que a expressa. Através de uma minuciosa análise da maneira pela qual Cézanne maneja o pincel, bem como dos temas que escolhe e da forma como os representa, Artières procura desvendar que impulsos e fantasias o mobilizam, e de que modo o pintor, ao criar seus quadros, ao mesmo tempo lhes dá vazão e se protege deles. Remeto vocês a este notável artigo, do qual citarei somente algumas linhas:

"[Estas observações] nos mostram o deslocamento e o recalque presentes no trabalho da sublimação. Deslocamento de um objeto para outro, eliminação de temas demasiado conflitivos e geradores de angústia, eliminação comparável a um mecanismo fóbico cuja importância em Cézanne é preciso conhecer."[5] E mais adiante: "O gênio de Cézanne será utilizar este conflito (amor/ódio), e as forças destrutivas que ele libera, para encontrar novas soluções de representação. Esta dinâmica do conflito desenvolve formidáveis capacidades de invenção, mas sempre contraditórias. Sua obra é o resultado de seu esforço para encontrar uma solução de síntese. É assim que se podem compreender seus fracassos e o equilíbrio – sempre precário – de seus êxitos".[6]

Qual o interesse destas considerações? Elas só se justificam na medida em que possibilitem uma melhor compreensão do itinerário artístico e das particularidades estéticas *desta* obra; e aqui as opiniões variam. Há os que consideram que elas nada acrescentam à fruição daquilo que o artista produziu; eu não compartilho desta posição. A informação nunca é inútil, e não me parece que interfira com o impacto que a obra produz por si mesma. Tampouco prejudica o espectador ou o ouvinte o conhecimento daquilo que está aquém dela, isto é, suas condições de possibilidade, sejam elas sociais, psicológicas ou estilísticas: também se aprende a *ver*, e burilar o olhar não é pecado.

PRIMEIRAS IMPRESSÕES

Assim, quando tive em mãos o catálogo da exposição e fui percorrendo o que a imprensa disse a respeito do fotógrafo, meu olhar não era mais inocente,

---

[5] Michel Artières, "Menace d'objet et saisie du motif", *Topique*, nº 33, 1983, p. 12.

[6] Idem, p. 19.

como se nunca houvesse ouvido falar de Mapplethorpe. Chamou-me a atenção, como suponho que deve ter chamado a de vocês, a ênfase no dionisíaco e no transgressivo presente em quase todos os comentários. E uma impressão se impôs de imediato: o contraste entre este dionisismo tão propalado e o apuro formal das imagens que supostamente o encarnavam. Fiquei intrigado: nas paredes do museu, o que via eram fotografias absolutamente clássicas, apesar de alguns temas mais ousados (especialmente os ditos "sadomasoquistas"). Falar de *transgressão* a propósito de nus masculinos, mesmo com a genitália à mostra? Ora, vamos e venhamos, desde os gregos e os renascentistas a forma humana é representada sem vestimenta alguma, e seria impossível enumerar as posições em que ela aparece deste modo. Exibir instrumentos de tortura? Basta lembrar a decoração de algumas igrejas medievais (representações das almas penando no Inferno) ou a iconografia dos mártires cristãos, em especial a de São Sebastião, para nos darmos conta de que elas são muito mais aterrorizadoras e explícitas do que as fotografias aqui expostas. Não sem razão, a professora Annateresa Fabris pôde falar aqui de "imaginário adolescente", e ligar o escândalo que estas imagens suscitaram ao puritanismo de certos meios anglo-saxões.

Esta primeira impressão foi o ponto de partida para as considerações que farei a seguir. Também na prática da análise, a interpretação costuma surgir de um movimento semelhante: a percepção de um elemento dissonante, de algo que não se "encaixa" e que, ainda sem sabermos o que significa, nos prende a atenção e nos faz ouvir o contexto de modo diferente .do que vínhamos fazendo. Neste caso, e para deter-me inicialmente nas fotos que diziam ser tão escabrosas, esta dissonância estava no acoplamento da forma clássica a um conteúdo abertamente sexual. Por "forma clássica" estou entendendo aqui o enquadramento, a iluminação, a composição e elementos formais deste gênero, que num primeiro momento sugeriam tudo menos a exacerbação sensual de que tanto ouvira falar. É como se o material erótico tivesse sido submetido a um tratamento que o deserotizasse, retirando-lhe a carga potencialmente explosiva que poderia conter. Não é porque se retrata com um chicote enfiado no ânus, à guisa de cauda, que o fotógrafo se torna diabólico, nem porque mostra um pênis em ereção que se faz sensual!

Este contraste, como disse; me intrigou, e fui em busca de informações sobre o que o próprio Mapplethorpe dizia a respeito do seu trabalho. Neste ponto, o catálogo – tão avaro em dados biográficos mais detalhados – não decepciona o investigador: por diversas vezes, o curador da exposição dá a palavra ao artista, que por sua vez é bastante explícito em suas declarações. Eis algumas delas:

> Estou à procura da perfeição na forma. Faço isto com retratos. Faço isto com caralhos. Faço isto com flores.[7]
> Tornei-me fotógrafo porque a fotografia parecia um veículo perfeito para comentar a loucura da existência atual [...] Estou procurando selecionar algo desta loucura e dar a ela um pouco de ordem. Como documento dos tempos, não é mau, em termos de precisão. Estas imagens não poderiam ter sido feitas em nenhuma outra época.[8]
> Minha abordagem, ao fotografar uma flor, não é muito diferente de ao fotografar um caralho. Basicamente, é a mesma coisa. É uma questão de iluminação e de composição. Não faz muita diferença. É a mesma visão.[9]

Estas afirmações se chocam com a leitura que faz o curador da exposição, para quem, além de exaltar o amor "sem culpa" e "sem nenhum limite ou proibição" frente às "pluralidades sexuais", Mapplethorpe está possuído pelo "desejo de sexualizar qualquer tipo de imagem".[10] O psicanalista as compreenderia em sentido exatamente contrário: longe de tratar as flores como caralhos, o que talvez sugerisse o desejo de "sexualizar qualquer tipo de imagem", Mapplethorpe trata os caralhos como flores, ou melhor, trata flores, caralhos e rostos exatamente da mesma maneira: como *objetos* para serem iluminados e compostos. De onde o caráter estranho de afirmações como esta, de autoria do curador: "Mapplethorpe não está interessado na cavidade da flor, mas em sua protuberância, sua dilatação e sua tumescência. Vê a flor como uma força em expansão que ainda é capaz de subir, e finalmente desabrochar. Admira sua plenitude epidérmica [...] cujo crescimento se conclui por um declínio, ou, no caso do caralho, por uma ejaculação".[11] A crer no que diz o fotógrafo, porém, seu interesse não está nem na cavidade nem na protuberância, e sim na *forma*: e aqui

---

[7] Cf. *The Satyr and the Nymph*, p. 19. Traduzo *cocks* por seu equivalente chulo em nossa língua: ou vamos censurar também o vocabulário, nós, abaixo do Equador?

[8] Idem, p. 21.

[9] *The Satyr and the Nymph*, p. 28.

[10] Idem.

[11] Idem, pp. 44-5.

não se trata da forma vertical, o célebre "símbolo fálico", mas forma como vai aparecer na foto, isto é, como jogo de luzes e de sombras, de cores e de volumes, de massas claras e escuras: figura e fundo.

"Pôr ordem na loucura"

Assim, somos levados a perscrutar mais atentamente esta atração pela forma, tanto mais que ela se opõe, como disse, ao caráter eventualmente chocante da situação ou do órgão fotografado. Mapplethorpe fala de "perfeição na forma"; penso que o comentário sobre a composição e a iluminação nos esclarece sobre o que quer dizer com isto. Seus modelos estão quase sempre *parados*, imóveis, por vezes em posições que exigem um considerável esforço para conservar a quietude (exemplo: a foto do modelo negro Aijitto sobre o pedestal). É evidente que a disposição física do modelo foi determinada pelo fotógrafo, no interesse justamente da "composição" e da "iluminação". Isto sugere uma espécie de expurgo do movimento, como se este fosse invariavelmente assimilado a uma força capaz de ameaçar a buscada "perfeição na forma". Lembramo-nos de outra afirmação do artista: "procuro selecionar algo da loucura (da existência atual) e dar a ela um pouco de ordem". Que "loucura" seria esta? Aqui proponho uma hipótese: a "loucura da existência atual" é a agitação, o fluxo incessante, a mobilidade caleidoscópica das pessoas, das coisas e dos sentimentos característica das grandes metrópoles, e de Nova York em particular. Desde Baudelaire e sua análise da multidão parisiense, passando pelas cenas de Carlitos lutando com as engrenagens da máquina em *Tempos modernos* e por inúmeros outros autores e artistas, a "existência atual" se caracteriza pelo ritmo frenético e pela vertigem que ameaça tragar os que nela se encontram; e mesmo os futuristas, que não veem nisto mal algum, antes pelo contrário, a descrevem deste modo.

O psicanalista tomaria esta frase de Mapplethorpe ao pé da letra: mais do que uma metáfora, veria nela uma expressão da maneira pela qual este indivíduo percebe, sente e funciona. Talvez se engane ao proceder assim; mas não custa ver aonde nos leva esta possibilidade. Poderíamos pensar que o movimento em questão se caracteriza por ser assustador, quer porque é rápido demais – sentido imediato – quer porque é demasiado intenso – sentido menos imediato, porém bem próximo do anterior. E, dando um passo a mais, não é implausível que o movimento ao qual se deve conferir "ordem", porque é "louco", se situe tanto na voragem da metrópole como no próprio interior do psiquismo, no nível dos impulsos elementares, aos quais é preciso impor tanto um freio como uma articulação, sob pena de soçobrar no caos da loucura. Haveria neste caso um grande *medo* a ser superado, medo da violência pulsional e das consequências desta violência, no plano sexual como no plano agressivo. E a maneira de vencer as pulsões seria buscai" a "perfeição na forma", que só pode ser obtida pelo *controle absoluto*, reduzindo-as em última instância à imobilidade. Assim, seria possível aproximar-se daquilo que é sentido como perigoso – o sexo e a destrutividade – mas mostrando-os como domesticados, submetidos à força ainda maior das defesas utilizadas para os conter.

Esta, naturalmente, é uma conjectura; no entanto, parece-me apta a explicar a curiosa sensação de contraste de que lhes falei há pouco. As fotografias aqui expostas dão-me uma impressão de frieza calculada, que faz aparecer pelo avesso o componente orgástico tão evidente para o autor das "Notas" do catálogo: há sexualidade, sim, mas sexualidade domada, regrada, nos antípodas da explosão de vitalidade que se poderia esperar à luz daquelas observações. É como se toda a carga erótica tivesse sido sugada do motivo para vir a se concentrar nos aspectos formais, numa inversão que não pode deixar de suscitar o interesse do espectador: a maestria técnica, a perfeição formal de que dão mostra as fotografias de Mapplethorpe estão intimamente vinculadas a mecanismos de controle de cuja eficácia não se pode duvidar. E este controle se exerce, como é evidente, antes de mais nada sobre a pessoa do modelo, cuja função não é, como supõe Celant, a de ser um "parceiro" com "conotações interpessoais", com quem o fotógrafo "busca uma troca e uma transferência erótica de energia",[12] mas – se minha hipótese estiver correta – a de se constituir como *objeto* para a câmera, e também para a fantasia de quem está por trás dela.

FOTOGRAFIA E FANTASIAS DE DOMÍNIO

Susan Sontag, num interessante livro sobre a fotografia, assinala que esta atitude de domínio é inerente ao meio enquanto tal. Àqueles que pensam que,

[12] G. Celant, op. cit., p. 24.

por reproduzir com exatidão o que cai sob a lente, a fotografia seria um ato de submissão ao real, ela adverte que "fotografar é apropriar-se da coisa fotografada. É envolver-se numa certa relação com o mundo que se assemelha com o conhecimento – e por conseguinte com o poder. [...] A fotografia, que brinca com a escala do mundo, pode ser reduzida, ampliada, retocada, consertada e distorcida".[13] Mas a manipulação, objetarão vocês, não é exclusiva da arte fotográfica: o pintor pode retocar seu quadro, o cineasta monta e remonta o filme, o concertista que grava em estúdio pode recorrer a inúmeros procedimentos de mixagem e de sobreposição. De acordo: nenhuma arte, justamente porque é recriação, pode ser integralmente "passiva". Contudo, na fotografia este elemento de domínio é mais acentuado, justamente porque está em seu poder reproduzir exatamente aquilo que, do seu referente, o artista quiser reproduzir. E isto vale igualmente para aqueles que, como o turista, fotografam sem maiores pretensões estéticas: Sontag observa com perspicácia que o ato de fotografar é reconfortante e alivia o sentimento de desorientação que provavelmente as viagens exacerbam.

Este é um ponto que interessa especialmente ao psicanalista, porque põe em jogo dois fatores emocionais que se equilibram reciprocamente: a *angústia* e as *defesas*. Diante de uma situação que ativa a nossa angústia e as fantasias a ela associadas – de morte, de castração, de fragmentação, de intrusão, etc. – é frequente que acionemos automaticamente mecanismos destinados a contê-la ou a fazê-la desaparecer. Entre estes mecanismos contam-se a negação, o isolamento, a projeção e outros mais; nesta série, o controle ocupa certamente uma posição de destaque. Não estou falando, obviamente, da capacidade consciente de autocontrole, tal como poderia ser ilustrada pela coragem ou pelo sangue-frio diante do perigo. Refiro-me a mecanismos inconscientes que visam a controlar o *objeto suposto causar a angústia*, o que conseguem através de fantasias em que ele se vê diminuído, despojado de suas características perigosas, pondo-se em fuga para escapar ao ataque devastador do sujeito, imobilizado, e assim por diante. Se quiserem uma figuração aproximada do que pode ser o conteúdo destas fantasias, pensem nas aventuras de ficção científica, e na maneira pela qual os heróis do Bem conseguem vencer nelas as forças do Mal, aniquilando-as por meios que, apesar da parafernália tecnológica, muito se assemelham à velha magia dos povos ditos "primitivos".

---

[13] Susan Sontag, *Ensaios sobre a fotografia*, Rio de Janeiro, Arbor, 1981, p. 4.

É certo que a fotografia não satisfaz somente ao impulso de controle mágico ou onipotente; fotografar, continua Susan Sontag, é também um "ato de não intervenção", porque quem registra não pode intervir no que está acontecendo (fotografia de jornalismo, por exemplo), e porque entre a câmara e o objeto é necessário interpor uma distância, sem o que a imagem não se forma. Deste modo, a arte fotográfica se presta particularmente bem à função de *compromisso* entre o impulso para dominar o objeto e a tendência a se afastar dele (*fight-flight*):

> O que o fotógrafo talentoso faz não pode, obviamente, ser caracterizado como algo simplesmente predatório ou benevolente, simplesmente e em essência. A fotografia é o paradigma de uma relação com o mundo inerentemente ambígua – e sua versão da ideologia do realismo ora dita a omissão do eu com respeito ao mundo, ora permite uma relação agressiva com o mundo, a qual celebra o eu. Um lado ou outro desta ligação está sempre sendo redescoberto e sustentado. Um resultado importante destes dois ideais – a assalto à realidade e a submissão à realidade – é a ambivalência constante em relação aos recursos da fotografia.[14]

Cito esta passagem porque ela introduz uma correlação capital: a que existe entre o controle e a agressividade. Ao falar da câmera, usamos termos que provêm das artes marciais: *apontar, disparar, mirar*... Sontag fala aqui em "relação agressiva com o mundo" e em "ato predatório"; fala também em "celebrar o eu", referindo-se a um ponto que abordarei mais adiante, a saber o narcisismo. A menção da agressividade, neste contexto, é muito bem-vinda, porque a psicanálise estabelece um vínculo bastante estreito entre as fantasias de *atacar* e as fantasias de *dominar*, ambas características da organização libidinal conhecida como "sádico-anal".

NEUTRALIZAÇÃO DO PULSIONAL: A SUBLIMAÇÃO

Este é um dos tópicos da teoria psicanalítica que mais se banalizou desde a sua formulação por Freud. Quem não sabe que, na sua evolução psicossexual, a criança passa pelas fases oral, anal e fálica? E o que teria isto a ver com as

[14] S. Sontag, op. cit., p. 119.

fotografias de Mapplethorpe? Eis de novo o psicanalista reduzindo tudo às suas fórmulas surradas...

Mas vamos com calma. O que lhes disse sobre a impressão de deserotização que me causam as imagens aqui expostas – especialmente as que deveriam produzir *frissons* de excitação no espectador – continua a guiar meu raciocínio. Falar em "deserotização" implica sugerir um movimento para esvaziar, para tornar inofensivo algo potencialmente ameaçador: o instrumento pelo qual este movimento se realiza é, se tenho razão, o controle do objeto através da submissão dele às exigências da "perfeição na forma". Agora vamos dar um passo a mais: nesta defesa pela imobilização do objeto talvez entre uma dose considerável de agressividade, que não se manifesta de modo explícito – pela fúria destrutiva – mas de maneira mais sutil, como que se disfarçando a si mesma e se recobrindo com uma máscara de serenidade. O alvo visado já não é a destruição do objeto, mas a sua *neutralização*, e simultaneamente a neutralização do próprio movimento agressivo, o seu aveludamento, por assim dizer. Estamos diante de algo que interessa de perto à abordagem psicanalítica da arte, porque envolve uma *despulsionalização do pulsional*, se me permitem este neologismo: algo originalmente ligado às pulsões é de algum modo desligado delas e posto a serviço de uma outra tendência, não-pulsional. Vocês certamente já reconheceram, sob esta descrição preliminar, o processo a que Freud denominou "sublimação".

Esta noção tem um grande valor para o psicanalista, embora seu emprego a torto e a direito a tenha quase feito perder sua significação original. Denomina-se sublimação o processo pelo qual uma atividade aparentemente sem qualquer relação com a sexualidade é investida pela pulsão sexual, a qual lhe fornece a energia para ser realizada. Admitir a sublimação implica admitir – o que nem todos estão dispostos a fazer –que nosso funcionamento intelectual e emocional se enraíza no jogo das pulsões, isto é, de forças poderosas que agem à nossa revelia (inconscientemente) e com as quais precisamos lidar e conviver em nossa existência. Como nem tudo o que fazemos, sentimos ou pensamos tem relação evidente com a sexualidade ou com a agressividade, a psicanálise postula um processo que, a partir do pulsional, engendra o não-pulsional, através de uma transformação que concerne ao objeto da pulsão, à sua finalidade e à sua fonte corporal. Este processo é a sublimação.

Para compreender bem este ponto, é preciso ressaltar que a psicanálise distingue, na atividade psíquica, o sexual-pulsional e o que diz respeito às funções de autoconservação. O psicanalista francês Jean Laplanche estudou bem estas questões em seu livro *A sublimação*, do qual me servirei para as observações que se seguem. Diz ele que a autoconservação é o objetivo das funções propriamente biológicas, como a nutrição, a respiração ou a excreção. Trata-se de processos sem cujo funcionamento adequado o indivíduo perece, e que se caracterizam pelo aplacamento das tensões que vão surgindo no organismo (fome, sede, necessidade de sono, etc.). A nutrição, para tomar um exemplo bem conhecido, introduz no organismo substâncias das quais ele tem necessidade para sobreviver (daí o termo *autoconservação*), e que nele restauram um estado de equilíbrio. Já a sexualidade não é necessária à vida do indivíduo enquanto tal; ela tem por função biológica a reprodução da espécie, e nisto o homem se assemelha a muitos outros organismos. Mas na espécie humana a sexualidade apresenta um componente psíquico que a singulariza: ela é desde o início *psico-sexualidade*, liga-se ao autoerotismo e a prazeres supérfluos do ponto de vista da estrita autoconservação, tem um vínculo indissolúvel com a fantasia, com o desejo e com as emoções. Isto fica claro se considerarmos a diferença que existe entre sugar o seio e chupar o dedo: sugar o seio é uma atividade que pertence ao plano da autoconservação, enquanto o ato de chupar o dedo não tem qualquer funcionalidade biológica, serve apenas para produzir prazer e para acalmar o nenê. O dedo é evidentemente um substituto do seio, e o bebê que o chupa imita os movimentos que fez para sugar o leite do mamilo materno. Mas entre a ingestão do leite e a incorporação de que testemunha o ato de chupar o dedo há uma enorme diferença, justamente a que resulta da presença da sexualidade.

Freud descreveu, num capítulo famoso dos *Três ensaios para uma teoria da sexualidade*, o surgimento desta no ato tão conhecido de chupar o dedo, e não é agora o momento de retomarmos esta descrição. Basta mencionar o oportuno comentário de Laplanche, que nos servirá para compreender o que está em jogo aqui: "a incorporação oral, para além da necessidade de obter o alimento suficiente, é a exigência de ter à sua disposição, de maneira permanente e segura, aquilo que pode dispensar este alimento de modo absoluto: o seio [...] No nível oral, o único jeito de assegurar definitivamente a posse do objeto amado e onipotente é incorporá-lo. Esta incorporação envolve, como já foi abundantemente demonstrado, toda espécie de dimensões fantasmáticas, das quais as duas mais importantes são a de guardar dentro de si, e ao mesmo tempo a de destruir".[15]

[15] Jean Laplanche, *La sublimation*, Paris, PUF, 1980, p. 59.

A incorporação é assim o *esquema de uma ação* cujo objeto é um equivalente do seio, qualquer que seja, na vida psíquica, este equivalente – amor, dinheiro, poder, etc. A noção de equivalente é aqui central, porque permite estabelecer a ligação entre aquilo que existe na realidade social e cultural na qual vivemos – tudo o que a humanidade é capaz de produzir, material ou simbolicamente – e este objeto primordial, o seio, cuja "posse absoluta" é um desejo secreto de todos nós. A transformação da fantasia primordial de incorporar o seio para o movimento de "pôr para dentro" aquilo que podemos vir a desejar só é possível graças, precisamente, ao processo da sublimação, que deserotiza a libido oral e ao mesmo tempo sexualiza no modo oral uma atividade aparentemente sem vínculo algum com a busca infantil do seio. Assim, para dar um exemplo simples, a atividade de colecionar pode ser interpretada como uma sublimação da oralidade: a coleção completa figuraria a posse "permanente e segura" do seio, naturalmente transposta para um contexto adulto (mas no qual ainda é bem reconhecível a paixão de origem infantil). Todo o interesse da sublimação está neste deslocamento do objeto pulsional originário para outro, culturalmente determinado, mas investido com a força da pulsão.

Este breve excurso pela incorporação oral pode nos ajudar a compreender o ponto de vista psicanalítico sobre o mistério da criação artística. Talvez agora esteja mais claro o que entendemos por sublimação, e por que a atividade artística é interpretada pelos analistas como exemplo privilegiado – mas não único – deste processo: não se trata de dizer que o artista é uma criança que brinca, mas de tentar compreender *com que forças* ele cria o universo em que se move, e, mais ainda, *que função psicológica* pode ter o ato de criar formas, sons e corpos dotados de volume para aquele que investe nestas atividades tanta energia e tanto talento. Esta função não pode ser gratuita nem pouco importante; ao contrário, para certos tipos de organização psíquica ela deve ser absolutamente central, caso contrário ninguém lhe dedicaria tanto investimento, nem por ela se submeteria a tolerar tantas frustrações. De modo geral, podemos dizer que a atividade artística polariza, concentra e potencializa diferentes aspectos da vida psíquica, e que nisto consiste em termos quase darwinianos – a sua funcionalidade. Em especial, ela serve como continente e condutor para angústias fundamentais, para impulsos poderosos, para defesas sintônicas com o ego, para a realização simbólica de fantasias dos mais variados tipos, tanto sexuais como agressivas; e ainda como fonte de gratificações narcísicas extremamente profundas, no ato criativo como no gozo dos seus resultados – entre os quais se conta, sem sombra de dúvida, a admiração e o reconhecimento pelos outros.

Em outras palavras, a psicanálise não se considera competente para avaliar a qualidade estética de uma obra, nem para explicar exaustivamente como ela é engendrada, mas pode lançar alguma luz sobre o modo pelo qual diversas forças e mecanismos psíquicos se combinam para favorecer uma *solução artística* aos conflitos fundamentais do ser humano. Na medida em que esta solução possa ser funcional – isto é, capaz de expressar e elaborar fantasias ameaçadoras, canalizar pela sublimação uma parcela ponderável das pulsões sexuais e agressivas, moderar a angústia, colocá-la a serviço de realizações que estimulem o ego e não caiam sob a censura do superego – ela se torna potencialmente utilizável pelo indivíduo. Digo *potencialmente*, porque a atualização desta potencialidade vai depender de circunstâncias que já não são psíquicas, mas históricas e sociais: o encontro deste indivíduo virtualmente artista com condições que lhe permitam aprender a manejar as técnicas, os meios e os códigos expressivos necessários para dar forma às tendências criativas que o habitam.

CONFLUÊNCIA DOS IMPULSOS E DAS DEFESAS: A EROTIZAÇÃO DO CONTROLE

Retomemos às fotografias de Mapplethorpe. O que acabo de lhes expor pode justificar a seguinte hipótese: o desejo de "pôr um pouco de ordem na loucura da existência" é a formulação adulta de um emaranhado de representações, angústias e defesas de origem infantil. Elas dizem respeito ao temor diante da violência pulsional e das fantasias em que esta se exprime; mas, pela eficácia dos mecanismos de sublimação, estes conteúdos arcaicos não se converteram preferencialmente em alvos da repressão. Antes, puderam expressar-se no interesse pelas cenas sádicas ou chocantes, que me parece manifestar o que, daquela violência, pôde ser transposto e elaborado, isto é, tornado relativamente inofensivo. Isto só pode ter ocorrido com a colaboração de defesas bem organizadas, das quais o controle é a mais evidente. De modo coerente com a importância das capacidades sublimatórias, esta defesa privilegiada se manifesta na escolha de um meio – a fotografia – e na escolha de um estilo – o trabalho em estúdio, que enfatiza a iluminação e a composição – especialmente aptos para o seu exercício. Sabemos que Mapplethorpe se interessou de início pela música, chegando a tocar bem o saxofone, e que, ao se encaminhar para as artes plásticas, flertou por algum tempo com a pintura antes de se decidir pela fotografia. Nesta, seus primeiros ensaios foram com uma câmara Polaroid (que revela instantaneamente a imagem), e só depois veio a se fixar na fotografia de estúdio (onde fez igualmente fotos de publicidade). Seria muito arriscado interpretar esta trajetória como uma busca do meio mais adequado para realizar *simultaneamente* as tendências pulsionais e as tendências defensivas? Limito-me a lançar a ideia; vocês a julgarão. Para comprová-la (ou para a descartar), seria necessário dispor de mais informações do que as que possuo sobre a pessoa e sobre a evolução do artista.

Em todo caso, ela pode ser reforçada por uma outra declaração de Mapplethorpe. Questionado sobre seu interesse por modelos masculinos negros, ele respondeu: "A forma fica bonita no negro, é como bronze".[16] Esta afirmação vai no mesmo sentido que a anterior, a respeito da iluminação e da composição. Como indivíduo, Mapplethorpe podia sentir atração física por parceiros negros, pelo tamanho do seu pênis ou por qualquer outra característica sexual deles; não é o que nos interessa aqui. Como artista, o que deseja capturar é a luminosidade da pele e os reflexos que a luz faz surgir nela – e para isto submete estes modelos precisamente às mesmas condições de "composição" e de "iluminação" que utiliza para fotografar qualquer outro motivo. Para ele, o *sex-appeal* destes homens não está na exuberância sexual comumente associada aos negros, mas na qualidade da imagem que deles se pode obter – e Celant, por uma vez, reconhece que estes magníficos exemplos da beleza africana aparecem, nas fotografias, sempre "inofensivos e relaxados, exalando um sentimento de satisfação e de saciedade, como se estivessem muito distantes da febre sempre renascente do desejo".[17] Ou seja: de homens cuja imagem cultural – e cuja própria aparência, nestes casos específicos – está ligada à imagem da "febre sempre renascente do desejo", às ideias de potência, de prazer intenso, de vitalidade pulsátil e de ímpeto para o gozo desenfreado, Mapplethorpe retém o aspecto visual, reduzindo-os à *inércia* (o bronze das estátuas) e tornando-os objetos de *contemplação.* Os negros destas fotos são para ser olhados, talvez tocados, mas certamente não para tomarem a iniciativa e usar seus corpos como fonte de prazer erótico para si mesmos. Mais exatamente, o prazer é de quem os vê – *the form reads nice on the black* – e não deles

[16] Cf. *The Satyr and the Nymph*, p. 25.

[17] G. Celant, op. cit., p. 50.

como indivíduos em si e por si. São, propriamente, objetos sexuais, cuja "satisfação" e cuja "saciedade" reside em desempenhar esta função. A "febre sempre renascente do desejo" não se situa neles: foi exorcizada e substituída pela imobilidade brônzea, para deleite do outro.

Assim penetramos numa outra função do controle, diferente da que consiste em aplacar a angústia frente ao movimento "louco". Aqui, o exercício do controle físico sobre o corpo do outro é fonte de um prazer em si, como que sexualizando a própria defesa. Esta erotização da defesa sugere uma constelação psíquica peculiar, próxima da organização sádico-anal – e, depois do que lhes disse sobre a concepção psicanalítica da sexualidade, espero que esta afirmação já não soe tão escandalosa.

Da mesma maneira como para a incorporação oral pudemos falar de um "esquema para uma ação", também a analidade apresenta o seu esquema próprio, que surge das funções de excreção de maneira sensivelmente idêntica àquela pela qual o esquema da oralidade se apóia na nutrição. Neste caso, em vez de "pôr para dentro/conservar", o sentido da ação se desdobra segundo a polaridade "expulsar/reter". A primeira coisa que todos nós conseguimos con trolar na vida foi a necessidade de urinar e defecar; em virtude disso, a aquisição do controle sobre as funções excretórias determina a matriz fantasmática de todos os controles futuros, e é por esta razão que a problemática do domínio tem um fundo anal.

Observemos a foto em que Mapplethorpe se retrata com um chicote enfiado no ânus, imitando a cauda de um diabo. Para além do possível escândalo que esta imagem possa suscitar, o psicanalista se deteria num aspecto aparentemente secundário: a cauda parece *sair* do ânus, ao mesmo tempo em que *entrou* ali. Não há *ou/ou*, uma alternância como a que existe entre reter e expelir: há um *e*, como que buscando a realização simultânea de dois movimentos opostos. A experiência da separação e da perda, que toda criança fez em relação ao peito materno – mas também em relação aos seus próprios conteúdos corporais – é aqui encenada às avessas, num movimento cujo sentido parece ser o de inverter a posição do sujeito: não é ele quem perde; não há nada a perder, e, aliás, ele mesmo pode se dotar daquilo que porventura lhe falta.

Não é preciso ser especialmente versado nos arcanos da psicanálise para perceber nesta fantasia o aspecto narcísico-onipotente. E é sobre a questão do narcisismo que, para concluir, gostaria de lhes dizer algumas palavras.

NARCISISMO E CRIATIVIDADE

Uma das características mais salientes da maioria dos retratos aqui expostos é o quão pouco eles diferem entre si, por mais variados que sejam os sujeitos retratados. Não creio me equivocar muito se disser que espelham bem mais o estilo Mapplethorpe do que a personalidade dos modelos, ou algum traço específico de cada um deles, como – em minha opinião de leigo – um bom retrato deve apresentar. Em parte, isto pode ser atribuído à preocupação com a "perfeição na forma" e creditado à conta dos traços de domínio que já estudamos. Mas há um outro aspecto que eles permitem abordar, precisamente o aspecto narcísico, na medida em que a *alteridade do outro* parece estar sendo sistematicamente anulada. Duas afirmações de Mapplethorpe podem corroborar esta impressão:

> Diria que aprendi um bocado sobre minha sexualidade ao me envolver e tirar minhas próprias fotografias sexuais. Tudo estava interrelacionado. É como se, de certo modo, eu não estivesse documentando nada além de mim mesmo.[18]
>
> Queria que as pessoas vissem que mesmo aqueles extremos podiam tornar-se arte. Pegar aquelas imagens pornográficas e de algum modo fazê-las transcender a imagem. E creio que as melhores daquelas fotos o conseguem, de novo por causa da composição. Acho que é uma vitória, é um problema que eu tinha me disposto a resolver.[19]

Nestas frases, os acordes narcísicos são perfeitamente audíveis. Ao assestar sua lente sobre cenas e posições chocantes, o fotógrafo não está interessado no que elas podem revelar do outro, mas em "documentar a si mesmo", em impor "um pouco de [sua] ordem" ao que poderia evocar desregramento e excesso. Bem; dirão vocês, mas todo criador impõe seu próprio selo àquilo que cria: uma rapsódia húngara de Liszt tem muito mais de Liszt que de folclore magiar. De acordo: é justamente este o ponto. E se uma certa exacerbação narcísica fosse *parte integrante* da constelação psíquica que favorece a criatividade? Onde existe excesso de algum componente psíquico, o psicanalista se pergunta que falta paralela ou

---

[18] *The Satyr and the Nymph*, p. 37.

[19] Idem, p. 38.

simétrica ele vem compensar. Se este *surplus* de narcisismo de fato fizer parte das disposições daquele que se converterá em artista ou de modo geral em criador (de imagens, de sons, de ideias, de aparelhos, de organizações...), podemos suspeitar que ele vem preencher uma *carência* igualmente importante, carência naquilo mesmo que o excesso visa anular.

Vários dos autores que se preocuparam com a psicologia do criador sublinham esta faceta, que se acrescenta à capacidade para a sublimação pulsional da qual falamos anteriormente. As forças psíquicas necessárias para investir o processo de criação, com tudo o que este comporta de doloroso e de frustrante (pois isto também faz parte dele, ao lado das alegrias e dos triunfos) precisam provir de alguma fonte, e, em boa lógica freudiana, esta fonte só pode ser pulsional, porque não existem outras. O processo pelo qual as forças pulsionais se colocam a serviço da produção da obra é precisamente a sublimação; mas agora queremos compreender um pouco mais claramente como ele se dá.

Freud observou – e outros depois dele confirmaram a ideia – que esta dessexualização da libido a que chamamos sublimação implica um desligamento dela de seus objetos originais (o corpo próprio e as figuras parentais) e um refluxo para o ego: em termos técnicos, a transformação de uma parte da libido de *objetal* em *narcísica*. Michel Artières, no artigo sobre Cézanne que citei no início desta conferência, assinala que este processo se choca com uma *resistência à dessexualização*, de modo que é frequente constatar, nas atividades criativas, restos de sexualização e traços de resistência à sublimação das pulsões agressivas. Assim, parece que a sublimação não é o único fator a entrar em jogo na criação: o exemplo de Cézanne mostra justamente que, mesmo deslocadas para a pintura, as pulsões conservam sua potência para suscitar angústia. De sorte que o conflito pulsional se representa na obra, a qual aparece ao mesmo tempo como uma tentativa para o solucionar. Prossegue este autor:

> Eu faria a hipótese de que a criação é uma das vias nas quais, quando seu narcisismo foi ferido, o indivíduo é forçado a se engajar para poder viver. Os criadores têm esta possibilidade – que não é dada a todos os que sofreram um traumatismo narcísico – de investir uma pesquisa ou um objeto nos quais a libido poderá se *reinvestir*. [...] A obra de arte traz as marcas do seu valor narcísico na superestimação da qual se encontra investida. Tem portanto o caráter de um objeto idealizado, cujo investimento preenche o dano narcísico irreparável. Sua função é *negar a prova de realidade*

> e permitir o investimento da libido narcísica [...] Pelo investimento apaixonadamente erótico do seu objeto, o criador vai poder alimentá-lo com a riqueza particular da sua experiência originária.[20]

Temos aqui os elementos de uma equação extremamente importante:

- o traumatismo: é aquilo que "feriu o narcisismo", produzindo um "dano irreparável" que, em certos casos– o dos criadores – não deixa nunca de doer, mas pode ser de algum modo reparado através da criação;
- o narcisismo, que se apresenta como fragilizado pelo trauma e ao mesmo tempo potencializado pela função eminente que lhe é atribuída nesta constelação de forças, a saber, assegurar o equilíbrio fundamental do psiquismo;
- o objeto sobre o qual a libido narcísica virá a se investir "apaixonadamente", objeto aqui no sentido amplo de atividade artística ou científica. Neste sentido, a fotografia seria um objeto para Mapplethorpe, assim como a pintura para Cézanne. Este uso da palavra é menos estranho do que parece, se pensarmos na equivalência entre o seio e as "coisas do mundo", equivalência cujo estabelecimento através da simbolização é uma das primeiras e mais importantes operações mentais que o ser humano deve realizar.

Podemos montar estes elementos da seguinte maneira, seguindo uma sugestão de Laplanche: "a possibilidade de identificação ao objeto, sempre presente, toma proporções traumáticas, a menos que o indivíduo se desfaça desta identificação, incessantemente, através da criação" (e eu complementaria: da criação de um objeto que traz exatamente as marcas desta identificação, ou de uma "relação de objeto" de tipo narcísico). "O artista, em suma, brinca com o traumatismo: se a defesa for demasiado fraca, sucumbe a ele; se a defesa for demasiado rígida, não há liberdade na identificação, a angústia torna-se demasiado intensa, e surge a inibição da produtividade."[21]

O ato criador pode ter assim tanto a função de reparar o objeto atacado pelas fantasias destrutivas – é o que pensa Melanie Klein – como a de reparar o próprio narcisismo do sujeito, como vemos através do que dizem esses autores.

[20] Michel Artières, op. cit., p. 28.

[21] J. Laplanche, op. cit., pp. 210-1.

A psicanalista francesa Janine Chasseguet-Smirgel talvez tenha ido mais longe nesta direção, ao falar de um "núcleo estrutural" comum a muitos criadores, o qual consistiria na tentativa de aceder à integridade narcísica passando por um feixe de pulsões parciais descarregadas pela sublimação. Tentando imaginar as etapas deste complexo processo, ela sugere que possivelmente estas crianças tenham experimentado perturbações mais ou menos graves em suas vivências corporais, devido à ruptura demasiado precoce do universo fusional primitivo no qual o bebê ainda não se distingue da mãe. Talvez tenham faltado, diz ela, gratificações narcísicas ou satisfações passivas, como o calor, o silêncio, a penumbra, o embalo – fatores que de algum modo recriam o ambiente uterino durante os primeiros tempos de vida. Semelhante conjunto de traumatismos poderia provocar emoções e fantasias agressivas extremamente intensas, traduzindo-se por tentativas de domínio e de controle forçosamente fadadas ao fracasso, porque prematuras – faltam à criança, ainda muito pequena, os meios físicos e motores para levá-las a cabo. "A brutal ruptura com a fusão narcísica primária perturbará assim todo o desenvolvimento ulterior, e sobretudo a integração do aporte instrumental e funcional da fase anal. Como a analidade foi mobilizada cedo demais, ficará particularmente difícil realizar as integrações próprias a esta fase, cujas características de controle, de domínio, de manipulação, de precisão, são especialmente necessárias para a construção de um ego sólido."[22]

A hipótese de Chasseguet-Srnirgel nos permite assim vincular as duas facetas mais salientes, ao menos para mim, do trabalho de Mapplethorpe: a do controle e a do narcisismo. Em suma, o que ela diz é que defesas de origem anal, como o controle, tenderão a se exacerbar na exata medida em que devem ajudar a cerzir as fissuras do narcisismo; não é difícil que, estando tão intimamente vinculados, um acabe por impregnar o outro e vice-versa, produzindo exatamente o tipo de controle com colorações narcisistas que evoquei atrás.

Mas, para que esta constelação não resulte numa severa neurose obsessiva, é preciso que estejam presentes os outros elementos da nossa equação, em especial a capacidade de identificação com o objeto e a possibilidade de o investir como algo a ser *buscado na e pela criação.* Em outros termos, esta pode ser vista como

---

[22] Janine Chasseguet-Smirgel, "Réflexions sur le concept de réparation et la hiérarchie des actes créateurs", in *Pour une psychanalyse de l'art et de la créativité*, Paris, Petite Bibliotheque Payot, 1974, p. 101.

uma tentativa de atingir a integridade, de preencher as falhas da maturação de um modo *autônomo* (pela criação, justamente). Conclui nossa autora: "a criação é uma autocriação, e o ato criador tira seu impulso profundo do desejo de suprir, *por seus próprios meios*, as faltas deixadas ou provocadas por outrem".[23]

Com isto, podemos compreender o sentido dramático da afirmação feita pelo fotógrafo de que ao fotografar estava se autodocumentando: mais do que isto, talvez estivesse procurando a si mesmo através dos outros.

O que estes autores nos dizem sobre a economia e a dinâmica do processo criativo me parece valer para muitos outros, além de Mapplethorpe. Como lhes disse, para avançar no estudo da obra deste artista em particular seria necessário dispor de informações mais detalhadas, e, poderia acrescentar, de uma familiaridade com as artes plásticas que eu não possuo. Fico então por aqui, na expectativa de que esta excursão pelos territórios da psicanálise lhes tenha sido útil para melhor apreciar a própria exposição.

---

[23] J. Chasseguet-Smirgel, op. cit., p. 103.

PARTE II

Psicanálise e ética

O psicanalista como sujeito moral[1]

No final de *O uso dos prazeres*, Foucault sugere que se escreva uma história da ética, diferente da história dos códigos de normas, e mais decisiva do que esta para compreender as transformações da experiência moral: "uma história da ética, entendida como a elaboração de uma forma de relação a si que permita ao indivíduo constituir-se como sujeito de uma conduta moral".[2]

Os termos desta definição, cuidadosamente pesados, merecem que nos detenhamos neles por um momento.

1) "elaboração de uma forma de relação a si": se é preciso elaborá-la, é que ela não está dada, tornou-se problemática. As bases desta elaboração necessitam ser buscadas, e a *relação a si* será consequência das que forem finalmente atingidas. A relação a si, portanto, dependerá de princípios que não se esgotem neste caso, mas, tomados em conjunto, pretendam a um valor de verdade para além daquele que os formula. Em outros termos, a resposta à pergunta sobre como orientar a ação dependerá do que se crê verdadeiro quanto a um outro ponto: "como orientar minha ação

[1] Conferência na Sociedade de Psicanálise Iracy Doyle, Rio, de Janeiro, abril de 1994. Publicado originalmente em Maria Inês França (org.), *Ética, psicanálise e sua transmissão*, Petrópolis, Vozes, 1996, pp. 122-35.

[2] M. Foucault, *L'usage des plaisirs*, Paris, Gallimard, 1983, p. 275.

de forma a realizar nela o...". Aqui variam os pontos .de referência: realizar nela o bem, a virtude, a natureza humana, a lei moral, etc. O essencial é que a elaboração de uma tal *relação a si* exige um horizonte mais amplo do que o indivíduo particular, o "si" em questão: este é tomado como um exemplar da categoria dos homens, ou dos sábios, ou dos felizes, ou dos sujeitos autônomos.

2) "forma de *relação* a si": o "si" não é inteiriço, divide-se em pelo menos duas funções, a que pensa e a que age. O vínculo entre elas é de subordinação: a ética dará princípios para a ação, os quais, além de fundar o valor desta última, exigirão coerência entre a norma proposta e a ação por ela orientada. Esta coerência é virtual, ou seja, o princípio permite pensá-la como possível em geral. Mas entre ele e a ação específica que se trata de realizar existe um espaço de indeterminação, sendo preciso decidir se esta corresponde àquele, se é um "caso" do princípio, ou se pelo contrário se opõe a ele. Neste espaço, tem lugar aquilo a que Aristóteles chamou a *boúlesis*, a deliberação, reflexão que pondera e compara o ato e seu valor, o meio e o fim, decidindo se o ato e o meio são conformes ou não ao princípio que lhes serve de medida.

3) "que permita ao indivíduo": o indivíduo é o tema e o alvo desta reflexão. A ética se ocupa das relações entre os indivíduos enquanto indivíduos, isto é, pessoas singulares vinculadas por ligações intersubjetivas, o que exclui sua representatividade como membros de uma classe, de um grupo, de uma seita; e também exclui a naturalidade das condutas apropriadas à pessoa na qualidade de membro de um grupo instituído. Este gênero de condutas não é objeto de deliberação ética: aqui a norma se impõe pela força do grupo, materializada na lei comum, que se exercerá como punição se for transgredida. Trair a cidade é crime, violar o voto de castidade é pecado, e tais ações – ainda que praticadas em segredo – inscrevem-se num espaço social e político, não no espaço ético, porque atacam relações que não são de indivíduo a indivíduo, e sim do indivíduo ao grupo em geral, cuja lei ele deve acatar para continuar pertencendo à coletividade em questão.

4) "constituir-se como sujeito de uma conduta moral": a constituição aqui se dá na e pela deliberação, na e pela elaboração desta forma de relação

a si que estamos procurando descrever. Nem uma nem outra são direta e claramente delimitadas pela lei, seja esta civil, política ou religiosa. É por esta razão que, ao deliberar e decidir, o sujeito advém como *foco* da sua ação – é potência para agir – e como *fonte de responsabilidade* por esta ação: pode por exemplo ser punido caso o que fizer for contrário à norma do seu grupo. Ambas as características são indispensáveis e indissociáveis da condição de sujeito. O termo *sujeito* indica iniciativa, poder de agir ou de conhecer, atividade, e nesta medida inclui a ideia de responsabilidade sem circunstâncias atenuantes, ou seja, liberdade e aceitação das consequências pelo exercício da liberdade. Liberdade em relação a quê? Sabe-se que, para os antigos, o conceito de liberdade era político, significando a capacidade de mover-se sem empecilhos, de encontrar-se com outras pessoas como e quando quisesse,[3] isto é, o estado do homem livre por oposição ao do escravo, da mulher, da criança, etc. Mas isto não significava, como bem observa Gérard Lebrun, "fazer o que se deseja": pois os desejos podem precisamente impor-se com violência e tolher a liberdade de quem cede a eles. O cidadão livre pode ser, e frequentemente é, escravo de suas paixões, e estas podem ser tão tirânicas quanto o mais brutal dos senhores.

O sujeito ganha este estatuto, deixando de ser passivo ou joguete de forças alheias a ele, quando encontra em si força para proceder como julgar melhor – julgamento orientado pelos princípios que se deu e pela avaliação da conveniência entre seu ato e seus princípios – a despeito das suas inclinações naturais. É isto que o tornará sujeito "de uma conduta moral".

Convém notar que, na definição de Foucault, a moral não se opõe à ética como se a primeira representasse apenas obediência cega às normas, e a segunda fosse o campo da liberdade, da singularidade e da "estética de existência". O que distingue a moral da ética é que, embora ambas se ordenem por referência a princípios, os da moral são dados pelos códigos sociais, enquanto os da ética precisam ser determinados pelo sujeito que em seguida a eles se curvará. Que o sejam, neste caso, através da reflexão sobre o Bem, sobre a natureza humana ou

[3] Gérard Lebrun, "A liberdade segundo Hannah Arendt", in *Passeios ao léu*, São Paulo, Brasiliense, 1983, p. 53.

sobre qualquer outro conceito que lhes servirá de fundamento é apenas decorrência do fato que, não sendo dados; precisam ser *encontrados* e justificados. Isto nos auxilia a distinguir o campo da ética do campo das ideias morais em geral, ideias que existem em toda e qualquer sociedade, e que prescrevem o certo ao mesmo tempo em que proscrevem o errado. A ética é por natureza reflexiva, organiza-se em discurso, move-se no plano dos conceitos e dos argumentos, e exige uma fundamentação em última instância metafísica, isto é, segundo a ordem e a natureza das coisas.[4]

É dizer que são éticas as ideias que podem ser derivadas de uma base racional, e por este motivo, antes de ser um substantivo a palavra *ética* foi um adjetivo, como que a indicar o caráter necessariamente derivado deste campo de reflexão.

As questões éticas surgem quando os valores tradicionais perdem sua evidência natural, ou quando a vida social já não se apresenta guiada por eles. Como crer na justiça dos deuses e das leis, se pergunta Patrice Canivez, quando tudo mostra que prevalece a vontade do mais forte? Como determinar o conteúdo da felicidade à qual todos aspiram, se pergunta Aristóteles no início da *Ética a Nicômaco*, quando as opiniões a este respeito flutuam em todas as direções? Uns dizem que a felicidade consiste no prazer, outros a veem nas riquezas, outros ainda no poder e nas honras... Torna-se preciso estabelecer uma hierarquia dos bens, já que todos ao menos concordam em que a felicidade consiste na posse tranquila de um bem. Contudo, nem todos os bens se equivalem, e nem todos são igualmente convenientes à natureza humana, àquilo que no homem o torna homem, isto é; a combinação de razão e de paixões que o constitui como tal. Surge assim a ética dita *material*, adjetivo que não conota, obviamente, o interesse pelas coisas terrenas, mas sim o tipo de reflexão que visa a determinar o que é o Bem supremo a partir do fundamento constituído pela natureza do homem e pelo lugar que esta ocupa na ordem do mundo. A ética material se ocupará, de Aristóteles em diante, em determinar a hierarquia dos bens, a relação entre eles e as normas, a série das virtudes, etc. É através da adequação entre estes bens visados como fins e os atos que, como meios para atingi-los, alguém pretende praticar, que se avaliará a moralidade destes atos. Os filósofos antigos concordam em afirmar que o Bem

---

[4] Patrice Canivez, "La question éthique", in *À quoi pensent les philosophes?*, Paris, Autrement, 1983, pp. 64-70; José Ferrater Mora, verbete "Ética", *Diccionario de filosofia*, Madri, Alianza Editorial, 1983, pp. 277-85.

supremo é a felicidade, e que esta se experimenta como "tranquilidade de ânimo",[5] mas divergem quanto ao conteúdo do que seja esta serenidade do espírito: os estoicos dirão que consiste na impassibilidade do sábio, isto é, no acolhimento daquilo que me sucede, e na sua transformação de capricho da Fortuna em algo que pode ser incorporado à minha ação;[6] os epicuristas dirão que a felicidade consiste no equilíbrio entre as paixões e sua satisfação, e na vitória sobre o medo dos deuses, da morte e da dor;[7] e assim sucessivamente.

Não é o caso de passar em revista o que os filósofos disseram a respeito da ética, nem os diversos fundamentos que para ela ofereceram, segundo sua concepção do destino humano. Também será preciso apenas evocar o filósofo que procurou desvincular a ética de seus liames com o Bem, a saber, Kant: foi ele o primeiro a formular uma ética não mais material, mas *formal*, isto é, na qual os princípios norteadores (os "imperativos categóricos") fossem independentes dos bens que desejam os homens. Para Kant, os princípios da ação moral repousam sobre a universalidade da razão prática, única maneira, segundo ele, de fundar a autonomia da vontade e a comunidade dos homens livres.

Resumamos brevemente nosso percurso: a ética é o campo de reflexão sobre as ações de um indivíduo que já não se pode guiar pela evidência dos valores sociais; supõe um vínculo entre seus princípios, que serão diretivos para a ação e servirão de critério para avaliá-la, e as concepções mais gerais sobre o homem envolvido nesta ação; diz respeito à maneira pela qual o indivíduo deve se conduzir em relação ao outro, seu semelhante, de modo a evitar o recurso à força e à violência; por estas razões, implica exame de si e de suas motivações, convida ao julgamento antes de mais nada de nós próprios, "sujeitos da conduta moral", e oferece condições para a elaboração desta forma especial de relação de si para consigo a que se referia Foucault. Acrescentemos ainda um elemento: na sua origem grega, o termo *ética* remete a duas palavras homófonas, *éthos* e *êthos*. *Éthos* com "*eta*" significa o caráter, a natureza espontânea do homem, e por esta via a ética vai no sentido de sua fundamentação em ideias gerais acerca do homem e daquilo que nele é espontâneo, ou seja, conforme à sua natureza; *êthos* com

---

[5] J. Ferrater Mora, op. cit., p. 280.

[6] G. Lebrun, op. cit., p. 54.

[7] Francis Wolff, "Três figuras do discípulo na filosofia antiga", *Discurso* 22, Departamento de Filosofia da USP, 1993.

épsilon significa o costume, como em latim a palavra *mores*, de onde provém o termo *moral:* aqui a inflexão é no sentido do agir regrado pelas normas materializadas no costume, naquilo que se impõe porque "é assim que se faz". Quando o costume (social) deixa de ser o critério dos valores, a palavra passa a ter uma significação também individual, no sentido de "estar acostumado a": é o hábito, *héxis*, do qual Aristóteles se servirá em sua caracterização da virtude. O hábito torna-se, para o sábio, uma segunda natureza, de modo que seu proceder será, sem esforço visível, conforme à virtude determinada racionalmente.

A PSICANÁLISE E AS QUESTÕES ÉTICAS

O que pode a psicanálise acrescentar a estas primeiras considerações, de ordem mais filosófica? Desde Lacan e seu célebre seminário sobre *A ética da psicanálise*, tornou-se comum afirmar que a psicanálise é uma ética, mas convém nos interrogarmos quanto ao sentido desta expressão. Ela surge como contraponto a uma outra afirmação, frequentemente contestada: a de que a psicanálise é uma ciência. Frente à evidência de que a disciplina freudiana não faz boa figura entre as ciências tradicionais – e, diga-se, são sólidos os argumentos para retirá-la desta ilustre companhia – a ideia de que ela seria uma ética surge como o ovo de Colombo. Não sendo ciência, nem arte, nem técnica, nem prática empírica, nem filosofia, ela encontraria assim seu gênero próprio, e se perfilaria entre as éticas.

Não como mais uma delas, porém; embora não sendo ciência, diz a verdade sobre o ser humano, descreve-o como ele é e explica por que tem que ser assim e de nenhum outro jeito. Por estes motivos, a psicanálise conteria os elementos da ética, ou pelo menos da ética que convém à nossa condição contemporânea. "É a certeza de uma missão a cumprir que anima este seminário e faz sua unidade. Duas urgências pressionam Lacan: definir, em todo o seu rigor, os verdadeiros *fundamentos éticos da psicanálise;* e, mais ainda, construir, graças às descobertas da psicanálise, *uma ética para o nosso tempo*, uma ética enfim à altura da tragédia do homem moderno e do 'mal-estar na cultura' (Freud)."[8] Sabemos quais são os fundamentos desta ética: "a condição humana é feita de infelicidade, de horror insustentável, de falta inexpiável, de derrelição, do pesadelo do desejo

[8] Michelle Marini, *Jacques Lacan*, Paris, Pierre Belfond, 1986, p. 180. Grifos da autora.

incompreensível do Pai, do pesadelo da 'coisa' de que somos presas, da hiância mortal do nosso ser [...]".[9] Basta esta série de ideias para percebermos a audácia e a importância da empresa de Lacan, e ao mesmo tempo no que sua teoria se aparenta às que mencionei anteriormente: tratar-se de fundar a doutrina ética sobre uma concepção filosófica do homem, que não o é menos por juntar a Heidegger a ideia do inconsciente, marca essencial de tudo o que se origina na psicanálise. Que Lacan organize aqui o inconsciente em torno do desejo, da falta, do real, da *coisa*, não altera nada neste ponto: se a psicanálise tem algo a dizer na dimensão ética, será a partir do seu axioma próprio, o da existência e da eficácia do inconsciente.

Daí a estranheza, à primeira vista, da tese lacaniana de que a psicanálise é uma ética, que esta é sua verdadeira natureza. Pois como conciliar esta tese com o primado da racionalidade sobre as paixões, que por sua vez é o *leitmotiv* da reflexão ética desde a Antiguidade? Se o homem comporta em si a dimensão inconsciente, e mais, se é nesta dimensão que reside aquilo que o torna propriamente humano, qual lugar resta para a fundamentação racional da conduta? Além disso, uma vez realizada a operação de fundação racional, a ética é normativa e prescritiva, ainda que não por referência a um código já constituído: mas claramente seus princípios devem ser coercitivos para aquele que assim os determinou, no processo de "elaboração" a que nos referimos antes. Ora, a psicanálise faz da neutralidade e da abstinência sua pedra de toque: como conciliar tais atitudes com a afirmação de valores positivos, mesmo que sejam deduzidos daquilo que a teoria psicanalítica afirma ser o humano no homem?

Mas estranheza não quer dizer equívoco: as questões que acabo de formular, se examinadas com cuidado, podem ser respondidas e nos incitar a ir adiante. Não sei se elas nos conduzem a concordar com a afirmação de que a psicanálise é uma ética: em minha opinião, há algo nesta fórmula que não convém nem à psicanálise, nem à ética. Digo por quê: a psicanálise é uma prática – a do tratamento analítico; é um método – o da investigação do inconsciente, *in praesentia* ou nas formações culturais; é uma construção teórica – sobre a psique, sua gênese, suas perturbações, e seu funcionamento em diversas condições, entre as quais a condição peculiaríssima denominada "situação analítica". Mas não vejo como enquadrá-la na concepção do que é ética delineada acima: "elaboração de uma

[9] Idem, op. cit., p. 180.

forma de relação a si que permita ao indivíduo constituir-se como sujeito de uma conduta moral", elaboração que se dá como argumentação discursiva no interior do pensamento individual, e na qual o outro só tem lugar como representação ideativa, pelo menos enquanto dura a reflexão que evoquei.

Diria antes que a psicanálise *atravessa* o campo da ética, que ela é permeada pelos valores éticos da cultura em que surgiu (a cultura ocidental), mas não diria que ela *é* uma ética. Pois não se configura como discurso teórico sobre a ação e sobre os valores que devem norteá-la, ainda que tenha algo a dizer sobre certos aspectos destes problemas. Tangente ou secante ao círculo da ética, ela coloca *questões de tipo ético* a quem se afirma psicanalista, como coloca igualmente questões de outros tipos – pelo menos, de tipo teórico e de tipo técnico. Fazem parte da psicanálise, afinal, a metapsicologia, a psicopatologia, e – não tenhamos medo das palavras – também uma técnica que é preciso aprender a manejar. Há mais na psicanálise do que problemas éticos, e mais na ética do que aquilo de que pode responder a psicanálise: prefiro, por isso, conceber a relação entre elas como a de círculos que se intersectam, e por isso usei agora a imagem da secante.

A meu ver, existem três áreas nas quais esta secância pode ser observada: a questão da incidência psíquica dos valores morais, a questão do vínculo entre a psicanálise e os valores culturais da tradição a que pertence, a questão dos problemas éticos colocados pela prática do tratamento analítico.

A primeira delas – a incidência psíquica dos valores morais – é uma questão de metapsicologia e de teoria do desenvolvimento, e diz respeito às formas pelas quais se constituem o superego e o sistema de identificações normativas que circunscrevem os ideais do ego. Freud fez do superego o herdeiro do complexo de Édipo, e descreveu as modalidades de interiorização da autoridade e da censura parentais, colocando no centro dessa instância a agressividade e a culpa. Basta a evocação destas entidades psíquicas, e das consequências patológicas que podem advir da sua exacerbação, para indicar por onde irá a reflexão psicanalítica neste domínio: do lado da psicopatologia, é à neurose obsessiva, à melancolia e à paranoia, por exemplo, que o psicanalista pedirá esclarecimentos sobre as modalidades de ação dos introjetos superegoicos no funcionamento psíquico; do lado da metapsicologia, o sadismo, o masoquismo, a formação dos objetos inconscientes e os tipos de vínculo que estes estabelecem com as pulsões, com o sujeito e uns com os outros serão alguns dos temas da sua interrogação, norteada pela bússola da culpa. No campo da prática analítica, os afetos transferenciais, a reação terapêutica negativa, o papel da angústia e outros temas do mesmo gênero refletirão seu interesse pela formação, pela evolução e pelo destino da "instância moral" no sujeito. Aqui a psicanálise contribui com sua cota própria para o estudo extraético das questões éticas, já que não está em jogo o valor dos valores, mas sim sua origem e seu funcionamento: estudo que também pode ser realizado, com seus instrumentos próprios, pelo historiador, pelo antropólogo, pelo filósofo ou pelo psicólogo. A maneira psicanalítica de focalizar estes problemas será guiada pela afirmação do inconsciente dinâmico e pela consideração do conflito psíquico, um de cujos protagonistas é precisamente o superego – em larga medida, como sabemos, inconsciente.

Quanto à inserção da psicanálise na tradição cultural do Ocidente, ela acarreta como efeito que a disciplina freudiana compartilhe com esta tradição alguns dos seus valores fundamentais. São exemplos destes valores a dignidade atribuída à busca de verdade e ao conhecimento de si, o respeito pela importância intrínseca do indivíduo pelo simples fato de ser humano, a sinceridade e a franqueza no trato das questões penosas e nas relações interpessoais. Estes valores não são especificamente psicanalíticos, mas culturais, e, se a psicanálise tivesse sido inventada na China, provavelmente não compartilharia com sua cultura de origem *estes* valores, mas outros, próprios da cultura chinesa – por exemplo o respeito pelos mais velhos e o culto dos ancestrais. (Mas seria ainda, neste caso, a psicanálise? Questão intrigante...)

A estes traços de família, porém, a psicanálise confere um matiz específico, pelo conhecimento que possui daquilo a que se pode chamar o lado sombrio da alma. Ele se expressa na dor e no sofrimento inerentes à vida humana, devido às renúncias necessárias para que se constitua um funcionamento psíquico relativamente normal. Também se expressa na necessidade, igualmente inerente à condição humana, de forjar mentiras e ilusões quanto a si e aos outros, mentiras e ilusões destinadas a minorar a dor de existir como ente separado da mãe e sujeito às vicissitudes da pulsão e do desejo. Restrições ao princípio do prazer, composição com a diferença das gerações e dos sexos, construção de sintomas e de traços caracteriais que simultaneamente reconhecem e negam a perda da onipotência imaginária: é desses processos e de suas consequências que estou falando, processo que por vezes garantem e por vezes arruínam a "saúde mental". A teoria psicanalítica explica a delicada relojoaria destes mecanismos, e a prática psicanalítica nos põe em contato com as formas infinitamente variadas pelas quais eles se arranjam e se desarranjam. Nos dois planos, o psicanalista se torna sensível, talvez mais e mais dramaticamente do que outros, ao custo emocional envolvido na realização dos valores que evoquei: a busca da verdade, o respeito por si e pelo outro, o conhecimento das paixões e a injunção de conviver com elas, sem permitir que nos dominem por completo.

Freud não deixou de sugerir uma versão psicanalítica da hierarquia dos bens. Tanto falando da "ditadura da razão" nas *Novas conferências* quanto da "voz do intelecto" no *Futuro de uma ilusão*, dá sua opinião pessoal sobre o que deve ser a vida norteada pelo Bem maior. Mas conhecia o suficiente da alma humana para escrever que a "felicidade não parece fazer parte dos planos da natureza para o homem", e para insistir por diversas vezes na radical inadequação entre nossas pulsões e seus alvos, isto é, na dose de insatisfação coextensiva à própria natureza do nosso equipamento psíquico fundamental. Por estas razões, quando em alguns momentos define o que entende por "saúde mental" – *nervöse Gesundheit* – contenta-se em referi-la à "capacidade para ter prazer e para agir sem empecilhos decisivos". Na vigésima oitava das *Conferências de introdução à psicanálise*, diz que da terapia analítica cabe esperar que devolva ao paciente a "capacidade de amar e de trabalhar",[10] ao que acrescenta Joyce McDougall, entre parênteses: "(*avec plaisir!*)".[11]

São termos que, de tanto serem invocados, acabaram por perder algo de sua contundência, mas não é difícil perceber que apontam para uma relativa e precária convergência das três instâncias psíquicas, ou pelo menos para certa permeabilidade entre elas. *Leistung*, a ação (*performance*, desempenho) é uma função do ego; *Genuss*, o prazer, o gozo – *geniessen* é "aproveitar, usufruir" – aponta para a satisfação ao menos parcial da pulsão, e portanto para a esfera do inconsciente/id; "sem empecilhos" – *uneingeschränkte*, sem limitações (refere-se no texto a *Fähigkeit*, capacidade) – indica a moderação relativa das exigências do superego, e portanto alguma medida de liberdade interior. Favorecer estas condições é a tarefa intrínseca do tratamento analítico, e nisto, mais do que simplesmente por ser uma criação do espírito ocidental, a psicanálise demonstra seu enraizamento no que estou considerando a sua tradição cultural.

---

[10] S. Freud, *Vorlesungen zur Einführung in die Psychoanalyse*, nº 28, "Die analytische Therapie", *Studienausgabe*, volume I, p. 439. Apesar das diferenças na tradução, Freud emprega a mesma fórmula nos dois textos: *Genuss- und Leistungsfähigkeit*.

[11] Joyce McDougall, "Quelles valeurs pour la psychanalyse?", *Revue Française de Psychanalyse*, vol. 52, nº 3, 1988, p. 598.

A ÉTICA NA SITUAÇÃO ANALÍTICA

O terceiro dos setores em que a psicanálise encontra as questões da ética é o trabalho do analista propriamente dito. Esta prática abre um campo no qual cabem as interrogações éticas no sentido mais estrito, porque envolve o outro, e depende meridianamente da "elaboração de uma relação a si que permita ao indivíduo constituir-se como sujeito de uma conduta moral". Não falo aqui do paciente, que no decorrer de sua análise pode vir a se defrontar com as escolhas que fez ou que precisa fazer, e que obviamente, na e pela análise, está se propondo a "elaborar uma (nova) forma de relação a si". Quero falar do analista e da maneira pela qual sua própria atividade analítica envolve a "constituição de um sujeito moral". Esta expressão nada tem a ver com a comunicação nem com a imposição ao paciente do que o analista considera bom, justo e certo na conduta individual. O que estou sustentando é que, no e pelo seu *métier*, o analista tem a ocasião de fazer precisamente aquilo que, segundo Foucault, é o processo de criação de uma ética: elaborar uma relação de si a si que permita *a ele* constituir-se como sujeito moral.

A neutralidade e a abstinência são requisitos indispensáveis ao trabalho analítico, e como nisso estamos todos de acordo, não vale a pena nos estender sobre a questão. Tenho em mente um psicanalista que pratica segundo as regras da arte, isto é, que não cai o tempo todo nas armadilhas da sedução. Pois bem: neutralidade e abstinência são também atitudes de um sujeito moral, que se apoiam na tolerância ao desvio como consequência lógica do que ensina a teoria psicanalítica sobre o funcionamento da alma. A psicanálise se defronta por natureza com o desvio, entendido como aquilo que não tem explicação lógica aparente, e que, por se impor ao sujeito, o perturba e o desconcerta: o sintoma, a aberração sexual, a ideia absurda ou delirante, a compulsão, o luto impossível, a angústia, a culpa... Também é uma prática que suscita poderosos afetos transferenciais, no registro da hostilidade, do carinho ou do amor passional: afetos que convergem para a pessoa do analista como alvo privilegiado, e mais, como consequência previsível das forças que permeiam e estruturam a situação analítica. O analista só pode se manter como tal se aceitar ver, nestas manifestações por vezes intensas e angustiantes, processos psíquicos que cabe acolher e elucidar: é por isso que a meu ver a "tolerância ao desvio" é um valor propriamente analítico, um valor, se posso dizer assim, "eticamente analítico".

Pois o analista não está imune ao que se passa num tratamento, e pode reagir aos fenômenos nele desencadeados pela prática da análise de forma a bloquear seu funcionamento como analista. Mesmo sabendo que o que lhe diz o paciente, ou os sentimentos que expressa, são produções psíquicas a serem escutadas, compreendidas e interpretadas, o analista pode se defender do efeito nele produzido pelo encontro com o outro de maneira tal que perca sua condição analítica de trabalho. Isso ocorre com mais frequência quando o paciente põe em xeque, deliberadamente ou não, os referenciais identificatórios e os "pontos cegos" do seu psicanalista, o qual pode reagir ao que sente como ataque à sua integridade psíquica pelo desligamento afetivo, pela atuação ou por qualquer um dos meios que conhecemos bem.

A meu ver, o fulcro destas formas de autoproteção defensivo/agressivas reside no narcisismo do analista. O próprio do analista como sujeito ético é a recusa de princípio em servir-se destes recursos narcísicos de defesa, ainda que ocasionalmente eles sejam mobilizados à sua revelia. Com efeito, a situação analítica comporta, como um dos seus riscos, a tentação de obter gratificações narcísicas diretas no contato com o outro, quer seja acatando o roteiro transferencial proposto pelo paciente (o qual inevitavelmente contém elementos de idealização), quer seja buscando reassegurar-se de sua competência ou de sua superioridade moral e intelectual sobre o paciente, quer seja, de modo mais grosseiro, pelo abuso de poder e pela influência velada que sobre ele pode exercer o analista, Ora, mesmo se estamos atentos para as manifestações mais ruidosas do nosso narcisismo, mesmo se buscamos compreendê-las e assim as silenciar, somos humanos e carregamos conosco nosso inconsciente, com todos os desejos, angústias e fantasias que o habitam. A postura ética aqui consiste na manutenção da neutralidade, ou na sua recuperação quando a perdemos momentaneamente: é para isso que serve o que se chama "análise da contratransferência". É neste terreno que o analista se defronta com a interrogação ética, e é neste terreno que, se meu argumento estiver correto, se pode falar de sua constituição como sujeito moral.

A questão é ética no sentido rigoroso do termo. Trata-se de um *princípio para a ação* – no caso, a ação do analista enquanto analista, que, como bem disse Pierre Fédida, consiste na manutenção de situação analítica e na manutenção de sua condição de escuta do paciente. O lugar desta ação se situa na esfera de indeterminação que é consubstancial à ética: sabemos qual é o princípio, mas precisamos decidir caso a caso se *este* ato ou *esta* atitude é conforme ou não ao princípio. Também é uma questão ética porque envolve a ação com e para um outro, o paciente, e aqui a teoria analítica tem algo a dizer. Pois "o outro" não é apenas um semelhante, um sujeito social como eu, com quem me encontro na praça pública e com quem posso ter variados tipos de relação. O outro é também um fantasma inconsciente, herdeiro dos *outros* primitivos da minha infância, e, através dos mecanismos da projeção e da identificação, encontra-se na vulnerável posição de ser alvo de meus processos inconscientes. Em seu artigo "Quelles valeurs pour la psychanalyse", Joyce McDougall sugere que "a rocha da qual falava Freud talvez não seja mais apenas a 'rocha do biológico', a problemática da diferença dos sexos, mas a *alteridade*, a existência mesma do outro em nosso campo, e portanto uma problemática dos limites da subjetividade".[12] Isto não significa somente que a psicanálise contemporânea discerne, como solo constitutivo do núcleo edipiano, a organização da economia narcísica, para o que a criança precisa mobilizar esforços consideráveis a fim de superar suas angústias psicóticas: se tiver êxito nesta empreitada, conseguirá obter um equilíbrio narcísico razoável, o qual lhe permitirá "manter o sentimento da identidade subjetiva e sexual", bem como de seu próprio valor como pessoa, "a despeito dos cataclismas e transformações a que estarão inevitavelmente submetidos tais sentimentos no decorrer da sua existência".[13] A hipótese de McDougall significa também que o analista escolhe como ofício o contato cotidiano e permanente com a alteridade do outro, "em nosso campo", e que esta escolha submete seu próprio narcisismo a constantes desgastes e abalos.

Joyce McDougall propõe que se considere a "proteção da sobrevivência psíquica" do paciente como um valor ético-analítico fundamental. A sobrevivência psíquica resulta da eficácia das soluções de "autocura" encontradas por cada uma para os conflitos fundamentais da existência, soluções inventadas na infância e cuja expressão vamos encontrar nos sintomas, nos traços de caráter e nas estruturas psíquicas em geral. Julga ela que não compete ao analista destruir estas soluções, por patológicas que elas lhe possam parecer, mas sim criar um quadro no qual outras soluções, mais "criativas" e menos geradoras de sofrimento, possam ser encontradas – quer venham a substituir as do passado infantil, quer a estas venham se acrescentar. Esta tarefa implica, certamente, numa contenção nada desprezível dos impulsos fálico-narcísicos por parte do analista, em especial do impulso a se sentir melhor que o outro e a pensar por ele, a orientá-lo, a

[12] Joyce McDougall, op. cit., p. 609.

[13] Idem, p. 607.

sugestioná-lo e a seduzi-lo. Mas o que caracteriza como ética a sua postura vai além disso, que é o mínimo exigível: consiste em se considerar por essência sujeito aos *mesmos* determinantes que o paciente, a reconhecer que o inconsciente o habita tanto quanto ao outro, e a obrigar-se à mesma exigência de análise que o contrato impõe ao paciente. Dou aqui a palavra a Joyce McDougall:

> Neste trajeto, é preciso saber que seremos confrontados mais dia menos dia aos nossos próprios bastiões neuróticos, que será preciso deixar vacilar nossas próprias fachadas sociais normopáticas, reconhecer nossos núcleos perversos e psicóticos, e mesmo constatar, face ao mundo mineral de alguns pacientes nossos, a morte psíquica que nos habita. Somente um questionamento constante e às vezes violento de nós mesmos pode permitir que seja mantida, como valor fundamental, a proteção da sobrevivência psíquica de cada analisando. Devemos respeitar ao máximo o equilíbrio, por mais precário que seja, construído pela criança assustada que se aninha em cada adulto; só podemos querer ajudá-la a encontrar condições mais ricas de sobrevivência, nas quais o amor, o trabalho e o sofrimento, não precisando mais ser temidos nem evitados, possam desempenhar seu papel fundamental.[14]

O analista, além de ser analista, também é membro da sociedade mais ampla, e mantém com outros indivíduos, ao longo de sua vida, relações não-analíticas. Nestas, colocam-se para ele questões éticas que em nada diferem das que exigem resposta por parte dos demais seres humanos. Mas é no seu trabalho como analista, nos termos tão bem escolhidos por Joyce McDougall, que se colocam para ele as questões éticas nas quais pode intervir a psicanálise.

Assim, não creio que a disciplina freudiana *seja uma ética*, mas sim que *existe uma questão ética para a psicanálise*, ou, mais precisamente, *uma questão ética para o psicanalista*. Ela consiste –como em qualquer caso no qual compareça a dimensão ética – em "elaborar uma forma de relação a si que permita ao indivíduo constituir-se como sujeito de uma conduta moral". Para este fim, o psicanalista só pode contar com a própria psicanálise. É ela que pode lhe servir para, na medida do possível, realizar a tarefa ética, que também pode ser definida com uma fórmula que Foucault emprega para caracterizar a filosofia: *se déprendre de soi*, desprender-se de si.

---

[14] Joyce McDougall, op. cit., pp. 610-1.

Freud, ética e cultura[1]

O que tem a psicanálise a ver com a ética e com a cultura? À primeira vista, seus territórios parecem relativamente diferentes uns dos outros, ainda que não estanques entre si: a psicanálise é parte ela cultura ocidental e ocasionalmente estuda aspectos dela; como prática, está sujeita a princípios éticos, e como teoria pode se interessar por questões originadas da ética. Mas, para além destas constatações relativamente triviais, um exame mais apurado revela outros pontos de contato entre estes campos. São alguns deles que gostaria ele examinar a seguir.

DOS SINTOMAS AO SUPEREGO

Num trabalho anterior, procurei mostrar que há três aspectos da ética que podem interessar à psicanálise: a incidência dos valores morais sobre a personalidade de cada indivíduo; o vínculo entre estes valores e a sociedade na qual surgem, já que fazem parte do processo de socialização pelo qual nos tomamos humanos; e os problemas éticos que a prática clínica pode colocar para o analista.[2] O primeiro

[1] Este texto foi originalmente uma conferência realizada em março de 1995 na PUC de Belo Horizonte. Sua primeira versão – completamente remanejada para esta edição – foi publicada na revista *Extensão*, Belo Horizonte, PUC-MG, vol. 5, nº 3, dez. 1995, pp. 29-47.

[2] Cf. "O psicanalista como sujeito moral", neste volume.

deles interessou bastante a Freud: vale a pena nos determos um instante sobre a forma como isto se deu, e sobre as ideias principais que ele veio a formular a este respeito.

Freud começou seu trajeto como um médico interessado no que se chamava no final do século passado de "doenças nervosas". O que caracterizava essas doenças era que as pessoas que sofriam delas apresentavam comportamentos estranhos, sintomas incompreensíveis do ponto de vista da medicina, na medida em que não havia aparentemente nenhuma razão para que alguém ficasse cego de repente, tivesse uma parte da perna paralisada, não sentisse dor no antebraço esquerdo, e assim por diante. Quando se fazia o exame dessas partes do corpo, não surgia nenhuma lesão visível, nenhum problema funcional, e no entanto o olho não enxergava, a perna não andava, o braço não se levantava.

Nos primeiros anos do seu trabalho, Freud se dedica a investigar por que tais sintomas aparecem. E, nesse processo, acaba criando um método de trabalhar com estes pacientes – inventa a psicanálise, tendo a ideia originalíssima de deixar as pessoas falarem a respeito do que lhes acontecia, e buscando nessa fala elementos que pudessem dar uma pista sobre a origem, o motivo e o sentido desses sintomas.

Num primeiro momento. a psicanálise nascente se apresenta como uma parte da medicina, parte talvez um pouco estranha, na medida em que não trabalha diretamente com o corpo. Mas, de qualquer forma, é um trabalho destinado a curar pessoas ou a solucionar sintomas de outra forma não abordáveis. Contudo, Freud não se limita a desenvolver um método de pesquisa, e eventualmente de tratamento. Desde o início, preocupa-se em tentar compreender como funciona a psique humana, tal que estes sintomas e comportamentos incompreensíveis possam ocorrer. Ou seja, junto com a investigação empírica, desde o início propõe-se a construir uma teoria capaz de dar conta tanto da origem dessas manifestações como da eficácia do método que ele tinha inventado.

Se nos voltarmos para os anos finais do século XIX, verificaremos – talvez com surpresa – que não existia o que chamamos atualmente psicologia clínica. Esta é uma invenção de Freud. O que havia como psicologia era, por um lado, a tradição filosófica de estudos sobre a alma humana, remontando aos gregos, e, por outro lado, os inícios do que viria a se transformar na psicologia experimental. Os primeiros laboratórios mediam sensações, percepções, e outros fenômenos semelhantes. Curiosamente, o mesmo cientista que organizou o primeiro laboratório de psicologia experimental – Wundt – também propunha um outro tipo de trabalho, a que chamava *psicologia dos povos* (*Völkerpsychologie*). A psicologia dos povos seria um equivalente do que atualmente se chama psicologia social, tentando compreender manifestações coletivas como a religião, os costumes, as crenças, os valores, etc.

A ambição destas pesquisas era construir uma ciência do homem, das suas potencialidades e capacidades; porém os métodos ainda eram muito incipientes. De um lado, havia o interesse pelos fenômenos coletivos, não muito distinto do que um filósofo poderia dizer sobre eles, e, por outro lado, métodos ainda toscos de medição e avaliação do funcionamento psicofisiológico. A pessoa, o indivíduo, não eram contemplados nem pela perspectiva da psicologia social, nem pela da psicologia experimental, então nos seus começos.

O que Freud faz é inventar a situação analítica, o que lhe permite um acesso relativamente controlado a um campo até então praticamente virgem. É quando ele decide que as histéricas, acusadas de serem mentirosas e fingidoras, de sofrerem apenas de achaques sem importância, têm o direito de falar, e leva a sério o que elas dizem, mesmo que parecesse absurdo ou não tivesse nada a ver, especificamente, com o problema que as tinha trazido até o seu consultório. Freud se dá conta de que as pessoas, ao falarem, dizem muito mais do que imaginam estar dizendo. Cria então o primeiro conceito-chave da psicanálise: o conceito de *inconsciente*.

Num primeiro momento, o inconsciente é aquilo de que não se tem consciência. Aos poucos, Freud vai se dando conta de que este inconsciente obedece a uma certa lógica; e, para explicar como os sintomas podiam parecer absurdos até para o paciente que deles se queixava, forja uma noção estreitamente ligada ao conceito de inconsciente: a de *repressão* ou *recalque*. A ideia é genial na sua simplicidade. O que Freud propõe é que as coisas esquisitas de que as pessoas se queixam na verdade têm um sentido, uma motivação, e que essa motivação é desconhecida para o indivíduo – inconsciente – *porque* a cadeia causal que conduziu até a formação dessa manifestação se encontra rompida; o que aparece à observação são seus pedaços dispersos. A tarefa da prática clínica seria ir em busca desses pedaços, como se fossem peças de um quebra-cabeça – metáfora que ele usa com certa frequência no início dos seus estudos – e juntá-los. Nos seus primeiros trabalhos, encontramos um capítulo final intitulado *epicrise*: este capítulo retraça a história da doença desde o seu começo, apresentando todos os elementos relevantes numa ordem que equivale à do quebra-cabeça completo.[3]

Já estamos, como se pode perceber, num terreno um pouco diferente da simples prática terapêutica. Freud se vê então às voltas com as consequências lógicas das noções que vai construindo para dar conta dos fenômenos aparentemente estranhos e sem sentido com os quais se depara, que no fundo são coisas que ainda hoje podem acontecer com as pessoas. Por exemplo: alguém tem a compulsão de lavar as mãos várias vezes ao dia, embora não haja nenhuma sujeira visível nelas. Uma ideia compulsiva desse tipo deve, segundo as hipóteses de Freud, ser levada a sério: este indivíduo lava as mãos porque alguma coisa o leva a lavar as mãos, e *exclusivamente* as mãos, não os pés, o nariz ou o cabelo. A razão desse comportamento se encontra recalcada, e ele tem algum sentido em função de uma lógica inconsciente, para a qual esse ato específico seria, por exemplo, um antídoto contra algum ataque insidioso dos micróbios, ou talvez algum exorcismo. Reconstruir essa cadeia é então o objetivo da psicanálise nascente.

Freud é assim levado a construir uma série de hipóteses sobre o funcionamento da alma humana, que rapidamente vão se afastando dos níveis mais imediatos da experiência terapêutica. Com a ideia de inconsciente, num primeiro momento pelo menos, ainda estamos muito próximos da observação: dizer que "a pessoa não sabe por que se comporta assim" não é muito diferente de dizer que os motivos deste seu comportamento são para ela "inconscientes". A ideia de recalque já é um pouco mais afastada do empírico imediato: postula-se um mecanismo através do qual uma ideia, um desejo, uma representação, uma fantasia, tem que ser *excluída* da consciência. Freud então sugere que ela é excluída porque sua presença na consciência causaria desprazer, angústia, inquietação ou preocupação.

De tijolo em tijolo, ele vai montando uma teoria sobre o homem, teoria essa que, depois de algumas tentativas encontra uma primeira formulação sistemática na *Interpretação dos sonhos*. Através do exame dos sonhos, produto psíquico bastante frequente (todos nós temos vários todas as noites, e ele também), e procurando elucidar o caráter aparentemente desconexo das imagens oníricas, ele vai mostrar, caso a caso, de que forma cada pedacinho do sonho na verdade podia

---

[3] Ver *Estudos sobre a histeria* (1895) e outros textos da mesma época.

ser ligado às experiências recentes ou infantis do sonhador. O último capítulo propõe então uma teoria sistemática: como deve ser a mente, tal que seja possível sonhar, e que o sonho se organize dessa forma.

As coisas estão nesse ponto quando Freud é confrontado com um fato que o perturba muito: ele se dá conta de que boa parte das ideias reprimidas ou recalcadas no inconsciente têm uma significação sexual. E ele mesmo confessa que levou um choque ao precisar admitir que era na esfera sexual que residia boa parte, talvez a principal, dos motivos pelos quais uma ideia, uma imagem, uma fantasia ou um produto mental tinham que ser reprimidos.

Nos *Estudos sobre a histeria*, para voltar a um exemplo conhecido, encontramos a história de Elizabeth, uma jovem que apresentava uma paralisia na perna. Reconstituindo de forma um pouco detetivesca a história que tinha levado à produção desse sintoma, Freud conclui que a moça estava paralisada exatamente na perna que lhe teria permitido "dar um passo em falso", passo ligado à seguinte situação: ela tinha se apaixonado pelo cunhado, a irmã casada com este cunhado morre, e no momento em que viajava para o enterro dela, Elizabeth tem um pensamento que a deixa profundamente indignada e chocada: "Agora o meu cunhado está livre, posso me casar com ele". Ou seja, a descoberta do desejo por esse cunhado havia sido um choque para ela mesma; ela a tinha reprimido, e, por uma série de ligações que não interessam no momento, o resultado final deste processo tinha sido sua punição: imobilizou-se a perna que a teria levado até o cunhado, para dizer as coisas mais ou menos rapidamente.

Ora, quando Freud reconstrói a história toda e diz para a paciente: "Provavelmente o que aconteceu foi isso", ele esperava que a moça ficasse aliviada e abandonasse o seu sintoma: "Ah! Então era isso? Então não preciso mais ficar mutilada, não caminhar". Mas, para a sua grande surpresa, neste momento começa um período terrível para a moça, porque ela não consegue se reconciliar com a ideia de que tinha sido vil o suficiente para ter um pensamento dessa ordem. Freud diz, em síntese, que na verdade ela adoecera por uma espécie de crise de hipermoralidade, julgando-se indigna e indecente por ter tido uma ideia desse gênero, e se pune através de uma construção bastante elaborada: o seu sintoma. Portanto, os valores morais – o que julgamos certo ou errado, bom ou mau – podem ter um papel importante na construção de certos sintomas neuróticos.

Essa ideia fica no horizonte durante vários anos, até que Freud se dedique a construir uma teoria capaz de dar conta desse efeito nefasto da moralidade.

O que ele percebe é que a vida sexual das pessoas no fim do século XIX é motivo de grande infelicidade, a qual aparece sob manifestações como impotência, frigidez, sintomas histéricos ou obsessivos, fobias e outras condições não muito agradáveis. E com frequência, é exatamente o sexual que se encontra na posição de ser recalcado; de alguma maneira, este recalcado, depois da sua morte aparente no plano da consciência, continua produzindo efeitos póstumos a partir da sua nova localização, isto é, a partir do inconsciente. Ou seja, Freud se dá conta de que as normas sociais atravessam as pessoas, têm uma incidência dinâmica sobre elas; nosso comportamento é certamente governado por aquilo em que acreditamos, mas aquilo em que acreditamos vai muito além do que nós mesmos poderíamos saber. Se cada um fosse convidado a precisar o seu ideário moral, assinalaríamos tais e quais ideias, porém a lista continuaria, por assim dizer, com uma espécie de moralidade inconsciente. Para ela, num primeiro momento, Freud não tem grandes explicações: simplesmente constata que é assim.

A forma pela qual a moral faz sua aparição na psicanálise leva Freud a uma postura audaciosa, advogando uma moral sexual menos repressiva. Há um texto de 1908, chamado "O nervosismo moderno e a moral sexual vigente", em que ele diz com todas as letras que o problema é que a moralidade sexual no seu tempo é excessivamente rígida. A grande maioria das pessoas não suporta essa quantidade de privação sexual, e o resultado disso é o adoecimento em larga escala, na medida em que os desejos e impulsos sexuais não-satisfeitos, incapazes de obter satisfação direta ou sublimada, acabam funcionando como combustível para a formação dos sintomas neuróticos. O psicanalista não pode fazer grande coisa quanto a isso, a não ser alertar, como crítico social ou crítico da cultura, para o fato de que nós não somos feitos de maneira a suportar uma moral tão puritana. Obviamente, a maioria das pessoas não suportava essa moral, embora dissesse que sim. Criava-se então todo tipo de hipocrisia, seja incitando os jovens burgueses a conseguir uma amante entre as balconistas e costureiras que povoavam Viena naquele tempo, seja incitando as moças de família a abandonar de uma forma ou de outra a satisfação de seus impulsos sexuais. Freud diz também que, de maneira nefasta, a curiosidade sexual das crianças acaba recalcada (porque se considerava feio perguntar sobre sexo). O resultado é a produção de idiotas em larga escala, porque a curiosidade sexual, diz ele, é a fonte de toda curiosidade, também intelectual.

Para explicar essa passagem, ele se refere a um mecanismo que designa com o nome de *sublimação*. Sublimação seria, de maneira sintética, a capacidade que nós temos de transformar nossos interesses, impulsos e desejos sexuais em atividades aparentemente não-sexuadas, mas que na verdade correspondem a fantasias inconscientes que envolvem a satisfação sexual. Esta não precisa ser necessariamente genital (outra ideia escandalosa da psicanálise). Freud procura mostrar que a atividade sexual na verdade não se restringe aos órgãos genitais, nem ao período que começa com a adolescência e com a maturação dos hormônios. Pode ser chamado sexual, no fundo, tudo aquilo que produz um prazer supérfluo. O modelo da sexualidade infantil, nos *Três ensaios para uma teoria sexual*, é, da maneira mais escandalosa possível, o bebê que chupa o dedo. Com sua ironia habitual, Freud lembra que todas as governantas e babás sabem disso e procuram coibir esse hábito entre as crianças; só os médicos não perceberam que as crianças adoram chupar o dedo, e que esta atividade não tem nenhum objetivo perceptível.

Para fundamentar sua opinião, Freud vai criar uma elaborada teoria, segundo a qual o dedo acaba substituindo o peito da mãe. A criança está biologicamente programada para mamar no peito. Quando este não está disponível, ela chupa o dedo: há um processo de substituição pelo qual o dedo materializa um *seio fantasiado*. Aqui temos várias etapas: primeiro, a criança mama; depois, quando não tem o peito à mão, cria um objeto imaginário. Na impossibilidade de mamar no peito imaginário, ela como que encarna esse peito imaginário numa coisa mais ao seu alcance, e faz de conta que seu dedo é o peito da mamãe. Mas há uma diferença importante: do peito da mãe sai leite, do dedo não. E, no entanto, a criança chupa o dedo com grande prazer. Freud diz ser esta a primeira manifestação da vida sexual. Posteriormente, o dedo vai ser substituído por uma série de outras coisas: a criança deixa de ter um interesse puramente autoerótico, embora em algum momento ela aprenda a se masturbar: o dedo vai ser substituído pela vagina ou pelo pênis, e a boca pela mão. Através desse processo inconsciente de substituições, Freud vai estabelecendo a teoria dos objetos inconscientes.

Acontece que os desejos sexuais, uma vez ampliados até o ponto de incluir a satisfação física que a criança pode ter ao chupar o dedo, ao urinar ou ao defecar, ao mexer na orelha, ao estudar, e assim por diante, vão se chocar mais uma vez com as normas sociais que impedem a satisfação imediata de todo e qualquer impulso sexual. Não se pode tirar a roupa em público, não se pode fazer isso ou aquilo. Mais uma vez, então, vemos uma situação de incompatibilidade entre os códigos sociais e morais (o certo e o errado, o bom e o mau, o bonito e o feio, o se faz e o não se faz) e os impulsos, desejos, instintos, pulsões, que são diferentes nomes daquilo que em nós impele à satisfação.

Podemos dizer que neste caso a natureza humana entra em choque com um produto dela mesma: o produto da natureza humana chamado *desejo sexual* se confronta com o produto da natureza humana chamado *lei, regra, norma.* Por isto, a criança tem que passar por um processo de educação (de domesticação, na verdade) pelo qual se transforma num ser humano apto a viver em sociedade. E daí vem a primeira constatação de maior fôlego que a psicanálise vai fazer sobre a ética: Freud vai dizer que a nossa civilização repousa inteiramente sobre *a coerção desses impulsos fundamentais do ser humano.* A civilização é necessária para que um bebezinho se transforme num ser humano, mas, ao mesmo tempo, ela também é responsável por uma grande dose de infelicidade, e por muitas das limitações que essa criança vai encontrar na tentativa de satisfazer os seus impulsos de natureza sexual.

Um outro ponto precisa ser introduzido aqui: não só os impulsos sexuais são inibidos pela vida em sociedade, mas também os impulsos *agressivos.* No fundo, somos seres que carregamos conosco tendências que, se fossem realizadas, tornariam impossível a vida em sociedade. Isto pode ser comprovado quando ocorrem manifestações coletivas de descontrole, como guerras ou tumultos, ou no caso de criminosos que põem a inteligência a serviço de seus desejos, sem respeitar limite algum. Temos que ter, dentro de nós, uma parte da psique encarregada do poder de polícia. A essa parte ele vai chamar, nos anos 1920, o *superego*, que é descrito e estudado em *O ego e o id.* Freud procura fazer uma teoria desta instância interna, cuja origem ele vincula à identificação com os pais, à interiorização da autoridade; há toda uma história da moral traçada pela psicanálise, através da qual surgem diferentes momentos e configurações desse conflito entre o querer e o dever.

Nesta linha, a psicanálise encontra a ética sob a forma da *incidência das normas e das regras morais sobre o indivíduo.* Escreveram-se volumes sobre as diferentes maneiras pelas quais cada pessoa negocia internamente, com um custo maior ou menor, quanto de sua energia pulsional vai ser satisfeita diretamente, através do orgasmo ou do ataque; quanto vai ser sublimado em atividades aparentemente inócuas, mas que podem carregar consigo a satisfação de fantasias inconscientes; quanto vai ser reprimido; quanto vai se procurar negar – qual é a fórmula que cada um de nós vai encontrar entre essas diferentes possibilidades, de maneira a constituir a sua própria personalidade. E, dependendo da maneira como cada qual resolve estes problemas (entra aí uma série de variáveis, das quais se ocupa a psicopatologia psicanalítica), os resultados podem ir desde a psicose mais delirante até aquilo que nós chamamos de *normalidade*, que é uma condição neurótica leve. Entre estes dois extremos, existem exatamente os sintomas a que me referi no início: obsessões, conversões histéricas, fenômenos psicossomáticos, etc.

A ideia grandiosa de Freud é vincular entre si esferas da experiência e da cultura que aparentemente nada têm a ver uma com a outra. O que poderia ter a ver a moralidade com a úlcera do estômago? À primeira vista, nada. Mas quando as referimos a um mesmo conjunto de processos psíquicos, centrados sobre o conflito entre o desejo e as defesas – mesmo da maneira sumária que nos é possível nos limites desta conferência – desenha-se uma certa configuração lógica, pelo menos na teoria. Compete então ao analista, orientado por essa configuração geral, verificar como isso se dá na singularidade de cada um.

A ORIGEM DAS NORMAS MORAIS

Outro ponto importante nos conduz a uma segunda vertente das relações entre a psicanálise e a ética: a afirmação freudiana de que os impulsos sexuais e agressivos têm uma espécie de afinidade eletiva com os primeiros objetos de amor e de ódio da criança, que são o pai e a mãe. A essa configuração de amor e de ódio pelo pai e pela mãe ele deu o nome de *complexo de Édipo*, e se interessou pela origem deste complexo, não só na vida individual, mas ainda na sociedade e na civilização.

Segundo a psicanálise, é tarefa de cada criança entrar e sair do complexo de Édipo. Dentro dos seus interesses não só clínicos, mas também ligados ao desejo de formular uma teoria geral do humano, Freud verifica que há uma surpreendente analogia entre as proibições características do complexo de Édipo (não cometer incesto com o genitor do sexo oposto e não matar ou agredir o genitor do mesmo sexo) e certas prescrições da vida dos que então se chamavam "selvagens" (isso era antes do tempo do politicamente correto). Os *selvagens* eram os australianos, os africanos, os índios, a maioria dos povos não-ocidentais. A antropologia começava a se constituir naquela época, na esteira dos exércitos colonialistas que, à medida que iam massacrando as populações nativas, também documentavam para estudo futuro os seus usos e costumes. A geografia e a antropologia se desenvolveram muito graças ao colonialismo inglês e francês; são disciplinas auxiliares da dominação colonial. Para dominar bem, é preciso saber quem vamos dominar, como funciona a cabeça desse selvagem em especial, descobrindo por exemplo o que lhe dá medo; e, para poder ocupar adequadamente o território, é preciso ter alguma noção da sua topografia, da localização das montanhas ou dos rios; para explorar com vantagem uma colônia, é preciso saber o que há no seu subsolo. Não é de admirar, assim, que a antropologia e a geografia tivessem um grande desenvolvimento no final do século passado e início deste.

Com base em documentos e estudos realizados por antropólogos, missionários e geógrafos, Freud escreve *Totem e tabu*. Não vou entrar na análise detalhada desse texto, que é por um lado interessantíssimo, e por outro muito estranho para o leitor contemporâneo. Diziam alguns antropólogos da época que o que fundamenta a sociedade primitiva, e por conseguinte também a nossa, são duas normas muito semelhantes às que a psicanálise descobriu na vida psíquica das crianças: a proibição de casar com uma mulher do mesmo clã (análoga, portanto, à proibição do incesto) e a regra que disciplina a caça e o consumo do animal-totem. Depois, os antropólogos modificaram as suas opiniões sobre o totem e sobre o clã. Claude Lévi-Strauss chegou a escrever um pequeno volume, *O totemismo hoje*, em que mostra que as ideias sobre essa religião totêmica são na verdade muito imprecisas, e que dificilmente se poderia falar de totemismo. Este seria mais uma ilusão de óptica dos europeus do que propriamente uma realidade das civilizações ditas primitivas.

Em todo caso, quando Freud escreveu seu livro (1912-4), o totemismo era o *dernier cri* da antropologia. Ele procura mostrar de que maneira uma série de características do tabu (não poder tocar o objeto-tabu, não poder se aproximar dele, a ideia de que ele é perigoso) tem curiosas analogias com o que bem se poderia chamar de tabus pessoais, como os que encontramos por exemplo na neurose obsessiva. O indivíduo que tem uma neurose obsessiva se caracteriza por não poder fazer certas coisas muito peculiares. Um paciente famoso de Freud, o "Homem dos Ratos", tinha esse tipo de problema, e desenvolveu um sistema elaboradíssimo onde o rato ocupava um lugar preeminente. Se ele fizesse tal ou qual coisa, os ratos iriam atacar sua noiva; o pai dele, que aliás já tinha falecido, também era passível de ser atacado pelo rato. De tal forma que para este cidadão o rato acabou se transformando numa espécie de animal-tabu, que ocupava incessantemente os seus pensamentos, e que governava toda uma série de práticas aparentemente incompreensíveis ligadas ao que ele devia ou não devia fazer.

Trabalhando com esse tipo de analogia, Freud é levado a construir uma espécie de conto de fadas que, segundo ele, daria conta da maneira pela qual as leis básicas da sociedade humana (a proibição do assassinato do pai e dos próximos, por um lado, e, por outro, a proibição do incesto) teriam se originado.

Talvez vocês conheçam essa história, contada no capítulo IV de *Totem e tabu*. Freud diz que tudo leva a crer que, antes da instauração da civilização, os homens viviam em hordas muito parecidas com as manadas de animais que existem ainda hoje na Natureza, nas quais um macho domina todas as fêmeas. Como somente este macho conseguia copular com elas, todos os demais machos eram também seus filhos. Durante décadas ou séculos, na vigência desta forma pré-social de vida coletiva, a vontade de um só (o chefe da horda) prevalecia através da força bruta, até que um dia ele fosse assassinado por um outro macho, que se tornava por sua vez o chefe da horda. Um dia, os irmãos tiveram uma iluminação: resolveram que, juntos, seriam capazes de matar esse animal selvagem que era o líder da horda, e fizeram isso. Comeram a carne desse pai, e assim imaginaram estar incorporando as suas virtudes e a sua força. Esta é a crença que justifica o canibalismo: um guerreiro valoroso, ao ser sacrificado por uma tribo canibal, tem o seu coração partido em pedacinhos, e cada guerreiro da tribo vencedora come um pedaço do coração, porque se acredita que comendo o coração de um indivíduo corajoso eu também me torno corajoso. Se a vítima tivesse sido um caçador veloz, a sola do pé dele podia ser retalhada e consumida, de maneira que a virtude da velocidade, encontrando-se depositada nos pedacinhos dela, tornasse também veloz quem comesse desta iguaria.

O que chama a atenção nessa história é que, uma vez tendo assassinado o pai primitivo, os irmãos não fizeram aquilo que se esperaria que fizessem: uma vez que tinha sido afastado o obstáculo que impedia o acesso às mulheres do pai – a saber, o próprio pai – poder-se-ia imaginar que os filhos se atirassem sobre as mulheres e satisfizessem o seu desejo tão longamente reprimido. Freud diz que não aconteceu nada disso: ao contrário, os irmãos coligados criaram a regra pela qual ninguém poderia ter acesso às mulheres do clã. E com isso instituíram a regra da exogamia, ou seja, estabeleceram que é necessário buscar fêmea num outro clã. Dito de outro modo, as mulheres são proibidas de se casar com os homens do seu próprio clã.

Pense-se o que se pensar dessa história – Freud achava que isso possivelmente teria acontecido em tempos remotos, enquanto os antropólogos deram risada com essa teoria – o fato é que ela lhe serviu para imaginar uma origem para as leis universais que proíbem o assassinato e o incesto.

O que quero enfatizar, lembrando este "mito científico" inventado por Freud, é que a psicanálise procura com ele sair do seu parâmetro estritamente clínico e da questão de que tratei no início, a incidência das normas morais sobre um indivíduo específico. Procura dar conta, de uma maneira especulativa – mas baseada nas suas observações clínicas – da *origem mesma* dessas regras. É uma espécie de psicologia social como aquela proposta por Wundt, e que, se não for vazada nos moldes da história imaginada por Freud, possivelmente possa ser narrada de uma outra maneira, com outros ingredientes. Mas passa a ser uma preocupação dos teóricos da psicanálise encontrar uma origem plausível para essas regras, que, através do *superego* (e do enlouquecimento do superego, digamos assim), produzem efeitos patológicos nas pessoas: depressão, melancolia, paranoia, obsessão e assim por diante.

Essa ideia do pai primitivo assassinado exerce um estranho fascínio. Não conheço nenhum analista que acredite nisso, mas não deixa de ser uma metáfora útil para ajudar a pensar uma série de fenômenos – a horda primitiva, o pacto dos irmãos, a identificação com o pai assassinado, e esse efeito estranhíssimo: *o pai assassinado acaba tendo muito mais poder do que enquanto vivo.* Enquanto quanto ele estava vivo, havia sempre o risco de que um irmão ou filho o matasse e se apropriasse das fêmeas. Uma vez morto, as suas proibições foram incorporadas por meio da criação de uma instância interna à psique, o *superego* (não matarás, não cobiçarás a mulher do próximo, especialmente quando o próximo estiver próximo), com o que a força dessas proibições se torna muito maior do que se ela fosse implantada ou executada por uma pessoa exterior.

Talvez nem mesmo Freud acreditasse muito nessa teoria, mas a ideia permanece: a de uma espécie de fonte anônima da lei, da regra à qual de uma forma ou de outra devemos nos subordinar, e que exerce um efeito por assim dizer a distância, governando a maneira como negociamos os nossos conflitos interiores.

Vamos encontrar uma ideia semelhante, ainda que mais refinada, na concepção de um discípulo de Freud – Lacan – a respeito do que ele chama o *sistema simbólico*, a lei simbólica, diferente das leis escritas que estão na Constituição, no Código Civil e em outros textos do mesmo tipo. É o Grande Outro, não exatamente identificável com esse ou aquele outro. Esta ideia é uma tentativa mais sofisticada de atacar uma questão muito parecida àquela que Freud procurava responder com a sua ficção da horda primitiva: como nos subordinamos às regras sociais, e que efeitos tem essa subordinação na nossa constituição como sujeitos psíquicos.

Aqui cabe lembrar um ponto importante. Freud sempre foi muito sensível ao aspecto coercitivo das regras morais e das normas sociais. Quando diz que a cultura repousa sobre a coerção das pulsões – o superego proíbe aquilo que os desejos desejam – esta tendência fica bem nítida. Os analistas que vieram depois se deram conta de que essas regras e normas não têm só um papel coercitivo e privativo, mas que são também essenciais para a *constituição* da personalidade e do funcionamento mental. Sem algum tipo de limitação, ou, como se diz em psicanálise, de castração, o funcionamento mental se vê impedido de se desenvolver, e passa de alguma forma a girar em círculos sobre si mesmo. Ou seja, o limite não é só aquilo que nos *impede de*, mas também é aquilo que nos *faculta para*. Por exemplo: a lei da exogamia pode ser lida no negativo – *não terás como mulher as mulheres do teu clã* – mas também como um mandamento positivo – *buscarás mulher nos outros clãs*. A interpretação positiva dessa lei é proposta por Lévi-Strauss em *As estruturas elementares do parentesco*, onde mostra que a circulação das mulheres, enquanto moeda de troca entre os diferentes grupos, é uma circulação absolutamente regrada. Não é qualquer mulher que pode ser dada em troca de qualquer outra para outro clã qualquer. Há toda uma lógica, que varia de grupo humano para grupo humano, pela qual as mulheres do clã da raposa não podem casar com os homens do clã da raposa, mas também não com os do tigre, e sim somente com os do ornitorrinco e do papagaio.

Assim, podemos dizer que existe uma relação entre os animais e os grupos que eles simbolizam, mas ela não é tão direta como pensava Freud. Em *O totemismo hoje*, Lévi-Strauss faz uma observação muito interessante: diz que Freud se enganou ao julgar que os animais totêmicos fossem bons para comer; na verdade, eles são *bons para pensar*. Por quê? Porque as relações que se estabelecem nos mitos entre os diversos símbolos totêmicos na verdade espelham relações entre os grupos sociais. Por exemplo, se o clã *x* não quer ou não pode se relacionar com o clã *y*, é provável que surja um mito dizendo que o animal *x* do clã *x* e o animal *y* do clã *y* se tornaram inimigos de tal ou qual forma. O tipo de relação entre o animal *x* e o animal *y* reproduz, ou simboliza, a relação entre o grupo humano *x* e o grupo humano *y*, sem que seja preciso imaginar qualquer vínculo direto entre cada grupo e o respectivo animal. Os índios do clã do tucano não precisam ter bicos compridos, nem, de modo mais geral, o comportamento do indivíduo precisa apresentar analogias com o da ave que dá nome ao seu clã.

Falamos até aqui de dois pontos em que a psicanálise e a ética se aproximam, ou, mais exatamente, de duas questões éticas que a psicanálise se interessou por investigar. A primeira delas é a da incidência possivelmente patológica (através da exacerbação do superego) das normas éticas e morais sobre o funcionamento mental de cada um de nós; a segunda concerne ao caráter supraindividual destas normas, que, para ser explicado, exige que elas tenham uma origem também extraindividual, ou, mais simplesmente, social. Com este tipo de questão, aproximamo-nos de uma área fronteiriça entre a psicologia individual e a psicologia dos grupos, um dos terrenos preferidos daquilo a que se costuma denominar "psicanálise aplicada". Neste novo contexto, reencontramos questões éticas, e mesmo sob formas mais específicas do que nos casos examinados até aqui.

O EXEMPLO DO RACISMO

Uma destas formas é oferecida pelos aspectos psicológicos de certas condutas ou atitudes socialmente difundidas. Ela pode ser ilustrada com um tema que desde há algum tempo começa a ser discutido mais abertamente entre nós: o do racismo. Como se trata de um tipo de preconceito, convém começar esclarecendo brevemente no que consiste este último.

O preconceito é um conjunto de crenças, atitudes e comportamentos que consiste em atribuir a qualquer membro de determinado grupo humano uma característica negativa, pelo simples fato de pertencer àquele grupo: a característica em questão é vista como essencial, definidora da natureza do grupo, e portanto adere indelevelmente a todos os indivíduos que o compõem. Assim, se os judeus são por natureza avarentos, todo e qualquer judeu o será, *a priori* e independentemente do que faça ou deixe de fazer, pelo mero fato de pertencer àquela nação ou religião. O mesmo vale para os chineses "sujos", para os suecos "imorais", para os russos "bêbados", etc.; todo chinês, sueco ou russo será tido por possuidor dos defeitos inerentes à sua origem.

Tais ideias são fixas e imutáveis, tão evidentes para aquele que nelas acredita que não necessitam comprovação – ou, mais exatamente, ele as vê comprovadas sempre e sem exceção a cada ato dos indivíduos pertencentes ao grupo indigitado. Por este motivo, é impossível refutá-las com argumentos racionais: como se sabe desde Sócrates, o debate pressupõe que, por um momento ao menos, os interlocutores aceitem suspender suas certezas e examinar a questão com um mínimo de imparcialidade. Assim, aqui não há "conceito": há "pré-conceito", isto é, pseudoconceito, anterior e superior a qualquer confronto com a experiência. Caso alguma situação apresente dificuldades para se encaixar no molde preestabelecido, será convenientemente distorcida para tal fim, se necessário lembrando que "toda exceção confirma a regra".

Podemos dizer que o racismo é a forma que assume o preconceito quando o grupo portador da característica repugnante ou indesejável é uma raça, e não uma profissão, uma corrente de opinião, os moradores de certa região ou localidade, etc. Diz-se que há *preconceito* contra os banqueiros, os comunistas, os nordestinos, mas nestes casos não é adequado falar-se em *racismo*.

Por trás da aparente tautologia – racismo é o preconceito contra uma raça – oculta-se-um complexo problema, que é o da própria conceituação do que seja uma "raça". Esta noção surgiu com os progressos da biologia no século XIX, tendo de início a aparência de um conceito epistemologicamente tão sólido quanto os de célula ou de tecido; contudo, desde cedo ela se prestou a uma utilização ideológica, no sentido de diferenciar as raças humanas numa escala com graus inferiores e superiores. O título do livro que introduziu a noção – *Essai sur l'inégalité des races humaines*, do conde francês Henri de Gobineau – fala por si só: há raças, e elas são desiguais, umas melhores do que outras. Mais precisamente, a raça branca seria a superior, a mais evoluída, etc., cabendo-lhe por isto certos privilégios em relação às demais. Entre estes privilégios, naturalmente, contar-se-ia o direito de dominar e de explorar as raças supostas "inferiores".

A índole ideológica desta ideia salta aos olhos: ela se situa na contracorrente dos ideais iluministas que fundamentam a democracia como regime político. Contemporânea da expansão imperialista das potências europeias no século passado, que mencionei na seção anterior, ela serviu como justificativa "científica" para a partilha da África e de outros continentes entre os Estados europeus: as populações assim incorporadas aos domínios coloniais seriam "inferiores", e portanto necessitadas da "civilização" que os brancos lhes proporcionariam. Em troca deste "benefício", os povos de pele escura deveriam subordinar-se à dominação da raça superior, servi-la e obedecer-lhe: esta seria a ordem natural das coisas.

As ideias racistas vieram dar uma aparência de direito à continuidade do domínio dos povos europeus sobre os demais, numa época em que a consciência moral já não podia aceitar a forma mais antiga e mais crua da exploração, isto é, a escravidão. Mesmo enquanto esta perdurou, houve ideias que a procuravam justificar a partir da inferioridade natural dos povos a serem escravizados, em especial os índios da América e os negros da África. Quando a escravidão direta se tornou intolerável para a opinião civilizada, as teorias racistas vieram, com mais sutileza, e com aparência de maior veracidade, sustentar o "direito" de mando dos dominadores sobre os dominados.

Ocorre que, embora fundada sobre a desigualdade entre homens livres e escravos, a escravidão era um regime legal, produzindo portanto efeitos objetivos sobre os membros das sociedades que o adotavam, quer pertencessem a uma ou a outra das categorias por ele definidas. Com a sua abolição, todos os membros de uma dada sociedade passavam em princípio a ser iguais, ao menos do ponto de vista jurídico. O racismo teve assim a função de restaurar o *direito à desigualdade*, fundando-o sobre um princípio filosoficamente mais elevado do que o da lei positiva: o princípio da Natureza. Instaurou-se desta forma um hiato entre a lei, perante a qual todos são iguais, e a Natureza, que teria feito uns superiores e outros inferiores.

Como a Natureza é estudada pelas ciências, buscou-se nelas a "prova" desta desigualdade. O problema é que as ciências nada trazem, em seus resultados, que confirme as hipóteses racistas. O próprio conceito de "raça" é confuso, pois o critério da cor da pele ou do tipo de cabelo não basta para as distinguir definitivamente: após séculos de estreito contato, a miscigenação impede que se tracem contornos nítidos entre uma raça e outra. Objetivamente, assim, não têm qualquer fundamento as ideias racistas.

Como explicar então a forte adesão de algumas pessoas a elas? Para a psicanálise, a resposta deve ser buscada na dimensão emocional, ou seja, na função psicológica que tais ideias assumem para quem acredita nelas. O racista, como qualquer indivíduo preconceituoso, divide os homens em duas categorias:

aquela a que *ele* pertence – invariavelmente a boa ou a melhor – e a dos outros, "inferiores". Esta contém, como atributo definidor, aquilo que é *temido* em nossa própria vida mental, e portanto *rejeitado*: tal coisa não faz parte de nós. A forma específica de rejeição destes conteúdos que vai engendrar o racismo é a *projeção:* o temido não é declarado inexistente, como no caso do recalque, mas sim atribuído ao outro, o que é uma maneira de reconhecer sua existência e ao mesmo tempo negá-la. Um exemplo de recalque: "talvez haja gente que tem desejos incestuosos, mas eu não tenho. Aliás, nem existem estes desejos, isto é uma invenção dos psicanalistas". Um exemplo de projeção: "nós, os brancos, temos uma sexualidade moderada e podemos controlar nossos apetites. Já os negros, por serem naturalmente mais selvagens, têm impulsos mais fortes e são menos capazes de os controlar. Por isto, sua sexualidade é exuberante e perigosa". Consequências desta projeção são, por exemplo, as fantasias de que os negros são mais "quentes" ou que seus órgãos sexuais são maiores; uma consequência mais distante é o estereótipo da mulata excitante, que conhecemos bem no Brasil.

A crença racista tem assim por fundamento um movimento de defesa contra algo que, em nós mesmos, é sentido como perigoso: a sexualidade é um dos casos mais clássicos. Mas nem todo movimento de defesa gera uma crença racista. Para surtir tal efeito, o movimento defensivo inconsciente utiliza um elemento que provém da cultura, elemento este que designa um dado grupo como indesejável. Juntam-se assim numa mesma crença fatores da psicologia individual e da cultura ambiente, o que traz reforços nada desprezíveis para a intensidade daquela ideia. É isto que a torna tão "inatacável". Se o perigoso é o outro e eu é que sou o bom, em primeiro lugar minha autoestima se eleva; em segundo lugar me sinto mais seguro – pois não sou só eu que penso assim, a crença é compartilhada; e em terceiro lugar, se a sociedade designa um dado grupo como inferior, as tendências sádicas e violentas que nos habitam encontram uma saída socialmente legitimada: posso humilhar ou ofender o membro da raça "inferior" sem me sentir por isto culpado ou injusto – estou dando a ele apenas o que "merece".

PENSAMENTO, SENTIMENTO E ATO

Em sociedades que admitiram o racismo – a África do Sul, os Estados Unidos até a década de 1960, a Alemanha nazista, os países ibéricos que perseguiram os cristãos-novos com base nas leis de "limpeza de sangue" e na ideia das "raças infectas" (negros, mouros e judeus) – não houve sanções contra os que, baseando-se na legitimidade social destas ideias, agiram de acordo com elas e exerceram os "direitos" que as crenças racistas lhes conferiam. Tal não é o caso no Brasil atual, em que leis severas punem as práticas racistas; o mesmo ocorre em numerosos países, especialmente no continente americano.

O simples fato de existirem tais leis indica que os sentimentos e crenças racistas persistem em amplas parcelas da população, caso contrário não seria necessário adotá-las. Mas aqui é importante distinguir entre *sentimentos e crenças*, por um lado, e *atos*, por outro. Os mecanismos inconscientes que determinam o surgimento dos primeiros não são abolidos por determinações legais; continuam a existir angústias que, em certos casos, são afastadas ou neutralizadas através da projeção. A tradição cultural tampouco é extinta por uma lei: no Brasil, o alvo eletivo das atitudes racistas é a população negra ou escura, como consequência de séculos de escravidão, que acostumaram as classes dominantes a ver no negro antes de tudo um instrumento para a satisfação de seu desejo de serem servidas e enaltecidas. É muito significativo, neste contexto, que nas camadas mais pobres o racismo seja pouco frequente, como o comprovam a ampla miscigenação e as relações de trabalho, vizinhança e solidariedade entre pessoas de "raças" diferentes.

Neste sentido, o racismo passa a admitir duas variantes. Uma permanece no plano das opiniões: para certas pessoas, pode ser um recurso de autoengrandecimento o imaginarem-se superiores a outras porque têm a pele mais clara do que elas. Não se trata de algo doentio do ponto de vista psicológico, embora não seja muito elogiável do ponto de vista moral ou social. A outra variante é mais grave, porque implica desafiar uma norma social e legal que tem ampla aceitação na comunidade: é a que conduz à prática de *atos* movidos pelo racismo, atos que se configuram como discriminatórios e constituem infrações à lei. Quem *atua* suas opiniões racistas mostra um grau muito pequeno de autocontrole, e pode vir a atuar outros complexos que normalmente permanecem contidos pela consciência moral, ou, como dizem os psicanalistas, pelo superego.

Estamos aqui diante de um problema de estrutura caracterial e não mais de um simples recurso defensivo contra angústias inconscientes, pois são tendências sádicas e antissociais as que encontram expressão em tais atos. Para a psicanálise, há uma grande diferença entre algo que permanece no plano psíquico e não afeta os demais – por exemplo, uma fantasia sexual ou uma crença aberrante – e algo que se materializa em ações concretas, que podem ser danosas para o indivíduo que as pratica ou para aqueles que com ele entram em contato. Nada. há de anormal num indivíduo que se excita sexualmente com imagens de meninas despidas, mas esta fantasia deixa de ser inofensiva se se traduzir em comportamentos pedófilos.

Aliás, o filósofo Platão concordaria com o psicanalista a este respeito, ele que escreveu na *República* que "os homens maus são aqueles que fazem aquilo com que os homens bons se contentam em sonhar". Pensamento precioso, porque estabelece claramente a diferença entre fantasiar/desejar e fazer/agir. Esta diferença é crucial quando nos aproximamos das pulsões agressivas que nos habitam a todos, e que podem dar origem a práticas socialmente condenáveis.[4]

Enfatizo aqui o *socialmente*, porque a sociedade é a origem e o juiz do que é condenável ou não, e pode exercer seu poder com violência sobre aqueles que se desviam dos padrões aceitos. Isto tanto pode ocorrer para reprimir práticas que, posteriormente, virão a ser aceitas ou toleradas – pense-se no homossexualismo, nas uniões fora do casamento legal, e em geral na evolução dos costumes – como para castigar aqueles que, na atualidade, comportam-se como se o código de valores não tivesse se alterado, e praticam atos que no passado foram tidos por normais ou até por louváveis, mas que hoje despertam horror e repulsa: é o caso da pilhagem dos vencidos na guerra, da escravidão, do massacre dos que creem em outras divindades, e também da tortura.

"NÃO CONTE A NINGUÉM..."

Para os psicanalistas brasileiros, a questão da tortura tornou-se especialmente espinhosa a partir do caso Amílcar Lobo. Trata-se, como se sabe, de uma história escandalosa, que envolve o acobertamento de um médico ligado aos militares na década de 1970 e que se inscreveu como candidato na Sociedade Psicanalítica do Rio de Janeiro.[5] Este fato veio à luz através de uma denúncia feita por uma psicanalista do Rio, a dra. Helena Bessermann Vianna, que na época precisou

[4] Cf. "O mal absoluto: sobre uma peça de Alberto Moravia", neste volume.

[5] Um estudo detalhado do caso encontra-se em Daniel Kupermann, *Transferências cruzadas: uma história da psicanálise e das suas instituições*, Rio de Janeiro, Revam, 1996, capítulo IV.

manter-se anônima por razões de segurança. A denúncia foi encaminhada à IPA – International Psychoanalytical Association – e esta mostrou uma negligência extraordinária na sua apuração. Através de uma perícia grafológica, os dirigentes das duas associações psicanalíticas do Rio chegaram até a dra. Helena, que se viu ameaçada e perseguida nos anos seguintes, inclusive escapando por pouco da morte – um explosivo havia sido colocado em seu carro. Passaram-se os anos, e esta história teve muitos desdobramentos, narrados pela dra. Helena em seu livro *Não conte a ninguém;* a obra acabou sendo traduzida para o francês e prefaciada por René Major, sob o título *N'en parlez à personne* (Paris, Aubier-Montaigne, 1997). É a partir desse livro, e sobre algumas implicações das questões de que ele trata, que podemos prosseguir nossa reflexão sobre a ética e a psicanálise, agora focalizando outro dos aspectos que enumerei no início deste artigo: o da prática clínica e dos problemas éticos que ela pode colocar.

O livro de Helena Bessermann Vianna está escrito num tom seco e direto: a autora escolheu apresentar os documentos e deixá-los falar por si mesmos, entremeando-os com algumas reflexões para os situar, ocasionalmente para comentá-los, fazer notar certas contradições, colocar questões perturbadoras. A indignação que o atravessa de ponta a ponta é sensível, mesmo – e talvez – porque ela não cede às facilidades do discurso panfletário.

Não é fácil viver sob uma ditadura, e aqueles que se encontram nesta situação podem se ver acuados a aceitar situações bastante humilhantes. O medo é um instrumento muito eficaz de intimidação, e isso sob todas as latitudes, acima ou abaixo do Equador. No entanto, existe uma grande diferença entre sofrer o terror em silêncio, conformando-se com a impotência de lutar ativamente contra ele, e a colaboração apenas ligeiramente disfarçada com as autoridades do regime, para não falar da participação consciente e deliberada nas atrocidades que elas cometem. Este foi o caso do torturador-candidato; foi também o caso de Leão Cabernite, seu analista, e de alguns outros dirigentes dessa sociedade, cujas decisões e atos são precisamente o objeto do livro.

A cobertura oferecida por seu psicanalista às atividades criminosas do dr. Lobo, e a cumplicidade da qual este psicanalista pôde gozar por parte dos seus colegas então no poder, é apenas o fenômeno mais patológico e mais escandaloso de uma longa série: eles manifestam toda a corrupção de um sistema institucional fundado sobre o poder de uma oligarquia que não duvidava um só instante do seu direito de comandar os destinos da SPRJ. Esta oligarquia deu provas de uma impressionante cegueira, para não dizer má-fé, sobre a estrutura que construiu e que corroeu o interior e a vida desta sociedade, impedindo qualquer debate e qualquer contestação, ainda que mínima, dos dogmas *soi disant* psicanalíticos sobre os quais pretendia legitimar sua política. Identificada à "psicanálise", a oligarquia se permitiu confundir seus interesses com os da Sociedade em seu conjunto, e estes, por sua vez, com os destinos da psicanálise *tout court:* foi isto que permitiu apelar durante anos a fio a abstrações como "a necessidade de salvar a psicanálise dos inimigos que a ameaçam" para justificar todos os seus atos. Eis um exemplo da candente atualidade do conceito de ideologia, que alguns gostariam de considerar "ultrapassado".

A psicanálise nos ensina alguma coisa sobre as fantasias onipotentes e sobre a necessária limitação delas ao domínio exclusivo da imaginação. Isso se traduz, no nível do funcionamento psíquico, pelos controles que o ego e o superego devem impor aos atos de qualquer um de nós, controles que fazem toda a diferença entre uma fantasia sádica e um ato sádico. Também se traduz, no nível da prática analítica, pela exigência ética feita ao psicanalista de analisar até onde puder sua transferência sobre o paciente, de maneira a evitar tanto quanto for possível as armadilhas de ordem narcísica e objetal às quais o expõe o exercício da função analítica É nesse terreno, como vimos atrás, que o psicanalista deve se constituir como sujeito moral em relação ao seu paciente. Sem esse constante exame de si e de sua posição nos roteiros imaginários que vão surgindo no tratamento – com tudo que esse exame pode comportar de doloroso, de reconhecimento de suas próprias fraquezas ou de eventuais faltas às normas da verdade – o psicanalista não poderia estar à altura de realizar a tarefa que, segundo Pierre Fédida e Conrad Stein, lhe incumbe no processo analítico: "ser o guardião da situação analítica". Isso quer dizer que ele deve velar para que as resistências, inclusive as suas, sejam reconhecidas e tanto quanto possível elaboradas, reabrindo a cada vez a possibilidade do desdobramento do processo e portanto do acesso às fantasias inconscientes.

A partir do instante no qual concorda em começar um trabalho analítico, todo psicanalista pode se encontrar diante de situações delicadas, imprevisíveis de início. Das paixões transferenciais às ameaças de suicídio, de atuações perigosas a descompensações psicóticas ou à reação terapêutica negativa, o caminho de uma análise pode mostrar-se semeado de obstáculos, aos quais, por vezes, o analista não pode fazer frente sozinho. É então o momento de seguir a consigna que um sábio deu aos seus alunos, e que se encontra em algum lugar do Talmud: "vai, busca um amigo e um mestre, não estudes sozinho". A supervisão, a reanálise, o diálogo com um colega respeitado, têm muitas vezes condições de desbloquear situações deste tipo, e não é absolutamente misteriosa a maneira como isso se produz: tais conversas podem permitir ao psicanalista perceber melhor aquilo que nele funciona como ponto cego, e assim escapar às identificações alienantes ou às miragens narcísicas que o fascinam.

Mas tudo isso pressupõe que o analista não se acredite perfeito, ao abrigo de todos os erros, identificado não se sabe por qual manha do Destino à própria psicanálise. É precisamente esta modéstia que faltou a Cabernite e a seus colegas da SPRJ, substituída como estava pela *hybris* que os deuses enviam àqueles que desejam perder. Passemos sobre questões de interesse pessoal, de família política ou de exercício do poder dentro de uma sociedade de psicanálise. O fato de ter um torturador em seu divã deveria ter colocado um problema ao analista, tanto mais que a análise era de caráter didático, conduzindo portanto à aceitação provável deste torturador como colega num futuro relativamente próximo. O que teria feito um psicanalista para quem a análise não fosse um instrumento ideológico de afirmação de si, mas um meio de acesso ao inconsciente, em todos os sentidos que essa expressão recobre? O que teria feito o leitor? O que teria feito eu? Pensemos na violência dos sentimentos que tais confissões podem suscitar em quem as escuta; pensemos nos conflitos, certamente penosos, entre o segredo profissional e a consciência pessoal, ou entre a esperança de poder ajudar pela psicanálise este delinquente e o nojo que suas palavras podiam produzir. Não seria prudente que o analista desta pessoa falasse com outros analistas, se necessário sob o sigilo da supervisão, para esclarecer sua posição e para procurar ter condições – aos seus olhos ou aos de outros – de justificar o curso que tivesse decidido seguir em relação à continuação dessa análise?

Ao invés disso, prevaleceram o silêncio, a mentira e a violência contra a colega que havia denunciado esse escândalo. "Não diga nada a ninguém" – isso é exatamente o contrário daquilo em que crê todo psicanalista, o contrário daquilo que funda a psicanálise como método e constitui a fonte do seu poder: "fale a alguém", alguém que você tiver escolhido como analista e portanto investido do direito de interpretar o que você diz, mas não do direito de abusar do poder que você lhe confia. Ora, é na minha opinião um abuso de poder identificar-se às figuras idealizadas que a transferência, colocada em marcha pelas coordenadas da situação analítica, não deixará de atribuir ao analista.

A leitura do livro de Helena Bessermann Vianna mostra o que pode acontecer a um grupo de psicanalistas, e à instituição internacional que quer ser a guardiã legítima da herança de Freud, quando a própria psicanálise se põe a girar em torno do vazio e se recusa a ser limitada por outros saberes e outras práticas. É evidente que não estou me referindo aqui ao tratamento, no qual a intervenção desses saberes e práticas não poderia ser aceita, exceto para desnaturar o processo que supostamente deveriam "melhorar". Refiro-me às relações entre analistas, assim como às relações entre as associações analíticas e a sociedade em geral, da qual fazem parte os analistas enquanto agentes individuais e coletivos. A *interpretose*, a psicanálise sem peias ou sem limites, não honram a disciplina freudiana. Os processos políticos, sociais e culturais são demasiado complexos para que a psicanálise possa dar conta deles sozinha: será necessário relembrar este truísmo? Sim, porque não é um truísmo. O psicanalista inclina-se facilmente a passar do axioma segundo o qual o inconsciente codeterminada todos os nossos pensamentos e todas as nossas ações ao sofisma segundo o qual este *co-* pode ser negligenciado. Não lhe falta muito então para dar outro passo, o que consiste em supor que não está submetido a lei alguma exceto à do inconsciente. Cai-se então na ideologia, e pode-se cair facilmente na delinquência.

É tentador acreditar que os instrumentos da psicanálise são de tal forma potentes que todos os enigmas da vida social, inclusive os contidos no funcionamento das sociedades de analistas, são de antemão abordáveis por eles. Ora, se a disciplina freudiana pode efetivamente esclarecer certos componentes de todo fenômeno humano, é ao contrário ingênuo e perigoso acreditar em sua onipotência teórica, assim como em sua eficácia perfeita em todos os domínios da prática clínica ou da prática social. Eis por que é preciso repetir que ela exige que nos interroguemos sempre sobre a origem de nossas próprias ideias e de nossas próprias posições, que não as consideremos de uma vez por todas evidentes e subtraídas a qualquer crítica.

Numa carta do psicanalista brasileiro Hélio Pellegrino citada por Helena Vianna à página 117 do seu livro, encontram-se descritas com a máxima clareza consequências da *hybris* que consiste em não querer aplicar a si mesmo aquilo que se considera útil para os outros. Escreve Pellegrino:

> A fraude, o engano, a mentira, a deslealdade e a ambiguidade deliberadas são vícios cada vez mais frequentes nesses últimos tempos nas altas esferas da SPRJ [...] Desprezam, em seu pânico, a única solução salutar capaz de reabilitá-los, o pleno reconhecimento de seus erros e um respeito elementar à verdade, que poderiam restaurar a confraternidade e a boa vizinhança. Em lugar disso, no entanto, como o uso degenerado e discricionário do poder é para eles como uma droga [...] se afundam cada vez mais [...], oferecendo o espetáculo de uma decadência escandalosa e acelerada que, por sua dimensão institucional, deixa de ser um problema de indivíduos para tornar-se uma ofensa à psicanálise brasileira e à dignidade que deveria guiar seu funcionamento.

Assim, é também a uma reflexão sobre toda instituição psicanalítica, inclusive àquela a qual se fizeram apelos para que utilizasse a sua autoridade e seu prestígio para esclarecer toda essa história (quero dizer a IPA) que nos convida o livro de Helena Vianna. Sua epígrafe poderia ser o adágio segundo o qual "todo poder corrompe, e o poder absoluto corrompe absolutamente". Ou, quem sabe, uma paráfrase do final de *O futuro de uma ilusão*: "a voz da justiça é frágil, mas acaba sempre por se fazer ouvir".

E porque em sua prática clínica, bem como em sua vida de cidadão, o psicanalista está diante de questões éticas, é do interesse dele – e da psicanálise – investigá-las com os instrumentos oferecidos pela nossa disciplina. As que abordei neste trabalho não são as únicas que merecem atenção; no entanto, refletir sobre elas pode nos abrir caminho para enfrentar outros e novos problemas.

A ética como espelho para a psicologia[1]

Professor titular do Instituto de Psicologia da USP e por vários anos coordenador do Programa de Pós-Graduação em Psicologia Clínica da PUC-SP, Luís Claudio Figueiredo tem nos últimos tempos participado ativamente de debate intelectual brasileiro, após um período de relativo silêncio na década de 1980. Na verdade, durante esta época, estavam em elaboração as ideias que vêm norteando suas intervenções mais recentes, como testemunha o rápido ritmo de suas publicações de 1991 para cá: *Psicologia: uma introdução* (1991), *Matrizes do pensamento psicológico* (1991), *A invenção do psicológico: quatro séculos de subjetivação* (1992), *Escutar, falar, dizer* (1994), e agora este pequeno volume de ensaios, cujo subtítulo é "Da epistemologia à ética das práticas e discursos psicológicos". Trata-se de cinco textos que se situam no espaço intermediário entre duas das principais linhas de investigação a que se dedica o pesquisador: a constituição das subjetividades modernas e contemporâneas, e o estudo crítico das práticas e teorias psicológicas em vigor na atualidade, como esclarece na Introdução do livro. Com efeito, se na primeira direção o interesse é procurar reconstituir os processos sociais e psicológicos que moldam a experiência subjetiva em diferentes momentos históricos,

---

[1] Em versão condensada, este texto saiu no "Jornal de Resenhas" da *Folha de S.Paulo* (1.5.1995); sua versão integral – aqui ligeiramente modificada – foi publicada nos *Cadernos de Subjetividade*, São Paulo, PUC-SP, 1995, vol. 2, nº 1-2, pp. 121-8.

na segunda o objetivo é discernir de que forma as diversas correntes da psicologia se distribuem no "espaço do psicológico" aberto por aqueles processos de constituição da subjetividade. O campo intermediário entre os dois territórios, um de índole mais histórico-antropológica, o outro de cunho mais epistemológico, é precisamente este "espaço do psicológico", produzido em última análise por fatores sociais e ocupado pelas doutrinas da psicologia.

Nesta caracterização das preocupações do autor, fica claro o desejo de evitar qualquer reducionismo, especialmente o reducionismo historicista, que ronda toda tentativa para enraizar escolas de pensamento no solo movediço dos processos sociais. E, como em toda tentativa deste gênero, o problema é como manter a espessura própria do campo conceitual, sem perder de vista aquele enraizamento – impedindo que as teorias se desgarrem do contexto em que são produzidas, e apareçam apenas como sistemas de representação flutuando no céu das ideias – mas também sem conferir a este contexto um peso tal, que fizesse esquecer que a teoria é uma "teoria de", que ela visa a explicar uma certa ordem de fenômenos e eventualmente propor modos de intervenção sobre este campo da realidade. Ora, a solução sugerida por Luís Claudio Figueiredo é ao mesmo tempo elegante e fecunda: mostrar que o próprio objeto da psicologia é atravessado pela história, que o "espaço do psicológico" não é um dado da natureza, mas fruto de uma complexa série de recortes, possibilitados pelos processos sociais na medida em que engendram formas diversas de subjetivação. Ou seja, a experiência de si e dos outros que forma o solo das doutrinas e práticas psicológicas sendo função dos "modos de subjetivação" historicamente determinados, tais doutrinas e práticas serão essencialmente maneiras diversas de apreender e de conceituar os elementos relevantes desta experiência. Isto as coloca na dependência de processos que as condicionam sem que elas necessariamente se deem conta disso, de onde o interesse epistemológico em discernir quais são e como operam tais processos.

Ora, a tese de Luís Claudio é que o psicológico se constitui sob a égide de um projeto epistemológico no qual não tem cabida o projeto de matematização do sujeito iniciado com Descartes. Neste projeto, o objetivo é constituir um sujeito livre de toda escória de singularidade, entendida como fonte de erro e de parcialidade na compreensão científica do mundo. Mas é precisamente esta singularidade que constitui o próprio da psicologia, enquanto saber sobre a experiência que o sujeito tem de si: de onde um "desencontro radical" entre o projeto epistemológico moderno e os saberes psicológicos e sociológicos que se constituem nas suas margens ou nas suas entrelinhas (p. 21). De onde também um inútil e pernicioso esforço destes saberes para se adequar aos cânones da cientificidade definidos por aquele projeto: a esta espécie de masoquismo que se compraz na condenação de si pelos tribunais da epistemologia, no exato momento em que vacilam as certezas sobre as quais se erigia o projeto epistemológico de construir um sujeito asséptico e expurgado dos vícios da carne, Luís Claudio reserva o epíteto sarcástico de "martirizante lava-pés", sugerindo que cabe à psicologia (no caso representada pela psicanálise) "contrapor sua compreensão da subjetividade às visões ingênuas e idealizadas da subjetividade que impregnam em maior ou menor medida os pensamentos epistemológicos" (p. 22). Esta mesma postura o conduz a deslocar o foco de suas indagações daquilo que costuma ser uma discussão tão estéril quanto inócua: a da maior ou menor "cientificidade" dos discursos psicológicos, cientificidade sempre medida por um critério que ignora o cerne mesmo do objeto que pretende avaliar – a saber, que o campo do psicológico é constituído pelas dimensões da subjetividade *excluídas* a priori pela intenção de purificar o sujeito e torná-lo compatível com o projeto epistemológico dominante. A esta questão são dedicadas páginas muito esclarecedoras no primeiro artigo do livro, "Os lugares da psicologia", que retomam e ampliam a ideia de um "território da ignorância" que é precisamente o espaço do psicológico.

Contudo, este território não é inteiramente opaco. Nele se discernem três eixos ou polos axiológicos que balizam os processos de constituição das subjetividades: o liberal, o romântico e o disciplinar (pp. 27 ss.). Segundo o autor, dos compromissos e alianças entre estes eixos formam-se os lugares de onde emergem os processos contemporâneos de subjetivação: cada um destes lugares engendra uma *identidade* e um *inconsciente* específicos. Isto significa que se originam "campos de representação possível" e "conjuntos de aspectos que se mantêm fora do campo da representação e do experimentável" (p. 29). A estes lugares, Figueiredo denomina o "meta-fenomenal" que determina os sentidos ocultos e as condições daquilo que se dá na experiência do sujeito. Ora, é precisamente a este meta-fenomenal que se dirigem as teorias e as práticas psicológicas, sendo exigível delas que possam estabelecer uma "ponte" entre o fenômeno e o "seu" meta-fenomenal: o psicológico deve valorizar a experiência imediata, mas não pode se deixar fascinar por ela.

Todo o trabalho de esclarecimento conceitual do autor visa a manter juntos, como se vê, os diversos fios de uma trama constantemente em risco de se esgarçar. As metáforas da "ponte" e do "trânsito" servem, em sua estratégia, para aproximar sem confundir planos que correm o perigo de se autonomizar, num movimento centrífugo, ou de se dissolverem uns nos outros, no sentido oposto. É o caso das teorias e de seus lugares de emergência, como também, no quinto ensaio, o da relação entre a teoria e a prática na clínica, ou, no quarto, da temática da inter e da transdisciplinaridade. A imagem da ponte é apta a sugerir o espaço necessário entre margens que precisam ser ligadas sem por isto perder sua posição em lados opostos do rio; ela é contrabalançada por uma outra metáfora, a da *tensão*, que aparece igualmente em pontos decisivos do argumento. Um exemplo entre outros é a discussão das relações entre teoria e prática no quinto ensaio, "Teorias e práticas na psicologia clínica". Aqui o velho tema da aplicação da teoria na prática *versus* a transformação da prática em teoria se vê deslocado em favor de uma descrição que enfatiza a irredutibilidade dos dois territórios – nem a prática é inteiramente teorizável, nem a teoria inteiramente conversível em prática –; irredutibilidade que ressalta ainda mais a necessidade do trânsito, da ponte entre elas. O que confere interesse especial à discussão deste quinto ensaio é a tese de que a teoria, além de poder funcionar como instrumento de configuração dos fenômenos (um pouco como os esquemas da imaginação transcendental de Kant, que servem para vincular o diverso intuído pela sensibilidade aos conceitos do entendimento puro), deve e pode ter o papel de *criticar* a prática, nela introduzindo um tempo de questionamento e uma possibilidade de encontro com o novo. Deslocar esta função do seu *locus* habitual – a intuição, a empatia, a sensibilidade, etc., do terapeuta – não é um dos méritos menores deste texto, que revela também as preocupações do professor com a carência, no currículo das escolas de psicologia, de disciplinas que favoreçam a aquisição da capacidade de escrever uma história clínica – exatamente o tipo de dispositivo representacional mais adequado para manter um "nível ótimo de tensão" entre a *não-coincidência* da teoria e da prática e a necessária *pertinência* de uma à outra (pp. 93 e 94 em especial).

O interesse por aquilo que efetivamente se faz no âmbito da psicologia, em vez de pontificar sobre o que se deveria fazer a partir de considerações dogmáticas acerca da atitude científica ou do que for, transparece igualmente no segundo e no quarto ensaios, dedicados à figura do psicólogo clínico e à interdisciplinaridade no conhecimento psicológico. Aqui transparece o reconhecimento de que, apesar das divisões departamentais, o que toma realmente atraente a psicologia é a sua faceta clínica, aquela pela qual a experiência subjetiva pode ser interrogada através do método *sui generis* que impregna a prática clínica – embora o autor advirta, com razão, que nem tudo na prática clínica se reduz ao "método clínico".

Não é o caso de valorizar nem de desvalorizar esta ou aquela área da investigação psicológica, seja ela educacional, social, do desenvolvimento, etc. Tais querelas não atraem o interesse nem do autor nem, de resto, do seu leitor. O importante é a derivação lógica do campo clínico como aquele no qual as psicologias têm algo realmente a dizer, derivação lógica se se aceitarem os pressupostos mais radicais da concepção de Luís Claudio. Estes pressupostos – que delineei brevemente no início desta resenha – apontam para a clínica como o território no qual o "espaço psicológico" se manifesta e pode ser apreendido, através do fato simples e bruto de que os processos de subjetivação contemporâneos estão expostos a crises, fracassos e impasses, em virtude de fatores que não são eles mesmos apenas psicológicos, mas relevam do *socius* tomado em seu conjunto.

Por esta razão, o interesse atual de Luís Claudio nas doutrinas e práticas da psicanálise não é tanto de ordem epistemológica, mas de ordem ética; por esta razão se justifica o subtítulo do seu livro, "Da epistemologia à ética"; e por esta razão o mais importante dos ensaios nele coligidos é o terceiro, intitulado – um tanto alusivamente – "Ética, saúde e práticas alternativas". A chave para compreender o alcance deste texto está no final do primeiro, quando o autor define o que chama de *ethos* de uma teoria psicológica: "a morada que oferece ao homem neste final de século". Em sua concepção, além dos compromissos entre liberalismo, romantismo e disciplinas que caracterizam dada teoria psicológica (cuja investigação e elucidação ainda podem ser concebidas como uma tarefa da epistemologia, mesmo que de uma "epistemologia fraca"), cada uma delas concebe de modo diferente tanto o campo das representações e das experiências em que alguém pode se reconhecer (a esfera das identidades), quanto o campo do vedado, resistente e obscuro à representação e à experiência (a esfera do inconsciente), quanto ainda o trânsito (mais uma vez esta imagem) entre ambos os campos. É o tipo de solução a este problema oferecido por cada teoria que permite, não mais a sentença epistemológica, mas a *avaliação ética* apropriada a ela.

Tornou-se moda, a partir de Lacan, dizer que a psicanálise – e por extensão toda prática clínica – não tem um estatuto científico, mas é (ou deseja ser) uma "ética". A quantidade de tolices que se podem ler a este respeito faz ressaltar ainda mais a importância do que escreve Luís Claudio sobre o assunto, a partir da ideia do *ethos* de cada doutrina como morada e *habitat* para o homem. Isto porque não se furta a definir um critério de avaliação e de escolha, em termos inclusive de *melhor* e de *pior*, destas diferentes moradas: é tarefa de uma teoria psicológica "reconhecer e acolher a experiência do sujeito", mas também é tarefa sua "desconstruir o reino das identidades e das representações deste sujeito", a partir do seu próprio (da teoria) ângulo de apreensão do meta-fenomenal" (p. 31). E ainda mais explicitamente: "é *melhor* uma teoria que teorize a *cisão* – do que uma que nos mantenha na ilusão de uma unidade do sujeito e de uma soberania e transparência da consciência – e é *melhor* uma teoria que teorize e propicie o *trânsito* – ao invés de uma que se estabeleça rigidamente num dos lugares disponíveis, impedindo-se o contato com todos os impensáveis que deste lugar são constituídos" (p. 33, grifos do autor). O critério de avaliação é então a forma pela qual a teoria, e a prática para a qual ela é pertinente, contribuem para a preservação ou para a desmontagem das ilusões narcísicas fomentadas pelos diversos polos organizadores da subjetividade – seja a autonomia supramundana advogada pelo liberalismo, seja a espontaneidade expressiva idealizada pelo romantismo, seja ainda a legitimação das formas de poder incidentes sobre os sujeitos favorecida pela perspectiva disciplinar.

Retraçando por um lado uma interessantíssima história das éticas, e por outro situando na esfera ética (e não na esfera da impossível legitimação científica) a oposição entre "psicologias oficiais" e "práticas alternativas", Luís Claudio acaba por instituir um critério para a avaliação ética das teorias e das práticas correntes na clínica psicológica: este critério é a capacidade de acolher, tematizar e interpretar as intenções e os conflitos, sem ceder à tentação de silenciá-los através de uma resposta direta à "demanda da familiarização". O problema é de fato central em toda prática clínica, alternativa ou não: a "morada do homem" tornou-se inóspita, após a evolução (e a falência) de diversos sistemas e códigos de ética ao longo da história. O "sobrevivente" – relacionado ao que Christopher Lasch denominou o "mínimo eu" – busca a reconstituição de um espaço onde possa "habitar serenamente", onde possa repousar sua angústia e reconstruir a calma do abrigo sem a qual não é possível pensar nem existir. Esta demanda é legítima, como mostra Figueiredo a partir de uma bela leitura de Heidegger; mas não são legítimas todas as formas de lidar com ela, especialmente as que tentam acalmá-la pela resposta direta e pelo aconchego imaginário. Aplicado às práticas alternativas, este critério as julga com severidade (embora o autor fale, eufemisticamente, em "problematizá-las"). Mas o importante é que ele serve também para avaliar as psicologias "oficiais", e neste ponto Luís Claudio se compromete implicitamente com a psicanálise, tida como a prática que mais longe foi no sentido de "reconhecer a demanda de familiarização para nomeá-la, interpretá-la, elaborá-la. Nesta forma de lidar com a demanda de familiaridade tentar-se-ia, simultaneamente, *oferecer o familiar* e *propiciar a admissão do e o encontro com o estranho:* o estranho dos outros e principalmente o estranho de/em cada um"(p. 72). É certo que a psicanálise não é nomeada por extenso nesta página, mas seria difícil não vislumbrá-la através dos diáfanos véus da "nomeação", da "interpretação" e da "elaboração". Não qualquer psicanálise, porém; as afinidades eletivas de Figueiredo o conduzem para o *ethos* associado, entre outros, com o trabalho de Pierre Fédida, não por acaso um leitor de Heidegger e autor de um importante texto sobre a linguagem cujo eixo é o livro deste filósofo *A caminho da linguagem* (*Unterwegs zur Sprache*).

A natureza do critério pelo qual práticas e teorias são julgadas melhores ou piores – sua aptidão para identificar e dissolver as ilusões do narcisismo – é um outro ponto pelo qual se vislumbra o lugar "de onde fala" (para usar um termo caro à tradição foucaultiana) o autor. Este lugar é certamente próximo da psicanálise – pelos motivos que acabei de aduzir, e também porque o narcisismo cujas ilusões devem ser alvo do bom discurso psicológico, sobre ser um conceito proveniente da psicanálise, é considerado por Luís Claudio como um elemento da realidade e não apenas como um construto teórico. Dito de outro modo, o construtivismo epistemológico encontra aqui um dos seus limites: sem que seja preciso fazer concessões à "teoria da verdade por correspondência" criticada no primeiro ensaio, o recurso ao narcisismo mostra como entre o conceito e aquilo de que ele é conceito o laço é mais íntimo do que uma mera convenção. Pois seria demasiado arriscado fazer repousar o critério de avaliação ética, e portanto todo o edifício cuidadosamente montado ao longo do livro, sobre um fundamento puramente arbitrário.

Esta questão abre para outras, de tipo mais filosófico; aqui posso somente indicá-las, reservando para outra oportunidade uma discussão mais aprofundada. Duas delas merecem atenção: a do convencionalismo e a da polêmica anti-iluminista.

O pensamento de Luís Claudio é visivelmente tributário da tradição marxista na qual se formou; ainda que este marxismo seja refinado e elegante – não se esperem da sua pena grosserias sobre o reflexo da infraestrutura na superestrutura – é dele que provém o princípio de inteligibilidade de toda a sua construção: a psicologia tem *matrizes*, e estas matrizes são sociais, num sentido amplo e ao mesmo tempo preciso. A determinação é orientada do social para o representacional e não inversamente, mesmo que, disse no início, a perícia dialética e o senso crítico do autor estejam constantemente em ação para evitar os reducionismos que, de tão frequentes na sua família intelectual de origem, acabaram quase por desmoralizá-la. Pois bem: esta raiz no marxismo combina-se com a atração pelo pragmatismo de autores como Rorty, Goodman e Dewey, e pelas concepções de Wittgenstein e de Heidegger. O autor, sabiamente, nos previne de que não é possível nenhuma síntese fácil entre os componentes deste grupo aparentemente heteróclito – mas os reúne sob a égide de um "movimento multifacetado [...] de superação da hegemonia do *pensamento representacional* e da noção de *verdade por adequação ou correspondência*" (p. 25, grifos do autor). O próprio deste movimento antimoderno, a cujas nuances internas está sem dúvida atento (pp. 25-6), é a tese de que as linguagens são o "meio universal da experiência, na qual objetos e sujeitos se constituem – vindo a ser – e se encontram uns com os outros" (p. 26).

A ideia de que as linguagens são o meio universal da experiência conduz diretamente à ideia de uma eficácia constitutiva da fala, a qual confere a esta a sua dimensão ética; estamos portanto em pleno centro do argumento, e, com efeito, nas linhas seguintes da p. 26 Figueiredo falará nas teorias psicológicas como "instalações do humano", não só como modos de representar o psicológico, mas igualmente como dispositivos aptos a "configurar e constituir tanto os homens quanto seus mundos – suas moradas, tanto os sujeitos como seus objetos, *tanto as experiências sociais como as experiências privadas e 'subjetivas' de cada indivíduo*" (grifo meu). Coloca-se assim um curioso problema: numa vertente mais tradicional, o constituinte é o processo social – é a via tomada, por exemplo, em *A invenção do psicológico* e resumida no início da p. 27; numa outra vertente, o constituinte são os jogos de linguagem, que inclusive configuram e conformam "as experiências sociais". Tudo se passa como se Luís Claudio oscilasse entre uma concepção marxista e uma concepção construtivista – para dizer as coisas esquemática e simplificadamente – e procurasse temperar os riscos de reducionismo presentes em cada uma delas com o que considera verdadeiro e valioso na outra. Não creio que isto seja um defeito, nem lhe cobro uma decisão prematura e desnecessária; descrevo uma questão que, me parece, tem origem no que gostaria de denominar "o problema da representação".

Ao identificar "pensamento representacional" e "teoria da verdade como adequação", talvez Luís Claudio esteja descartando de modo excessivamente rápido outras possibilidades de entendimento do que seja a representação. Esta não precisa necessariamente estar subordinada à metafísica cartesiana nem ao "projeto epistemológico" que nela se origina; na própria filosofia marxista, como em seu antecedente hegeliano, a representação não é obra do sujeito epistêmico diante do objeto isolado, mas sedimentação de experiências coletivas e eventualmente conflitivas (pense-se no segundo volume da *Fenomenologia do espírito*, ou na teoria da ideologia tanto do jovem como do velho Marx). Da mesma forma, a noção psicanalítica de representação não pertence à esfera cognitiva de corte cartesiano, mas introduz a ideia de um objeto que atua sobre o sujeito no plano afetivo e tem impacto sobre a regulação do seu nível de angústia: as representações inconscientes do pênis castrável ou do seio perseguidor não dependem nem da abstração de atributos do objeto, à maneira de Aristóteles, nem da evidência garantida pelo Deus veraz, à maneira de Descartes. Tudo indica que, a partir de uma crítica bem fundamentada à teoria da correspondência, Luís Claudio acaba por abandonar um conceito que, reposto num contexto mais rico, lhe poderia prestar bons serviços – bastando para isso desvincular a representação do "projeto epistemológico moderno" de cujas insuficiências sua análise nos convence sem dificuldades. Desta forma, uma ideia a meu ver demasiado estreita da representação o leva a procurar, do lado dos autores que efetuam a crítica do projeto moderno, algo que talvez esteja mais à mão na vertente dialética deste mesmo projeto.

Isto nos conduz ao segundo problema a que me referi: o do anti-Iluminismo programático. Sob a rubrica da modernidade, Luís Claudio se refere constantemente ao que ela exclui – em especial a sua própria gênese e o avesso dela mesma, a singularidade carnal do sujeito. De fato, a modernidade não foi capaz de elaborar uma psicologia, na medida mesma em que o campo do psicológico permanece como o seu impensado e impensável. Mas há um aspecto da modernidade que permanece exterior às considerações do autor, embora impregne do começo ao fim toda a sua perspectiva: a intenção libertária te emancipadora. Que o século XVIII a tenha acoplado a um ideal de racionalidade intelectual e política, que o século XIX a tenha vinculado a uma ideia de ciência hoje considerada ingênua e estreita, são fatos indiscutíveis, e a leitura minuciosa que Luís Claudio faz destes períodos e destas concepções não deixa margem a dúvidas. Porém é uma conquista da modernidade, e em especial do Iluminismo, a tese de que a liberdade é para todos, e que a superstição deve ser combatida porque é um mal em si, limitadora das potencialidades do humano. Ora, o que é a exigência ética de Luís Claudio, o que é a crítica implacável às ilusões da própria psicologia, o que é o critério do melhor e do pior segundo a "tarefa desilusionadora" do conhecimento, senão um tributo a uma modernidade menos *naïve* em seus preconceitos, porém mais segura em seus ideais?

Talvez o próprio uso da ética como instrumento avaliador e genealógico seja uma herança iluminista, temperada pelo *ethos* marxista que vinculava liberdade e conhecimento das leis da História, conhecimento cuja finalidade era transformar a condição humana. Certamente, Luís Claudio tem a sobriedade dos contemporâneos; nada menos ingênuo do que seus refinados instrumentos de análise, nada menos esquemático do que a ponderação dos diversos fatores que tornam complexa a série de questões sobre as quais se debruça. Mas, no trajeto "da epistemologia à ética" balizado pelos artigos de seu novo livro, está implícita uma dívida com o pensamento iluminista e com os sentidos mais dramáticos da divisa kantiana: *Sapere aude*, ousa conhecer – conhecer aquilo que, em nós e no mundo, atemoriza e angustia: o avesso das nossas ideias e das nossas experiências. É numa leitura da psicanálise guiada pela reflexão heideggeriana que – como terceira linha de pesquisa – Luís Claudio vem buscando elementos para desenvolver seu projeto. Que desta incursão pelo "outro lado do espelho" resultem textos tão instigantes quanto os que compõem o pequeno volume aqui resenhado.

PARTE III

Questões de teoria e de história da psicanálise

A transferência em Freud: apontamentos para um debate[1]

O tema da transferência em Freud exigiria, para sua discussão aprofundada, um livro de algumas centenas de páginas. Esta afirmação não apenas uma cláusula de estilo, remetendo à complexidade do assunto e à limitada capacidade do autor para tratar do assunto, embora este prometa que fará o melhor possível... Aqui estamos diante de um conceito verdadeiramente central no pensamento de Freud, conceito para cuja compreensão é preciso percorrer a obra no sentido diacrônico – dos *Estudos sobre a histeria* até o *Esboço de psicanálise* – no sentido transversal – pois ele convoca toda a teoria do processo analítico e tudo o que esta teoria implica – e no sentido "diagonal", isto é, nas passagens que não abordam especificamente a transferência, mas são relevantes para situá-la ou para precisar seu sentido. Como isso não será possível neste nosso encontro, o presente texto visa apenas a sugerir alguns pontos para reflexão, supondo que o leitor esteja familiarizado com os artigos de Freud aos quais se fará referência.

DO FENÔMENO AO CONCEITO

Sabe-se que, se o *fenômeno* de transferência foi notado por Freud já nos primeiros anos de seu percurso, o *conceito* de transferência passa por uma longa

---

[1] Este texto, publicado originalmente em Abrão Slavutzky (org.), *Transferências*, São Paulo, Escuta, 1991, pp. 47-78, foi ligeiramente modificado para a presente edição.

elaboração durante as décadas seguintes. Tal elaboração não é de modo algum linear, no sentido de progredir claramente de um extremo a outro de algum segmento imaginável. Isto não significa, contudo, que ao final da década de 1930 Freud estava no mesmo ponto que em 1895; significa que o conteúdo da noção foi se diversificando e se complexificando, em função de uma série de fatores que procuraremos esclarecer. A transferência começa sua carreira nos textos de Freud como uma noção "periférica", para utilizar uma expressão de Joel Birman, e vai ocupando neles uma posição cada vez mais central – basta referir-se ao capítulo III de *Além do princípio do prazer*, em que ela se vincula à compulsão de repetição, ou a *Análise terminável e interminável*, que gira em torno do problema da resolução da transferência. A razão deste movimento do conceito é simples de compreender: ele vai se tornando paulatinamente o ponto de cruzamento de uma série de "teorias regionais" na psicanálise. Quanto mais esta se torna um sistema complexo, maior o número de referências em cuja construção entra o conceito de transferência, e portanto maior a densidade de conexões que com ele ou a partir dele se estabelecem.

De início, a transferência consiste numa modalidade do deslocamento de afetos entre uma representação e outra, e num obstáculo ao trabalho de rememoração, isto é, em uma modalidade de resistência. Já aí, para situá-lo é necessário recorrer à metapsicologia (que explica o que é um afeto, o que é uma representação e o que é um deslocamento), e à teoria do processo psicanalítico (que explica o que é uma resistência). O que torna a noção "periférica", neste contexto, é a sua não especificidade: ela denota um sintoma entre outros, sua estrutura é a da "falsa conexão" (como se lê em "A psicoterapia de histeria"). Notamos que, nesta época, Freud acredita que se trata de um fenômeno localizado e pontual: fala sempre de "uma" transferência, ou em "as transferências", como fala em "um" sonho ou em "os" sintomas. Fruto da compulsão associativa, ela resulta de um processo análogo ao do trabalho do sonho: um desejo antigo liga-se a uma representação recente – o "resto diurno" – e assim atravessa a barreira da censura. Interpretar "uma" transferência é assim desfazer o equívoco, vincular novamente o afeto à representação que lhe corresponde, no caso uma pessoa significativa do passado que está sendo substituída pela imagem do psicanalista. É bastante curioso que, embora fale sobre a influência do analista e sobre a confiança que o paciente deve ter nele – isto é, sobre a relação terapêutica – Freud não relaciona estes fatores diretamente com a transferência, no sentido em que esta se define em 1895: "a" transferência, como meio no interior do qual desenvolve um psicanálise, ainda não surgiu no horizonte, e é precisamente por este motivo que Birman pode designá-la como "noção periférica", ou, em outra expressão feliz, como "intuição em estado prático".

Tal situação na geografia teórica é convergente com uma certa concepção da neurose e da interpretação. A neurose é um estado no qual as representações penosas são reprimidas, isto é, separadas do afeto que as toma penosas, o qual contudo virá investir outras representações, associadas de diversas maneiras às originais. Estas representações se articulam em fantasias, que por sua vez codeterminam (junto com as defesas) os sintomas. "Resolver" uma neurose é portanto desfazer as repressões, ou, o que dá na mesma, restaurar as ligações rompidas por aquelas. Este trabalho se depara com as resistências opostas pela instância repressora, de tal sorte que elas vêm a obstaculizar a rememoração. Ora, para realizar este fim – deter o movimento regrediente das associações – nada melhor do que uma forte vivência atual centrada na pessoa do terapeuta: eis como surge uma transferência, solicitada por detalhes mínimos na figura ou nas circunstâncias do psicanalista. Ela é um fenômeno derivado do jogo de forças que organiza a sessão, forças que tendem a ir em busca da representação reprimida e forças que se opõem a esta busca. Compreende-se que Freud fale dela no registro do deslocamento e no registro da resistência: a resistência é a face visível do processo de repressão, que, por sua vez, não faz mais do que deslocar os afetos das representações a eles adequadas para outras, aparentemente inadequadas. Por constituir uma resistência muito eficaz, a transferência é bastante frequente, como notam Laplanche e Pontalis no verbete "Transferência" do seu *Vocabulário;* mas Freud ainda não a considera como um traço essencial do tratamento analítico.

Um dos temas que poderiam ser explorados, neste contexto, é a dependência em que se encontra a teoria da transferência em relação à teoria geral do processo analítico e à teoria do funcionamento psíquico que a subtende. Monique Schneider assinala que os relatos de caso de Freud, nos *Estudos*, estão em completa contradição com o capítulo introdutório, em que os autores explicam o que é a terapia catártica. Enquanto Anna O. exemplifica muito bem as hipóteses da "Comunicação preliminar", estas não são utilizadas para compreender o que ocorre com Miss Lucy ou com Elizabeth von R.: nada de "corpos estranhos" cuja expulsão restauraria a saúde, mas um longo e laborioso trajeto associativo em busca de uma vivência incompreensível, repudiada ou traumática, de tal modo que o resultado terapêutico depende menos da expulsão de um agente externo interiorizado que da integração, da aceitação de que tal desejo era mesmo meu, que tal fantasia pertencia a mim e que eu não podia tolerá-la (Freud designa este processo com os termos de *Annahme* ou *Aufnahme*). E de onde vem a fantasia? Ela decorre de uma deformação da realidade, numa *Entstellung* comparável à do sonho. Eis por que a transferência é pensada como uma "falsa" ligação: a ligação é real, porém os termos que ela vincula são heterogêneos. Um deles é atual (a representação do terapeuta), o outro passado (o afeto). Eis por que, igualmente, a interpretação da transferência equivale a uma retificação do gênero "não sou eu, é seu cunhado ou seu pai".[2]

É no Posfácio ao *Caso Dora* que Freud introduzirá uma modificação significativa em sua concepção de transferência. Este texto é tão citado que mais vale deixá-lo em paz: ali Freud escreve que as transferências são reedições ou fac-símiles de tendências e fantasias remobilizadas pela análise. Mas surge a ideia de que a transferência é mais do que um obstáculo: ela é o "mais precioso aliado" do terapeuta, desde que manejada corretamente, isto é, "adivinhada" a tempo e "interpretada" oportunamente. O erro técnico do qual Freud se penitencia, neste caso, foi não ter notado que as palavras de Dora sobre Herr K. tinham um segundo sentido, dirigido a ele. Deveria então ter-lhe perguntado: "o que em mim lhe lembra Herr K.?". Como isso não foi feito, Dora *atuou* uma parte de suas fantasias, ao invés de reproduzi-las verbalmente nas sessões de análise. Interpretar a transferência, neste caso, significaria estabelecer qual foi o caminho associativo que permitiu a Dora colocar Freud no lugar de Herr K. e fugir dele como fugira de Herr K.; o corolário desta ideia é que, se este caminho tivesse sido descoberto, Dora teria permanecido na análise e continuado a *falar* de Herr K.

Joel Birman ressalta que Freud não achou necessário comunicar a Dora esta interpretação porque a moça falava com fluidez, trazendo associações e representações em abundância. Na óptica freudiana de então, isso indicava que suas resistências não eram especialmente intensas, caso contrário o fluxo verbal se interromperia com mais frequência. Foi deste "sono dogmático" que Dora o despertou ao abandonar o tratamento.[3] Mostrou-lhe que a terapia não se desenvolve apenas no plano

---

[2] Monique Schneider, "Affect et langage dans les premiers écrits de Freud", *Topique*, nº 11/12, p. 1976. Tradução brasileira, com o mesmo título: São Paulo, Escuta, 1994.

[3] Joel Birman, "Repensando Freud e a clínica psicanalítica", *Revista Tempo Brasileiro*, nº 70, 1985. Também é interessante outro artigo do mesmo autor, "A constituição do campo transferencial", *Teoria da Prática Psicanalítica*, nº I, Rio de Janeiro, Campus, 1984.

das representações coerentes, mas que a própria situação pode funcionar como "campo associativo substitutivo", impedindo a emergência do cenário inconsciente na e pela linguagem. Em síntese, Birman argumenta que esta descoberta tem duas consequências de enorme alcance:

- a ideia de "sistema de representações" se toma mais complexa, porque o espaço analítico pode funcionar como "contrarrepresentação", como aquilo que impede a emergência da história do sujeito no plano discursivo;
- a interpretação transferencial se transforma num instrumento essencial para o percurso analítico, na medida em que o espaço transferencial se revela constituinte do campo das representações: a rememoração da história não decorre espontaneamente do trabalho sobre as resistências, mas é precedida pela vivência transferencial que a indica nas entrelinhas.

Uma outra maneira de descrever a modificação trazida pelo "Posfácio" é proposta por François Roustang num artigo intitulado "Transfert: le rêve".[4] Este autor chama a atenção para o papel de pivô da técnica analítica que passa a ser representado pela transferência, ou mais precisamente pelo manejo dela. Com efeito, da dissolução da transferência depende o surgimento da recordação em lugar da qual se produzira *esta* transferência, e é esta recordação recuperada que possibilita ao paciente convencer-se da justeza das interpretações propostas pelo analista. Ora, como o conjunto destas interpretações/construções repousa sobre uma "predição do passado" através de interpretações daquilo que se anuncia sem se enunciar na transferência, esta se toma o precioso aliado do qual o analista deve saber se servir em seu trabalho. Ocorre que, com a introdução do problema da convicção, Freud abre a porta a um hóspede indesejado: a problemática da sugestão, velha sombra da psicanálise desde suas origens na prática hipnótica. Com o risco de que a eficácia da análise se baseie em formas sofisticadas de sugestão, vai surgir um aspecto novo e fundamental na questão da transferência: esta, sem deixar de ser uma "falsa ligação", portanto um fenômeno pontual no transcurso do tratamento, portanto em tese interpretável e redutível, passa a ser também algo mais obscuro e indefinível, menos individualizado e mais ameaçador: um veículo da alienação do paciente ao analista, na medida em que vem estruturar a

[4] François Roustang, "Transfert: le rêve", in ...*Elle ne lâche plus*, Paris, Minuit, 1980.

natureza da relação global entre ambos. Em outras palavras, "as" transferências nada mais seriam do que manifestações: visíveis *da* transferência, algo bem mais complexo e misterioso.

Daí a preocupação de Freud com o tema da sugestão, suas enfáticas afirmações de que nem o psicanalista nem a psicanálise são responsáveis pelo surgimento da transferência, a qual depende unicamente do neurótico e da neurose. Ela é a prova de que a "produtividade da neurose" continua, durante o tratamento e suscita novos sintomas, servindo-se das peculiaridades deste último. No artigo "Sobre psicoterapia", a análise é descrita como operando – entre outros fatores – por meio da sugestibilidade do paciente, isto é, da sua capacidade de ser influenciado pelo personagem em que deposita confiança. O método analítico consegue neutralizar ou diminuir a sugestão que provém do analista, mas tem que enfrentar a disposição à sugestão que o paciente traz consigo, e que se manifesta nos fenômenos transferenciais.

A TRANSFERÊNCIA COMO DESTINO PULSIONAL E A REPETIÇÃO

É a elucidar a origem desta misteriosa "disposição à sugestão" que Freud se dedica nos chamados artigos técnicos de 1912-4, não sem antes ter elaborado a teoria das pulsões na forma original dos *Três ensaios* e percebido a importância da agressividade pela análise, entre outros pacientes, do Homem dos Ratos. Em termos muito gerais, podemos dizer que daí por diante a transferência será encarada como um destino pulsional, mais do que como exemplo "diurno" dos mesmos processos que estruturam o sonho. Pois este era o quadro fundamental a que se referiam, implícita ou explicitamente, as primeiras elaborações de Freud sobre o tema, na medida em que o próprio processo analítico era pensado primordialmente sob o prisma do sonho. Em outras palavras, o modelo que fundamentava a interpretação dos sonhos era "transferido" para a interpretação dos sintomas: nestes como naqueles, buscavam-se o jogo de deslocamentos e condensações, o conteúdo latente, o motivo do recalque, e assim por diante. Mas agora a questão é diferente, e irredutível ao problema do sonho: de quais *objetos* infantis o analista torna-se substituto graças à transferência? E de que modo a transferência presentifica este objeto, ao mesmo tempo em que bloqueia o acesso a ele?

É neste tom que se abre "A dinâmica da transferência": daí o recurso à ideia dos clichês ou séries psíquicas em que o analista vai ser inserido, ressaltando a necessidade de transferir para ele a libido insatisfeita. Aqui Freud faz amplo uso de uma noção cujo interesse é ressaltado por Roustang, a noção de *Erwartungsvorstellung* ou *représentation d'attente* – representação de espera ou de expectativa. O que chama a atenção de Freud é o caráter exagerado do investimento transferencial, sua inadequação patente à situação real da escuta benevolente e neutra instituída pelo psicanalista. De onde provém este aspecto? A resposta é óbvia: dos elementos libidinais e agressivos (hostis) ligados à infância. É importante notar que, com este argumento, Freud isenta novamente a análise e o analista de qualquer responsabilidade no desencadeamento da transferência, já que a libido infantil não é produzida pela situação analítica. O que o interessa profundamente é algo muito diverso: saber por que a transferência se presta tão bem às finalidades da resistência. A resposta pode ser resumida assim: os protótipos infantis exercem uma atração sobre as vivências presentes; o tratamento vai liberar a libido acorrentada a estes protótipos; quem opõe a resistência a ela são, em boa lógica, os mesmos protótipos, e a transferência serve às finalidades da resistência porque reproduz uma maneira infantil de amar/odiar, isto é, de investir objetos. A transferência obedece às finalidades conservadoras da vida psíquica infantil, e se põe a serviço da resistência porque o tratamento mobiliza novamente as paixões elementares da infância: há um uso negativo da transferência que não se confunde com a transferência negativa ou hostil, assim como a transferência positiva (amorosa) não recobre o uso positivo da transferência. "Uso positivo" e "uso negativo" referem-se às finalidades da terapia, que são levantar as repressões e restaurar as conexões por elas destruídas, recolocando a libido a serviço da "realidade".[5]

Está assim preparado o terreno para a grande novidade do artigo de 1914, "Recordação, repetição e elaboração": a ideia da *repetição*, que implica uma considerável torção ao paradigma anamnésico que até então governara o tratamento psicanalítico. Freud opõe os pacientes que "recordam" aos pacientes que "repetem", que atuam *no* tratamento seus complexos reprimidos. A transferência é um "fragmento de repetição", e nisto consiste sua afinidade eletiva com a resistência; mas

[5] Aqui talvez coubesse uma discussão acerca deste tema, a realidade, tanto mais que em "Observações sobre o amor de transferência" Freud afirma que o dito amor é perfeitamente real. Mas isto nos levaria a uma outra conferência. Para um exame detalhado da noção de realidade em Freud, cf. Nelson Coelho Jr., *A força da realidade na clínica freudiana*, São Paulo, Escuta, 1995 (nota de 1997).

a repetição nada mais é do que a transferência do "passado esquecido" sobre os aspectos e dimensões da realidade atual, e não apenas sobre a pessoa do médico. Ora, a repetição é o modo pelo qual o passado infantil se presentifica e se materializa, organizando-se sob os traços de uma neurose de transferência. Até aqui, nenhum problema. Ele está em outro lugar: será tal presentificação efetivamente acessível à interpretação? Freud afirma que sim, que a tarefa do analista é fazer com que o passado se tome efetivamente passado, e que isso é possível precisamente através da interpretação e do manejo (*Handhabung*) da transferência. Mais exatamente, esta é um "campo de desfile" aberto à compulsão de repetição: de um modo ou de outro, porém, a divisão esquemática entre os que recordam e os que repetem não pode ser mantida, já que a repetição é o solo no qual se enraíza a transferência tanto de uns como de outros. Este "campo de desfile" (*Trummelplatz*) é também uma prefiguração do espaço transicional de Winnicott: *Zwischenreich*, área "intermediária" entre a neurose e a vida, nos termos de Freud, na qual se opera a passagem entre o "aqui" e o "lá". O artigo contém numerosas observações importantes, como a formulação da regra de abstinência, além de alusões aos riscos que podem advir de uma intensificação excessiva dos afetos transferenciais. Freud chega a falar na importância de se "atrelar as paixões selvagens ao freio da transferência"!

É através da atividade da elaboração ou perlaboração que o paciente irá vencer as resistências e persuadir-se da validade das interpretações comunicadas pelo analista. E aqui temos, finalmente; um critério para distinguir entre a sugestão e o tipo de eficácia próprio à psicanálise: a *elaboração das resistências*, ausente nas terapias sugestivas. Esta elaboração é o motor da mudança que pode ocorrer – e que, a rigor, espera-se que ocorra – no equilíbrio pulsional e emocional do indivíduo que se analisa. A elaboração das resistências permite que surjam as lembranças reprimidas, ou, na ausência disso, que o paciente adquira por si mesmo a convicção de que o passado reconstruído na análise foi ou poderia ter sido conforme à sua história real. Pois se a repetição toma novamente presentes os efeitos de repressão – sintomas, inibições, traços de caráter – também toma presentes os objetos da repressão, os impulsos patogênicos intensos e temidos que provêm de sexualidade infantil; isso possibilita sua modificação por meio dos instrumentos característicos da terapia analítica.

Mesmo através deste resumo necessariamente esquemático, podemos perceber que a noção de transferência é em Freud um conceito do registro econômico-dinâmico. Todos os problemas do seu manejo derivam de um fator quantitativo: a intensidade das forças desencadeadas pelo tratamento e contra o tratamento, a intensidade das fixações aos objetos infantis, a plasticidade ou rigidez das defesas. Não por acaso, o conceito mais frequentemente associado ao de transferência é o de resistência. Esta vinculação é fundamental na concepção freudiana do campo de forças no qual opera a análise. E por esta razão, a preocupação de Freud em inocentar o analista de responsabilidade pelo desencadeamento da transferência não é muito convincente: a situação instaurada por ele mobiliza afetos poderosos, e não é nada simples lidar com estes afetos. Roustang formula este aspecto com muita lucidez, ao observar que Freud sempre concebeu a transferência como arma utilizada *pela* resistência, a fim de mantê-la nos limites do manejável; mas o inverso também é verdadeiro, já que a transferência também *provoca* a resistência, na medida em que se enraíza no "erótico-original".[6] Se o tratamento o obriga a retornar aos objetos originais – sexuais e infantis – dos quais tentou sem êxito se desprender, por que o paciente deveria abandoná-los após os ter reencontrado graças à análise, ainda mais se esta usualmente o preserva da regressão catastrófica? Há um "prazer de transferência" cujos efeitos Freud percebeu com sua agudeza habitual, mas sobre cujas fontes pouco pôde teorizar, ao menos nos artigos ditos "técnicos". Para compreender esta questão – a meu ver, a mais importante na teoria e na prática analítica – é necessário tomar outros caminhos. No restante deste trabalho, utilizarei a excelente elaboração de Maurice Dayan em seu livro *Inconscient et réalité*, a fim de esclarecer tanto quanto possível a relação de transferência com o "passado infantil". Se aquela é "repetição do passado infantil", se é um dos destinos (provisórios, espera-se) do "erótico-hostil" originário, nem por isso consiste numa reprodução automática de experiências reais datáveis ou "recordáveis". E talvez a própria noção de *infantil* mereça ser reexaminada, já que todos nós tivemos oportunidade de verificar a total inanidade de interpretações do gênero "você se comporta comigo como antigamente se comportava com sua mãe". Existe um sentido não-trivial do termo "infantil", sem o qual a psicanálise deixa de ser psicanálise; mas é aqui preciso retomar certas questões abertas – e não encerradas – pelo que Freud escreveu acerca da transferência, tal como pudemos mostrar brevemente nas páginas anteriores.

[6] F. Roustang, op. cit., p. 136.

O IMPULSO PARA AGIR

Podemos partir de uma notação do artigo de 1914 sobre a repetição, que diz respeito à questão do agir. Ao descrever o que são estas "ações" que indicam a existência da repetição, Freud não diz que o paciente se vira no divã ou que falta às sessões, mas sim que ele organiza segundo modelos infantis o seu discurso na sessão. Este discurso não se limita, pois, a narrar fatos e situações que seriam seus referentes: *constitui em si mesmo uma modalidade do agir.* Modalidade, aliás, que contém os traços de um "agir propriamente dito": Dayan relembra que a descoberta da transferência é contemporânea do ato súbito de uma paciente que, ao despertar da hipnose, atirou-se nos braços de Freud. O dispositivo analítico, com sua regra fundamental de tudo dizer e de se limitar ao dizer, foi assim concebido para entravar tais ações inconvenientes, "para inibir a propensão do paciente e colocar em atos e não em palavras seus desejos, fantasias e lembranças".[7] Contudo, devido à mobilização dos afetos infantis, está sempre presente na sessão analítica o impulso a agir (no sentido da ação motora) o que implica que a manutenção do *setting* exige uma pressão constante no sentido de impedir esta ação motora e de canalizar as energias pela análise estritamente para a ação verbal.

O "agir" recobre um domínio bastante heterogêneo. O primeiro exemplo de Freud, em "Recordação...", é o silêncio do paciente (que "repete uma posição homossexual"); outro é a loquacidade confusa, que reproduz o fracasso da investigação sexual infantil. Penso que estas indicações sugerem uma teoria da linguagem que se baseia efetivamente no que podemos aprender da prática analítica, em vez de tentar transpor para a teoria conceitos e esquemas derivados da linguística (estrutural ou, mais recentemente, ligada ao performativo). Em todo caso, importa levar em conta que a observação de Freud em "A dinâmica da transferência" – "as moções inconscientes não querem ser evocadas como o tratamento o deseja, mas tendem a se reproduzir conforme à intemporalidade e à capacidade de alucinação do inconsciente" – introduz como característica constitutiva da transferência a potencialidade para a ação. O problema do seu "manejo" pode então ser formulado assim: se a força que impulsiona o falar é a mesma que impulsiona o agir, como captá-la em proveito da análise e não permitir que ela a subverta? Ou, nas palavras de Dayan:

---

[7] Maurice Dayan, *Inconscient et réalité*, Paris, PUF, 1984, p. 131.

> O tratamento coloca assim em funcionamento, como condição *sine qua non* de seu desenvolvimento autêntico, um princípio de reativação que não se subordina em absoluto às suas finalidades de evocação e de exploração, mas é antes anárquico e cego – transferência polivalente e sem fim determinado ... Analisar é de início provocar este trânsito em condições que não são as do sonho, que portanto não comportam um ferrolho natural para proibir o acesso à realidade, e que postulam a analisabilidade da fala como única garantia desta proibição, para além da simples interdição de agir (que não seria suficiente para tanto). É por uma torção deste movimento espontâneo, produzido pela instigação do inconsciente, que se institui o sucedâneo transferencial analisável.[8]

Do que vai depender a captação deste movimento em proveito da análise? Do tipo de investimento na relação analítica que vier a ocorrer: ele deve ser suficiente sem ser excessivo, o que permitirá que a via de descarga das excitações mobilizadas pela terapia se mantenha afastada da motilidade e confinada ao plano discursivo. Quando o investimento em questão for insuficiente ou demasiado, o paciente não conseguirá encontrar representações substitutivas – ou "representações de expectativa" – capazes de satisfazer em certa medida a tendência à ação, e repetirá de modos variados os atos ou comportamentos que de alguma forma realizam substitutivamente seus desejos infantis.

É possível afinar mais a compreensão desta segunda constelação, se retomarmos uma distinção estabelecida em 1914 ("Repetição..."): "O tratamento começa sob os auspícios de uma transferência leve e não-expressa"; mas se em seguida "esta transferência se torna hostil ou excessivamente poderosa, e assim exige a repressão; a recordação cede imediatamente lugar à repetição". Que significa "uma transferência que exige repressão"? É aquela que repõe em circulação impulsos que o ego julga perigosos, seja na dimensão hostil – a agressividade reativando a culpa e o temor ao superego – seja na dimensão passional, que expõe o paciente ao risco de alienação total ao personagem todo-poderoso e por isso mesmo frustrador *deste* desejo. Tais impulsos serão reprimidos segundo o modelo do passado, e a transferência se colocará a serviço de uma resistência extremamente difícil de ser vencida com os meios da análise. Dayan distingue entre uma resistência *ao* agir – mesmo ao agir "leve" que consiste em articular um discurso interpretável

[8] M. Dayan, op. cit., p. 132.

– e uma resistência *pelo* agir – quando a inibição da ação motora suscitada na análise é demasiado frágil para constituir um freio eficaz às pulsões nela desencadeadas (é o que chamamos de *acting out*). Também pode ocorrer que a intervenção do analista, ao invés de acalmar a turbulência pulsional, contribua para aumentá-la e coagir o paciente à ação – como no famoso exemplo, satirizado por Lacan no seminário III, do paciente de Ernst Kris que se imaginava plagiador contumaz. Kris lhe disse que, no livro que imaginava ter plagiado e que o paciente lhe dera para ler, não havia encontrado nada que merecesse ser copiado; e o paciente, ao sair da sessão, entra num restaurante e almoça seu prato preferido, uma porção de miolo fresco.

O interessante neste exemplo é que o ato pelo qual o paciente "atua" não é em absoluto homogêneo às fantasias que povoam seu inconsciente e nele se expressam. Na repetição, não há reprodução do idêntico, mas conformação do presente a partir de um modelo coercitivo construído no passado. Temos todas as razões para pensar que este modelo corresponde ao que Freud designava como *das Infantile*, o infantil: mas é inevitável a pergunta pela origem deste infantil. Se excluirmos que o próprio modelo seja a reprodução paralela de outra coisa – por exemplo, de experiências realmente ocorridas nos primeiros anos de vida – a questão assume todo o seu peso. Para tentar respondê-la, nosso fio condutor será esta constatação de não-homogeneidade: dizer que o paciente de Kris foi almoçar miolo porque esteve dominado por uma fantasia de almoçar miolo não explica coisa alguma, e faz pensar no médico de Molière, que atribuía o efeito sedativo da sua poção a uma extraordinária "virtude dormitiva" das plantas que a compunham. Não-homogeneidade entre o... o que, precisamente? Entre algo que provisoriamente denominaremos um *a*, o primeiro elemento de uma série, e os sucessivos *b*, *c*, etc., que constituem suas reproduções ao longo desta série.

"Reproduções": ei-nos novamente às voltas com a repetição, agora repetição dos protótipos infantis. Mas isso não nos faz avançar muito, porque o que caracteriza um protótipo como infantil é exatamente sua tendência à repetição. Dayan sugere um caminho interessante para recolocar o problema, à luz da questão da resistência; resumirei rapidamente sua argumentação, que desemboca diretamente no problema do infantil.

Examinando os textos da década de 1920 que tratam da resistência, nota-se que "Além do princípio do prazer" estipula que aquela é uma função do ego, guiado pelo princípio do prazer (evitar o desprazer associado aos conteúdos reprimidos). Já a transferência é a melhor prova de que a repetição não se limita às experiências que produziram prazer, muito pelo contrário. Mas a repetição é uma resistência, na medida em que impede o surgimento de recordação cuja perlaboração resultaria numa modificação psíquica importante. Se a compulsão à repetição deve ser atribuída ao "reprimido inconsciente", disto resulta que há uma resistência do inconsciente, o que Freud não deseja admitir. O problema é retomado em diversos textos desta época, ora enfatizando a dimensão do ego, ora a do reprimido. A solução sugerida por Dayan leva em conta a complexidade dos fatores envolvidos:

> frente a um ego que sabe manter por todos os meios a repressão pela qual ele próprio se instituiu, o reprimido aparece [...] dividido quanto aos princípios que governam sua atividade: descarregar seus investimentos, no limite se "resolver" e aniquilar-se como reprimido, e por outro lado reproduzir em atos tudo o que representa, todos os traços das impressões que o constituíram originalmente, quaisquer que sejam os valores "prazer" e "desprazer" associados a estes traços, a que, uns e outros, forneceram matéria para a repressão inscrevendo-se num registro desagradável ao ego. Assim, para além da insatisfação e do sofrimento que esta reprodução pode engendrar, e que relançam imediatamente o processo oposto da tentativa de descarga, o reprimido se conserva ao se reatualizar, os esquemas e cenários derivados das experiências nefastas se perpetuam "verificando-se" no real que se presta à sua legenda: o inconsciente toma a figura de um destino que o representa.[9]

Detenhamo-nos um momento nesta ideia, que me parece bastante sugestiva. Todos notamos que o paciente repete na transferência aquilo mesmo que, segundo a teoria da repressão, ele deveria buscar "descarregar" na análise – se é verdade que os desejos inconscientes aspiram a se *realizar*, isto é, a encontrar uma via no real que lhes permita atingir um objeto análogo ao da "experiência de satisfação". O que Dayan sugere é que a tendência à descarga surge do *desprazer*, da insatisfação e do sofrimento, mas que a própria tentativa de descarga repete em sua organização os esquemas e cenários (fantasias) que ela visaria a afastar. Na verdade, é preciso aqui reintroduzir a distinção entre "reprimido originário" e "reprimido secundário", para evitar confundir a "resistência ao desprazer" e a

[9] M. Dayan, op. cit., p. 171.

"resistência à modificação". Um parágrafo de "Inibição, sintoma e angústia" formula que "o ego, mesmo depois de ter-se resolvido a abandonar suas resistências, encontra dificuldades para desfazer as repressões [...]. Depois de suprimir as resistências do ego, temos de admitir que falta vencer o domínio da compulsão de repetição, *a atração exercida pelos protótipos inconscientes*, e, se quiser se qualificar este fator como 'resistência do inconsciente', nós não vemos aí nada a objetar". Aqui, a compulsão à repetição é identificada à atração exercida pelos protótipos inconscientes, segundo o modelo da *Metapsicologia* de 1915. Na verdade, a partição simples entre um inconsciente que quer se expressar, e portanto busca a descarga, e um ego que visa a evitar o desprazer (e portanto impede esta descarga), embora lógica e coerente, precisa ser revista por causa da profunda irracionalidade introduzida em toda a questão do processo analítico pela noção de compulsão à repetição. O que busca expressar-se e encontrar uma saída no plano do "real" (portanto mobiliza a ação) são os derivados do reprimido; mas estes são atraídos pelos "protótipos" dos quais emanam. Em outras palavras, o "reprimido secundário" (ou "propriamente dito") poderá aceder à recordação, sob a pressão da análise (especificamente pela transferência positiva), se ela puder remover os contrainvestimentos operados pelo ego e que constituam a repressão. Mas o "reprimido originário" não permite que tal situação se verifique por completo: como exerce uma atração constante sobre os derivados dele, afasta-os do registro do dizível, impregnando-os com uma parcela da "matriz infantil de relação às coisas desejadas" que constitui sua essência. Dayan resume sua conclusão da seguinte maneira: "Conduzido por uma pulsão constante a se expor e a buscar uma via de satisfação, o reprimido 'propriamente dito' se inclinará rumo à prova de um 'agir sem conceito', embora seja ao jogo da fala na análise que ele deva seu despertar e seu afastamento do sintoma, bem como a abertura de novas vias de acesso ao pré-consciente".[10]

TRANSFERÊNCIA DO INFANTIL

Como o reprimido originário jamais foi consciente, não pôde ser vinculado aos signos verbais pré-conscientes que permitiriam sua "rememoração"; por isso,

---

[10] M. Dayan, op. cit., p. 183. Na citação de "Inibição, sintoma e angústia", o grifo é meu.

só pode manifestar-se no "agir sem conceito", isto é, naquilo que por natureza escapa à captação pela linguagem. Dayan sugere assim uma pista muito fecunda para compreender a dialética da repetição e da recordação em cujo movimento se inscreve a transferência: aquilo que será recordado (mesmo se de maneira fragmentária ou transposta) foi uma vez consciente, enquanto aquilo que precisa ser repetido não transitou nunca pela consciência. Por este motivo, a transferência terá pouco a ver com o "recordado" ou com o "recordável", porém muito a ver com o "repetível"; e a introdução do conceito de "protótipo inconsciente", bem como sua vinculação ao reprimido originário, permitem recolocar o problema do infantil em termos que escapam ao empirismo, evitando os escolhos impostos pela busca de cenas homólogas em seus detalhes e mesmo em sua estrutura aos "agires" que se cristalizarão na transferência. Esta é assim compreendida em seu sentido mais amplo – não só transferência para a pessoa do analista, mas para "toda a situação presente", nos termos de Freud. O infantil na acepção psicanalítica não é a mesma coisa que "a infância", período cronológico que recobre os primeiros anos de vida e termina com a entrada na adolescência. É evidente que a psicanálise se interessa tanto pela infância em geral quanto pelo que aconteceu na vida do paciente quando ele "era pequeno", mas isso não impede que as duas noções, infância e infantil, se recortem sem se recobrir. Para o Homem dos Ratos, Freud diz que o infantil é a parte da vida psíquica que se separou do restante por meio da repressão. Contudo, ela não permanece idêntica ao que era naquele instante; sofre os avatares do processo primário, e por meio deste vem a constituir os "protótipos inconscientes".

O próprio desta parte do passado, que ao se conservar transformando-se funda o infantil, é engendrar um *desenho*, uma *configuração*, que se baseia nos acontecimentos traumáticos: estas são as experiências que estabeleceram relações particularmente densas com o prazer ou com o desprazer. Como nota Dayan, de um modo ou de outro tais experiências suscitam uma atividade da fantasia. Há portanto um primeiro intervalo ou distância entre a vivência e seu traço, traço este que configurará o modelo do desejado. Este é o primeiro nível em que podemos perceber a não-homogeneidade da qual falava há pouco. A análise poderá reconstruir não o encadeamento dos fatos, mas o sentido deles, a partir da repetição transferencial. E por *sentido* convém entender o efeito que uma cena conforme a certas interpretações poderia ter tido sobre as disposições pulsionais da criança, tal como pode ser inferido da forma que a atividade fantasmática imprimiu a estes eventos ou experiências. Talvez fosse mais preciso dizer: "as" formas, já que, desde a Carta 52 a Fliess, Freud trabalha com a hipótese de que existem sempre diversas versões do mesmo, quer se trate do mesmo desejo, da mesma lembrança ou da mesma fantasia: um processo análogo é por ele mencionado a propósito das lendas criadas pelos povos sobre os começos de sua própria história, cujos fatos se perderam nas brumas do passado e dos quais só persistem vagos fragmentos, submetidos a constantes remanejamentos.

As vivências a partir das quais se forma o infantil compõem-se de fatos e de fantasias, que podem ou não se ter cristalizado em *atos*. O importante é que elas dizem invariavelmente respeito aos desejos e às pulsões da criança. A força do desejo, como se expressa Freud no *Homem dos Lobos*, é o que põe em movimento o processo psíquico, tornando possível a reativação dos traços mnésicos que "ele unifica ao atravessar".[11] Estes traços mostram ao que pode se assemelhar a satisfação, no caso a satisfação do desejo passivo por parte do pai. A libido foi posta à prova, houve um trabalho psíquico a partir disso, e o resultado deste trabalho se inscreve em certas *impressões*. Uma das ideias mais interessantes do autor que estamos acompanhando é a de recuperar e conferir estatuto metapsicológico a este termo, *impressão*, que Freud emprega com frequência desde o *Projeto* de 1895. A impressão é aqui tomada no sentido gráfico, de algo que se imprime sobre uma superfície (cf. "O bloco mágico"). Mas não é esse o seu interesse maior; o fato é que a superfície em questão não é inerte: a própria absorção do que se imprime resulta da atividade pulsional, pela boa e simples razão de que o "impresso" refere-se sutil e flexivelmente a um objeto que foi de início desejado. E esta situação impede que o "impresso" seja tomado na distinção clássica entre o real e o imaginário, entre o verdadeiro e o falso.

Digamos que certas experiências, cujos traços mnésicos serão posteriormente submetidos ao processo primário, suscitaram fantasias que incluem estes traços. A fantasia descreve uma sucessão de eventos cuja característica é representar o desejo como realizado (a *Wunschphantasie* da *Interpretação dos sonhos*). Surge assim uma multiplicidade dispersa de sequências imaginadas consciente ou inconscientemente; a esta multiplicidade, Dayan opõe com pertinência a *imago*, que

[11] M. Dayan, op. cit., p. 351. (Nota de 1997: Para uma excelente discussão de todo o problema do infantil em psicanálise, cf. Bernardo Tanis, *Memória e temporalidade*, São Paulo, Casa do Psicólogo, 1995.)

representa um objeto constituído por processos psíquicos "derivados da elaboração fantasmática e subsumidos pelo conceito de introjeção".[12] A imago, como notou Lacan no início de seu trajeto teórico, fornece um polo fixo às identificações do sujeito, um princípio de permanência, uma forma identificante capaz de determinar um "mesmo" – aquele a quem ocorrem ou podem ocorrer os eventos encenados nas fantasias. É aproximadamente desta maneira que surgem o sujeito, o objeto e a tendência do primeiro para apropriar-se do segundo (ainda que sob modalidades que não se esgotam na introjeção). Disso resulta que a fantasia não é apenas uma imagem ou representação mental, mas uma *disposição a agir;* mesmo sem recorrer à elaborada análise feita por Dayan desta determinação, podemos lembrar que desde o *Projeto* o que aplaca o desejo é uma *ação específica*, e que o pensamento é um substituto da ação. No fundamento de vida psíquica (não no seu começo), Freud coloca a ação, como aliás no fundamento da sociedade: *Am Anfang war die Tat*, citação de Goethe que encerra *Totem e tabu*. Dayan acrescenta que esta disposição a agir é "freada pela repressão e se expande então em descrições de acontecimentos".[13]

A ação encenada na fantasia (cujo agente não precisa, é claro, ser figurado por aquele que a fantasia) é perfeitamente determinada: trata-se de obter a satisfação de um desejo. Como o objeto deste desejo foi originalmente uma coisa ou uma situação exterior à psique, é por meio da impressão que este objeto se inscreve na fantasia, a partir do acontecimento ou da experiência que o contextualizava. Vemos que constantemente opera o princípio da não-homogeneidade: a impressão não reproduz o acontecimento, o objeto não reproduz a impressão, o acontecimento não é idêntico à experiência: todas estas ligeiras defasagens se explicam pelo mecanismo do "mapeamento", nome que podemos dar a esta extração da *forma* de cada um dos referentes em questão. Uma fórmula estabelecida por Dayan permite visualizar claramente este processo: "Um vínculo estreito une, no freudismo, a ação das impressões (retomadas pelos traços mnêmicos), a formação do inconsciente individual, a repressão, a amnésia infantil e a delimitação de uma pré-história produzida por estes fenômenos".[14]

---

[12] M. Dayan, op. cit., p. 364. Aqui o autor se refere à análise da fantasia realizada por Susan Isaacs, retirando dela o que convém ao seu argumento. Cf. "Natureza e função da fantasia", in Melanie Klein et alii, *Os progressos da psicanálise*, Rio de Janeiro, Zahar, 1978, pp. 79-135.

[13] M. Dayan, op. cit., p. 369.

[14] Idem, p. 374.

A pré-história é aquela parte das "experiências da infância" irrecuperável pela recordação pré-consciente ou consciente; é fácil perceber que ela interessa muito de perto a toda a problemática que estamos tentando circunscrever, já que, segundo os *Três ensaios*, é desta época que datam os começos da vida sexual. Tais começos se encontram ocultos pela "amnésia infantil", obra da repressão, e mais uma vez não são necessariamente da ordem dos fatos espetaculares, aptos a merecer um registro eminente na crônica familiar. O que caracteriza os começos da vida sexual é que a experiência produz uma excitação que não pode ser ligada a representações metabolizáveis, e nisto – apenas nisto – consiste seu caráter traumático. Laplanche designará como "significantes enigmáticos" o resíduo deste gênero de experiências, que coloca a criança frente a comportamentos, injunções ou fantasias dos adultos que a implicam, e que ela não pode integrar; mas eles polarizam o seu desejo e põem em marcha processos psíquicos de inegável intensidade.

Ora, se recordarmos que a "realização do desejo" não é a reprodução de uma vivência, mas de uma impressão (*A interpretação dos sonhos*, capítulo VII), concluiremos que a força das impressões é a mesma que se manifesta como compulsão de repetição, e que o primeiro efeito desta compulsão é a "instituição do infantil", na feliz expressão de Dayan: "por toda a vida, ficamos sob o jugo ou sob o efeito destas impressões precoces, para cuja produção participaram conjuntamente experiências singulares e desejos já comprometidos nestas experiências. Este efeito é o infantil que perdura em cada indivíduo: e a grande questão que se coloca a respeito dele é – como é possível que precisamente as impressões mais eficazes para todo o futuro não tenham necessidade de deixar atrás de si imagens mnemônicas?".[15] Sabemos que a teoria das lembranças encobridoras vem responder a esta questão, postulando que duas forças psíquicas se opõem para formar estas recordações, especialmente carregadas apesar de seu conteúdo indiferente: a que fixa as impressões segundo a importância das experiências que as originaram, e a que obtém o efeito contrário, mediante a repressão destas impressões. Disto resulta que a resistência opera no sentido de impedir o reinvestimento das impressões "fundamentais", deslocando-o para outras, contíguas porém indiferentes. E este processo assume toda a sua significação para o nosso tema, se nos lembrarmos de que ele faz parte do gênero "deslocamento", ao qual pertence igualmente a transferência. Contudo, lemos em "Recordação..." que a transferência não reproduz apenas "a vida infantil", mas ainda "todo o essencial da vida infantil":

[15] M. Dayan, op. cit., p. 384.

o que será este "essencial", se não as impressões remanejadas, vinculadas aos desejos e fantasias inconscientes? Dayan assinala com propriedade que tais impressões não serão recordadas como um relato coerente, mas formarão um estoque constante de experiências investidas, às quais não se pode negar uma influência real durante toda a vida e que se exerce sobre o funcionamento pulsional e fantasmático de cada sujeito.

> Esta influência, que escapa à usura do tempo e ao quadro temporal do processo secundário, origina-se na captação das pulsões em formas primeiras, cujo valor é exemplar daquilo que pode suceder a um ente apto ao prazer e ao sofrimento, mas que não se sabe desejante.
> Estas formas prototípicas que inspiram ao mesmo tempo predileção e repulsas, crenças e fantasias, se libertaram da contingência das experiências das quais derivam; sua função matricial e instituinte, que se traçou no reverso do vivido, está protegida contra qualquer degradação temporal pelos efeitos amnésicos da repressão.[16]

Assim podemos fechar o círculo do nosso estudo, retomando o problema da transferência em sua relação com o infantil. Ela não é simplesmente a "reedição de experiências ou tendências do passado". É o movimento pelo qual o infantil se manifesta na análise, conforme às matrizes fundamentais do desejo e da repetição organizadas a partir das experiências da infância. Penso estar claro, a esta altura, que este "a partir" recobre um conjunto extremamente complexo de operações psíquicas, muito longe do mero decalque ou da pura reprodução do idêntico. As condições dinâmicas do tratamento, estudadas na primeira parte deste trabalho, remobilizam energias que, de um modo ou de outro, haviam se concentrado em certas representações, sintomas, etc. A ideia diretriz que podemos extrair da análise de Maurice Dayan é que estas energias – pulsionais em sua natureza – forçosamente buscarão vincular-se a objetos que permitam sua descarga; ora, tanto estes objetos quanto as modalidades de relação com eles obedecerão ao traçado determinado pelo infantil, e unicamente desta maneira é que se pode ter algum acesso a este último. O elemento importante a reter é que o lembrado conscientemente é apenas uma tela, em cujo avesso ou em cujas malhas se perpetua, oculta e re-apresenta o infantil. Embora Freud tenha afirmado

[16] M. Dayan, op. cit., p. 397.

muitas vezes que o objetivo de uma análise poderia ser caracterizado como "remover a amnésia infantil", é igualmente verdadeiro que a partir de 1919-20 este paradigma anamnésico se modifica sensivelmente, abrindo espaço para um par complementar constituído pela *construção* e pela *convicção*. Prova desta alteração essencial são textos como "Batem numa criança", "Psicogênese de um caso de homossexualidade feminina", "Além do princípio do prazer" e "O problema econômico do masoquismo", para só citar alguns. Quanto ao par construção/convicção, a primeira vem preencher a lacuna deixada pela impossibilidade prática da rememoração, enquanto a segunda resulta da perlaboração das resistências, sendo convicção de que as coisas *podem* ter se passado de modo ao descrito pela construção.

Naturalmente, existem inúmeras questões que decorrem do ponto de vista aqui apresentado, em especial no que tange à maneira pela qual a interpretação pode vir a modificar – e em que medida – a relação de forças entre o reprimido, a repetição, a recordação e a consciência, abrindo caminho para a mudança psíquica, finalidade e legitimação do esforço analítico de ambos os lados do divã. Outra dimensão a ser abordada é a da contratransferência, ou transferência do analista, sobre a qual nada foi dito aqui, pelo motivo de que esta questão foi pouco tematizada por Freud. O que não impede, é claro, que ele se coloque com intensidade em diversos âmbitos das problemáticas atuais. Um terceiro aspecto seria o das modalidades específicas de transferência, segundo as diferentes organizações psicopatológicas – neurótica, psicótica, narcísica, etc. E a lista poderia continuar; espero que as anotações aqui apresentadas, ao circunscrever com alguma clareza o campo de problemas que gravitam em torno do tema da transferência, possam servir de base para um debate fecundo.

Viena e as origens da psicanálise[1]

Em primeiro lugar, quero agradecer à dra. Marialzira Perestrena o convite para estar com vocês hoje à noite, no quadro do seu curso sobre Freud, e para apresentar-lhes algumas ideias sobre as relações entre a obra freudiana e a cidade na qual ela foi concebida. A questão é aparentemente simples: traçar um panorama das ideias e movimentos que surgiram numa determinada época e num determinado lugar, a Viena da Belle Époque, e situar neste contexto a psicanálise, como parte integrante dele. Mas tal simplicidade é apenas aparente, por dois motivos: primeiro porque estes movimentos e ideias são muito numerosos, tendo engendrado obras complexas cuja discussão não se pode fazer em poucas pinceladas; segundo porque, quanto mais avançamos no seu estudo, menos clara se torna a relação entre elas e a invenção da psicanálise. Eu mesmo já me debrucei sobre o tema por diversas vezes,[2] em busca de uma resposta satisfatória. Não estou seguro de a ter alcançado, mas ao menos penso dispor dos elementos de informação necessários para articular corretamente o problema; ou melhor, *os*

[1] Esta conferência. realizada em dezembro de 1992 na Sociedade Brasileira de Psicanálise do Rio de Janeiro, foi publicada originalmente em Marialzira Perestrello (org.), *A formação cultural de Freud*, Rio de Janeiro, Imago, 1996, pp. 73-104.

[2] Especialmente no primeiro capítulo de *Freud, pensador da cultura*, São Paulo, Blucher, 2018; em "Viena imaginária", in *A vingança da esfinge*, São Paulo, Casa do Psicólogo, 2002; e em "Explosivos na sala de visitas", in *A sombra de Don Juan e outros ensaios*, São Paulo, Casa do Psicólogo, 2005.

problemas, porque eles são dois – a produção cultural da época, suas características e seu sentido; e a relação de Freud com esta produção, que não é nada evidente. O que faremos hoje, assim, será procurar situar estas questões, de modo a perceber por que elas são tão complicadas, e por que não admitem soluções rápidas – afinal, a pressa é inimiga da perfeição, e também da análise.

UMA EXPERIÊNCIA SOCIAL COMPARTILHADA

Partamos de duas afirmações contrastantes, uma de Bruno Bettelheim, outra de Peter Gay:

> O que dotou a cultura vienense de sua verdadeira singularidade foi o acaso histórico, pelo qual o ápice do seu desenvolvimento cultural coincidiu com a desintegração do império que, de início, a tornara importante [...]. As coisas nunca tinham estado melhores, mas, ao mesmo tempo, nunca tinham estado piores: esta curiosa simultaneidade, na minha opinião, explica por que a psicanálise, baseada na compreensão da ambivalência, da histeria, da neurose, se originou em Viena, e provavelmente não poderia ter se originado em nenhum outro lugar.[3]
>
> Quem sabe apenas uma coisa a respeito de Freud, sabe de algo que não é verdadeiro. Sabe que Sigmund Freud criou toda a sua teoria, e desenvolveu toda a sua terapia, a partir do trabalho com mulheres neuróticas judias da classe média vienense, e que por isso tanto a teoria quanto a terapia são válidas apenas para elas – se é que o são. [...] A implicação mais enganosa deste mito mal-informado sobre os casos de Freud é a convicção de que a psicanálise é algo caracteristicamente, inescapavelmente vienense – como se Freud jamais pudesse ter feito suas descobertas em Munique, muito menos em Berlim. Viena, segundo nos dizem, era uma cidade vibrante de intelecto e de sexo, e Freud, aproveitando esta oportunidade única, usou o primeiro para explorar o segundo.[4]

---

[3] Bruno Bettelheim, "A Viena de Freud", in *A Viena de Freud e outros ensaios*, Rio de Janeiro, Campus, 1991, p. 6.

[4] Peter Gay, "Sigmund Freud: um alemão e seus dissabores", in Paulo César de Souza (org.), *Sigmund Freud e o gabinete do dr. Lacan*, São Paulo, Brasiliense, 1989, pp. 3-6. Este artigo é mais extensamente comentado em Renato Mezan, "Sobre a psicanálise e o psicanalista: leituras", in *Figuras da teoria psicanalítica*, São Paulo, Escuta/Edusp, 1995, pp. 61-107.

Reparem numa circunstância curiosa: na primeira citação, Bettelheim parte de uma caracterização da cultura vienense para nela inserir a origem da psicanálise, através dos temas da ambivalência, da histeria e da neurose. Numa sociedade em que eram tão frequentes estes fenômenos, surgiria uma disciplina capaz de apreendê-los e teorizá-los, tomando esta teorização como "base" para formular uma nova concepção da alma humana e das suas perturbações. Já na segunda citação, Peter Gay começa por falar de um equívoco frequente a respeito de Freud e de sua clientela, questionando este "mito mal-informado" – na verdade a clientela de Freud era vasta e variada – e questionando também a validade da conclusão que costuma ser tirada desta falsa premissa: que a psicanálise seja "caracteristicamente, inescapavelmente vienense". De onde a dúvida retórica, na continuação do texto citado: "o nexo entre psicanálise e Viena parece estar acima de qualquer discussão". Parece, mas não está, e o restante do artigo vai demolir um a um os argumentos a favor da pretensa evidência deste nexo.

Este é exatamente um dos paradoxos que tornam tão espinhoso o nosso problema: quando se vê a cultura vienense no seu conjunto, o vínculo entre Freud e certos aspectos dela é óbvio; quando se parte de Freud como pesquisador de carne e osso, este vínculo se torna cada vez mais obscuro, e, na opinião de Gay, tão tênue que não podemos mais lhe atribuir qualquer importância: pois há outros nexos, bem mais significativos, a ser apontados na trama das condições cuja combinação presidiu à invenção da psicanálise.

A que se deve este paradoxo? Desde Hegel, que criou a noção de *Zeitgeist* – o espírito do tempo – parece-nos evidente que, se tomarmos uma cultura em dado momento de sua evolução, perceberemos um laço interno entre suas várias facetas: as artes, o pensamento, o regime político e econômico, as crenças religiosas, os costumes, etc. É este laço que torna possível falar no "Renascimento", no "homem grego" ou na "sociedade pós-industrial". A ideia central aqui é que, num dado perímetro espacial e temporal, um mesmo conjunto de determinações se expressa em diversos meios, conferindo-lhes uma espécie de forma comum, reconhecível em suas diferentes encarnações. Para Hegel, esta "forma comum" consiste a cada vez num certo momento da marcha do Espírito rumo ao conhecimento e à consciência de si mesmo. Não é preciso, contudo, adotar a tese de um Espírito que se desdobra no tempo, indo da alienação mais extrema até a plena consciência de si e da trajetória que percorreu (como na *Filosofia da história* de

Hegel), para aceitar a noção de que as diversas criações de uma época são solidárias entre si e como que complementares umas às outras. O conceito marxista de "modo de produção" cumpre o mesmo papel, conferindo às relações econômicas a função de molde básico a partir do qual se organiza a vida social e cultural (e a banalização desta ideia fecundíssima sob o slogan "a infraestrutura material determina a superestrutura ideológica" não nos deve fazer perder de vista seu enorme potencial heurístico). Tampouco é preciso aderir à perspectiva marxista para acatar o princípio de que estamos falando: um conceito historiográfico como o de "mentalidades", ou a vinculação proposta por Max Weber entre a religião protestante e o espírito do capitalismo, envolvem um esquema similar de interpretação. Livros como *Viena fin-de-siècle*, de Carl Schorske, ou *A cultura de Weimar*, de Peter Gay, baseiam-se no mesmo pressuposto, muito bem explicitado por Schorske no início de seu livro: "Se eu tivesse me ocupado apenas da autonomia dos campos e de suas mudanças internas, as relações sincrônicas entre eles poderiam ter-se perdido. O solo fértil dos elementos culturais, e a base para a sua coesão, foi uma experiência social compartilhada, no sentido mais amplo".[5]

Deste ponto de vista, faz sentido incluir a psicanálise entre os frutos desta "experiência social compartilhada, no sentido mais amplo", e Bettelheim sugere qual poderia ser o "solo fértil dos elementos culturais" de que faz parte a obra de Freud: a conjunção entre um extraordinário desenvolvimento cultural e o movimento de desintegração do Império Austro-Húngaro, no período compreendido entre, digamos, 1870 e 1914 – período que coincide com a juventude e com a maturidade de Freud. Mais precisamente, a tese de Bettelheim é que a desintegração do Império se conta entre as *causas* deste desenvolvimento cultural, e lhe confere suas feições características. Em resumo, o que Bettelheim afirma é que, a partir das derrotas militares de 1859 contra o Piemonte e de 1866 contra a Prússia, a Áustria perdeu a hegemonia de que desfrutara durante vários séculos sobre os territórios de língua alemã, sobre boa parte da Europa central e sobre amplas porções dos Bálcãs. Viena passava a ser a capital de um império em decadência militar e política, logo acompanhada pelas rixas entre as diversas nacionalidades que o compunham e pelas crises econômicas ligadas à fragilidade da implantação do capitalismo naquela sociedade, ainda marcada por fortes traços feudais em

[5] Carl Schorske, *Fin-de-Siècle Vienna*, Nova York, Vintage Books, 1981, p. XXIII (tradução brasileira: *Viena fin-de-siècle*, São Paulo, Companhia das Letras, 1988).

numerosas províncias geográficas e em muitas de suas estruturas socioculturais. Berlim, diz Bettelheim, começava a substituir Viena como centro do mundo de língua alemã; a pujança econômica, científica e militar da Alemanha, recém-unificada sob a batuta de Bismarck, não podia ser igualada pela multissecular monarquia cujo centro era a cidade de Freud.

Este processo de decadência político-militar teve duas consequências, sempre segundo Bettelheim. As elites culturais abandonaram a política como "tema sério" e voltaram suas atenções para o "mundo interior", empregando na conquista dele uma energia semelhante àquela com que a nova Alemanha unificada se dedicava à indústria, à ciência e à construção de um império. Assim vão surgir diferentes explorações do obscuro e do extremo na vida psíquica, uma delas sendo precisamente a psicanálise. Já a vasta maioria dos vienenses, buscando outra maneira de escapar à "apreensão que sentia numa hora em que o mundo tradicional e seguro estava se desintegrando", encontrou-a na "diversão despreocupada", da qual o símbolo mais eloquente será a voga da opereta e da música para dançar – a valsa.[6] O mecanismo comum a estas duas estratégias, na aparência tão diferentes, consiste na negação como defesa contra a angústia, algo que os psicanalistas conhecem bem. Negação pelas elites – como não vale a pena tentar salvar o país e a sociedade, voltemo-nos para o interior de nós mesmos, para sondar os mistérios da psique e da arte; e negação pelas massas – como não vale a pena tentar salvar o país e a sociedade, aproveitemos enquanto pudermos os prazeres da vida, como o vinho, as canções e os divertimentos inconsequentes.

Vindo de duas direções diferentes, mas no fundo complementares, o *hedonismo* marcará o fim do século na capital austríaca: hedonismo esteticista, sombrio, amargo e no fundo desesperado, na versão das "elites"; hedonismo vulgar e superficial, na versão das "massas". Em ambas, vislumbra-se a presença de um vínculo essencial entre o sexo, a loucura e a morte: Bettelheim evoca as tragédias da família imperial, como a vida infeliz de Sissi, o suicídio do arquiduque Rodolfo em Mayerling, e o assassinato do príncipe herdeiro em Sarajevo. Evoca também as peças e contos de Schnitzler, dos quais este próprio disse que "uma sensação de fim de mundo envolve seus personagens, e o fim do seu mundo se aproxima"; a arte expressionista de Schiele e de Kokoschka; Rilke e Hoffmansthal na literatura; e outros elementos mais da notável constelação de tendências, artistas e

[6] B. Bettelheim, op. cit., pp. 6-8 ss.

obras que floresceram naquele momento. Do lado da negação pelo divertimento, o laço entre sexo, loucura e morte se faz presente pelo avesso, na alegria rasa, na euforia demasiado efervescente das operetas de Franz Lehár e de Strauss, nos "falsos brilhantes" da suntuosidade decorativa tão criticada por arquitetos como Adolf Loos e Otto Wagner, na atmosfera de polidez jovial e de hipocrisia moral que caracterizava o cotidiano vienense, e que justamente os artistas mais lúcidos iriam desnudar em suas criações.

E Freud? Freud teria recebido em seu divã pessoas que viviam *esta* atmosfera e *nesta* atmosfera; aprendeu a escutá-las, inventou um método terapêutico e uma teoria que procuravam dar conta do imenso custo psíquico necessário para manter uma negação de proporções tão maciças: custo evidenciado pela "doença dos nervos" chamada histeria, cujo mecanismo essencial reside na repressão dos desejos e fantasias sexuais e em sua substituição pelos sintomas que lhe traziam seus (e suas) pacientes. O sintoma é uma formação de compromisso entre as forças recalcantes e as forças recalcadas; partindo dele, e indo passo a passo como é bem conhecido, Freud teria descoberto o funcionamento do inconsciente e formulado as leis que o governam. Do sintoma ao sonho e ao ato falho, de noção em noção e de hipótese em hipótese, todo o edifício conceitual da psicanálise teria sido construído desta maneira, a partir da especial clareza com que se teriam manifestado os fenômenos de que ela trata numa sociedade tão dilacerada e ao mesmo tempo tão hábil em mascarar os conflitos que acabariam por a destruir. Neste sentido, o da "experiência social compartilhada, em sentido amplo", a psicanálise seria bem filha de Viena, porque o que ela afirma da vida humana se encontraria como que concentrado e potencializado pelas condições únicas ali reunidas. Ela faria obviamente parte dos esforços das "elites culturais" para compreender o mundo interior, e teria sido mesmo, quem sabe, o mais bem-sucedido destes esforços, porque ultrapassou largamente o seu berço original para se converter numa prática e numa teoria das mais influentes no nosso século.

Entendo assim o sentido da citação com que iniciamos nosso percurso: "as coisas nunca tinham estado melhores" – na superfície, a vida continuava no ritmo da valsa, na aparente segurança de que fala Stefan Zweig em suas memórias, intituladas nostalgicamente *Die Welt von Gestern*, o mundo de ontem: sucediam-se espetáculos de todos os tipos, publicavam-se importantes obras de literatura e de poesia, abriam-se exposições e estreavam-se óperas e sinfonias – uma época de ouro para a vida cultural, com atrações para todos os tipos de espírito, do mais refinado ao mais vulgar. "Mas ao mesmo tempo, nunca tinham estado piores": o caos se aproximava, o que parecia sólido se mostrava pouco sólido, uma sensação de fim de mundo (e de fim de um mundo) espalhava-se surdamente pela sociedade, que dela se defendia como podia – inclusive produzindo histerias numa velocidade e numa concentração espantosas. Esta curiosa simultaneidade seria propícia à descoberta da ambivalência, porque a exibia das mais variadas formas e com frequência impressionante – e portanto estavam dadas as condições para que surgisse um Freud e inventasse a psicanálise, dando voz e conceito àquilo que se encontrava difuso pelas entranhas da vida mental e social, ao mesmo tempo em que extravasava por todos os poros desta mesma vida mental e social. Ocasionalmente, como no suicídio do arquiduque Rodolfo (1889), estas tendências ganhavam forma na catástrofe e na tragédia, como que num espasmo revelador: "O clima psicológico de Viena durante a decadência do Império, e os sentimentos mórbidos que permeavam a cidade em consequência deste período, são bem o pano de fundo digno, e mesmo necessário, para um exemplo extremo de grave conflito edipiano com o pai – neurose, sexo, homicídio e suicídio. Uma demonstração vívida e chocante das tendências destrutivas inerentes ao homem, que Freud iria investigar e descrever anos depois".[7]

A posição de Bettelheim – que viveu naquela atmosfera e a descreve num outro capítulo do seu livro – conduz a pensar que a psicanálise é algo "caracteristicamente, inescapavelmente vienense", porque traduz em sua concepção do homem e da alma as condições que acabo de descrever. Ora, é precisamente esta ideia que Peter Gay critica na passagem que citamos! Não se pode dizer que o vienense Bettelheim estivesse "mal-informado", sobre a cultura em que se criou. Por outro lado; Peter Gay sustenta que Freud poderia muito bem ter feito as mesmas descobertas em Munique ou em Berlim, e acho difícil que tenha esta opinião por motivos chauvinistas, como o de ter nascido na Alemanha. Numa perspectiva, Viena é "pano de fundo necessário" para a criação da psicanálise, na outra sua relevância é das mais discutíveis: de modo que, antes de nos pronunciarmos por esta ou aquela interpretação, convém perscrutar melhor os argumentos em favor de cada uma delas.

[7] B. Bettelheim, op. cit., p. 10.

SIM, MAS...

A tese de Bettelheim apresenta alguns problemas, que gostaria de examinar com vocês. Eles são comuns a outras versões do mesmo argumento – Viena foi essencial para a descoberta do inconsciente por algum traço inerente à sua "experiência social compartilhada, em sentido amplo", que ao se evidenciar com especial nitidez tornou possível a sua formulação em termos conceituais, através dos diferentes passos dados por Freud nos anos 1890. O que varia entre os autores é exatamente a natureza deste traço: para alguns, ele reside na hipocrisia sexual, tão mais intensa ali do que em outras culturas que "praticamente clamava por alguém que investigasse esta preocupação dominante, embora oculta, que marcava toda a vida interior da cidade".[8] Para outros, tal traço consiste na frivolidade, no erotismo aveludado, ou até mesmo na franqueza sexual (!), ali supostamente mais intensa do que em outros lugares da Europa, dando oportunidade a inúmeros *affaires* inconsequentes entre os rapazes da nobreza ou da classe média e as moças pobres que trabalhavam como costureiras, balconistas e governantas (é um dos temas recorrentes da ficção de Arthur Schnitzler). Ora, observa Peter Gay, estas duas afirmações não podem ser verdadeiras simultaneamente, o que convida a olhar mais de perto o argumento como um todo.

Ele contém duas partes distintas: uma afirmação sobre o contexto histórico e cultural em que surgiu a psicanálise, e uma afirmação sobre o caráter "vienense" da obra de Freud, na medida em que ela se inclui neste contexto. A primeira afirmação não apresenta maiores problemas: embora um tanto sumária, já que o contexto é um pouco mais rico e matizado do que Bettelheim deixa entrever, há uma abundante literatura que vai essencialmente no mesmo sentido. O Império Austro-Húngaro entrou efetivamente em crise mais ou menos permanente a partir das derrotas militares da década de 1860; o selo característico da produção cultural austríaca nos 25 anos que precederam a Primeira Guerra Mundial é efetivamente o de uma interrogação sobre o que escapa à razão e à medida, e de crítica ao positivismo como *Weltanschauung* predominante nas décadas anteriores a 1890. Havia uma sensação de falta de rumo, esplendidamente cristalizada na impotência da Ação Paralela para encontrar uma ideia diretriz que condensasse

[8] Peter Gay, op. cit., p. 5. Outros autores, como Marthe Robert, Marie-Louise Testenoire, Elisabeth Roudinesco, estabelecem a relação entre Freud e Viena essencialmente na mesma direção.

a essência da civilização "real e imperial", nesta crônica afetuosa e sarcástica dos últimos dias da Cacânia que Robert Musil escreveu sob o nome de *O homem sem qualidades*. Viena era efetivamente um ímã para todos os talentos provinciais, uma metrópole marcada pela diversidade étnica e pela presença de habitantes provenientes de todas as partes do Império, assim como uma cidade pouco afeita à mobilidade social, carregada de preconceitos (entre os quais o mais funesto era o antissemitismo), e ao mesmo tempo célebre pela *douceur de vivre* de que desfrutavam suas camadas mais privilegiadas. Stefan Zweig fala da impressionante capacidade de acomodar os conflitos e de transfigurar a feia realidade própria aos seus concidadãos, e Claudio Magris chega a falar de um "mito habsbúrgico" característico da literatura austríaca na época de Francisco José. Segundo este mito, sob o governo sábio e ameno dos Habsburgo, os povos que lhes juravam fidelidade em quinze idiomas diferentes viviam felizes e protegidos das calamidades que sobrevieram com a desintegração do Império, a partir de 1918.[9] Esta é uma das faces da moeda, a Viena risonha e jovial, do *Danúbio azul* e da torta de chocolate, da qual estão enamorados os vienenses e pela qual se fascinam muitos estrangeiros. Mas, contrariamente ao que afirma Bettelheim, nem toda a "elite cultural" se desinteressou da política – a social-democracia e os intelectuais de esquerda preocupavam-se com os destinos da economia e com a educação popular, e o movimento operário tinha grande presença tanto no real da sociedade como no pensamento teórico dos "austro-marxistas", entre os quais se contam Otto Bauer, irmão da Dora de Freud, e Victor Adler, colega dele nos tempos escolares e pai de Alfred Adler. As questões de economia política não deixaram de atrair a atenção de homens como Rudolf Hilferding e Joseph Schumpeter; *e così via*.

Assim, embora seja necessário acrescentar alguns retoques ao retrato de Viena esboçado por Bettelheim, no geral ele é razoavelmente adequado. O problema maior reside na sua segunda afirmação, a de que estas determinações sejam um "pano de fundo necessário" para a invenção da psicanálise por Freud. E isto porque elas são excessivamente genéricas, aplicando-se igualmente a outras

[9] Stefan Zweig, *Die Welt von Gestern*, Frankfurt, Fischer Verlag, 1977; Claudio Magris, *Il mito absburgico nella letteratura austriaca moderna*, Turim, Reprints Einaudi, 1976. Estes são apenas dois entre os numerosos autores – alguns dos quais examinados nos textos que mencionei na nota 2 – cuja análise da sociedade e da cultura vienenses converge em muitos pontos com a apresentada por Bettelheim.

cidades e a outras formações culturais da época. Ou acaso a Paris de Jean Valjean, para não falar da Londres de Oliver Twist, eram menos cruéis com os seus deserdados? A hipocrisia sexual, na Inglaterra e nos Estados Unidos, era menos prejudicial à saúde psíquica do que em Viena? O erotismo e a licença sexual tolerada pelos costumes era menor às margens do Sena do que às margens do Danúbio? A ambivalência (além de ser menos central para a arquitetura conceitual da psicanálise do que supõe Bettelheim, e menos desconhecida – embora com outros nomes– pelos romancistas e poetas de todas as literaturas) era acaso menos intensa em São Petersburgo ou em qualquer outra capital europeia? O caráter um tanto artificial da tese de Bettelheim aparece em dois momentos do seu artigo, dos menos convincentes: quando sustenta que o fato de o Imperador não ter grande autoridade no seio de sua própria família "talvez tivesse inspirado Freud a desenvolver a ideia de que o ego não era dono de sua própria casa", e quando interpreta a epígrafe da *Traumdeutung* (*Flectere si nequeo superos, Acheronta movebo* – se não sou capaz de mudar o céu, sacudirei o inferno, em sua tradução) como "sugestão concisíssima de que a mudança das atenções para o interior e os aspectos ocultos do eu devia-se a um desespero porque já não estava ao alcance de ninguém alterar o mundo exterior ou deter sua dissolução; e que portanto o melhor a fazer era negar a importância do mundo em geral, concentrando todo o interesse nos aspectos obscuros da psique".[10] Freud não escreveu *Flecteo si nequeo exteros*, mas *superos*, referindo-se aos deuses a quem Dido endereça sua imprecação na *Eneida* de Virgílio. Metaforicamente, os *superas* podem representar muitas coisas, mas certamente não o "mundo em geral", pelo qual aliás Freud nutria considerável interesse – como o demonstram inequivocamente a correspondência com seus discípulos e um sem-número de referências em sua obra publicada.

Além disso, não se encontra nos escritos de Freud nenhum desespero frente à dissolução do mundo em que vivia, e seu célebre "pessimismo" nada tem a ver com a queda iminente do Estado dos Habsburgo. Se a psicanálise compartilha certos traços com outras produções culturais que lhe são contemporâneas, o motivo disso não pode ser, em minha opinião, este que sugere Bettelheim: a relação entre Viena e a obra de um de seus cidadãos mais ilustres não passa por aí. A dificuldade está em que a obra de Freud não influenciou a produção cultural em questão, nem foi por ela influenciada, pela boa e simples razão de que ambas

[10] B. Bettelheim, op. cit., pp. 12 e 14.

são *contemporâneas*, isto é, surgem paralela mas independentemente, e também pela razão, menos simples mas igualmente boa, de que a Viena de Freud não é em absoluto a das "elites culturais" evocadas por Bettelheim. É neste ponto que as informações biográficas sobre o fundador da psicanálise se tornam indispensáveis.

FREUD NO GINÁSIO

Recentemente, foi publicada a correspondência ativa de Freud com Eduard Silberstein, um colega da época de sua adolescência. Ela se inicia em 1871, quando ambos têm quinze ou dezesseis anos, intensifica-se entre 1873 e 1876, cobrindo o fim do curso colegial e os primeiros anos na universidade, e escasseia a partir de 1877, com Freud já bem avançado em seus estudos de medicina. Trata-se de um documento precioso para quem deseja acompanhar os anos de formação intelectual de Freud, pois, ao sabor das cartas, vão surgindo suas leituras e interesses, além de inúmeras outras coisas que não nos interessam neste momento. Ora, qual é o horizonte cultural de Freud nesta época? Não há como negar razão a Peter Gay: é o de um "alemão cultivado, de assombrosa memória". O organizador da correspondência, Walter Boelich, comenta que as numerosas referências literárias feitas pelo jovem Sigmund em suas cartas atestam certamente uma "fúria pela leitura"; contudo, continua, as cartas "não dão nenhuma informação de que ele tenha assimilado algo mais do que a norma".[11] E o que era a "norma"? Uma educação clássica, com vários anos de grego e de latim – ocasionalmente, Freud escreve uma frase ou uma palavra nestas línguas, com evidente ironia – e com forte ênfase na literatura germânica dos séculos XVII e XIX, começando com Lessing e passando por Goethe, Schiller, Hoffmann, Heine, etc. Freud vai ao teatro, e comenta as peças que vê – por exemplo, clássicos como *Os bandoleiros* de Schiller – ou outras que lê, como as tragédias de Hebbel. É óbvio que nem todos os estudantes secundaristas da época tinham o talento literário de Freud, mas, se Silberstein compreendia as alusões do seu amigo, estas não deveriam ser assim tão extraordinárias, apontando para um fundo cultural comum que ambos devem ter absorvido na escola.

---

[11] Walter Boelich, "Posfácio" a *As cartas de Sigmund Freud para Eduard Silberstein*, Rio de Janeiro, Imago, 1995, pp. 242-3.

Além dos clássicos gregos, latinos e alemães, Freud lê voluptuosamente a literatura inglesa, de Shakespeare aos contemporâneos, e aprende espanhol com gramática e dicionário, juntamente com seu amigo, com quem funda uma Academia Espanhola da qual os dois são os únicos membros – várias cartas serão escritas num castelhano um tanto trôpego, mas que atesta o talento para as línguas dos dois jovens. Isto já não faz parte da educação ginasial, como tampouco foi na escola que Freud adquiriu o conhecimento amplo e seguro da Bíblia atestado pela vasta quantidade de referências encontradas nas cartas aos mais variados episódios da saga dos hebreus – e não necessariamente aos mais conhecidos. Para citar apenas um exemplo entre muitos, vem-lhe à memória, a propósito da sua paixão por Gisela Fluss, que morava em Freiberg, a recomendação de Abraão para que seu filho Isaac busque uma esposa não em Canaã, mas na terra de onde vieram seus pais (Gên. 24:1 ss.).[12] Esta alusão comparece entre outras, que evocam Ismael, o livro de Jó, passagens dos Salmos, a história do rei Saul, etc. Ou seja: sem ser um judeu praticante, Freud está absolutamente à vontade na literatura bíblica, o que não é de espantar, dado o respeito à tradição que vigorava na casa dos seus pais. Há mesmo uma carta na qual ele distingue as diversas festas do calendário judaico pelos pratos típicos de cada uma (carta 29, de 18 de setembro de 1874).

Mas foi na universidade que Freud pôde ampliar enormemente seu cabedal de conhecimentos e dar forma à sua concepção do mundo. Boa parte das cartas se referem aos estudos de filosofia com Franz Brentano, de quem Freud seguiu cinco cursos e que o fez balançar em suas convicções ateístas. Com Brentano, estudou Kant, Aristóteles, Feuerbach e outros autores, e chegou a considerar a possibilidade de um doutorado duplo, em filosofia e zoologia. Contudo, a influência intelectual mais decisiva sobre ele foi a exercida por seu professor de fisiologia, Ernst Brücke, de quem fala por várias vezes na *Interpretação dos sonhos*. E Brücke não era vienense, para começar – vinha da Alemanha, como aliás a maioria dos professores que abrilhantavam o corpo docente da Universidade de Viena naquela época. Mais do que isso, Brücke encarnava, juntamente com Helmholtz e DuBois Reymond, a atitude positivista, que hoje em dia não goza de boa reputação, mas que em 1875 era o que havia de mais avançado em matéria de filosofia da ciência. "O positivismo não era tanto uma escola de pensamento, e sim uma atitude difusa em relação ao homem, à Natureza e aos métodos de

[12] Carta 16 a Silberstein (11 de julho de 1873), loc. cit., p. 38.

investigação", escreve Peter Gay em sua biografia de Freud, referindo-se especificamente a Brücke.

> Seus partidários tinham a esperança de trazer o programa das ciências naturais, suas descobertas e métodos, para a investigação de todo pensamento e ação humanos, públicos e privados. [...] Nascido no Iluminismo do século XVIII, rejeitando a metafísica de maneira apenas ligeiramente menos categórica do que a teologia, o positivismo havia prosperado no século XIX, com as vitórias espetaculares da física, da química, da astronomia – e da medicina. Brücke era seu representante mais eminente em Viena. [...] Quando Freud estudava em Viena, os positivistas tinham o comando.[13]

Por que são importantes essas informações? Porque elas comprovam que a base cultural sobre a qual Freud edificou a psicanálise não é de modo algum restrita à atmosfera criativa, porém decadente, da *Viena fin-de-siècle*, que aliás nem sequer estava formada quando ele era estudante. O horizonte de Freud é bem mais o do "alemão cultivado", em termos de cultura geral. Esta cultura alemã é sobreposta à cultura judaica tradicional que absorveu na casa paterna; não excluía, nem na sua vertente literária nem na científica, uma referência mais ampla ao pensamento europeu – nesta vertente científica, basta mencionar o evolucionismo de Darwin e o positivismo de origem francesa, incorporados ao credo comum ao qual também Freud aderiu. Já tinha 35 anos quando começa a década de 1890, na qual se situam os inícios da grande transformação cultural a que costumamos associar o nome de Viena, e que se expressava na nova arquitetura antidecorativa (mas também no *Jugendstil*, o equivalente austríaco do *art nouveau*), na música de Mahler e de Schoenberg, na prosa de Schnitzler e de Karl Kraus, na poesia de Hoffmansthal, na pintura de Klimt, Schiele e Kokoschka – e na psicanálise de Freud. Seus gostos em matéria de arte permanecerão relativamente conservadores, e, quando quiser ilustrar suas teorias recorrendo a obras de arte, falará de Leonardo e de Michelangelo, de Sófocles, de Shakespeare e de Goethe. Ocasionalmente, trata de contemporâneos como Schnitzler, Jensen (o autor da *Gradiva*), e Stefan Zweig, autores a quem admira pela penetração psicológica ou porque o fazem pensar, mas certamente não porque expressem o espírito da época, nem

[13] Peter Gay, *Freud: uma vida para nosso tempo*, São Paulo, Companhia das Letras, 1993, p. 48.

porque se retirem do mundo para contemplar os abismos do demoníaco no homem. E sua atitude frente às vanguardas artísticas realmente inovadoras (como os expressionistas e depois os surrealistas) é de franca aversão, como bem sabem os leitores de sua correspondência e de suas biografias.

A DISSOLUÇÃO DOS CÓDIGOS

E assim retornamos ao nosso paradoxo: Freud como indivíduo não faz parte da vanguarda cultural e artística que trouxe a Viena o seu renome; contudo, a psicanálise tem algum parentesco com as produções da época, a crer nos estudiosos que tantas vezes retornam a este tópico. Mas no que consiste este parentesco? O historiador H. Stuart Hughes, num belo livro intitulado *Consciousness and Society*, nos sugere uma pista: a geração de 1890 caracterizou-se pela revolta contra o positivismo. A atitude destes intelectuais foi descrita, por diversos autores, como "romântica", "irracionalista", "anti-intelectualista", mas no entender de Hughes o termo que melhor lhe convém é "antipositivista". Escreve ele:

> O ataque principal contra a herança intelectual do passado [...] foi dirigido primariamente contra o que os autores da década de 1890 escolheram chamar de *positivismo*. Com este nome, eles não se referiam simplesmente às doutrinas um tanto estranhas de Auguste Comte, que havia originalmente criado o termo. Tampouco se referiam à filosofia social de Herbert Spencer, que era a forma na qual o pensamento positivista se fazia mais aparente em sua própria época. Usavam a palavra num sentido mais difuso, para caracterizar toda a tendência a discutir o comportamento humano em termos de analogias extraídas das ciências naturais. Ao reagir contra ela, os inovadores de 1890 acreditavam estar rejeitando o traço intelectual mais predominante da época. Acreditavam estar se libertando de um jugo espiritual que o quarto de século precedente havia atirado sobre eles.[14]

Neste sentido, o positivismo significava mais ou menos o mesmo que "materialismo", "mecanicismo" ou "naturalismo"; estes últimos termos aludiam às explicações com base em analogias extraídas respectivamente da física e da

---

[14] H. Stuart Hughes, *Consciousness and Society*, Nova York, Vintage Books, 1977, p. 37.

biologia. Os expoentes do positivismo, nesta acepção lata, eram Darwin e Spencer na Inglaterra, DuBois Reymond e Helmholtz na Alemanha, Taine, Renan e Poincaré na França, e os professores de Freud em Viena – Brücke, mas também Nothnagel e outros. O interesse de Hughes é explorar a "reorientação do pensamento social europeu entre 1890 e 1930", como reza o subtítulo de seu livro, e neste contexto discute as obras de Max Weber, Bergson, Benedetto Croce, Pareto, Sorel, etc. O que une esta série aparentemente tão heterogênea de pensadores é um elenco comum de problemáticas, que cada qual explorará a seu modo: o problema da consciência e do inconsciente (Bergson e Freud); o problema do tempo e da duração em psicologia, filosofia, literatura e história (Bergson, Croce, a nova física, Proust, Thomas Mann); o problema da natureza do conhecimento nas ciências do espírito (Dilthey, Weber, Croce); o problema do irracional em política, para além das ideologias herdadas, fossem elas a liberal, a democrática ou a socialista (Sorel, Pareto, Gaetano Mosca, o próprio Freud em *Psicologia das massas*). O elo comum entre todas estas temáticas é o da subjetividade, que se manifesta nas crenças alimentadas no íntimo dos homens, e que se revela tão real quanto o real "externo", prestando-se por isso à manipulação por aventureiros no campo político. O irracional mostra-se mais poderoso do que o racional, e a esperança da razão está em conhecer e compreender este Outro dela – e às vezes em curvar-se a ele, ou com ele se compor.

Tudo isso está muito bem, dirão vocês, mas o que tem a ver com nosso tema? Boa parte dos autores estudados por Hughes nem sequer vive em Viena, com a notável exceção de Freud! Mas o fato é que a mesma disposição antinaturalista ou antipositivista que caracteriza o pensamento filosófico e político da "geração de 1890", em escala europeia, encontra-se materializada na literatura, nas artes e na música dos inovadores vienenses, as quais vão dar origem a movimentos como o expressionismo, o simbolismo ou a dodecafonia. Sobre estas questões, não posso aqui fazer mais do que recomendar a leitura de alguns livros, como o de Schorske já mencionado (*Viena fin-de-siècle*), o número especial da revista *Critique*, 339-340, de agosto-setembro de 1975 (Paris, Minuit), e o fantástico catálogo da exposição do Centro Georges Pompidou sobre Viena (*Vienne: L'apocalypse joyeuse*, Paris, 1989). A variedade dos assuntos tratados nessas obras é muito grande – só o catálogo tem mais de mil páginas de textos e ilustrações – e não tenho qualquer pretensão de ter me tomado um especialista neste campo. O que me parece razoável, nestas condições, é ressaltar uma característica que noto em muitos destes movimentos intelectuais e artísticos, e que me parece relevante para o nosso tema: trata-se da *dissolução paulatina dos códigos expressivos herdados da tradição renascentista, barroca e clássica*. Estes códigos se veem radicalmente questionados a partir de 1890, e é por esta via que acho plausível estabelecer um "nexo" entre a psicanálise e estes movimentos, menos simples do que o proposto por Bettelheim, porém talvez mais apropriado.

Por "códigos expressivos" estou entendendo aqui a perspectiva e a figuração realista na pintura, a escala tonal na música, a descrição naturalista dos personagens e da sociedade no romance, a mecânica newtoniana na física, a representação "natural" do espaço na geometria, a psicologia associacionista herdada dos empiristas ingleses... Penso que o elemento comum nesta série, aparentemente heteróclita, é a recusa de tomar o mundo físico e o mundo cultural "como o vemos", ou pelo menos como nos ensinou a vê-los a tradição cultural do Ocidente. Nas artes visuais, para tomar um exemplo, a invenção da fotografia tornou dispensável o esforço para obter a representação exata da realidade, para o que a perspectiva havia sido, desde o Renascimento, o instrumento por excelência. Do impressionismo em diante, o que assistimos é a um progressivo distanciamento da forma tradicional de pintar, que resultará no cubismo, no expressionismo e na arte abstrata. Nestas diversas tendências, verifica-se um interesse constante pela deformação do "visto", até apagar qualquer relação de representação entre a tela e a realidade percebida. Outro exemplo: a física subatômica e a teoria da relatividade descrevem relações muito diversas das que vigoram no nosso ambiente "humano", quer seja no nível interestelar, em que a unidade de medida é o ano-luz – quer seja no nível microscópico, no qual já não se pode falar de "coisas" dotadas de substancialidade e permanência no tempo, como as que nos rodeiam em nossa escala. O espaço "natural" onde vigem as propriedades geométricas descritas por Euclides se vê acrescido de outros, nos quais valem princípios não-euclidianos (geometrias de Riemann e de Lobatchewsky). Em música, as regras de composição instauradas por Bach desde o *Cravo bem temperado*, baseadas nos intervalos de meio tom e na construção dos temas e desenvolvimentos a partir da série tônica-dominante-subdominante, vão sendo substituídas pela atonalidade e pelo dodecafonismo – o que torna bastante estranhas para os ouvidos não-habituados as composições de Stravinsky, Bártok, Schoenberg e outros contemporâneos. E a lista poderia prosseguir indefinidamente, pois é toda a arte e a ciência do século XX que seria preciso incluir nela.

Em todos estes domínios – muitos dos quais não têm a ver diretamente com Viena – o que aconteceu foi a explosão ou a dissolução da crença na "naturalidade" dos meios habituais e familiares de representação do real. A estes meios, podemos chamar de "automáticos", não porque sejam naturais – não há nada de natural na perspectiva ou no sistema tonal, como se pode ver observando a arte oriental ou a música de outras civilizações – mas porque, desde o Renascimento ou pouco depois, a *nossa* ciência e a *nossa* arte se haviam expressado através deles. De tão usados e reproduzidos, de tão bem transmitidos em obras de grande valor, estes códigos haviam como que se "naturalizado", haviam passado a ser uma segunda natureza para a mente, os olhos e os ouvidos ocidentais, e por isto se haviam confundido com o modo próprio de operação destes órgãos. Viena deu sua contribuição para este processo, que não se esgota nas criações vienenses, mas certamente passa por elas: é o que mostram os textos que mencionei há pouco, e que realmente devem ser estudados por todos os que se interessam pela cultura do nosso século.

Ora, e a psicanálise? Ela tem muito a ver com este conjunto de transformações, na sua esfera própria. O que há de equivalente a essa dissolução dos códigos expressivos, na nossa disciplina, não é tanto a descoberta do inconsciente, a teoria das pulsões, ou outro elemento qualquer do seu conteúdo doutrinal, mas a maneira pela qual a forma habitual de falar e de pensar se vê minada pelas regras da situação analítica. Refiro-me à regra da livre associação e a seu paralelo, a regra da atenção igualmente flutuante. Seria errôneo pensar que estas regras têm um interesse apenas técnico, por mais essenciais que sejam para definir o que é a técnica psicanalítica: lembremo-nos de que Freud construiu toda a metapsicologia a partir da oposição entre processos primários e secundários, e que é exatamente a instrumentalização dos processos primários que caracteriza o procedimento analítico. Em outras palavras, é a conceituação dos processos primários como modo de funcionamento do inconsciente que alicerça na realidade psíquica a validade da livre associação e da atenção flutuante como métodos de investigação, já que elas nada mais são do que a materialização técnica daqueles processos, sua utilização como instrumentos para explorar o domínio do inconsciente. O convite para associar implica a ruptura dos vínculos lógicos e o silenciamento da censura moral por parte do paciente, introduzindo a possibilidade da regressão e das manifestações transferenciais, que são as alavancas da mudança psíquica almejada pelo tratamento analítico. Já a regra da atenção flutuante é a versão para uso do analista do mesmo procedimento, liberando a ação dos processos primários na sua mente, o que torna possível escutar de outro modo e portanto formular a interpretação, que é o resultado do seu próprio trabalho mental. Estamos portanto no coração da psicanálise, e é por esta via, acredito, que ela se aparenta ao estilo geral das transformações que marcaram a época na qual surgiu. Isto não exclui outras modalidades de parentesco, pois Freud escreveu sobre muitos temas, inventou muitas ideias, e viu-as apropriadas por diversos criadores ao longo de sua vida. Uma noção como a de inconsciente, ou uma doutrina como a da importância da sexualidade, prestam-se certamente a ser arroladas entre as temáticas comuns aos pensadores do final do século XIX mencionadas atrás; no entanto, em meu entender, é essencialmente pela invenção do seu método que a psicanálise se mostra solidária e complementar às criações culturais que lhe são contemporâneas.

UM POSITIVISMO "TEMPERADO"

Mas talvez tenhamos saído de um paradoxo para entrar em outro. Pois não acabamos de situar Freud como um adepto do positivismo, naquele sentido amplo proposto por Gay e por Hughes? Mais ainda, não é a psicanálise, para seu criador, parte das ciências da Natureza e não do espírito? Esta crença de Freud é evidenciada, entre muitos outros textos, pelo "Projeto" de 1895 e pelo parágrafo de abertura de "Pulsões e destinos de pulsão". Se há uma maneira sintética de apresentar o essencial da filosofia da ciência subjacente à obra de Freud, não é ela exatamente a proposta de "discutir o comportamento humano em termos de analogias extraídas das ciências naturais", começando pelas ideias de forças psíquicas e de resistência, passando pela de investimento afetivo de uma representação (*Besetzung*, como na carga elétrica), e terminando na comparação da neutralidade do analista com o funcionamento do telefone? Como então incluir a psicanálise entre os frutos da revolta contra o positivismo, própria dos anos 1890? Freud seria antes um daqueles contra os quais se dirigiria esta revolta, materialista por convicção, herdeiro tardio e mesmo um pouco retrógrado das concepções positivistas sob ataque por parte dos artistas e dos pensadores da sua época...

No entanto, estes mesmos criadores saudaram a psicanálise como um de seus aliados: Thomas Mann e os surrealistas, entre muitos outros, viram na descoberta do inconsciente uma revolução intelectual das mais significativas. Quem tem razão, Freud ou seus admiradores *malgré lui*? É o caso de lembrar a história do rabino que ouve um marido queixar-se da esposa, e lhe dá razão; entra em seguida a mulher, queixa-se do marido, e o rabino lhe dá razão; e, quando seus discípulos lhe fazem ver que ambos os querelantes não podem ter razão ao mesmo tempo, o rabino exclama: "vocês também têm razão!".

Brincadeira à parte, creio que é possível sair da dificuldade sem muitos malabarismos dialéticos. Freud era efetivamente um positivista, e seu projeto era o de introduzir as concepções e os métodos da ciência no território da alma, até então reservado aos poetas, romancistas e filósofos. Mas a psicanálise vai além das intenções do seu criador, e, por caminhos que ele não poderia prever, vem inserir-se no conjunto de ideias e de práticas novas que tomaram forma entre 1890 e o início deste século. Otto Fenichel dizia que o objeto da psicanálise é irracional, mas seu método é racional. Freud procurou estabelecer conceitos, teorias, métodos de investigação que fazem parte do racional, operando com procedimentos como a observação, a inferência, a lei do terceiro excluído (se se trata de uma projeção, não se trata de uma afirmação adequada ao objeto, e vice-versa), a validação por meios diretos e indiretos, etc. Mais ainda, mostrou que existe lógica no inconsciente, e procurou mostrar (às vezes com mais sucesso, às vezes com menos) que nele também existem causas: por exemplo, a sexualidade infantil reprimida é causa da neurose adulta, a defesa é causa do caráter aparentemente absurdo do sonho, o desejo de evitar o desprazer é causa das operações defensivas, e assim por diante. Se nos ativermos ao método da psicanálise, não há como negar que ele introduz a racionalidade ali onde tudo parecia sem sentido, pois a grande revolução freudiana consiste em provar que o "sem sentido" na verdade transpira sentido por todos os poros.

Por outro lado, a investigação psicanalítica revela e valoriza processos mentais totalmente estranhos ao pensamento comum, tais como o retorno do recalcado, a realização de desejos no sonho, a temporalidade em *après-coup* e outros mais. Ela considera como produções psíquicas inteiramente legítimas os lapsos, para não falar nos delírios ou nas formas desviantes da sexualidade; opera com a subjetividade como instrumento válido de investigação em seu domínio de fenômenos; introduz a interpretação como veículo da transformação psíquica, ao lado do *insight* e da elaboração de poderosas vivências emocionais no contexto da transferência. A meta da psicanálise é sem dúvida contribuir para a reformulação da dinâmica intrapsíquica, na direção de uma maior liberdade do sujeito frente aos seus impulsos repetitivos, o que torna possível a gratificação de alguns deles, até então proibidos pelo superego. Ela foi por isso acusada de promover a libertinagem e o pansexualismo, de minar a autoridade e a coesão social, e mesmo de ser um produto da "degeneração judaica", que ameaçava os fundamentos da civilização e da moral. E as mesmas características que a faziam ser rejeitada pelos reacionários de todos os matizes aproximaram dela, inversamente, os intelectuais mais avançados. Freud podia ser um positivista, mas o território que desbravou trouxe argumentos e ideias para inúmeras doutrinas que se opunham ao positivismo: o próprio conceito de inconsciente forneceu um instrumento precioso para representantes de tendências com as quais ele, pessoalmente, não estava nem precisava estar de acordo.

Freud, na verdade, não era tão monolítico em suas tendências positivistas, caso contrário não teria sido capaz de inventar a psicanálise. Se por um lado rendia homenagem ao "nosso deus Logos", por outro falava no caráter demoníaco das pulsões; inspirava-se na física para montar a metapsicologia, mas a chamava carinhosamente de "feiticeira", e uma vez chegou a escrever que a teoria das pulsões era "a nossa mitologia". Em seu pensamento, alternam-se momentos de clara influência pelas concepções científicas nas quais foi formado, e momentos em que suas ideias – e os fenômenos que elas visam a pensar – transbordam por completo o quadro conceitual em que se originaram. O caso mais notório em que se manifestou este veio não-convencional é o seu interesse pela telepatia, mas convenhamos que a proposta de interpretar os sonhos também faria corar de vergonha o severo mestre Brücke... O que Freud queria era discernir ordem no caos, e provar a determinação causal dos nossos atos mentais, ainda que esta causalidade seja complexa e "sobredeterminada" num grau inaceitável para um espírito mais atado do que o seu aos cânones da ciência oitocentista. Seu vocabulário era mecanicista, mas os *conceitos* do mecanicismo foram se tornando cada vez mais inadequados para reconhecer e explicar o que a psicanálise tem para reconhecer e explicar. (Eles serão asperamente criticados em algumas escolas psicanalíticas da atualidade, mas isto já escapa ao nosso tema de hoje.) E a grandeza de Freud consiste, a meu ver, em ter se curvado docilmente ao modo de existência próprio do território que suas pesquisas mapeavam, sem querer reduzi-lo apressadamente àqueles para cujo estudo o havia preparado sua formação acadêmica. Esta atitude é ilustrada por uma passagem conhecida, que se encontra no início da "Epicrise" do caso Elizabeth, nos *Estudos sobre a histeria:*

> Nem sempre fui psicoterapeuta, mas, como outros neurologistas, fui educado com os diagnósticos locais e com os prognósticos por meio da eletricidade. A mim mesmo surpreende que os relatos clínicos que escrevo se leiam como novelas, que por assim dizer lhes falte o severo selo da ciência. Preciso consolar-me pensando que por este resultado deve ser mais responsabilizada a natureza do objeto do que alguma preferência minha, pois o diagnóstico local e as reações elétricas são inúteis para o estudo da histeria, enquanto uma exposição pormenorizada dos processos psíquicos, tal como estamos habituados a encontrar nos autores de ficção, permite-me adquirir – aplicando algumas poucas fórmulas psicológicas – uma espécie de compreensão do desenvolvimento de uma histeria. Tais relatos clínicos devem ser julgados como histórias psiquiátricas, mas superam a estas últimas num ponto, a saber a relação interna entre a história patológica e os sintomas da doença, pelo que ainda procuramos em vão nas biografias de outras psicoses.[15]

É precisamente esta postura que estou denominando "curvar-se ao modo de existência do território" psíquico: se a histeria é um conjunto de processos mentais, e se a organização destes processos se assemelha àquela que os personagens de ficção nos revelam, o que o cientista tem a fazer é inspirar-se nos novelistas, buscando a "relação interna" entre os fatos e suas causas (isto é fazer ciência), e procurando generalizar os resultados de investigações específicas em "fórmulas psicológicas", a fim de compreender o "desenvolvimento" do fenômeno -isto é, suas determinações próprias e as conexões pertinentes neste gênero de fatos. Isto se faz observando, comparando, estabelecendo hipóteses, procurando regras gerais a partir de casos singulares, etc. Mas para tanto é necessário respeitar a articulação própria deste terreno, assim como faz o antropólogo entre os povos que estuda ou o físico que lida com partículas radioativas. Ora, esta articulação é precisamente a da infiltração dos processos secundários pelos primários, graças à qual os resultados observáveis – os sintomas e demais manifestações da neurose se apresentam como ilógicos e desprovidos de sentido. Era preciso criar uma

[15] S. Freud, *Studien über Hysterie* (1895), Frankfurt, Fischer Taschenbuch Verlag, 1985, p. 131.

ferramenta para observar tais processos, e foi exatamente o que Freud fez inventando o dispositivo analítico.

Isto nos conduz à conclusão de que, se Viena representou um estímulo para o surgimento da psicanálise, este consistiu bem mais na presença de professores como Brücke e outros na sua universidade, na existência de um sistema escolar que familiarizava seus alunos com o que havia de melhor na cultura ocidental e especialmente alemã, e nas relações complexas e multifacetadas que uniam os judeus vienenses ao seu entorno, relações em que se mesclavam a atração recíproca, o ódio, o desprezo e algum tipo de integração. Em outras palavras, a influência de Viena sobre o jovem Freud, que nesta sociedade formou seu caráter e sua concepção do mundo, me parece de certa relevância para as descobertas que viria a fazer mais tarde. Mas há um elemento irredutível a esta influência: a singularidade do próprio Freud, a única e específica combinação das circunstâncias de sua personalidade e das oportunidades que se lhe apresentaram, no modo e na sequência em que elas ocorreram. Sem pretender que Freud – como qualquer outro indivíduo – tenha vivido num vácuo histórico, o fato é que o ambiente não foi mais do que uma determinação entre outras. E, segundo penso, o modo de ação desta determinação deve ser buscado mais nos "anos de formação" do que no clima cultural que se estruturou quando Freud, já adulto e próximo dos quarenta anos; formulou suas primeiras teorias. Devemos estar atentos à ilusão do anacronismo, que aqui consistiria em imputar às ideias freudianas dos anos 1890 todo o impacto que a psicanálise terá na cultura décadas mais tarde, quando tiver se dotado de considerável sofisticação teórica e de uma instituição para transmitir e divulgar a si mesma das mais eficientes de que se tem notícia.

Isto dito, é certo que existe parentesco entre as afirmações da psicanálise sobre o ser humano e outras doutrinas de pensamento, obras artísticas e criações científicas que lhe são contemporâneas, o principal deles sendo a tese de que a Razão em nós dispõe de um poder simultaneamente maior e menor do que acreditava o positivismo: menor porque limitado e infiltrado pelo irracional, maior porque capaz de perceber e utilizar esta circunstância. Outras semelhanças podem ser detectadas, algumas mais evidentes, outras menos; mas aqui é preciso estarmos atentos a um equívoco metodológico muito frequente: o de tomar elementos isolados de sistemas diferentes, observar que eles são parecidos, e concluir daí que os *sistemas* são por este motivo equivalentes. Isto pode conduzir a teses talvez sedutoras, mas erradas, porque a significação de tais elementos nos respectivos sistemas é muito diversa. Para tomar um exemplo simples, a noção de sexualidade tem um papel relevante tanto na psicanálise quanto num livro que provocou escândalo em 1904, livro que se chamava *Sexo e caráter* (seu autor, Otto Weininger, se suicidou pouco depois, contribuindo ainda mais para que toda Viena comentasse sua obra). Mas disso não se segue que o termo tenha a mesma significação para Freud e para Weininger; seria precipitado concluir da sua presença em ambos os autores que eles estejam falando da mesma coisa, e mais precipitado ainda concluir desta primeira conclusão que o *tema* da sexualidade fosse especialmente importante naquele momento, ou que sua eventual importância se devesse a alguma peculiaridade do comportamento sexual dos vienenses.

Freud era um clássico, se concordarmos em chamar de clássica uma sutil combinação entre razão e emoção, entre forma e conteúdo, visando ao equilíbrio entre as tensões sem procurar harmonizá-las além do necessário. Nisto se afasta da Viena barroca em que viveu; e este barroco não se limitava às construções ou ao teatro, mas permeava a própria sensibilidade daquela civilização. Eu diria que a obra freudiana respira este classicismo, enquanto a psicanálise de inspiração kleiniana ou lacaniana pende mais para o barroco – um argumento que talvez seja possível desenvolver em outra oportunidade. Mas se esta ideia tiver algum sentido, não deixa de ser interessante observar que o analista que passou praticamente toda a sua vida em Viena esteja do lado clássico – lado que se perpetuará, aliás, no estilo de fazer análise levado em sua bagagem pelos vienenses ao emigrar para os Estados Unidos, onde dará origem à *ego-psychology*, ali chamada de *classical analysis* – enquanto os chefes de escola que trabalharam em Paris e Londres tenham mais entranhado em seu pensamento e em sua prática algo que associamos tão estreitamente à cidade na qual nasceu a psicanálise.

E para finalizar: no mesmo ano de 1895 em que se publicaram os *Estudos sobre a histeria* e em que "o segredo dos sonhos se revelou ao dr. Sigmund Freud", como o destinatário desta revelação escreve a seu amigo Fliess, Roentgen descobriu os raios X, Marconi inventou o telégrafo sem fio e os irmãos Lumière realizaram a primeira sessão pública de cinema. Nenhum destes fatos teve lugar em Viena, e no entanto marcaram nosso século tanto ou mais do que a invenção da psicanálise – embora, forçando um pouco as imagens, se pudesse dizer que cada um deles pode valer como metáfora para certas descobertas de Freud: a análise é uma espécie de radiografia da alma, a projeção e a transferência lembram a transmissão de mensagens à distância sem intermediários visíveis, e o cinema utiliza em sua tecnologia processos de condensação e de deslocamento (na montagem, por exemplo) que lembram os que Freud entreviu nos sonhos. Ou seja: nascida em Viena, a psicanálise tem "primos" que vieram à luz em outras latitudes, e que no entanto podem estar mais próximos dela do que seus vizinhos e irmãos criados a poucas quadras de distância, em algum outro *Bezirk* (circunscrição) da capital austríaca.

Sinal de que, por mais particulares que tenham sido as condições que presidiram ao seu nascimento, a psicanálise é por natureza universal; ela transcendeu sua origem – que a predestinava a ser um instrumento essencialmente terapêutico, a ser usado em certas situações médicas, no lugar dos "diagnósticos locais" e das "reações elétricas" – para se transformar no que conhecemos, uma das doutrinas mais abrangentes e influentes sobre a alma humana e sobre o que ela é capaz de produzir. E transcender a origem, sem negá-la mas sem fazer dela um limite intransponível, talvez seja o sentido mais profundo da experiência inaugurada e teorizada, pela primeira vez, por Sigmund Freud.

Psicanálise e neurociências: uma questão mal colocada[1]

A crer em certos trabalhos recentes, a psicanálise – que nasceu com o século XX – estaria bem perto de acompanhá-lo no seu ocaso. Um dos últimos números do *New York Review of Books* (18 de novembro de 1993, vol. 21, nº 19) traz um extenso artigo do professor Frederick Crews, cuja abertura é característica:

> Não há mais discussão séria sobre o fato de que a psicanálise, como modo de tratamento, tem passado por um longo declínio institucional. Tampouco se discute o motivo: embora alguns pacientes pretendam ter adquirido uma profunda compreensão de si mesmos e mesmo ter modificado sua personalidade, no geral a psicanálise demonstrou ser um método pouco exitoso e enormemente ineficaz para remover sintomas neuróticos. [...] Em meio a um número cada vez menor de analistas praticantes, muitos deixaram de sustentar qualquer mérito médico para um tratamento que, no passado, fora considerado o único remédio eficaz para todo o espectro dos transtornos do lado de cá da psicose. (p. 55)

---

[1] Este artigo foi publicado, em versão condensada, pelo caderno Mais! da *Folha de S.Paulo* (21 de novembro de 1993). A versão completa saiu na revista *Cultura Vozes*, vol. 88, nº 3, maio-junho de 1994, pp. 18-25, e também no volume coletivo organizado por Luiz Carlos Uchôa Junqueira Filho, *Corpo e mente*, São Paulo, Casa do Psicólogo, 1995, pp. 267-77.

O texto de Crews prossegue neste tom, examinando alguns livros recentes que colocam em questão não a eficácia clínica da psicanálise, mas principalmente a honestidade intelectual de Freud, que teria alterado tantas vezes quantas lhe convinha a própria natureza dos dados sobre os quais construiu suas teorias. Não me deterei, contudo, no estudo deste artigo; tomo-o apenas como signo de um movimento mais amplo, segundo o qual a psicanálise seria um vasto embuste, e somente alguns fanáticos, movidos por incurável ingenuidade, por respeito religioso pelo fundador ou por interesses materiais muito pouco dignos é que continuariam a enganar a si mesmos, a seus pacientes e ao público em geral com a balela do inconsciente. Uma outra ala deste movimento pretende que, com os avanços das neurociências, a psicanálise se veria frente à sua Nêmesis, já que os resultados que prometeria (incertos, caros e baseados em premissas duvidosas, para não dizer absurdas) poderiam ser atingidos com muito maior eficácia por vias "científicas". É esta a questão que me parece importante discutir: não estamos apenas diante de um problema abstruso como o da solidez epistemológica da psicanálise, nem diante de um acesso temporário de mau humor, ou má-fé, dos que nos Estados Unidos decidiram levar adiante uma nova campanha puritana, como as que periodicamente sacodem o país – exemplos deste século: a Lei Seca, as cruzadas contra o comunismo, o colesterol e os fumantes... O novo esporte acadêmico já foi alcunhado, por algumas cabeças mais no lugar, de *Freud bashing*, que quer dizer "difamação ou calúnia de Freud". Estamos diante do sofrimento psíquico de seres humanos: há uma dimensão ética a considerar, para além dos gostos pessoais de professores mal-humorados.

E, de saída, esclareço minha posição: a questão está mal colocada. Da forma como é geralmente exposta, haveria uma *mesma finalidade* a ser perseguida pela psicanálise e pelos tratamentos medicamentosos: a "remoção de sintomas neuróticos". Dada esta suposta finalidade comum, caberia avaliar um e outro método quanto à relação custo/benefício e quanto às chances respectivas de êxito terapêutico. Em ambos os quesitos, a psicanálise perderia feio: seriam necessárias centenas de sessões, anos a fio, para que ela atingisse seus fins (primeiro quesito); e, baseando-se numa mistura inacreditável de raciocínios circulares e de premissas que ofendem a inteligência, a disciplina freudiana só raramente, e como que por acaso, conduziria à melhora ou ao desaparecimento dos "sintomas neuróticos" (segundo quesito). Em vista do que, como não se pode enganar todo mundo o tempo todo (Lincoln), um número cada vez menor de incautos aceitaria se submeter a procedimentos tão aleatórios, aliás propostos por um número cada vez menor de profissionais tapeadores, até que... xeque-mate, dr. Freud!

Ora, se a validade de uma conclusão depende não somente da propriedade do raciocínio, mas sobretudo da verdade das premissas, estamos diante de uma conclusão falsa. O raciocínio é impecável, mas as premissas estão erradas; a psicanálise não tem como finalidade "remover sintomas neuróticos", ao menos rio sentido imediato deste termo, tal como ele se situa no contexto médico habitual. Dito de outra forma; o *sintoma* para a psicanálise e para a medicina não significa a mesma coisa; e, por este óbvio e poderoso motivo, a "competição" entre psicanálise e neurociências simplesmente não existe. A impressão de que ela exista se deve a alguns fatores que convém elucidar, para esclarecer o debate e situá-lo num plano menos tolo, fazendo emergir a questão que verdadeiramente interessa: já que existem psicanálise e neurociências, qual é a relação *real* (se é que há alguma) entre elas?

O OBJETIVO DA PSICANÁLISE

A psicanálise é simultaneamente um método de investigação do sentido dos atos e produções psíquicas do ser humano, uma teoria geral do homem e da alma baseada nos resultados desta investigação, e uma forma de tratamento de problemas mentais e emocionais derivada do método e da teoria mencionados. É aproximadamente assim que Freud a define em 1924, e esta definição conserva toda a sua validade. Não é preciso, quase, dizer que ela foi atacada nos três aspectos que a constituem: como método seria pouco sólida, como teoria seria mal construída, e como terapia seria inútil ou excessivamente custosa para os parcos resultados que produz. Freud acreditava no seu caráter científico, tomando como modelo as ciências da Natureza nas quais fora formado. O que significava "científico" neste contexto? Antes de mais nada, observação cuidadosa, em condições favoráveis, daquilo que deveria ser explicado. Em segundo lugar, descoberta e verificação das regularidades – e portanto das leis gerais – que, em diferentes níveis, governam os fenômenos descritos pela observação mencionada. Em terceiro lugar, possibilidade de comprovação dos resultados por observadores independentes, possibilidade de correção dos conceitos e das hipóteses formuladas anteriormente, possibilidade de ampliar o território das observações mediante o uso de instrumentos mais aperfeiçoados, por sua vez construídos levando-se em conta a natureza do campo de investigação. Estes eram, e continuam sendo, os critérios de "cientificidade", respaldados pela decisão metodológica e epistemológica de não invocar causas sobrenaturais para os fenômenos alvo da pesquisa.

Freud julgava que seus procedimentos e suas teorias obedeciam a estes critérios, embora nem todos, mesmo entre os psicanalistas, concordem com ele neste particular. E com boas razões, já que o objeto da psicanálise não é uma coisa material, não é uma parte do mundo físico da qual existem inúmeros exemplares, de modo a permitir a reiteração das observações e dos procedimentos sobre o *mesmo* elemento. Quando um químico estuda uma substância, esta substância não acaba depois do estudo realizado; quando um historiador examina um documento de arquivo, este documento permanece à disposição de outros historiadores, que podem relê-lo e avaliar a pertinência das conclusões a que chegou o primeiro. Mas, na psicanálise, isto não é possível, pela natureza mesma do objeto de investigação: este "objeto" é um "sujeito", uma pessoa singular e única, irreprodutível, impossível de ser clonada e, portanto, impossibilitada de se submeter a um novo "experimento", em condições idênticas às do primeiro.

Mas, dirá o leitor, o objeto da psicanálise não é o inconsciente? E este não existe em toda parte, como codeterminação de qualquer ato, sentimento, pensamento ou obra do ser humano? Paradoxalmente, a resposta é *sim* e *não*. As "condições favoráveis" de observação do inconsciente são, em suma, materializadas na situação analítica, e esta envolve duas pessoas únicas. O procedimento de investigação consiste na fala de um – o paciente – e na escuta do outro – o analista – que, periodicamente, toma a palavra e interpreta, comenta ou questiona o que disse o primeiro. Este falará do que quiser, do que lhe vem à cabeça, suspendendo a censura moral e lógica que habitualmente exerce sobre seus enunciados. Só este fato já torna *impossível* a reprodução do "experimento"; como sabem qualquer paciente e qualquer analista, não se pode predeterminar a sequência das comunicações, nem a interação produzida por estas comunicações. Singularidade absoluta, portanto, e fracasso do desejo de "verificação" daquilo que ocorreu.

Mas, se a experiência de cada sessão é única, a *reiteração* delas produz certos elementos constantes, já que são sempre os mesmos os protagonistas do processo. Tal reiteração fará inevitavelmente surgir os padrões característicos *desta* pessoa, seus traços de caráter, a forma pela qual instaura relações, as angústias predominantes, os modos habituais de defesa, o seu "jeito de ser". A singularidade é mantida, porém agora não mais no plano de cada fala ou cada emoção, e sim no plano *deste* indivíduo que, sem ser sempre homogêneo a si mesmo, é no entanto um conjunto articulado de desejos, reações, fantasias, etc. Vai surgindo, assim, pelo avesso, o desenho *deste* inconsciente, na sua lógica peculiar, nos seus pontos de amarração, no seu tipo próprio de funcionamento.

É deste ponto que parte a teorização em psicanálise. Deixando de lado os conteúdos específicos desta história única e singular, podem-se evidenciar os traços do *universal imanente*, isto é, daquilo que este indivíduo compartilha com outros – alguns ou todos – seres humanos. Este é o paradoxo da psicanálise: como teoria, ela só pode visar o não individual (por exemplo, as leis do processo primário, às quais obedecem todos os sonhos sonháveis, todos os sintomas possíveis). Mas como prática não pode deduzir a priori, das correlações estabelecidas pela teoria, *qual é o caso agora*. Será *x* uma manifestação delirante? Será *y* um sintoma obsessivo? Será *z* o início de uma transferência psicótica? A teoria define classes infinitas de possíveis (Castoriadis), estabelece esquemas de correlacionamento dos dados, mas não pode predeterminar a interpretação adequada de coisa alguma. E isto porque o sentido desta manifestação depende do contexto no qual ela se inscreve, e este contexto não está dado: precisa ser inferido a cada vez, com base naquilo que deve ser nele incluído. É por isso que a tradução simultânea de conteúdos psíquicos em "símbolos fálicos", por exemplo, está nos antípodas da psicanálise. Um charuto pode significar até mesmo um pênis; mas também pode significar o próprio paciente, o pai dele, o que quer ser quando crescer, o analista que fuma ou deveria fumar charutos, ou, de vez em quando, um simples charuto. Arbitrariedade total? Nem de longe: a tarefa do analista é, a cada vez, investigar se o charuto tem algum sentido, e em qual ou quais contextos. A única hipótese segura aqui é que ele *deve* ter um sentido. Mas pode não ser oportuno investigar este sentido agora, em função do contexto transferencial ou patológico. Em suma, a psicanálise se interessa pela significação inconsciente, e esta significação precisa ser, necessariamente, construída em cada uma das vezes com extremo cuidado. Para isto, a teoria indica certas correlações e sugere que algumas podem ser mais prováveis do que outras; ela *não* permite o deciframento imediato do discurso, da história ou do sintoma.

A PSICANÁLISE E A MEDICINA

Se a psicanálise é isto – e não outra coisa – o "sintoma neurótico" não pode ter para ela o mesmo estatuto que para a medicina orgânica ou para a psiquiatria. Em primeiro lugar, o que *é* o sintoma, *neste caso particular*? O paciente chega à primeira entrevista e se queixa, digamos, de impotência, ou de depressão, ou de ser demasiadamente dócil frente a um cônjuge tirânico, ou de não poder esquecer um caso amoroso terminado há quase um ano. *Qual* é o sintoma? Não necessariamente aquilo de que o indivíduo tem consciência; pode ser, por exemplo, a total incapacidade de perceber que algo está ocorrendo com ele (são os "normopatas", na bela expressão de Joyce McDougall). A "queixa" não pode ser confundida com o sintoma, e é uma regra técnica comprovada inúmeras vezes que o analista não deve se preocupar em demasia com o conteúdo dela. Certamente, a "queixa" traduz uma percepção que o indivíduo tem sobre si mesmo, uma "teoria" a seu respeito que, como qualquer produção psíquica, deve ser tratada com respeito. Porém disso não se segue que o conteúdo manifesto desta teoria seja idêntico ao(s) seu(s) significado(s) inconsciente(s). Ela é um fragmento cujas bordas, por assim dizer, apontam para outras peças do quebra-cabeça; tentar compreendê-la por si só, sem ter alguma ideia de sua posição num conjunto ainda desconhecido, é ceder à pressa e ao orgulho terapêutico – não é psicanálise.

Em segundo lugar, o sintoma se apresenta por definição como absurdo; ou seja, o paciente não sabe como nem por que ele sobreveio. Se soubesse, não procuraria a ajuda de um psicanalista. O sintoma é absurdo, à primeira vista, porque suas conexões com o restante da vida psíquica foram destruídas pelos mecanismos de defesa. Como, porém, o homem é um ser que se autoteoriza permanentemente, a ausência dos motivos reais precisa ser compensada por um tecido de ideias e de emoções em cuja trama o sintoma – e o resto da vida interior – *ganhe sentido.* Todos nós temos "explicações" para tal ou qual característica nossa, e até mesmo explicações baseadas nas descobertas da psicanálise: "minha impotência se deve a que meu pai era castrador"; "tenho medo de entrar em aviões porque minha mãe era superprotetora", etc. Uma das tarefas da análise é descobrir e pacientemente desmontar, com todo o cuidado e passo a passo, esta armadura de mentiras plausíveis que contamos a nosso respeito. Isso não pode ser feito com violência, nem de chofre, porque o resultado seria uma angústia incontrolável: o vazio, o negrume dos afetos e das imagens. Eis aí por que uma análise dura tanto tempo;

o ritmo do trabalho é determinado pelo próprio paciente, por suas características, por suas modalidades próprias de resistência – não resistência ao analista, mas a este trabalho de desmontagem e de remontagem de suas representações fundamentais. Tais representações são um precipitado de sua história e dos compromissos com os quais veio negociando a conquista de um equilíbrio entre seus desejos e fantasias, por um lado, e suas defesas e inibições, por outro.

Diante disso, o fato de o sintoma ter eventualmente alguma relação com uma disfunção corporal não modifica em nada seu sentido e sua função. E mais: não é tarefa do psicanalista, mas do médico, investigar se e como tal disfunção está operando. Saber que a enxaqueca depende da constrição e da dilatação de vasos sanguíneos, ou que é induzida pela ingestão de certos alimentos, não a faz doer menos, nem modifica o uso que alguém pode fazer de sua suscetibilidade a ela. Nada impede que uma pessoa trate sua enxaqueca com um neurologista, *e* ao mesmo tempo se empenhe nesta viagem de descoberta de si, na qual o sentido da enxaqueca pode – ou não – estar ocasionalmente na ordem do dia.

A medicina não tem, nem pode ter, a mesma atitude frente ao sintoma. Este é visto como um fator de perturbação da saúde, e atacar suas causas é tarefa do médico. Mas, para isso, não é preciso que o paciente faça mais do que seguir as prescrições recomendadas: ele não é tido como *sujeito* do seu mal, e sim como *vítima* dele. Ao médico cabe aliviar, tanto quanto possível, o sintoma; ao psicanalista não cabe a mesma tarefa, e sim outra: criar e manter as condições da situação analítica, a fim de que o paciente, no seu ritmo e com suas características, possa dar livre curso às suas associações e às modalidades de vínculo transferencial que lhe são peculiares. Não é raro que, respeitadas as condições *sine qua non* da análise, certos sintomas desapareçam ou se atenuem; em geral, isto se faz de modo silencioso e discreto, como corolário – e não como objetivo – de um processo infinitamente complexo e sutil de conhecimento e de transformação.

AS DROGAS NA PSICANÁLISE

Não há, assim, incompatibilidade alguma entre a psicanálise e as descobertas das neurociências. Ao contrário, drogas como neurolépticos, ansiolíticos e antidepressivos podem ser de grande valia para ajudar a criar as condições necessárias à analisabilidade. Isto porque um certo nível de angústia é indispensável para a manutenção do trabalho analítico: Freud recomendava, com razão, não ceder à tentação samaritana de suprimir imediatamente qualquer sofrimento psíquico do paciente. Mas também é certo que um estado permanente de angústia intensa não permite qualquer intervenção analítica: seria impossível a alguém nesta situação *ouvir* o outro, e a si mesmo. Da mesma forma, uma depressão profunda faz com que o indivíduo perca completamente o interesse pelo mundo e pelos outros, e o torna incapaz de sentir e de pensar. Neste sentido, a medicação pode contribuir para acalmar ou para reerguer o paciente, permitindo-lhe o mínimo de funcionamento coerente necessário para que a análise possa ocorrer. Mas o próprio medicamento, o fato de tomá-lo, as fantasias a seu respeito, as conexões imaginárias nas quais entrará sua representação, virão a ser evocadas na análise, e formarão outros tantos pontos de partida para a investigação do universo inconsciente daquela pessoa. O caso dos antidelirantes é mais complicado, porque o delírio – sabe-se desde o *Caso Schreber* – tem uma função estruturante para o psicótico, representa sua tentativa (fracassada, sem dúvida) de restabelecer *algum* sentido para sua existência e para sua experiência, e não pode ser simplesmente considerado como "loucura" a ser dissipada ou contida pela ação das substâncias químicas. Mas aqui, não sendo médico e não possuindo experiência significativa no tratamento de pacientes psicóticos, devo ceder a palavra a quem pode, com conhecimento de causa, pronunciar-se a este respeito.

Se esta é a relação entre neurociências e psicanálise – uma relação de colaboração eventual, a ser determinada caso a caso e com extrema cautela –, de onde provém a ideia esdrúxula de que o progresso das primeiras teria efeitos deletérios sobre o exercício da segunda? De uma confusão quanto à natureza da psicanálise e quanto à significação da experiência que ela propicia, confusão que tem raízes na história da disciplina e sobre a qual é preciso dizer algumas palavras.

Quando Freud inventou a psicanálise, não havia método algum, eficaz ou não, para tratar do sofrimento psíquico. O que se chamava "psiquiatria" consistia, teoricamente, na descrição de quadros sintomáticos considerados no mais das vezes irreversíveis; e, clinicamente, no uso de formas cruéis de aprisionamento e de tortura dos loucos. Quanto à "psicologia", ou ela existia sob forma das doutrinas filosóficas sobre a alma – algumas engenhosas e sutis – construídas desde Aristóteles e Platão até os moralistas dos séculos XVII e XVIII, ou em experimentos ainda muito ligados à fisiologia das sensações. Nestes três casos, os saberes vigentes eram totalmente incapazes de produzir procedimentos mutativos. Freud inventou a "situação analítica", isto é, permitiu aos "doentes" que falassem sobre si e sobre seus males; com isto, abriu caminho para a constituição de um novo espaço para pensar a alma (Castoriadis). Nada mais natural que concebê-la a partir dos modelos então vigentes nas disciplinas científicas: o que mais poderia ter feito Freud? Tentou discernir ordem no meio do caos, tentou formular noções gerais sobre o funcionamento da psique, sobre a gênese e a natureza de suas perturbações. Neste sentido, conseguiu muitíssimo: a teoria psicanalítica é um monumento de engenhosidade e de inteligência, oferece um instrumento sem par para a investigação dos processos mentais e emocionais, e, desde as primeiras décadas deste século, vem sendo desenvolvida por algumas das mentes mais brilhantes e sagazes de que se tem notícia na história da humanidade. Mas ela paga um pesado tributo à sua origem como "método de tratamento das doenças nervosas": a crença, muito difundida, de que é essencialmente uma terapia comparável, em seu gênero, aos tratamentos da esfera da medicina.

Esta crença é especialmente tenaz nos Estados Unidos, e em boa parte a responsabilidade por isto incumbe aos psicanalistas daquele país. Com efeito, desde os anos 1920, o exercício da psicanálise na maioria dos Estados americanos é atributo privativo dos médicos, contrariamente ao desejo de Freud e à prática corrente em quase todos os outros lugares do mundo. Nos Estados Unidos, a psicanálise é vista – e com razão, dado o fato de que quase somente médicos a exercem – como uma subespecialidade da medicina, portanto passível de questionamento pelos mesmos parâmetros que as demais especialidades médicas. Daí as críticas formuladas por Crews e por muitos outros quanto à sua eficácia na "remoção de sintomas neuróticos". Basta compreender que a psicanálise *não* é um ramo da medicina, para que a confusão se dissipe. Ela é um procedimento *sui generis*, que opera segundo princípios próprios e tem por finalidade a transformação da personalidade do paciente. Mas cuidado: não transformação dele em *outra* pessoa, supostamente melhor e mais feliz; transformação dele no que pode vir a ser, caso consiga livrar-se de algumas das mutilações emocionais que sua história lhe impôs. Esta finalidade não conflita com – nem depende de – qualquer avanço nas ciências biológicas, embora estes possam ser eventualmente colocados a serviço daquela.

E nada há de megalomaníaco, nem de hipócrita, nem de falacioso, no procedimento posto em marcha por uma análise: a experiência de uma relação inédita, a possibilidade de ser ouvido e de se ouvir, a tomada em consideração do seu estatuto de sujeito corresponsável por aquilo que se tornou ao longo de sua vida – estas virtualidades da psicanálise não são de pouca monta; e, graças a elas, inúmeras pessoas, desde o início deste século, puderam viver de modo menos infeliz e menos desgraçado. Ela não é a panaceia universal, e exige um compromisso com a verdade e com o respeito pela sutileza da vida psíquica que nem todos estão dispostos a assumir. Pois bem: estas pessoas não podem fazer uma análise, se, ofuscadas pelo cientificismo vulgar, preferirem ser objeto da medicina a ser sujeitos de suas próprias vidas. Que deixem então em paz aqueles que, apesar das dificuldades inerentes a tal decisão, optam por procurar um analista, e assim embarcar numa aventura psíquica e emocional sem paralelo em nenhum outro lugar.

Psicanálise e psicoterapias: qual relação?[1]

Gostaria de agradecer ao Conselho Federal de Psicologia o convite para fazer parte desta mesa, ao lado dos colegas Suely Rolnik, Pierre Weil e Luís Claudio Figueiredo. O tema designado para mim foi "Psicanálise e psicoterapias", e é com interesse que retomo esta questão; ela foi objeto de um dos meus primeiros trabalhos, exposto numa jornada do Departamento de Psicanálise do Instituto Sedes Sapientiae.[2] Vou me reportar a este texto, e acrescentarei algumas ideias que não estão nele; espero ter aprendido alguma coisa sobre este problema de 1982 para cá... Também vou me basear numa das perguntas feitas na entrevista que dei para o jornal do Conselho Regional de Psicologia de São Paulo;[3] a pergunta era sobre como caracterizar a relação entre a psicanálise e as psicoterapias. Nela era possível notar um certo desejo de canalizar a psicanálise para a área de competência do Conselho de Psicologia: se a psicanálise é uma parte da psicologia, então deveria ser exercida por psicólogos, e regulamentada como as demais atribuições do psicólogo. Para o meu gosto, quando esta é a implicação, o problema

---

[1] Esta comunicação, feita na mesa-redonda "A psicoterapia em questão" do VIII Plenário do Conselho Federal de Psicologia (Brasília, novembro de 1995), foi originalmente publicada na revista USP – *Estudos Avançados*, 10:27, maio-agosto de 1996, pp. 95-108.

[2] "Psicanálise e psicoterapias", in *A vingança da esfinge*, São Paulo, Casa do Psicólogo, 3ª edição, 2002.

[3] Jornal do CRP, nº 94, julho-agosto de 1995, pp. 3-5.

deixa de pertencer à esfera científica ou à esfera ética, e passa a ser uma questão de reserva de mercado. Como me oponho a qualquer tipo de reserva de mercado – e não por tendências neoliberais, mas porque na área do conhecimento reserva de mercado equivale a obscurantismo – preferi tentar colocar a questão em outros termos, e é o que desejo lhes apresentar nesta breve intervenção.

AS ORIGENS DA PSICOTERAPIA

Creio que sempre se deve começar por situar um problema no seu devido contexto, que no nosso caso é um contexto histórico. Existe um artigo, datado de 1904 e intitulado "O método psicanalítico de Freud", no qual ele focaliza o problema da psicoterapia, e, como faz em outros textos da época, afirma que a psicanálise é uma psicoterapia. A relação entre ambas é portanto da espécie ao gênero, da parte ao todo. Mas é preciso ter cuidado, porque obviamente o. que Freud chamava de "psicoterapia" em 1904 – e que fundamenta o seu argumento – já não corresponde ao que hoje é coberto pela mesma expressão: as mais de duzentas práticas de que acaba de falar o dr. Weil.

Psicoterapia é, em 1904, um método de trabalho pertencente à medicina, e que procura curar as doenças ditas "nervosas" através de meios psíquicos e não através de meios físicos. Tais doenças eram, vocês sabem, a histeria, a neurastenia, a melancolia, etc. A própria classificação destas doenças era confusa, e Freud propôs, entre 1890 e 1910, diversas formas de estabelecê-la. De modo geral, uma doença seria "nervosa" – ou, no vocabulário científico, uma "neurose" – se não tivesse causas físicas, como por exemplo lesões no cérebro ou no sistema nervoso. Se, uma vez realizados os exames apropriados, não se verificasse a ocorrência de nenhum distúrbio orgânico, estaríamos diante de uma moléstia de tipo neurótico. Freud construiu sua primeira nosografia distinguindo as neuroses "atuais" das "psiconeuroses"; nas primeiras, a origem deve ser buscada no presente e não nos conflitos infantis recalcados (de onde o nome "neuroses atuais"), e seus sintomas não são de tipo simbólico, mas refletem diretamente os efeitos da abstinência sexual, completa ou parcial.[4] Já as psiconeuroses – histeria, neurose

---

[4] Cf. J. Laplanche e J.-B. Pontalis, *Vocabulaire de la psychanalyse*, Paris, PUF, 1967, verbete "Névrose actuelle".

obsessiva, etc. – teriam sua origem no passado infantil, e seus sintomas resultariam da atuação dos mecanismos de defesa.

Para ambos os tipos de neurose, Freud recomendava um tratamento *psíquico*, isto é, por meio de uma conversa terapêutica– a psicoterapia. Esta se opunha aos métodos "físicos", que naquele tempo eram os banhos medicinais, a eletroterapia, e outros do gênero. (Entre parênteses: eletroterapia não eram os choques frontais, técnica inventada nos anos 1950, mas a estimulação elétrica de certas zonas do corpo, com um aparelho que Freud chegou a utilizar no início da sua carreira.) A psicoterapia se diferenciava assim das outras formas de tratamento porque buscava influir sobre o psíquico por meios psíquicos, e não por meios diretamente corporais.

Ocorre que, no gênero psicoterapia, a primeira modalidade que se praticou foi a hipnose; Freud começou hipnotizando suas pacientes, e foi precisamente por sua insatisfação com este método que ele veio a inventar a psicanálise. A diferença fundamental entre a hipnose e o que Freud fazia consiste em que, na primeira, o hipnotizador opera por meio da sugestão, dizendo ao paciente o que deve fazer para se liberar dos sintomas que o incomodam. Já na psicanálise, o uso da sugestão é desaconselhado, e justamente por isso o dispositivo analítico visa a chegar até o conflito emocional pelos meios que conhecemos: livre associação, interpretação, etc. Para proteger o paciente e o analista dos riscos da sugestão, Freud recomendava as atitudes que conhecemos como "neutralidade" e "abstinência", marcas registradas da psicanálise até hoje.

Assim, a psicoterapia era no início *idêntica* à psicanálise, se concordarmos em excluir o hipnotismo como método terapêutico – e não porque seja anticientífico, mas porque com ele o meio empregado para obter resultados era a sugestão. Apenas, estes resultados não poderiam ser considerados "terapêuticos" no sentido de modificar a economia psíquica do paciente, porque a sugestão não resolvia – como não resolve até hoje – o conflito: simplesmente o silenciava, o recobria com a influência do hipnotizador, e, cessada esta, ele retornava tal e qual (ou às vezes agravado). Por esta razão, Freud podia dizer que a psicanálise era uma forma de psicoterapia, e, diria eu, a *única* psicoterapia: a ênfase é no radical *psico*, opondo-se ao que chamei meios físicos. E, como terapia, propunha-se a alcançar regiões da mente inteiramente inacessíveis à prática hipnótica – a saber, o inconsciente e seus conteúdos recalcados.

O termo *terapia*, aliás, tem uma história interessante. Ele significa "cuidado", e é empregado por Platão no seu diálogo *Êutifron*. Neste diálogo, Sócrates pergunta a Êutifron, um sacerdote, o que é a piedade, e recebe como resposta a seguinte definição: a piedade é *tò méros tou dikaiou perí tén tôn theôn therapeían*, a parte do justo que concerne ao cuidado com os deuses. Este cuidado, prossegue Êutifron, consiste numa atenção prestada por um especialista, e que resulta num benefício ou numa melhoria para quem o recebe: assim, o cuidado que o palafreneiro presta aos cavalos os torna mais velozes e mais saudáveis, o cuidado que o pedagogo dispensa aos meninos os torna educados, e assim por diante. Este benefício é portanto uma *mudança*, e uma mudança para melhor.

Ora, o cuidado – que em grego se diz *therapeía* – em latim se chama *cura*. *Cura*, *curae*, da primeira declinação. *Cura* veio tal e qual para a nossa língua, na qual, além do sentido médico de restabelecer a saúde, tem significados muito próximos aos da palavra latina: *curar o queijo*, *curar a madeira*, significa levar estas substâncias ao seu grau máximo de excelência; *curador* de uma exposição é quem escolhe as obras e as dispõe do modo mais apropriado para obter o efeito que se quer; o *curador de menores* exerce a *curatela*, isto é, a proteção dos frágeis; existe o termo *cureta*, que designa um instrumento para raspar (*curetagem*) aquilo que deve ser eliminado do organismo; etc., etc. São sempre palavras que implicam uma ação para melhorar e proteger, e que portanto indicam a direção em que se deseja obter uma transformação.

Isto é importante, porque com o correr dos anos o problema da cura veio a se tornar significativo no campo da psicanálise e no campo das psicoterapias. De início, como a psicanálise era um método da medicina – embora sem empregar os meios típicos da profissão, tais como examinar e receitar –, era óbvio que sua finalidade era "curar o paciente da sua neurose". A questão é que, sob esta simples expressão, Freud e seus discípulos foram percebendo que se ocultavam imensos problemas. Qual era, exatamente e para começar, o aspecto que se deveria curar? Os sintomas? Mas justamente, estes eram tidos por expressões deformadas de um conflito inconsciente. Este, por sua vez, não era algo que tivesse ocorrido no passado e uma única vez; na verdade, durante o tratamento, ele permanece ativo e produz manifestações de um tipo peculiar – as manifestações da transferência. E assim, de item em item, a própria noção médica de cura veio a se tornar muito problemática na psicanálise, uma vez que o objetivo desta não é eliminar os sintomas, e sim modificar em profundidade toda a estrutura psíquica cujo funcionamento origina e mantém aqueles sintomas. Aqui podemos ver com clareza o quão distantes se tornaram, já nos primeiros anos de existência da psicanálise, o método freudiano e o hipnotismo. Por isto pude afirmar, agora há pouco, que a psicanálise *era* a psicoterapia, por menos exigentes que fossem os critérios de tal transformação do funcionamento mental. Esta só pode ser obtida com a participação ativa do interessado – o "paciente", termo curioso neste contexto, mas que se consagrou e que prefiro a "cliente" – e tal participação está excluída das práticas hipnóticas. Ela implica a pessoa no trabalho de uma forma muito diferente que no caso de um tratamento médico, como bem sabemos, e por isto não me estenderei sobre este tópico.

A FUNDAMENTAÇÃO TEÓRICA

Bem. Esta era a situação até os primeiros anos deste século, e se tivesse permanecido assim nossa mesa de hoje não incluiria o tema que estou abordando. Se ele se tornou interessante, é porque com o tempo as psicoterapias vieram a se diferenciar da psicanálise, que no entanto é o seu solo comum. Isto começou a ocorrer com as dissidências dentro do movimento analítico, como as de Jung, Adler, Rank, Reich e outros. Estes homens vieram a questionar alguns dos elementos básicos das teorias de Freud, e, neste trajeto, acabaram por modificar em pontos essenciais o método clínico da psicanálise. Isto é fácil de compreender: ao recusar esta ou aquela parte das concepções freudianas, os dissidentes automaticamente eram conduzidos a alterar ou a suprimir as partes do método clínico que se fundamentavam naquilo que estavam rejeitando. Por exemplo, quando Jung rejeita a teoria da sexualidade infantil, naturalmente perde o interesse por investigar as manifestações adultas daquela sexualidade, entre as quais se conta a transferência no sentido psicanalítico. É óbvio que deixará de "interpretar a transferênia" da maneira como o fazia Freud.

Por esta razão, é interessante recapitular o que Freud considerava como os elementos fundamentais do seu pensamento. Um destes elementos é a *metapsicologia*, a teoria propriamente dita, que procura explicar o funcionamento mental em geral. Fazem parte desta teoria hipóteses e conceitos articulados entre si, como a noção de uma região psíquica inconsciente, o complexo de Édipo, os mecanismos de defesa, as pulsões sexuais, etc. Algumas destas hipóteses e noções são mais próximas da prática clínica propriamente dita – por exemplo resistência ou transferência –, e outras são mais distantes, por exemplo a ideia de pulsão. Em seu conjunto, formam um repertório de elementos com os quais se pode construir um modelo teórico do que se passa numa análise, isto é, do modo peculiar de funcionamento do paciente. Gosto de comparar a metapsicologia ao jogo das contas de vidro de que fala Hermann Hesse no romance do mesmo título, e me exercitei algumas vezes tentando aplicar estas diferentes possibilidades de combinação à compreensão de processos psíquicos descritos por escritores, por exemplo a inveja num conto de Clarice Lispector, ou um amor impossível numa história de Eça de Queirós.[5] Procurei utilizar ideias como as de forças psíquicas, investimentos, contrainvestimentos, defesas, etc.; para construir um modelo que desse conta, tanto quanto possível, do comportamento dos personagens, assim como fazemos quando procuramos compreender metapsicologicamente o funcionamento de uma pessoa real.

Estes exercícios nos ensinam a manejar um instrumento teórico que permite descrever processos psíquicos utilizando um vocabulário consistente, rigoroso e ao mesmo tempo muito flexível. Outros, trabalhando com outros instrumentos, podem oferecer uma descrição diferente; a única exigência epistemológica que me parece adequado formular é que quem utiliza estes instrumentos, diferentes dos que eu emprego, possa discriminar com precisão quais fenômenos cabem sob tal ou qual conceito e quais outros não podem ser incluídos na sua esfera. Se tal sonho ilustra o arquétipo da Grande Mãe, o terapeuta que emprega este conceito precisa poder reconhecer qual outro sonho não envolve este arquétipo; caso contrário, tudo vira uma grande sopa conceitual e as noções deixam de ser úteis para pensar.

É evidente que uma das diferenças fundamentais entre a psicanálise e as terapias não-psicanalíticas consiste no fato de empregar-se ou não a metapsicologia freudiana, ou de origem freudiana, para compreender o processo terapêutico. Mas a psicanálise não é só a metapsicologia; ela possui um método clínico, que na *História do movimento psicanalítico* (1914) Freud caracterizou por quatro elementos: o inconsciente, a interpretação, a resistência e a transferência. Estes quatro elementos são essenciais para que um trabalho clínico possa ser chamado

[5] Cf. "A inveja", in *Os sentidos da paixão*, Companhia das Letras, 1987, pp. 117-40, e "O estranho caso de José Matias", neste volume.

de *psicanálise*, e, se uma forma qualquer de trabalho clínico não os emprega, não deve ser chamada de psicanálise. É para toda esta vasta gama de procedimentos que julgo adequado utilizar a designação de "psicoterapias".

Uma das fontes de onde surgiram as psicoterapias foi, como disse, o trabalho dos discípulos de Freud que se afastaram dele, por razões teóricas, políticas ou pessoais. Outra fonte é mais heterogênea: ela é formada pelo trabalho daqueles que não tiveram contato com a psicanálise, ou que construíram seus sistemas de pensamento e de atendimento em *oposição* a certas características dela. Justamente por serem muito heterogêneas entre si, cada qual tendo uma história específica e uma fundamentação teórica (que pode ser mais consistente ou menos), é impossível falar delas em conjunto, a não ser pela característica que todas compartilham: elas deliberadamente se afastam da psicanálise, recusando quer a sua teoria do inconsciente, quer o seu método de interpretação, quer sua forma de trabalhar com a resistência e com a transferência, quer a postura de neutralidade e de abstinência que Freud recomendava, quer a posição deitada no divã, quer a frequência plurissemanal das sessões... A lista pode continuar indefinidamente, já que para cada tipo de fator recusado na herança freudiana pode-se imaginar um procedimento terapêutico baseado nesta recusa: as terapias behavioristas não operam com a noção de inconsciente, o procedimento rogeriano se baseia na recusa da abstinência e no uso enfático da empatia, e assim por diante.

Eu acrescentaria um outro elemento diferenciador entre a psicanálise *stricto sensu* e as diversas psicoterapias: ele consiste no emprego metódico da regressão. A regressão é um processo psíquico que, a meu ver, é muito facilitado pelas condições do *setting* clássico, a saber, o divã, o atendimento individual várias vezes por semana e a neutralidade de princípio do analista. Algumas terapias estão interessadas na regressão, outras não; entre as primeiras e a psicanálise, porém, a diferença está no *manejo* deste processo, que para o analista está estreitamente conjugado com a transferência e requer portanto um tipo peculiar de interpretação. São questões complexas, naturalmente, e que aqui só posso mencionar de passagem: mas do meu ponto de vista, prefiro chamar de psicanálise somente os métodos que trabalhem com estas – todas e cada uma – características: dispositivo que favoreça a regressão (o desamarrar dos nós da vigilância consciente, como propicia a associação livre), interpretação da resistência e da transferência, vinculação destas com a sexualidade infantil, e hipótese fundadora de que os conflitos são inconscientes porque estão submetidos à pressão das defesas do ego. Pode haver muitos e bons métodos que trabalhem com pressupostos diferentes, mas eu não os chamaria de psicanálise, e para eles reservo a designação geral de "psicoterapias".

UM EXEMPLO DO MÉTODO PSICANALÍTICO

Vamos a um exemplo da maneira como trabalha a psicanálise, para que possa ficar mais claro o que estou procurando lhes dizer.

Uma paciente tem sua primeira sessão no divã, após duas ou três entrevistas preliminares, nas quais disse categoricamente que jamais seria capaz de conversar com alguém que não pudesse ver, já que o essencial para ela é justamente poder "olhar nos olhos" do interlocutor. De modo que sua análise precisaria ser feita sentada, em face a face, ou ela não poderia garantir sua permanência; afinal, o divã é para gente muito perturbada, é uma técnica antiquada, e além disso, etc., etc. Tudo isso é dito com muita veemência; expressões faciais variadas alternam com gestos teatrais com as mãos, enquanto esta moça atraente e esbelta desfia seus argumentos.

Não obstante, eu lhe digo que vale a pena tentar o divã, e, na sessão inicial, ela concorda em se deitar. A razão para minha intransigência no assunto é que, a meu ver, este caso é uma indicação clara de análise clássica, e esta, como lhes disse, exige o divã como recurso técnico. (Sobre esta questão da indicação, voltarei a falar na conclusão desta intervenção.) A paciente se deita e diz que uma pessoa obesa não poderia ocupar este divã, porque ele é estreito; seu marido, que é obeso, opõe-se tenazmente à ideia de que ela faça uma análise, e se recusa a ajudá-la no pagamento das sessões. Após falar um pouco mais do marido, ela associa com seu filho, um garoto de doze ou treze anos que acabou de passar por uma cirurgia plástica. Esta cirurgia ocorreu há poucos dias; o filho ainda não queria tirar a camiseta e se olhar no espelho, temeroso de ver cicatrizes, ou talvez de perceber que a operação não o deixara com o aspecto que havia imaginado. A mãe lhe disse: "que bobagem, você pode se olhar sem problemas, não há nada de errado".

Esta sequência é suficiente para ilustrar os tópicos essenciais do método analítico, como aliás quase qualquer outra tirada de quase qualquer outra análise. O que temos aqui? No nível mais imediato, uma série de relatos sobre a família da paciente, "dados de realidade", como se costuma dizer. Mas o analista não os ouve assim: considera que estas associações se referem não só ao "lá", mas também ao "aqui"; são representações adequadas ao jogo dos afetos mobilizados pela sessão, e por este motivo são elas as que surgem na consciência, de preferência a quaisquer outras, que seriam as "escolhidas" se as condições fossem diferentes.

Do que fala a paciente? Nos dois fragmentos, de sua *oposição* a uma outra pessoa (marido e filho). Todo este discurso pode ser resumido assim: "é, mas...". Fala de duas vontades, uma positiva (fazer análise, olhar-se ao espelho) e outra negativa (oposição à análise, medo de olhar-se no espelho). Estamos, assim pensa o analista, diante de um conflito *interno a ela*, porém projetado no conflito entre ela e algum outro. Conflito mais aberto e claro no caso do marido, menos evidente, ou mais "leve", no caso do filho. O analista como que gira estes elementos uns sobre os outros, como num caleidoscópio, e observa as configurações que vão se formando. Neste caso, o que aparece é o desejo da paciente de começar sua análise, *mas* com o medo de *se olhar no espelho* e se descobrir *obesa*, ou pelo menos diferente do que sua autoimagem lhe diz que é. As duas associações têm como referente o *corpo* (obesidade, cirurgia), e a segunda, sobre o filho, fala do temor de se "desnudar" e ser reprovada pelos "outros". Há aqui um complexo jogo de vários elementos, em que os temas subjacentes formam um certo desenho: o que vou descobrir no espelho da análise? Será que este outro "eu" cabe no divã? O que o analista (os outros meninos) vai pensar do que eu lhe mostrar, se e quando "tirar a camiseta" da consciência? Eu mesma não ficarei assustada ou decepcionada? Estas são as significações latentes mais imediatas, que se podem discernir simplesmente tomando como ponto de partida que o discurso – qualquer discurso – tem sempre no mínimo dois referentes: *aquilo de que se fala* (filhos, marido, etc.), e também *quem fala: de te fabula narratur*, diziam os romanos. Há também outras camadas, como por exemplo a indisfarçável aura erótica evocada pela ideia de desnudar os seios perante o analista, e outras mais; porém para meus propósitos bastam as que já mencionamos.

Nesta breve sequência, encontramos os elementos que Freud considerava essenciais ao trabalho analítico. O inconsciente é o objeto da atenção do analista – a paciente fala, e diz muito mais do que pensa estar dizendo. A transferência: ao falar da família, ela está criando um cenário para o drama que começa a se desenrolar entre nós dois. A resistência: ao iniciar-se o processo regressivo induzido pelas coordenadas da situação analítica, surge o medo, no caso medo do que "poderia acontecer", e aparece a imagem do "marido" que se opõe à análise, isto é, uma figuração da parte do psiquismo *dela* que se opõe à análise, e que antes havia se expressado dizendo que o divã era para gente muito perturbada, que ela precisava *olhar nos olhos* (isto é, controlar) o interlocutor, etc. E a interpretação da resistência e da transferência é o que acabei de lhes apresentar: compreender o que a paciente diz como a ponta de um *iceberg*, cuja parte submersa está formada pelo jogo de forças e contraforças descrito pela metapsicologia.

Há outras coisas presentes neste discurso, que vale a pena mencionar brevemente. Em primeiro lugar, a indicação do lugar eminente que os investimentos narcísicos ocupam na organização psíquica desta pessoa: o corpo, a esbeltez, a obesidade, a aparência, o que os outros "meninos" vão pensar do seu aspecto físico, etc. Em segundo lugar, o uso predominante de alguns mecanismos de defesa típicos das neuroses, como o recalque, a cisão (ela = ela e o marido, ela e o filho), a projeção, a denegação ("que bobagem, vá se olhar no espelho, não verá nada de mais"), etc. Em terceiro lugar, a capacidade de estabelecer de imediato uma transferência densa, rica em elementos simbólicos e fortemente erotizados, juntamente com a evidência de que as engrenagens mentais estão montadas de forma a sugerir uma probabilidade muito pequena de psicose ou de personalidade *borderline:* o ego está no devido lugar, o inconsciente aflora mas sem invadir a cena, não há transbordamento de angústia, os mecanismos de defesa parecem eficientes e ao mesmo tempo permeáveis.

Disto tudo, foi dito à paciente apenas que ela parecia às voltas com o desejo de começar sua análise e levá-la adiante, mas que também havia o receio de que o espelho da análise mostrasse uma figura dela que talvez não correspondesse exatamente ao que ela pensava ser. Todo o resto ficou *in petto*, já que se trata de uma primeira sessão. A interpretação do conteúdo do seu discurso não é totalmente comunicada à paciente por razões de tato, isto é, de consideração pelo que ela é capaz de *ouvir* (segundo o juízo do analista) e de absorver naquele momento. Aqui poderia haver divergência entre analistas de várias escolas quanto ao que, de tudo o que percebeu nesta fala, o analista deveria comunicar à paciente; eu prefiro ir devagar, apontando de início apenas o mais óbvio – que nela há mais de uma tendência, que estas tendências podem se opor umas às outras, e que, ao falar de "lá", ela está também falando dela e "daqui". A análise precisa respeitar as defesas do paciente, e ir vagarosamente abrindo o seu caminho através das diferentes facetas dele que vão aparecendo ao longo das sessões. É por este motivo que uma análise é demorada, e sua duração se mede em anos; o analista não tem pressa, e nisto é muito pouco "moderno". Em outro diálogo de Platão, Sócrates responde a um interlocutor que se exaspera com sua minúcia e com a lenta construção da definição procurada: "Meu caro, se você está com pressa, vá embora. Não se pode filosofar olhando para a ampulheta". O mesmo vale para a análise, esta prática artesanal e sutil, tão pouco adequada às exigências consumistas de felicidade imediata e sem esforço que marcam nossa sociedade atual.

O PROBLEMA DA INDICAÇÃO

Para concluir, gostaria de voltar um momento à minha insistência para que a paciente se deitasse, baseada na convicção de que este é um caso em que a análise clássica é indicada, e que portanto seria útil; e mesmo indispensável, o emprego do divã para não entravar demasiado o processo regressivo.

A questão da "indicação de análise" está no centro da discussão "psicanálise versus psicoterapia". E aqui coloco o termo deliberadamente no singular, porque existe uma psicoterapia analítica, da qual quero falar brevemente. Uma coisa deve ficar clara: não acredito que seja possível discriminar, em termos das diversas psicoterapias não-analíticas, qual seria a mais indicada para determinado caso. Ou seja, se o paciente é assim e assim, convém usar o método rogeriano, mas se for de tal outra maneira, é preferível uma terapia jungiana, behaviorista ou do grito primal. Supor que o terapeuta dispusesse de todos estes instrumentos, e da possibilidade de empregar este ou aquele segundo a natureza do caso, significa primeiro desconhecer totalmente como se forma um terapeuta, e segundo ignorar que cada método terapêutico repousa sobre uma concepção articulada e complexa do que é a alma humana, concepção que necessariamente privilegia certos aspectos dela e exclui outros, mas que com toda a certeza não pode ser combinada com as demais concepções. A psicologia clínica, neste sentido, é um pouco totalitária, e não vejo mal algum nisso. É impossível ver na paciente que mencionei *ao mesmo tempo* um caso de histeria conforme a leitura psicanalítica, *e* um caso de perturbação do arquétipo tal, *e* um caso de couraça caracterial cujo ponto-chave está em tomo dos músculos do pescoço e da nuca, *e* um caso de falha na aquisição do componente cognitivo "x", *e*... Não se trata de *e*, *e* e *e*, mas de *ou*, *ou* e *ou*. Se o terapeuta é um psicanalista, ele verá a paciente como um sujeito organizado em tomo de certos impulsos e de certas defesas, com uma fixação no (ou aquém do) complexo de Édipo, e assim por diante, de modo a poder construir um modelo metapsicologicamente plausível da estrutura da sua personalidade; modelo que vai emergindo paulatinamente das diversas sessões, e ao mesmo tempo guia a estratégia de intervenção, sugerindo por assim dizer a direção, a profundidade e a frequência das interpretações que lhe serão comunicadas. Se o terapeuta for behaviorista, jungiano, da Gestalt ou outra coisa qualquer, verá no paciente um outro conjunto de elementos, aqueles que sua teoria da alma o preparou para ver, e modulará seus procedimentos terapêuticos de acordo com o que "vê".

Não há mal nenhum nisso, penso, porque o problema não é saber se o paciente "tem" ou "não tem" complexo de Édipo ou complexo de castração. Estes são termos teóricos que designam um certo conjunto de processos psíquicos; os processos continuarão existindo, quer se os chame por este ou aquele nome. É impossível saltar por cima da nossa própria sombra: cada terapeuta vê e ouve com base no que acredita ser existente e vigente na psique, e ponto final. O que é exigível, como insisti antes, é que nos termos da sua própria teoria o terapeuta possa distinguir entre os diversos fenômenos e processos psíquicos, utilizando para cada um os conceitos e hipóteses adequados dentro da dita teoria, de modo a não confundir um delírio com um sintoma fóbico, ou como quer que chame estes fenômenos na sua linguagem.

É como no caso das línguas: admito que seja possível pensar coerentemente em japonês, e que quando um japonês se expressa, o que ouço não é uma algaravia, mas uma descrição do mundo tão boa e tão sensata quanto a que posso fazer em português; mas eu não sei japonês, e não vou deixar de pensar em português por não saber japonês. E o paciente, se encontrar um terapeuta "japonês", vai ser ouvido em "japonês", aprenderá a se pensar e a se compreender em "japonês", e atribuirá talvez o sucesso da sua terapia às qualidades da língua "japonesa" – jungiana, rogeriana, behaviorista, florais de Bach... Isto é inevitável e não tem remédio, porque a psicologia clínica não é como a medicina; nesta, o médico pode tentar este medicamento e depois aquele, mudar a dosagem, ou abandonar o tratamento interno e optar por uma cirurgia. O terapeuta não tem estas alternativas: é monoglota, e sua situação se assemelha mais à do escultor ou do pintor, que, diante do modelo, pode decidir fazer um busto ou representá-lo de perfil, mas que sempre imprimirá à obra o carimbo do seu estilo, porque não pode fazer outra coisa. E o mesmo modelo, caso fosse retratado por Picasso, Modigliani ou Eliseu Visconti, se veria diante de resultados muito diferentes. Se Picasso tentasse pintar como Modigliani, o resultado seria um pastiche, não um Picasso – nem um Modigliani.

Isso dito, em minha opinião há dentro da esfera clínica línguas e línguas. É possível que, nas línguas reais, todas se equivalham em precisão e riqueza de vocabulário, que descrevam o mundo igualmente bem, que permitam expressar todas as nuances e sutilezas da vida subjetiva. É possível. No caso das teorias sobre o psíquico, é minha convicção que a psicanálise representa o que de mais sofisticado, flexível e fecundo se inventou. Como nas línguas: aquelas que possuem uma literatura importante, que foram cultivadas por poetas e escritores de talento, acabam tendo mais recursos do que aquelas que permaneceram no estágio oral. A psicanálise é como um piano Steinway, não como um pandeiro ou um tamborim: seu teclado, seu cordame, a caixa de ressonância, proporcionam infinitas possibilidades para o concertista, e também para o amador. Depende do seu talento, da sua experiência e da escola que teve o que o pianista poderá extrair deste instrumento; certamente, poucos são os Cláudio Arrau, Arthur Rubinstein e Vladimir Horowitz, mas, para o comum dos mortais, ao menos a qualidade do instrumento não bloqueia a possibilidade de tocarem bem. E é por pensar assim que continuo a ser psicanalista.

Como psicanalista, porém, me cabe decidir a cada vez se a pessoa que me procura pode se beneficiar de uma análise clássica, se terá condições de investir o processo de modo fecundo, se poderá suportar os limites rígidos do método, se sua capacidade de sublimação corresponde ao que lhe será exigido pela natureza do processo analítico. A pessoa que mencionei atrás parece capaz de tirar proveito da análise tradicional, em virtude dos critérios que enumerei: plasticidade da organização psíquica, capacidade razoável de verbalização, associação e transferência, nível suportável de angústia flutuante, defesas eficazes e ao mesmo tempo não excessivamente rígidas, etc.

E se não fosse este o caso? O analista teria duas opções: não atender a paciente, ou propor uma *psicoterapia analítica*. Entendo por esta expressão um trabalho feito por um psicanalista, baseado na compreensão analítica dos processos psíquicos, mas que se desenvolveria em condições de *setting* adaptadas à estrutura do paciente. Pierre Fédida disse uma vez que a psicoterapia é uma "psicanálise complicada". De fato, ela é *mais* complicada, e não *menos*, do que uma análise tradicional, porque o analista não pode dispor das suas condições ideais de trabalho, e em especial do tempo necessário para se abandonar às suas próprias associações, sem ser incomodado pela vigilância do paciente olhando para ele: a atenção flutuante – ingrediente fundamental do método clássico – se vê muito prejudicada pelas condições alteradas do *setting*.

Em todo caso, o analista pode tentar a experiência em casos nos quais, por um motivo ou por outro, a seu ver não é recomendável uma análise *stricto sensu*. Marie-Claude Fusco, num interessante trabalho publicado pela revista *Topique*, enumera algumas destas situações:

> Certas disposições psíquicas poderiam, com efeito, ser consideradas como obstáculos para uma psicanálise:
>
> - um excesso de laxismo ou de rigidez nos processos de pensamento e no comportamento afetivo e social do sujeito. Por exemplo, a instalação numa vida excessivamente marginal, mudanças muito frequentes de ocupação e de parceiros, ou ao contrário a retirada defensiva numa atitude congelada, que serve de refúgio;
> - da mesma maneira, parece que um excesso de realidade, como por exemplo a proximidade de um luto ou de uma separação cujos efeitos traumáticos paralisam o indivíduo, não se apresenta como uma boa indicação de análise;
> - ou ainda um período avançado ou particularmente problemático na vida, que incitaria a desinvestimentos e reinvestimentos dispendiosos para o equilíbrio da pessoa, com os riscos de descompensação e de desestruturação que isto poderia acarretar. [...]
>
> Para fazer uma indicação de psicoterapia, enfim, é preciso levar em conta as condições nas quais o paciente nos procura. Se se trata de dificuldades atuais, como uma separação recente, um fracasso sentimental, um luto, vexames profissionais, etc., ou se se trata ao contrário de toda uma história passada, marcada pela repetição de episódios dolorosos e de inibições. Ou ainda da persistência ou da aparição de sintomas que perturbam gravemente a existência do sujeito. Este gênero de circunstâncias e de dificuldades fazem hesitar frente à proposta de um tratamento analítico, enquanto a psicoterapia permite muitas vezes ajudar o paciente a atravessar um período difícil, ao mesmo tempo em que se orientam num sentido verdadeiramente analítico a elaboração e a elucidação do conflito subjacente.[6]

[6] Marie-Claude Fusco, "La psychothérapie analytique: modulation ou déviance de la psychanalyse", *Topique*, nº 44, setembro de 1989, pp. 272-3.

Estas observações de Marie-Claude Fusco sugerem que a psicoterapia psicanalítica não é uma forma inferior e degradada da psicanálise, mas uma modalidade clínica que requer um analista experimentado e capaz de trabalhar em condições mais difíceis do que aquelas a que está habituado. Ele pensará analiticamente, mas a forma de contato com o paciente será outra, até porque o próprio processo se desenrola de forma diferente do que na análise clássica – por exemplo, o tempo da sessão parece mais denso, o ritmo é mais acelerado, o silêncio pode ser mais pesado do que numa sessão de análise, o paciente de certo modo espera um pequeno "resultado" de cada sessão, o que obriga o analista a um pensamento mais concentrado e menos associativo do que em regime de atenção flutuante.[7]

Assim, para concluir, não vejo oposição entre psicanálise e psicoterapia, neste sentido preciso de psicoterapia analítica, para a qual o termo de "modulação" da psicanálise clássica proposto por esta autora me parece muito adequado. Também não penso que a psicoterapia seja uma forma clínica que deveria ser praticada por psicólogos, enquanto a psicanálise seria reservada aos psicanalistas, que assim formariam a *crème de la crème* da profissão. A meu ver, todo trabalho clínico deve ser precedido por uma formação extensa e exigente, baseada na análise pessoal do terapeuta, na elucidação e elaboração dos seus conflitos básicos, e no estudo rigoroso da teoria que lhe servirá de instrumento para pensar. Sobre este ponto, expliquei-me com detalhes na entrevista ao jornal do CRP mencionada no início desta intervenção. E, quanto às terapias não-analíticas, sinto-me incapaz de as julgar, por desconhecimento do assunto: creio que existam bons profissionais nas diversas linhas, mas, quanto a mim, prefiro aprofundar-me no estudo e na prática da psicanálise clássica, que me parece suficientemente rica e complexa para merecer este investimento. É ela que, eventualmente, pode fundamentar um trabalho psicoterápico, se e quando eu julgar adequado recorrer a ele: o analista continuaria analista, mas dispensaria certos elementos do *setting* usual. Continuaria pensando na sua língua materna, mas se expressaria, por assim dizer, num dialeto dela.

Malba Tahan conta, num de seus livros, a história de um homem que foi condenado. à prisão, e nela encontrou companheiros que falavam muitos idiomas diferentes. Para passar o tempo, aprendeu vários deles durante sua prolongada estada no cárcere. E, quando saiu, ganhou fama de sábio, embora quase não

[7] Idem, pp. 278 ss.

falasse mais. E por quê? Porque ele era capaz – assim diziam – de ficar calado em sete línguas diferentes!

O analista que também pratica a psicoterapia analítica é como este homem: sabe falar não sete, mas pelo menos duas línguas, é verdade que aparentadas entre si. E, no interesse do paciente e do processo, sabe ficar calado numa delas quando acredita ser necessário recorrer à outra. Mas reconhece que há muitas que não sabe falar, porque nem toda uma vida seria suficiente para as aprender.

Metapsicologia: por que e para quê[1]

O diálogo entre a filosofia e a psicanálise tem se intensificado nos últimos anos, principalmente por iniciativa dos filósofos. Além dos trabalhos do grupo da Unicamp, dos quais dei notícia em outro lugar,[2] temos no Rio de Janeiro a obra já considerável de Luiz Alfredo Garcia-Roza, e, em outros lugares, diversos trabalhos de boa qualidade. Do lado dos psicanalistas, Jurandir Freire Costa vem procurando repensar a psicanálise a partir do pragmatismo norte-americano, secundado por Lúcio Marzagão em Belo Horizonte; Luís Claudio Figueiredo, em vários livros e artigos, faz o mesmo tomando como horizonte o pensamento de Heidegger; poderíamos citar outros analistas, como Chaim Samuel Katz, e autores como Alfredo Naffah Neto, em cuja trajetória do psicodrama até a psicanálise figura uma etapa "nietzscheana".

Nesta constelação, destacam-se os trabalhos de Zeljko Loparic, filósofo de origem heideggeriana e estudioso da obra de Winnicott. Quero comentar aqui dois artigos seus: "Um olhar epistemológico sobre o inconsciente freudiano"[3] e

---

[1] Retomando um "Diálogo com Loparic" publicado em 1990, este texto o inclui e expande a discussão, referindo-se aos desenvolvimentos trazidos pelo filósofo aos seus argumentos desde então. Nesta forma, é inédito.

[2] R. Mezan, "Sobre a psicanálise e o psicanalista: leituras", in *Figuras da teoria psicanalítica*, São Paulo, Casa do Psicólogo, 2010.

[3] Zeljko Loparic, "Um olhar epistemológico sobre o inconsciente freudiano", in Felícia Knobloch (org.), *O inconsciente: várias leituras*, São Paulo, Escuta, 1991, pp. 45-58.

"A máquina no homem".[4] Para o primeiro, retomarei no essencial o que expus na mesa-redonda em que fui seu debatedor, e que se encontra no volume mencionado na nota 3; quanto ao segundo, as observações aqui consignadas são inéditas. A razão deste procedimento é simples: existe uma continuidade entre ambos, e portanto a referência ao primeiro texto torna-se indispensável para que o leitor possa acompanhar tanto a argumentação de Loparic quanto as objeções que serei levado a levantar contra ela.

1

Do texto "Um olhar epistemológico sobre o inconsciente freudiano", destaco inicialmente o tema da *redução*. Escreve Loparic: "sabe-se que o próprio Freud propôs a *redução psicanalítica* de certos conceitos filosóficos básicos, como por exemplo o de imperativo categórico de Kant. Este seria uma herança direta do complexo de Édipo. Toda a filosofia teria algo a ver com a paranoia (auto-observação) e com a esquizofrenia (tratamento das palavras, representações verbais, como se fossem coisas). [...] É preciso notar, entretanto, que Freud nunca tentou uma *redução completa* da filosofia à psicanálise".[5] Por sua vez, muitos filósofos questionaram a pretensão da psicanálise a ser uma ciência, localizando-a entre os gêneros literários ou mesmo entre as superstições inaceitáveis, como a astrologia.

Redução recíproca, portanto: da filosofia ao desejo do filósofo, da psicanálise a uma pseudociência ou a um gênero literário. Impossível não concordar com o professor quando recusa estas vias complementares, que obviamente não permitem interlocução alguma e acabam por reduzir todo mundo ao silêncio. A descoberta de que quando falamos sempre dizemos algo a mais do que queremos explicitamente dizer não é um troféu da psicanálise: com certeza desde Platão, e talvez mesmo antes dele, sabe-se que todo discurso é acompanhado por uma franja marginal de significações, que pode ser mais ou menos densa. Fábio Herrmann assinalou certa vez que, no caso da comunicação usual, existe uma convenção

[4] Z. Loparic, "A máquina no homem", *Psicanálise e Universidade*, nº 7, São Paulo, PUC-SP, 1997, pp. 97-114.

[5] Z. Loparic, "Um olhar...", op. cit., pp. 45-6.

tácita no sentido de suspender a atenção a esta franja conotativa, para concentrar o foco sobre o conteúdo manifesto ou denotativo daquilo que é dito. Apenas na situação analítica, e por uma autorização explícita dada pelo paciente ao analista, é que o chamado argumento *ad hominem* tem direito de cidadania: a interpretação legitima-se pela referência do discurso ao seu emissor (e não só ao objeto designado) sem que a recíproca seja válida no mesmo contexto – isto é, sem que a interpretação formulada pelo analista possa ser legitimamente devolvida a ele sob a forma do "é você quem está dizendo isto, logo se refere a você". Tal asserção é sem dúvida verdadeira – existe a contratransferência – mas seu campo de validade é outro, o dos mecanismos psíquicos e dos motivos do analista, a serem objeto de reflexão em outra situação analítica.

Isto dito, a psicanálise apresenta-se também como um corpo teórico racional, embora seu objeto não seja necessariamente o racional. Ela faz afirmações, postula princípios, realiza inferências, combina conceitos; neste sentido, é perfeitamente cabível que seja interrogada pela filosofia, quer pelo viés epistemológico, quer pelo viés ético ou ontológico. E a discussão, para ser fecunda, precisa manter-se neste terreno, sem que o psicanalista se furte a ela através de pseudointerpretações: além de não autorizadas (e portanto, ainda que por acaso pertinentes, passíveis apenas de aguçar as resistências do seu eventual destinatário), elas seriam refutadas pelo filósofo como petições de princípio, pois estariam baseadas precisamente naquelas premissas que teria sido necessário fundamentar.

Quanto à ideia de que a psicanálise consistiria num gênero literário incompatível com a ciência, embora o epistemólogo a considerasse pejorativa, talvez estivesse *malgré lui* enunciando uma verdade de grandes consequências. Com efeito, a psicanálise é *também* um gênero literário, ou melhor, uma forma de discurso *sui generis*, e isto tanto no sentido de linguagem falada – pensemos por exemplo na função da associação livre durante a sessão psicanalítica – quanto no sentido das produções escritas, que, a começar pelos textos de Freud, estão a léguas de distância da prosa científica usual. E não é difícil compreender por que: como bem observaram Patrick Mahony e Maurice Dayan, a prosa científica usual expõe os resultados de uma atividade que começa e termina antes da redação do texto, enquanto a exposição psicanalítica é parte integrante da experiência que ela descreve. Patrick Mahony diz neste sentido que a prosa de Freud é tanto uma exposição *sobre* o inconsciente quanto uma exposição *do* inconsciente, um veículo para a sua emergência.[6] Maurice Dayan, numa consideração mais abrangente, pergunta-se quais podem ser as relações – certamente complexas – entre a atividade clínica e a atividade de escrita que procura dar conta dela: não é possível reduzir uma coisa à outra, mas também é evidente que a retomada discursiva da experiência clínica se inscreve no conjunto de processos psíquicos postos em marcha pelo próprio trabalho clínico.[7] Qualquer pessoa que jamais tenha escrito uma sessão para ser supervisionada – para não falar de esforços de teorização mais complexos – percebe perfeitamente a continuidade e a transposição simultâneas vigentes entre o trabalho e o relato dele, prova disso sendo o efeito do segundo sobre o primeiro.

Em suma: o debate entre psicanalistas e filósofos requer um "quadro de boa vizinhança", no qual cada um respeite a especificidade do campo do outro, sem procurar "reduzi-la" à do seu. Isto concedido, voltemo-nos para o segundo tópico trazido por Loparic, que deseja ser justamente um exemplo da inutilidade da pretensa "redução": "É preciso notar, entretanto, que Freud nunca tentou uma *redução completa* da filosofia à psicanálise. O fundador da "psicologia profunda" reconhecia explicitamente a existência de problemas conceituais que a sua ciência põe, mas que, sozinha, ela não pode resolver. Um exemplo destes problemas é dado pela afirmação da *atemporalidade* dos processos inconscientes. A psicanálise constata, diz Freud, que, ao contrário da tese de Kant de que o tempo é uma "forma necessária do nosso pensamento", ou ainda uma "forma necessária de nossos atos psíquicos", existem processos mentais, a saber, os processos primários inconscientes, que não são ordenados temporalmente, não mudam com o tempo e não têm relação com a representação do tempo. Temos aqui um fato que ainda espera, concede Freud (na conferência 31), a devida apreciação pelo pensamento filosófico e que abre o caminho para descobertas profundas, caminho no qual, lamenta ele, a psicanálise não soube avançar muito.[8]

Eis aí uma ideia instigante: a psicanálise põe problemas conceituais que, sozinha (sem o auxílio da filosofia), ela é incapaz de resolver. O psicanalista se pergunta: em que nível seria impossível a resolução destes problemas conceituais?

---

[6] P. Mahony, "Further Thoughts on Freud and his Writings", *Journal of the American Psycho-analytic Association* (1984), 32:874. Tradução brasileira em *Psicanálise e discurso*, Rio de Janeiro, Imago, 1989.

[7] M. Dayan, *L'arbre des styles*, Paris, Aubier-Montaigne, 1985.

[8] Z. Loparic, "Um olhar...", op. cit., p. 46.

Mais precisamente, para *quem* tais problemas seriam insolúveis? A famosa frase de Freud na conferência 31, citada por Loparic, estipula que caberia ao pensamento filosófico apreciar o *fato* de que os processos inconscientes escapam à forma do tempo, e que portanto deveria ser revista a tese de Kant a este respeito. Ora, isto não significa que a psicanálise veja qualquer problema nesta atemporalidade, que explica de modo convincente através das noções de recalque e de repetição. Significa que os filósofos – e em particular os kantianos – deveriam reformular sua hipótese sobre o tempo como "forma necessária dos atos psíquicos". Neste ponto, como bem demonstra Loparic, Freud faz uma leitura equivocada de Kant, para o qual o tempo não é uma forma necessária dos atos psíquicos em geral e incondicionalmente, mas apenas destes atos psíquicos enquanto *fenômenos*, ou seja, nas palavras do professor, "eventos dados na intuição interna". Como o inconsciente, por definição, não pode ser dado à percepção interna – que é sinônimo de consciência –, ele não é um fenômeno no sentido kantiano, e portanto não tem por que estar sujeito à forma do tempo.

Esta parte da argumentação de Loparic é bastante persuasiva; contudo, prova apenas que Freud leu mal Kant, e não que exista aqui um problema conceitual posto pela psicanálise porém insolúvel por ela. Dito de outro modo, a análise de Loparic mostra que o inconsciente visto por um prisma kantiano *nada tem a ver* com a questão da forma temporal dos fenômenos internos: ora, se este resultado faz desaparecer um *falso problema* – e neste ponto devemos ser gratos à leitura epistemológica – não se pode afirmar simultaneamente que a psicanálise formulou um *verdadeiro problema* que ela é incapaz de resolver.

Mas na verdade esta observação não compromete a posição geral de Loparic, segundo a qual psicanálise e filosofia não comportam redução recíproca, cabendo a cada uma um campo específico. É impossível discordar desta afirmação; ainda que a "psicanálise da filosofia" ou a "filosofia da psicanálise" pudessem fornecer resultados interessantes, uma delas estaria sendo sempre empregada como instrumento e a outra como objeto da operação analítica, o que obviamente não faz com que a consistência de cada uma delas desapareça como que por encanto. Nada há de extraordinário, nem de ameaçador, no fato de que uma disciplina se debruce sobre ideias geradas em outra e as tome como estímulo para sua própria reflexão. Se isto não fosse verdadeiro, a estética faria desaparecer a arte quando a tematiza, tanto no caso de uma abordagem filosófica do fenômeno artístico, quanto se se tratasse de uma abordagem psicanalítica. É preciso acabar de uma vez por todas com o preconceito obscurantista de que um fato de cultura só pode ser apreendido em seus próprios termos, e que a sua leitura por meio de outras perspectivas o lesa ou o destrói. O escritor de ficção pode não ter interesse na teoria literária, mas isto não faz com que a teoria literária seja nociva à literatura de ficção.

Para confirmar esta opinião, nada melhor que o estudo de Loparic sobre a angústia em Freud e em Heidegger (pp. 55-7). Ele revela uma série de aspectos que passariam despercebidos a quem não dispusesse dos dois referenciais, e, do ponto de vista da psicanálise, nada há nele que prejudique ou atrapalhe a compreensão da angústia. Por vias próprias, Loparic enfatiza a estrutura temporal circular da angústia, seu caráter não representacional para a consciência, e outros aspectos que iluminam o problema, ainda que o psicanalista possa retomar suas afirmações de modo a questioná-las ou a aprofundá-las. Melhor, não se deveria dizer "ainda que", mas "permitindo que": a leitura pelo ângulo filosófico revela possíveis desenvolvimentos do tema, que competiria ao psicanalista verificar se lhe podem ser úteis, sem que isto em nada comprometa o projeto filosófico de comparar Freud e Heidegger. Da mesma forma, a hipótese levantada por Loparic de que "o psiquismo freudiano seria uma estrutura de elementos co-originários" pode ser um estímulo para a reflexão psicanalítica, muito embora tenha sido construída mediante um procedimento filosófico de análise conceitual. "Ser um estímulo" não implica concordância, porém: e neste caso específico, parece-me impossível que o psicanalista subscrevesse a hipótese de Loparic, ao menos no que se refere ao superego, cuja dependência das identificações do ego e das pulsões do id não é apenas de índole cronológica, mas causal. Por outro lado, muitos analistas admitiriam a proposição de co-originalidade para o id e o ego, quer se trate de um ego rudimentar (Melanie Klein), quer de núcleos esparsos de ego que posteriormente viriam a coalescer (Glover, Kohut).

O tópico mais sugestivo da argumentação de Loparic, a meu ver, é o item intitulado "A metapsicologia e a epistemologia implícita na obra de Freud". Aqui o professor afirma que, para Freud, a psicanálise obedece a critérios de racionalidade científica na formulação de suas teorias, e é inegável a verdade desta asserção. Criticando Ricoeur, Loparic sugere a seguir que o uso de termos energéticos na metapsicologia freudiana é essencialmente *convencional*, enquanto a atribuição de sentido a todo ato psíquico seria de ordem *não-convencional*. Em outras palavras, o uso de termos energéticos por Freud teria por fundamento sua conveniência heurística e por origem o pós-kantismo de seus mestres, enquanto a postura hermenêutica derivaria da própria natureza da psicanálise, e portanto jamais poderia ser descartada, ao contrário das "construções" ou "ficções" emprestadas de ramos variados da física. Diz Loparic:

> Se guardamos clareza sobre o caráter fortemente convencionalista da metodologia freudiana, poderemos resolver mais facilmente problemas de interpretação que, à primeira vista, parecem intrincados. [...] Sua *afirmação da existência do inconsciente dinâmico* é uma tese realista? Ela pretende ser objetivamente verdadeira sem restrição alguma? Aparentemente não. Segundo Freud, a prova da existência do inconsciente dinâmico reside na possibilidade de fornecer explicações dinâmicas (causais) da existência dos sintomas. Isso não é uma prova da verdade objetiva da tese do inconsciente dinâmico, e sim da sua utilidade heurística e explicativa *dentro do quadro metodológico preferido por Freud*. Essa preferência se deve à sua filiação a uma tradição filosófica e não à evidência dos fatos. A afirmação do caráter dinâmico do inconsciente reflete, como diz Freud, um "ponto de vista", uma postura metodológica, frutífera no seu entender, e não um fato de experiência ou uma tese justificada por indução.[9]

Aqui a tese de Loparic é polêmica, e como tal merece ser examinada com cuidado. Do fato de que Freud afirmou muitas vezes que os termos metapsicológicos eram metafóricos e poderiam ser substituídos por outros quando isto se mostrasse conveniente – "a metapsicologia é nossa mitologia" – Loparic conclui (de modo semelhante a Ricoeur, em que pesem as aparências) que a essência da psicanálise é a hermenêutica, e que a dinâmica é um "ponto de vista" num sentido não muito afastado daquele em que Janet caracterizava o inconsciente como *une façon de parler*. Tal conclusão não espanta, se lembrarmos que mais adiante ele aproxima Freud da fenomenologia heideggeriana, ao menos no tocante à angústia. Penso que aqui se colocam ao menos duas dificuldades: uma interna ao argumento de Loparic, outra que diz respeito a *die Sache selbst*, ao próprio conceito de inconsciente. Vejamos mais de perto estas duas dificuldades.

A dificuldade interna ao argumento apresentado por Loparic reside na noção de "dinâmico". Mais adiante em sua conferência, ao falar a angústia, explícita

[9] Z. Loparic, "Um olhar...", op. cit., pp. 51-2. Grifos do autor.

como compreende esta ideia de Freud: a angústia não pertence ao domínio da representação, mas ao do "jogo das forças pulsionais", isto é, à esfera do afetivo; isto lhe permite revelar "nosso relacionamento concreto ('ontológico', diria Heidegger, 'dinâmico' ou 'quantitativo', diria Freud) com as situações-limite".[10]

Creio que a dificuldade aparece com clareza neste ponto. Se a angústia revela nosso relacionamento *concreto*, vital, com as situações-limite, e se seu domínio é o das forças pulsionais em jogo – à exclusão de qualquer representação –, segue-se que este jogo das forças pulsionais não pertence à esfera das convenções, mas sim existe *realmente*, e determina uma das possibilidades concretas do ser psíquico. Em outras palavras, se seguimos a rigorosa argumentação de Loparic, há um plano afetivo irredutível às representações, e é óbvio que o psicanalista nada teria a objetar quanto a esta asserção. O que fica incompreensível é o seguinte: por que a designação *teórica* – e não apenas *terminológica* – deste plano pertenceria ao reino das convenções? Se os afetos são entidades realmente existentes, aspectos fundamentais do ser psíquico, e se principalmente não são redutíveis à dimensão da representação, por que seria apenas questão de *comodidade* pensá-los por meio de conceitos de tipo energético? Pois é preciso que fique claro: o "ponto de vista dinâmico" não é em absoluto uma postura simplesmente metodológica; ao contrário, é a formalização em termos conceptuais de uma postura *ontológica*, a categorização abstrata de uma série de fenômenos que se dão na realidade e que exigem, como seu princípio e como sua condição de possibilidade, a afirmação da existência igualmente real do inconsciente dinâmico. A dificuldade interna do argumento de Loparic me parece consistir em que, segundo seu texto – se o compreendi corretamente –, o inconsciente dinâmico é ao mesmo tempo uma convenção terminológica *e* o terreno concreto no qual se dá o embate dos afetos.

Mas há um outro problema, que não diz respeito à coerência do argumento de Loparic, e sim à própria coisa. Este problema é o seguinte: a psicanálise não afirma apenas que todo ato psíquico tem um sentido, por menos evidente que ele possa ser. Afirma também, e principalmente, que todo ato psíquico tem um ou mais sentidos *ocultos* e *inacessíveis* à consciência, a não ser que sejam examinados pelo método psicanalítico. Ora, por que estes sentidos – prefiro deixar o termo no plural – são ocultos e inacessíveis? Não estamos aqui falando simplesmente das conotações e dos implícitos que todo discurso e toda ação veiculam consigo.

[10] Idem, p. 56.

Estamos falando de uma dimensão inconsciente, isto é, radicalmente heterogênea à consciência e à autopercepção, e afirmando que, sem esta dimensão, a psicanálise simplesmente não faz sentido algum. A questão é saber por que o inconsciente é inconsciente nesta acepção forte, e a resposta de índole kantiana – porque ele não é dado como fenômeno à percepção interna – não pode nos satisfazer. O que falta na concepção proposta por Loparic é, a meu ver, um elemento essencial e constitutivo da doutrina freudiana sobre o psiquismo, o postulado de que ele é atravessado pelo *conflito*, postulado do qual decorrem várias consequências de enorme envergadura.

A principal delas é a de que o ser humano é habitado por desejos e impulsos contra os quais necessita se defender, mas que persistem apesar e através das defesas. O "ponto de vista" dinâmico, evocado por Loparic, é a consideração dos acontecimentos e formações psíquicas enquanto modelados por este conflito fundamental e por seus derivados ao longo da história do indivíduo. O motivo para considerar as coisas desta maneira não se origina em nenhuma preferência metodológica ou metafísica, mas na constatação daquilo que ocorre cotidianamente e sem exceção em todas as sessões de análise: ao desejo de se conhecer e de superar seus problemas opõe-se no paciente uma poderosa tendência a se ignorar e a recusar qualquer mudança; a esta tendência Freud deu o nome de *resistência*. Foi a necessidade de dar fundamento ao fato bruto da resistência que o conduziu à hipótese de um conflito basilar e constitutivo do funcionamento psíquico humano.

Digo "basilar" porque ele anima simultaneamente o acontecer psíquico e a teoria que se ocupa deste acontecer. Com efeito, seria possível organizar todos os planos da teoria psicanalítica, seus principais conceitos e hipóteses, tomando como fio condutor a ideia de conflito. Por exemplo, um conflito requer agentes e forças à disposição destes agentes: temos aqui o solo originário de ideias como as de ego, sexualidade, libido, pulsão, narcisismo, etc. Um conflito se organiza segundo modalidades específicas: elas podem ser categorizadas segundo a famosa tríade neurose, psicose e perversão. Um conflito se estrutura ao longo do tempo, já que as posições dos combatentes podem variar e sempre incluem em si a história dos movimentos passados: eis aí a base para se pensar na série das fases ou etapas psicossexuais. O conflito produz consequências na forma de sintomas, traços de caráter, e sobretudo na maneira pela qual se organizará a transferência na análise, o que por sua vez permite ter uma ideia de qual é ele e de em torno de quais eixos se organiza. Poderíamos continuar nesta direção, porém penso que esta amostra é suficiente para percebermos que, ao menos em tese, é possível distribuir quase todo o arcabouço conceptual da psicanálise pelas diversas facetas da ideia de conflito. É por isto que nela ocupa um lugar eminente a noção de *dinâmica*.

Para Loparic, a significação principal do termo "dinâmico" é a causal: "Segundo Freud, a prova da existência do inconsciente dinâmico reside na possibilidade de fornecer explicações dinâmicas (causais) da existência dos sintomas".[11] Esta observação é extremamente sugestiva, no sentido que precisei acima: ela provoca a reflexão do psicanalista sobre o tópico importante, embora obscuro, da *causalidade* em psicanálise. Acredito não trair o pensamento de Loparic ao compreender sua afirmação como significando que o conflito psíquico é a causa dos sintomas, tanto no sentido de que o sintoma representa um compromisso entre as forças recalcantes e as forças recalcadas, quanto no sentido de que a história pregressa do indivíduo determina quais os pontos de incidência e quais as vias de formação destes sintomas. Ora, a construção deste processo é um dos objetivos de análise, e esta construção só pode se dar de modo regrediente, do presente para o passado e dos efeitos para as causas. Contudo, a ideia de *causa* não pode ser tomada aqui sem alguns cuidados, e é sobre este ponto que gostaria de apresentar algumas reflexões.

Em 1920, Freud escreveu um artigo intitulado "Sobre a psicogênese de um caso de homossexualidade feminina". Este artigo relata um tratamento que não foi muito longe; durou apenas alguns meses, mas permitiu mesmo assim identificar os fatores que haviam conduzido esta moça a uma escolha homossexual de objeto. No início do capítulo IV, porém, Freud escreve o seguinte:

> Formamos uma visão geral das forças que afastaram a libido desta moça da disposição edipiana normal e a conduziram à homossexualidade; examinamos além disso os caminhos psíquicos percorridos neste processo. [...] Neste ponto, nossa atenção é atraída por uma circunstância com a qual nos chocamos em muitos outros casos de explicação psicanalítica de um processo psíquico. Enquanto seguimos regressivamente a evolução partindo do seu resultado final, vamos estabelecendo um encadeamento ininterrupto, e consideramos totalmente satisfatório e talvez completo o conhecimento adquirido. Mas se empreendermos o caminho inverso,

[11] Z. Loparic, "Um olhar...", op. cit., p. 51.

partindo das premissas descobertas pela análise, e tentarmos seguir sua trajetória até o resultado, desaparece nossa impressão de uma concatenação necessária e impossível de estabelecer de outra forma. Percebemos imediatamente que o resultado poderia ter sido diferente, e que teríamos chegado igualmente a compreendê-lo e a explicá-lo. Assim, pois, a síntese não é tão satisfatória quanto a análise, ou, dito de outra maneira, o conhecimento das premissas não rios permitiria predizer a natureza do resultado.[12]

O que Freud afirma neste parágrafo "epistemológico" é que a ideia de causa não pode ser aplicada à vida psíquica sem algumas precauções, porque estamos diante de um ser que reage às suas circunstâncias, e com estas reações induz mudanças nelas. Por natureza, estas mudanças são impossíveis de prever de modo absoluto (o que não quer dizer que sejam inteiramente arbitrárias). O regime que as governa é o da probabilidade, e quem diz probabilidade diz margem de indeterminação. Observemos a quantidade de metáforas de movimento que formigam no texto: *afastar*, *percorrer*, *conduzir*, *caminho*, *seguir*, *regressivamente*, etc. Mais do que em encadeamento, conviria falar aqui num labirinto, num sistema de estradas ou de linhas férreas. É certo que a trajetória se fez de modo orientado, da infância para a idade adulta: não há reversibilidade de tempo entre os movimentos. Mas, a cada encruzilhada, a cada bifurcação, o trajeto poderia ter sido outro, determinando de modo diferente toda a sequência dos acontecimentos – é este o ponto essencial. Não se poderia prever o resultado mesmo tendo acesso a todos os dados do problema; é só com a solução em mãos – a escolha homossexual – que podemos retraçar por quais vias ela foi produzida.

Continuando seu raciocínio, Freud atribui à impossibilidade de se conhecer de antemão a força relativa dos fatores etiológicos – ainda que se soubesse exatamente *quais* são – a impossibilidade de se prever o ponto a que chegará a evolução deles. Este é o chamado "ponto de vista econômico", como se sabe. Mas há outro aspecto a ser considerado, que exige que tomemos cuidado ao falar em "causas" psíquicas: a contingência da história. Tratamos com pessoas que têm uma

[12] S. Freud, "Psicogênese de um caso de homossexualidade feminina" (1920), *Studienausgabe* VII, pp. 276-7; *Edição Standard Brasileira*, XVIII, p. 207. Cabe aqui mencionar um livro curioso, que se propõe a narrar esta história do ponto de vista de cada um dos personagens envolvidos: Rosa Abras (org.), *A jovem homossexual. Ficção psicanalítica*, Belo Horizonte, Passos, 1996.

biografia, que passaram por situações determinadas e reagiram a elas de modo específico; mesmo a noção de trauma não pode dar conta desta "força relativa dos fatores", posto que o traumático não é necessariamente o violento, o espetacular. O traumático é aquilo que excede a capacidade de elaboração do sujeito, e portanto depende de parâmetros subjetivos, que podem ser mais ou menos elásticos em momentos e em condições diferentes da vida do mesmo indivíduo. Pascal já nos prevenia: "Quem não sabe que a visão dos gatos e dos ratos, o esmagamento de um carvão, põe a razão fora dos seus eixos?".[13]

Estas considerações convidam a uma reflexão mais aprofundada sobre o que significa, precisamente, o termo *causa* em psicanálise. Cada ato psíquico, como escreve Freud em algum lugar, é um compromisso entre as defesas e os impulsos; para cada um deles, é idealmente possível verificar a tese do determinismo – e os abundantes exemplos da *Psicopatologia da vida quotidiana* o demonstram sem sombra de dúvida. Mas um ato falho é, no tocante à complexidade psíquica, uma formação relativamente simples. Um sonho já se mostra menos fácil de retraçar até seus elementos últimos: a metáfora do "umbigo do sonho" presente na *Traumdeutung* alude precisamente ao ponto em que as raízes dele "mergulham no desconhecido". Que dizer de um delírio ou de uma fobia? De modo geral, quanto mais sobredeterminada uma formação psíquica, tanto maior será a contingência que terá presidido à sua constituição, posto que os elementos que a formam podem provir de épocas variadas e de estratos diversos da psique. Na verdade, uma consideração mais atenta do problema da causalidade não poderia dispensar o exame daquilo que talvez seja a mais relevante contribuição de Freud à psicologia: o conceito, por ele inventado, de *das Infantile* – o infantil.

2

Até aqui, detive-me na consideração de alguns pontos levantados por Loparic naquele debate sobre o inconsciente. O segundo trabalho seu a que desejo me referir intitula-se "A máquina no homem", e foi originalmente uma comunicação numa mesa-redonda organizada em 1995 pela profa. Maria Emília Lino da Silva, do Laboratório de Estudos sobre o Aparelho Psíquico (LEAP) que integra o Núcleo

[13] *Pensamentos*, II, 82.

de Psicanálise na pós-graduação em Psicologia Clínica da PUC-SP. Ali também fui seu debatedor, e as notas que se seguem reelaboram o que apresentei naquela oportunidade.

"A máquina no homem" retoma a crítica que Loparic faz à metapsicologia freudiana a partir do ponto em que a havia deixado o texto anteriormente comentado. Ela está formulada no tom que convém aos discípulos de Platão e de Aristóteles – os filósofos – que veem seus mestres como amigos "de quem se pode aprender, mas a quem se pode livremente questionar e criticar", por oposição ao costume vigente entre os analistas, que não se consideram amigos, mas "filhos" uns dos outros: através da análise didática, perpetuar-se-ia uma fantasmática da filiação que, em última instância, dificultaria aos analistas o exercício do senso crítico em relação aos seus mestres, porque tal exercício seria um ato de desobediência e de revolta contra o Pai. Loparic não diz isto explicitamente – vai só até a questão da análise didática – porém não creio trair seu pensamento ao formular por extenso o que está nas entrelinhas da abertura do seu artigo.[14]

Mas este não é o eixo principal do texto: é só uma alfinetada, talvez concebida num espírito amistoso, para convidar os analistas a considerar as coisas como são e a concordar com o argumento central do filósofo. Qual é este argumento? A psicanálise, enquanto método e enquanto teoria, "pertence à tradição metafísica ocidental". Ora, existiriam "boas razões para se desconstruir, no sentido de Heidegger, a tradição metafísica e a imagem do mundo e do homem que ela oferece". Além disto, "a própria psicanálise, tal como reescrita por Winnicott, convida a uma tal desconstrução".[15]

Diz Loparic: o que vincula a psicanálise à tradição metafísica ocidental é a sua metapsicologia, que faz parte do "projeto de mecanização da imagem do mundo e do ser humano que se iniciou com a astronomia grega". Ela também faz parte da "teoria da subjetividade, de origem filosófica, definitória da modernidade e aliada do projeto de mecanização". É o princípio do determinismo universal que, por sua vez, vincula projeto de mecanização e teoria da

[14] A formação do analista, em que pese a opinião do professor, está longe de se limitar à análise didática, e mesmo esta, se terminar com a fabricação de um "filho obediente", dificilmente pode ser considerada exitosa. Sobre este assunto, cf. R. Mezan, "O *Bildungsroman* do psicanalista", in *A sombra de Don Juan e outros ensaios*, São Paulo, Brasiliense, 1993, e "Pode-se ensinar psicanaliticamente a psicanálise?", in *A vingança da esfinge*, Casa do Psicólogo, 3ª edição, 2002.

[15] Z. Loparic, "A máquina no homem", op. cit., p. 97.

subjetividade à metafísica: de onde a proposta de "elaborar uma concepção da clínica que também esteja livre dos pressupostos da metafísica, e que seja ao mesmo tempo satisfatória do ponto de vista da clínica".[16] Juntamente com a ideia metafísica do determinismo universal, deveriam ser varridas da reflexão psicanalítica as metáforas do aparelho, do mecanismo e do esquema, e se abriria o caminho para pensar, em vez da "estrutura da mente" (outro entulho metafísico), a "estrutura da acontecência do existir humano". Isto conduziria a descobrir que esta estrutura é a do "tempo deste acontecer".[17] Naturalmente, o referencial filosófico é aqui o pensamento de Heidegger; e, segundo Loparic, o psicanalista inglês Winnicott já teria dado os primeiros passos neste sentido – o de um encontro involuntário, porém feliz, com Heidegger – na medida em que "deixa de pensar o homem a partir do princípio de causalidade, inclusive do princípio do prazer, para tentar entender o homem a partir da solução que dá à pergunta pelo sentido do ser". O que conduz o professor a concluir com algo que deve ser entendido como um elogio: "também na análise winnicottiana, a metafísica da máquina e da subjetividade está em desconstrução".[18]

Que pensar destas afirmações? Em primeiro lugar, nada há de espantoso no fato de Freud, escrevendo e pensando na época em que o fez, ser tributário da "tradição metafísica ocidental", se concordarmos em incluir, entre os frutos desta tradição, as ciências da Natureza e do espírito. O fato de a filosofia contemporânea procurar com frequência escapar das redes desta tradição – veja-se Nietzsche, Heidegger, certos filósofos da linguagem – não garante automaticamente que (parafraseando uma célebre tirada de Laing e Cooper) *metaphysics is bad for you*. Afinal, o projeto da metafísica, desde sua fundação por Aristóteles, sempre foi o de buscar os primeiros princípios, a fim de dar conta da realidade sob seu aspecto mais universal – e, embora Aristóteles não tenha batizado com este termo a investigação cuja finalidade assim se exprime (ele a chama "Sabedoria", *sophia;* "Metafísica" é um nome cunhado pelos editores da sua obra), é evidente que tais princípios se situam "além da física", ou além das coisas naturais – *metà tà physikà*. Por muitos séculos, o termo significou algo nobre e elevado, a busca do conhecimento absoluto sobre o tema mais abrangente e

---

16 Idem.

17 Idem, p. 111.

18 Z. Loparic, "A máquina no homem", op. cit., p. 112.

importante da curiosidade humana: o Ser, a Realidade, Deus, ou como quer que fosse denominado.[19]

É depois de Kant que o termo começa a ganhar, aliás *malgré lui*, o sentido pejorativo que atualmente é o seu. Com efeito, Kant prova na *Crítica da Razão Pura* que o conhecimento metafísico dos objetos tradicionais desta disciplina (Deus, a alma, o Universo) é impossível. A razão especulativa é incapaz de determiná-los de modo suficiente; cabe à razão prática afirmar a existência de Deus, da liberdade e da imortalidade, porque estas são as condições do ato moral. No lugar do que denomina "dogmatismo metafísico" – a pretensão de conhecer tais objetos como se fossem objetos naturais – Kant propõe que se instale a filosofia transcendental, isto é, o exame da razão, das suas possibilidades, das noções que é capaz de produzir em seu trabalho, da sua "arquitetônica", etc. A solução dualista que lhe parece adequada (reservar aos objetos do antigo dogmatismo metafísico um posto eminente no domínio da razão prática, isto é, na região da moral) foi rejeitada pelos seus sucessores; mas este é um problema que não podemos abordar aqui, pois equivaleria a escrever uma história da filosofia moderna em cinco parágrafos. Basta dizer que, com os largos avanços da ciência positiva no século XIX, a palavra *metafísica* veio a designar algo próximo de *ilusão*, algo que pretendesse subtrair-se à lógica científica e, de um modo ou de outro, visasse a restaurar o domínio da teologia sobre a investigação racional. Mas é o caso de nos perguntar se toda e qualquer pesquisa sobre o porquê das coisas é necessariamente desprezível, rançosa ou estúpida: não penso assim, e, se alguém quiser qualificar (ou desqualificar) como "metafísica" tal inquietação, nem por isto ela deixará de ser legítima.

Naturalmente, não é esta a opinião de Loparic. Sua crítica incide sobre três conceitos herdados pela psicanálise – como de resto por todo o pensamento ocidental – da especulação metafísica dos gregos e dos medievais: a noção de *causa*, a noção de *sujeito* e a noção de *representação*. A psicanálise – ou boa parte dela – seria tributária da "filosofia da representação", uma variante da teoria da subjetividade que, como vimos atrás, é "aliada do projeto de mecanização". Embora o artigo "A máquina no homem" não se proponha a discutir a questão da representação, o "sujeito da representação" é mencionado como "o ponto de referência

[19] Embora obviamente não seja um metafísico, Merleau-Ponty resgata o sentido elevado da palavra em seu belo artigo sobre a filosofia e as ciências, que – com certeza não por acaso – intitulou "Le métaphysique dans l'homme" (*Sens et non-sens*, Paris, Nagel, 1966).

de Freud em toda a questão do real" (no item 2.3, "A máquina da mente de Freud e a teoria da subjetividade"). A via pela qual estes produtos da especulação metafísica determinam o modo de pensar psicanalítico é a teoria do aparelho psíquico, ou máquina da mente, de onde o título do artigo. Na verdade, o que está em causa é a validade da metapsicologia: este é o ponto em que o segundo texto de Loparic se enlaça ao primeiro, e é por isto que escolhi comentá-los lado a lado.

O que é *metapsicologia*? Antes de mais nada, um neologismo inventado por Freud, pouco depois de criar a palavra *psicanálise:* numa carta datada de 10 de março de 1898, pergunta a Fliess "se posso dar à minha psicologia, que atinge os bastidores da consciência, o nome de *metapsicologia*". O vocábulo é evidentemente cunhado a partir do similar "metafísica": assim como esta quer avançar além (*metà*) da Natureza, a metapsicologia se propõe a descrever e a fundamentar teoricamente os processos psíquicos inconscientes, isto é, que se situam além (ou aquém) da consciência. Freud utiliza também, num sentido mais descritivo, o termo *Tiefenpsychologie*, ou psicologia das profundezas, que, como assinala Paul-Laurent Assoun, nada tem a ver com "uma problemática romantizante dos lados noturnos da alma".[20] "Profundo" é aqui tomado metaforicamente como oposto a superficial, imediato, consciente, e, como conceito, se refere ao domínio das *causas* que escapam à consciência.

A metapsicologia é assim a tentativa de dar, dos processos psíquicos inconscientes, uma *descrição em termos gerais* (para além do trabalho clínico com o indivíduo singular) e ao mesmo tempo uma *explicação causal*, no sentido que procurei caracterizar na seção 1 deste artigo. Ela responde à necessidade de sair do nível estritamente individual no qual ocorre o trabalho analítico concreto – com um paciente específico, quero dizer – e de atingir um plano propriamente teórico, dando aos fenômenos nomes capazes de se transformar em conceitos e às interpretações específicas um grau de generalidade que permita a construção de hipóteses mais e mais distantes da experiência imediata, e portanto, em princípio, de alcance mais e mais abrangente. Dito de outro modo, a tarefa da metapsicologia é a construção de *modelos processuais*, já que seu objetivo é expor o funcionamento e a gênese de um determinado tipo de fenômeno, a saber os processos psíquicos inconscientes tidos como *causa* dos fenômenos conscientes.

---

[20] Paul-Laurent Assoun, "Métapsychologie et psychanalyse", in Alain de Mijolla e Sophie de Mijolla-Mellor (orgs.), *Psychanalyse*, Paris, PUF, 1996, p. 239.

Por aí se vê que a psicanálise é simplesmente impensável sem sua dimensão metapsicológica, quer esta seja vazada nos termos que Freud escolheu, quer em outros. Amputá-la da metapsicologia significa retirar-lhe a possibilidade de pensar o que faz, de construir-se como saber. Seria o mesmo que, a pretexto de tornar mais concreta a física ou a química, proibir-lhes o uso de noções como força, massa, átomo ou valência.

Agora: por que Freud escolheu uma terminologia mecânica para descrever os processos psíquicos – justamente aquela criticada por Loparic? Porque até então a psicologia era o território das causas finais; e, empenhado num trabalho de investigação que se queria científico, Freud faz todo o possível para dar do funcionamento psíquico uma explicação baseada em causas eficientes. Este vocabulário na aparência vetusto está sendo aqui empregado de propósito, já que Loparic fala em "projeto de mecanização da alma humana" como parte da "teoria da subjetividade" moderna. A noção de causa nos vem dos gregos, em parte da prática jurídica (ligada ao estabelecimento da responsabilidade por um ato criminoso), em parte da prática médica, em parte das investigações dos primeiros filósofos sobre a Natureza, em parte ainda de historiadores como Heródoto e Tucídides, empenhados em compreender o porquê dos acontecimentos políticos e das guerras. Foi Aristóteles quem compilou a famosa lista das quatro causas – material, formal, eficiente e final – que, uma vez estabelecidas, bastariam para dar conta de uma coisa qualquer. Destas, são mais propriamente causas a eficiente e a final. *Causa eficiente* é a fonte da mudança que ocorre em alguma coisa, ou da cessação deste processo; *causa final* é aquilo em vista do que, ou a finalidade pela qual, uma causa eficiente é acionada.

O que caracteriza a posição "moderna" – de Bacon em diante – quanto ao problema da causalidade é o esforço para expurgar da Natureza as causas finais, por exemplo a que explicava as nuvens como algo destinado a fazer chover sobre a Terra, ou as pestanas como um artifício inventado pela Natureza para proteger os olhos. Fenômenos naturais deveriam ter causas eficientes, isto é, capazes de produzir seus efeitos por simples combinação; imaginar a Natureza querendo isto ou aquilo passa a ser visto como um equívoco antropomórfico, ao qual Espinosa dará o nome de *superstição*. Mas as ações humanas continuam sendo, até Freud, o território privilegiado das causas finais – chamadas agora de "motivos" – e isto apesar dos esforços de filósofos como La Mettrie e outros para pensar o homem como um autômato. Todo o esforço da metapsicologia consiste em procurar imaginar, para os diversos fenômenos psíquicos, razões que escapem à maldição da causa final, e com isto tanto trazê-los para a esfera da investigação científica quanto dar conta da possibilidade de intervir neles através da terapia.

É essencialmente a exigência de encontrar causas no sentido forte para o que acontece na psique que leva Freud a selecionar metáforas originadas das ciências naturais, como a física, a biologia e a química. Mas por que um aparelho? Em parte, porque existe uma ampla tradição neste sentido – e aqui reencontramos o argumento de Loparic – que remonta ao século XVII, com Descartes, e se estende por todo o século XVIII, com diversos expoentes mais felizes ou menos. Mas o motivo principal desta escolha é que Freud tem desde o início uma visão da vida psíquica como constituída por *movimentos opostos uns aos outros*, e a imagem de um aparelho, necessariamente constituído por peças que devem apresentar um arranjo específico, mas que também podem se quebrar ou se danificar, é extremamente útil para figurar esta concepção fundamental. A grande novidade do modelo freudiano em relação aos propostos pelos filósofos é que *o funcionamento do aparelho é ao mesmo tempo o desarranjamento dele*, porque é movido por forças que agem em sentido contrário umas às outras – o conflito do qual falei há pouco – e a base para esta ideia é muito simplesmente a ideia do inconsciente.

Esta ideia, por sua vez, traz implícita uma concepção do que seja o *sujeito*, que desvincula esta função da consciência e portanto da vontade soberana do indivíduo. Em outros termos, é porque a neurose comprova que podemos ser coagidos a sentir, pensar ou fazer aquilo que não queremos, sem que nenhuma força externa nos obrigue a isto, que as causas finais não bastam para explicar o que ocorre na vida psíquica; e com elas se vai a ideia de uma soberania da consciência como foco originário das nossas ações, desejos e pensamentos. No entanto, é preciso admitir que os sintomas da neurose, os sonhos, os atos falhos, as fantasias e os delírios são de algum modo *produzidos*; caso contrário, estaríamos de volta à opinião de que as histéricas são apenas manhosas e de que os sonhos não significam nada. A presença do sentido na vida psíquica exige que se preserve a função da causalidade – algo engendra o imediato, o perceptível – mas a abolição da soberania da consciência impede que este "algo" seja ligado à finalidade consciente. E isto pela boa e simples razão de que é impossível pensar uma finalidade no sentido tradicional sem um sujeito capaz de optar voluntariamente por este ou aquele fim, e de programar sua conduta em vista do fim escolhido. A noção de uma "finalidade casual" não significa nada. Portanto, longe de ser um fruto dos preconceitos de Freud, ou de sua ignorância quanto à "estrutura da acontecência do existir humano", a linguagem mecânica da metapsicologia responde a uma exigência precisa e a satisfaz muito bem, ao menos no início do percurso freudiano. (Veremos mais abaixo que, depois, ela não se mantém exclusivamente neste registro.)

O "aparelho psíquico" é obviamente uma ficção, um recurso para pensar: um modelo, em suma. Mas, como deve ser um modelo útil, precisa ter alguma homologia com aquilo de que é modelo, com a realidade psíquica, e além disso precisa poder de algum modo universalizar aquilo a que se refere: não há ciência do singular, como ensinava Aristóteles. A experiência do paciente no divã, ao lutar contra a necessidade de dizer o que vem à sua cabeça, é algo inefável, da ordem do privado, do afetivo, etc. Já o conceito de *resistência* é justamente isto, um conceito, ou seja, um termo abstrato para designar uma classe de coisas ou de processos, especificamente aqueles que podem estar agindo no paciente que luta contra a necessidade de dizer coisas penosas. O que resiste? Ao que, e como, resiste? Quanto resiste, e como deixa de resistir? Como disse atrás, a imagem da *pressão* se impõe quando queremos descrever este tipo de vivência: não é por acaso que os filósofos e poetas falaram desde sempre em *impulsos* e em *controle.* A metapsicologia leva a sério estes fatos, e procura dar deles uma descrição que preserve a sua mobilidade e a sua complexidade.

Pois, tendo nascido relativamente simples – o aparelho psíquico da *Interpretação dos sonhos* – ela não tarda a se complicar, à medida que vai sendo usada para explicar processos mais e mais complexos. Narcisismo, pulsões, objeto de amor, agressividade, patologias não neuróticas, fases da libido, e outras "entidades" psicanalíticas – como o cosseno, o ângulo e o logaritmo são entidades matemáticas, e a ideologia, a mais-valia ou a luta de classes entidades sociais – vão surgindo no vocabulário psicanalítico à medida que novos problemas vão sendo enfrentados, e que, para situá-los e para "modelizá-los", os conceitos são ampliados em número ou em grau de abrangência.

A metapsicologia opera por níveis de abstração, e isto em dois sentidos diferentes. Em primeiro lugar, abstrai do imediato para o conceitual, e há conceitos metapsicológicos mais próximos da experiência cotidiana ("censura do sonho", "abreação", "resistência", "*insight*") do que outros ("masoquismo", "transformação da pulsão no seu contrário", "ego-prazer purificado", "clivagem do ego no processo de defesa"). Sob este aspecto, é preciso explicar o que são tais conceitos, e como se deve operar com eles; não se fala de pessoas, embora elas estejam no horizonte de toda a conceituação psicanalítica. Temos aqui uma reflexão teórica no sentido mais específico que se queira imaginar. Mas há um segundo sentido para a abstração metapsicológica, que consiste em procurar dar, com o auxílio dos conceitos disponíveis, um modelo de um processo ou de um produto psíquico específico, seja uma análise, seja outro qualquer. Poder-se-ia dizer que estes dois usos da metapsicologia equivalem grosso modo à física teórica e à física aplicada, ou à teoria literária e à análise de um romance específico. Neste segundo caso, o processo de reflexão metapsicológica parte de noções amplas e relativamente vagas (inconsciente, pulsão...) e, através da combinatória adequada, procura atingir a especificidade e a singularidade *deste* fenômeno em especial. Aqui a explicação metapsicológica opera em sentido contrário ao raciocínio da clínica, que parte da observação do singular e procura incluí-lo em classes mais gerais. Não é possível aqui entrar em detalhes sobre este duplo processo, que procurei ilustrar em outras ocasiões; desejo apenas deixar marcado como é indispensável, para a psicanálise como para o psicanalista, recorrer às hierarquias de conceitos e de hipóteses que lhes oferece a metapsicologia, sob pena de trabalhar apenas com a intuição e renunciar a qualquer veleidade de explicação daquilo que se passa na alma humana, em análise ou fora dela.

3

O segundo alvo da crítica de Loparic é a "teoria da subjetividade", ancorada num "sujeito da representação" que seria a referência de Freud "em toda a questão do real". Aqui, me parece que estamos diante de um contrassenso, o qual consiste em ler os termos de Freud como se significassem exatamente o mesmo que suas contrapartes filosóficas. Para compreender bem o problema, é necessário dizer algumas palavras sobre o que são, para a filosofia e para a psicanálise, o sujeito e a representação.

Apesar da etimologia indicar que *sujeito* quer dizer "o que está colocado sob", portanto envolvendo uma ideia de subordinação (como ao dizermos que alguém está sujeito às intempéries da vida), o cerne da significação assim designada é o de um foco de atividade, e primeiramente na gramática, que define o sujeito da oração como aquele que é ou faz o que o verbo indica. O termo *sujeito* é vizinho de outros, como *pessoa, indivíduo, eu*, que designam várias modalidades da percepção de si por si e pelos outros. Seria impossível enumerar aqui as diferentes acepções atribuídas por esta noção desde os gregos até a atualidade;[21] Foucault as resume sob três rubricas, que nos servem aqui como indicação taquigráfica da complexidade do problema. São elas: o indivíduo enquanto polo independente do grupo a que pertence; o indivíduo como existindo num eixo privado, em oposição à sua vida pública; o indivíduo como investigador de si mesmo, voltado para o exame de si e para a busca da sua verdade interior:[22]

O que me parece importante assinalar é que, se ao longo desta trajetória de vinte e tantos séculos a *imagem de si* tornou-se mais clara e eventualmente mais independente do que podemos considerar como o seu Outro, em nenhum momento o sujeito filosófico foi concebido como *totalmente* autônomo e soberano: ele é sempre, de algum modo, limitado e parcialmente opaco a si mesmo, quer porque se defronta com os outros cidadãos na *pólis*, quer porque é criatura e não Criador, quer porque é habitado pelo pecado ou pelas paixões, quer porque o indivíduo não é o sujeito (em Hegel o Sujeito é o Espírito, em Marx a classe social, etc.).

Há um momento na história da filosofia – o racionalismo dos séculos XVII e XVIII – em que o sujeito do conhecimento se emancipa da tutela da tradição e se vê como o foco central da verdade das suas ideias, desde que adquiridas criticamente ou submetidas ao crivo da razão. A veracidade destas ideias passa a depender assim mais da maneira pela qual são construídas que da fidelidade àquilo de que são representações. É assim que surge o "sujeito da representação" ao qual Loparic se refere em seu artigo. São chamadas "filosofias da representação" aquelas que colocam no centro da sua problemática o sujeito que as elabora e de quem elas dependem para existir. Daí à ideia de um sujeito inteiramente desvinculado do que quer que seja, produtor de si mesmo e do mundo, a distância é no entanto grande – e não foi Descartes quem a aboliu, ele para quem a "coisa pensante" existe lado a lado com a "coisa externa" e com o Deus

---

[21] Podem-se consultar, entre outros, os seguintes trabalhos, Benilton Bezerra, "Subjetividade moderna e o campo da psicanálise", in Joel Birman (org.), *Freud, 50 anos depois*, Rio de Janeiro, Relume-Dumará, 1989; Richard Logan, "Reflections on Changes in Self-Apprehension and Construction of the 'Other' in Western History", *The Psychohistory Review*, 19:3, 1991; Nestor A. Braunstein, *Psiquiatría, teoría del sujeto, psicoanálisis*, Buenos Aires, Siglo Veintiuno, 1980, Parte II: "Hacia uma teoría del sujeto", além dos clássicos de M. Foucault (O *uso dos prazeres* e *O cuidado de si*).

[22] Cf. *O cuidado de si*, e o comentário de Benilton Bezerra a esta passagem (loc. cit.).

veraz, e sim o bispo Berkeley, para quem "ser" é "ser percebido" ou representado. Assim, muito do que circula atualmente no debate entre filósofos e psicanalistas aqui no Brasil acerca da "superação do sujeito da representação", da "metafísica da representação" e da necessidade de "libertar a psicanálise das amarras da representação" precisaria ser revisto à luz do que foram efetivamente os pensamentos da representação. Nem todas as genealogias atribuídas à psicanálise são necessariamente verdadeiras...

O que é uma representação? A palavra designa duas coisas: o ato pelo qual se apreende um objeto, e o conteúdo deste ato, uma figuração do próprio objeto interna à psique. Como ato, ela pode ser representação de um objeto presente (percepção); reprodução de uma percepção anterior (recordação); antecipação de algo futuro a partir da combinação de imagens já disponíveis (previsão); união de várias imagens ou ideias de algo possível ou desejado (imaginação). O termo designa ainda, no sentido teatral, a materialização pelos corpos e vozes dos atores daquilo que constitui o texto da peça, mas esta acepção não nos interessa no momento. Nos quatro sentidos mencionados, a representação é sempre representação *de* alguma coisa, e, como mostra Foucault em *As palavras e as coisas*, o problema do vínculo entre a representação e o representado (ou, em termos contemporâneos, o referente) é central para todo o pensamento clássico. É por este motivo que cabe ao sujeito zelar pela veracidade das suas representações, ordenando-as e mediando-as (este é o tema de um dos capítulos do livro de Foucault).

Resumindo: falar em sujeito, em representação ou em sujeito da representação não implica de modo algum em supor um solipsismo absoluto, no qual um sujeito desvinculado do mundo se engendrasse a si próprio e às suas representações de modo inteiramente autônomo e arbitrário. Nem na filosofia, nem na psicanálise, pode-se dizer que "a realidade é uma função dos testes feitos desde o ponto de vista do sujeito do prazer". Tampouco é possível sustentar que "Freud trabalha com o sujeito da representação como ponto de referência em toda a questão do real", se com isto se quer situá-lo no redil de um tal solipsismo, como o faz Loparic em seu artigo.

Para certificar-se disto, basta observar como Freud emprega as noções de sujeito e de representação. O termo sujeito (*Subjekt*) aparece com frequência no contexto das discussões sobre o narcisismo, como mostra Paul-Laurent Assoun num minucioso estudo dedicado ao assunto.[23] Ora, este é precisamente o terreno em que a dialética sujeito-objeto está mais presente em toda a reflexão freudiana, como o comprovam as noções de identificação ao objeto, de superego e de objeto narcísico; em nenhum momento Freud postula um sujeito autoengendrado ou independente do meio em que vive: será preciso lembrar o peso da noção de *sedução* em sua obra?

A novidade epistemológica da ideia psicanalítica de sujeito está na dimensão inconsciente, isto é, na ideia de clivagem interna que Freud chega a atribuir, no final da sua trajetória, até mesmo ao ego. Este é o famoso "descentramento do sujeito", do qual tanto se falou a partir de Lacan. Joel Birman assinala, com razão, que este descentramento pode ser lido em três momentos ou segundo três perspectivas diferentes: descentramento da consciência para o inconsciente, descentramento do eu para o outro, descentramento da consciência e do eu do inconsciente para as pulsões.[24] Em nenhuma destas perspectivas o sujeito coincide consigo mesmo, porque está cindido por uma fratura interna insanável, e isto é algo diferente do que a limitação ou a opacidade do sujeito tematizado pela filosofia, sempre opaco ou limitado por *outra coisa que não ele mesmo enquanto sujeito*. A ideia de uma "luz natural" constitutiva do sujeito enquanto tal é assim substituída pela de uma "obscuridade natural", se nos for permitido falar assim; mas talvez esta não seja uma boa metáfora. O fato é que o tema do sujeito, na filosofia clássica, se vincula preferencialmente à problemática do conhecimento – daí falar-se em sujeito da representação – enquanto Freud estuda a sua gênese a partir de uma problemática na qual o conhecimento tem um papel extremamente reduzido, para não dizer inexistente. A psicanálise certamente não é uma psicologia cognitiva. Além disto, a noção de sujeito é bastante secundária na arquitetura conceitual do freudismo, talvez justamente pelas conotações filosóficas que carrega, e foi preciso esperar por Lacan – cuja relação com a filosofia é bem diversa da de Freud – para que a "constituição do sujeito" se tomasse uma expressão comum entre os analistas.

---

[23] Paul-Laurent Assoun, "Métapsychologie du sujet et sujet de la métapsychologie", in A. de Mijolla e S. de Mijolla-Mellor (orgs.), *Psychanalyse*, pp. 311 ss.

[24] Joel Birman, "Sobre o sujeito no discurso freudiano", *Estudos em Saúde Coletiva*, nº 69, Rio de Janeiro, IMS-UERJ, 1993 (citado por B. Bezerra, "Descentramento e sujeito", in Jurandir F. Costa [org.], *Redescrições da psicanálise*, Rio de Janeiro, Relume-Dumará, 1994, p. 125).

Da mesma forma, o termo "representação" – *Vorstellung* – não está associado em Freud a uma problemática do conhecimento, embora seja da tradição filosófica alemã que ela a herda. Não cabe aqui recensear toda a gama de empregos deste vocábulo nos textos de Freud – representação de coisa e de palavra, representantes da pulsão, etc. – mas sim assinalar brevemente o sentido psicanalítico do termo.

A representação é a atividade própria da psique, em seu esforço para dar sentido ao que lhe ocorre; equivale à tradução em elementos psíquicos das vivências corporais e relacionais que constituem a sua trama muda. Assim, pode-se falar em representação fantasmática, em representação ideativa ou de pensamento, etc. (Piera Aulagnier é aqui a referência principal.) Num sentido mais restrito, a representação é a figuração do objeto pulsional, do objeto do desejo e do objeto de amor e de ódio, e neste sentido o próprio da representação na sua categorização psicanalítica é que ela exerce uma atividade *sobre o sujeito*, excitando-o ou acalmando-o, provocando angústia, etc. Este sentido, que eu saiba, é específico da psicanálise, e justifica o emprego do termo para além das acepções usuais que ecoam a tradição filosófica. Pense-se por exemplo no objeto fóbico, na cena original, na teoria do trauma e em outras questões semelhantes, nas quais o próprio da representação não é reproduzir o mundo exterior, mas ativar na psique determinadas reações que se traduzem por uma vivência *afetiva*.

4

Podemos agora concluir. Loparic começa por recusar as metáforas mecânicas e energéticas de que Freud se vale para descrever e explicar os processos psíquicos – o "projeto de mecanização do homem" – mas vai além disso, ao vincular este projeto a uma "teoria da subjetividade" alicerçada no "determinismo universal". Determinismo significa causalidade, e por este motivo era preciso adentrar, mesmo se de forma breve, as questões envolvidas nas ideias de sujeito e de causalidade. Como além disto o filósofo afirma que o "ponto de referência de Freud para pensar o real" é a noção de representação, abordei – embora igualmente de modo sumário – o tema da representação na filosofia e na psicanálise.

A "desconstrução" da "metafísica inerente à metapsicologia" parece ter como alvo a seguinte fórmula, que a meu ver condensa o argumento de Loparic:

"as metáforas fisicalistas de Freud o conduzem a postular que o sujeito é a (única) causa das suas representações". Ora, nem Freud nem os filósofos que antecederam Heidegger jamais afirmaram coisa semelhante. Nesta fórmula, as ideias de "sujeito", de "causa" e de "representação" são esvaziadas de seus múltiplos sentidos, e reduzidas a uma sombra do que significam. É certo que a fórmula é minha e não de Loparic, mas não creio trair seu pensamento ao resumi-lo desta maneira.

A metapsicologia recorre a formulações mecânicas porque seu objetivo é descrever processos que escapam à alçada do sujeito entendido como consciência de si. Ao menos nas suas versões iniciais, anteriores à introdução do conceito de narcisismo, o propósito da reflexão metapsicológica é *expurgar da psicologia a noção de sujeito*, como corolário da afirmação de que o verdadeiramente psíquico é o inconsciente. É somente a partir de meados da década de 1910 que a consideração dos processos ligados ao narcisismo forçará Freud a rever a radicalidade de suas posições iniciais, e, nesta revisão, entrará em cena uma concepção do sujeito como essencialmente constituído e afetado pelo outro, a qual pouco tem a ver com as asserções de Loparic sobre o "sujeito da representação". A própria noção de representação psíquica, tão essencial na obra de Freud, é por sua vez restringida por alguns autores pós-freudianos, que nas patologias mais graves se defrontam com o "aquém da representação". Mas estes problemas não os conduzem a abandonar a metapsicologia; evitando jogar fora o bebê junto com a água do banho, estes autores procuram reformular certas hipóteses e certos conceitos herdados da metapsicologia freudiana, o que tem por efeito a criação de *outras metapsicologias*, mais ou menos afastadas das suas matrizes em Freud, e talvez mais aptas a dar conta de determinados problemas teóricos e clínicos. Mas este é um outro problema, a ser abordado em outra ocasião.

A tarefa de qualquer metapsicologia deriva da afirmação basilar da psicanálise, a saber, a existência e a eficácia do inconsciente. Este é o objeto teórico da metapsicologia, e a pedra fundamental da psicanálise. Quem diz inconsciente diz outra coisa que a "acontecência do existir humano": diz causas que nos determinam à nossa revelia, diz sujeito cindido em seu próprio interior e agido por representações investidas de afeto, diz forças que se deslocam e se combinam para produzir efeitos proporcionais a elas.

Para finalizar: a metapsicologia não é toda a psicanálise, mas, sem aquela, esta "não pode ser nem ser concebida". Freudiana, kleiniana, lacaniana ou winnicottiana, ela consiste simplesmente no "conjunto de hipóteses que fundamentam um sistema de psicanálise".[25] Neste sentido, cabe lembrar uma réplica famosa outrora proferida no castelo de Elsinore: entre o céu (das ideias) e a terra (da realidade psíquica), há mais coisas do que aquelas com que sonham certas filosofias.

[25] S. Freud, "Complemento metapsicológico à doutrina do sonho", *Studienausgabe* III, p. 179, nota I; *Biblioteca Nueva* (tradução Ballesteros), vol. II, p. 2083.

Índice remissivo